修身不忘初心

王永光　著

北　京
冶　金　工　业　出　版　社
2016

内容简介

本书是《“走出去”的记忆》的姊妹篇。作者从自己的日记中摘选了319篇，回顾了1999年至今十八年来的岁月。其中，有正心诚意修身的心路历程，在逆境中坚韧自强，遇挫折坚守自省，处顺境克己自警；有国际化经营的探索，如何应对挑战，如何在竞争中生存，如何防范风险，企业文化如何在员工中扎根；有往事的心路印迹，平凡中奋进，危难时坚挺；有历尽艰辛的感悟，浴火重生，净化灵魂。十八年的风雨，积淀了平凡，丰富了人生。陶冶情操，意志坚定。凝聚智慧，理想共鸣。修身不忘初心，人生继续前进。

图书在版编目(CIP)数据

修身不忘初心/王永光著. —北京：冶金工业出版社，2016.12

ISBN 978-7-5024-7397-6

Ⅰ.①修… Ⅱ.①王… Ⅲ.①企业管理—研究—中国 Ⅳ.①F279.23

中国版本图书馆CIP数据核字(2016)第306839号

出版人 谭学余

地　址 北京市东城区嵩祝院北巷39号 邮编 100009 电话 (010)64027926

网　址 www.cnmip.com.cn 电子信箱 yjcbs@cnmip.com.cn

责任编辑 程志宏 任静波 美术编辑 吕欣童 版式设计 彭子赫

责任校对 卿文春 责任印制 牛晓波

ISBN 978-7-5024-7397-6

冶金工业出版社出版发行；各地新华书店经销；北京虎彩文化传播有限公司印刷

2016年12月第1版，2016年12月第1次印刷

169mm×239mm；21.25印张；414千字；324页

45.00元

冶金工业出版社 投稿电话 (010)64027932 投稿信箱 tougao@cnmip.com.cn

冶金工业出版社营销中心 电话 (010)64044283 传真 (010)64027893

冶金书店 地址 北京市东四西大街46号(100010) 电话 (010)65289081(兼传真)

冶金工业出版社天猫旗舰店 yjgycbs.tmall.com

(本书如有印装质量问题，本社营销中心负责退换)

【序　言】

在庆祝中国共产党成立九十五周年大会上，习近平总书记发表了重要讲话。其中“坚持不忘初心，继续前进”的话语在我耳边久久回响，历史的画卷在眼前浮现……

国家强盛，凝聚了全民的智慧，每个人在各自的岗位闪光。革命薪火相传，人人传递希望。回首往事，全靠党的培养。四次参加公开招聘，刻骨铭心。平凡中奋进，危难时坚挺。十八年风雨历程，积淀平凡，丰富人生。陶冶情操，意志坚定。凝聚智慧，理想共鸣。修身不忘初心，人生继续前进。

在跨国经营中锤炼，探索治企之策，文化凝聚人心。战略引领创新，服务助力竞争。逆境磨炼，不忘防范风险的使命。天涯生存，牢记跨国经营的重任。思索如何应对挑战，拼搏在竞争中生存。不畏艰难困苦，全凭满腔热情。探寻企业文化在员工中扎根，坚持以人为本、企业与员工共荣。创新思维，开拓奋进。人生在奋斗中闪光，智慧在磨炼中成长。

只要在逆境中不倒下，逆境是一种特殊的财富。经过逆境的磨砺，人更加成熟镇定。“宝剑锋从磨砺出，梅花香自苦寒来”。十八年的岁月，不甘消沉；无数次的煎熬，净化灵魂。正心诚意修身，学无止境。历览前贤，不甘平庸。不怨位之不尊，唯恐力之不能。

逆境的磨炼是痛苦的，有时候是难以忍受的。但是，要想摆脱逆境的困扰，唯一的办法就是坚持，接受各种磨砺。不是需要磨砺，面对人生挑战，必须经受磨砺；不是渴望磨砺，只要不甘平庸，就必然遭遇磨砺。因此，当遇到挫折时，把希望寄托在明天。有了希望，就有勇气和力量，就能燃起生活的激情。有希望，才能经受磨砺。经受磨砺，变得更加坚强，增加了成功的机会。有希望，就有动力，就不怕磨砺。忍受磨砺，不忘初心。

十八年的感悟，汇聚成“砥砺、坚守、奋进!”，十八年的洗礼，凝结成“勤俭、敬业、忠诚”，十八年的探索，浓缩为“经受磨砺，不忘初心”。

王永光

2016年7月1日

【目　录】

修身篇

管理篇

心 路 篇

感 悟 篇

修身篇

XIUSHEN PIAN

知人　知己　知足

2001 年 9 月 30 日

信息化把世界上的人和事以最快的速度联系在一起，不同国家间在信息上的竞争日益激烈。信息竞争的根本目的是知人、知己，即知己知彼，占据主动。运筹于帷幄之中，决胜于千里之外。

古语云："知己知彼，百战百胜"。随着社会进步和科技发展，信息传播途径和信息处理手段发生了深刻变化，既提供了获取信息的便捷，也使了解别人变得更加复杂。因此，要想知人知己，不能用未加分析的信息。要通过系统分析，认真剖析，找出不同信息之间的内在联系，发现别人的长处，取人之长，补己之短；发现对手的薄弱环节，寻找竞争的突破口。

知人要客观，知己要冷静。不用自己的长处比别人的不足，否则，在同台竞技中会一败涂地，知人之长在于学习，知己之短在于弥补；不忽视自己的长处，学会扬长补短。无论是个人职业生涯竞争，还是企业之间的竞争，客观看待竞争对手，理智做出应对策略。知人在于全面、客观，理性分析，取长补短；知己在于冷静、理性，正视不足，扬长避短。

知人不在于一时之得失，知己不在于一事之优劣。知人知己，从长计议。卧薪尝胆，蓄势待发。知人有紧迫感，勤学赶超。赶超非一蹴而就，要不懈努力。知己有危机感，顽强拼搏。拼搏非一决高下，要持之以恒。

知人在于博采众长，知己在于自我完善，知足在于心态平和。知人不攀比，珍惜现在；知己不懈怠，把握现在；知足不停步，开辟未来。

内敛　守道　持枢

2002 年 1 月 20 日

鬼谷子《纵横经》上篇的内敛实际就是个人道德修养，其本质是守道、持枢。守道要求人们遵循自然界的法则，不能违背自然规律；持枢就是掌握关键。

《纵横经》中充满了哲学的辩证原理。内敛强调了内因是变化的根据，外因是变化的条件，外因通过内因起作用。守道则强调客观规律的重要性，任何人都不能违背客观规律而成就千秋大业；一时侥幸成功，终究也会失败。持枢则强调抓住主要矛盾和矛盾的主要方面。主要矛盾解决了，其他矛盾就迎刃而解了。

古今中外成就大业者，无不在内敛上下工夫，都能以惊人的毅力和顽强的斗志战胜各种困难。他们对客观事物的规律性有深刻认识，他们是遵循客观规律的楷模。在处理复杂问题时，能够抓住事物的主要矛盾。

内敛之道，修慈、忍。纵观历史上的开国帝王，他们深知“小不忍，则乱大谋”；忍别人不能忍，成就一代霸业。他们遇事能隐忍，对下有慈悲，为的是赢得民心。在持枢中学会应变。既要把握关键，更要学会适应变化，以掌握主动，赢得先机。

放眼今天，中国的改革开放，既体现了党中央的持枢定力，坚持四项基本原则，建设中国特色的社会主义；更体现了党中央的应变魄力，把马克思主义和中国的国情结合在一起，形成了指导改革开放的中国特色社会主义理论，开辟了中国特色社会主义道路。

国家的内政、外交如此，个人的成长进步亦然。既需要战略指引，更需要内敛修炼。既需要坚持原则，更需要学会应变。凡事不急不躁，在隐忍上下工夫，守道持枢，把握原则性和灵活性的有机结合。学慈要真慈，以民为本，善待百姓。学忍真能忍，不逞一时之强。从长计议，卧薪尝胆。学变要会变，不能一天十八变。要追求从量变到质变的飞跃，不图皮毛之变。以忍积蓄力量，以慈赢得支持，以变成就大业。大慈大悲，普度众生。忍辱负重，不忘初心。

命运掌握在自己手中

2002 年 6 月 9 日

奥里森·马登《经典成功教程》阐述了人的命运不是掌握在女神之手，而是掌握在自己之手。困难并不总是带来悲惨的结局，她会磨炼你的意志，为你创造出成功的动力。

看到这里，更加坚定了自己“有志者，事竟成，破釜沉舟，百二秦关终属楚；苦心人，天不负，卧薪尝胆，三千越甲可吞吴”的信念，更加激发了自己向困难挑战的勇气。这种信念和勇气不是凭空产生的，是建立在明确的人生目标、坚韧的奋斗精神和顽强的意志品质之上。

《经典成功教程》告诉我们，无论何时，都要以积极的心态面对困难，书写人生；以不懈的努力克服困难，挑战人生。无论何地，都应该坚持理想信念。坦然面对挫折，以顽强的意志迎接挑战；百折不挠，义无反顾。

人生的成败源于自己理想的潜意识。从小立志成就大事的人，对自己的期望值高，心理承受能力强，战胜困难的动力大。思想决定行为，行为决定结果。面对同样的困难，不同的人会有不同的心理反应，沉着应对者胜，心理恐慌者败。因此，从小接受成功的潜意识暗示，是培养顽强意志的有效途径。

环境变化大，竞争更激烈。遵循《经典成功教程》的理念，给自己注入奋斗的活力，燃起理想的火焰。相信命运掌握在自己手里，勤奋学习，努力工作。无论你的处境如何，张开理想的翅膀飞翔，总会找到成功的高地。无论你年龄多大，莫彷徨。千里之行始于足下，九层之台起于垒土，命运永远掌握在自己手中！

平易近民乃为政之本

2002 年 6 月 23 日

清代金庸斋《居官必览》中写道："大丈夫欲致君泽民，不为相则莫如为令与守。近君者莫如相，近民者莫如守令，而令弥亲矣。痒疴疾痛，无一而不相关也。"

这些观点集中反映了"平易近民乃为政之本"的思想。封建社会的士大夫能认识到这种程度确实难能可贵，值得我们借鉴、深思。作者深知有些官员并非平易近民，而是依赖特权"贿赂公行，侵民膏血，自肥身家。扼人噤喉，自谋进取。不公不法，不仁不义。决一胜于目前，结无穷之冤孽。福力尽时，果报昭彰。故显官子弟多不振，仕宦之家多破残"。

"视民如伤"是为官者的自警。作为企业领导，应该有此胸襟，平易近人，关心员工疾苦。严于律己，以身作则。切忌欺世盗名，挂羊头卖狗肉。作为普通人，加强修身，追求平易近人的境界。唯有此，当你有机会为令守时，能体恤民情，为民除害，替民办事。培养平易近民思想，非一朝一夕之功，乃终生之追求，需不懈努力，无怨无悔坚持。

社会需要平易近民之官，百姓期盼平易近民之官。谁能成为平易近民之官，主要取决于自己的努力。谁能正心诚意修身、致知格物精进，谁就能视民如伤。谁能切身体察民之苦，谁就会体恤民情，平易近民。

平易近民乃为政之本。为政之本在于吏。社会需要廉吏清官，有志为官者洁身自好。深入基层，体恤民情；扶危济困，消除民怨。社会需要严明法治，有志为官者遵纪守法。为民用权，抑恶扬善；审慎用权，勿扰民安。平易近民是为政之本，正心诚意乃做人之本。勤修身，能为民。戒奢侈，勿虚荣。同甘苦，体下情。

自强　自律　自制

2002 年 8 月 1 日

条条大道通罗马，自强不息者皆能到达理想的彼岸。自律和自制是自强不息的根本保证。人如果不能自律，就不会被公众所接受；人如果不能自制，势必会在诱惑面前迷失方向，误入歧途。

有志成为自强不息者，不懈追寻属于自己的出路。虽然，条条大道通罗马，但是，如果缺乏自律意识和自制能力，也许半途而废，也许功亏一篑。因此，首要任务是培养自律意识和自制能力，以慎独精神面对诱惑、挑战。既能遵守法律法规，又不被金钱美色诱惑，保持平和心态，远离名利的躁动。只有形成自律、自制的思想意识，才能培育自立、自强的意志品质，才能塑造健全的人格。只有形成健全人格，才能驾驭自己的才华，创造属于自己的一片天地，才能成为有益于社会的人。

达到自我完善、形成独立人格是实现人生价值的根本保证。人生道路并非一帆风顺。前进途中有坎坷，有险阻，甚至有陷阱。唯有自律者不被金钱所动，朝着奋斗目标毅然前行。唯有自制者不为美色所诱，坚守理想不言放弃。人生的机遇有时难以公平，甚至难于言状，唯有自强者不沉沦，不言败。愈挫愈奋，意志弥坚。

自我完善，非一朝一夕之功，需持之以恒磨炼。能够正确对待名利得失，意志坚定，心胸豁达。能够经得起各种考验，胜不骄，败不馁。独立人格，非一张一弛之事，赖坚韧不拔之志，百折不挠。以不变的初衷坚守理想，不懈的努力顽强进取，不屈的毅力征服困难。在艰难困苦中磨炼自律意识，锤炼自制能力，培育自强不息的品质，塑造自重、自爱的人格形象，用生命和心血书写人生，彰显自我完善的品质和独立自强的人格。

成由勤俭败由奢

2002 年 8 月 26 日

今天阅读《李嘉诚为人处世之道》一书，为李嘉诚的敬业精神、商业眼光所折服。但更让我感动的是他富贵而平淡的生活作风。在李嘉诚身上，有中华民族的传统美德。他始终秉持父亲的教诲：“贫穷志不移，达则兼济天下，穷则独善其身”。

虽说李嘉诚在商业上的成功与他的敬业精神、商业眼光有直接关系，但他朴素的生活作风和平易近人的工作作风对事业的影响是不能低估的。今天，我们不但应该学习李嘉诚的敬业精神和商业眼光，而且应严于律己，保持简朴的生活作风和良好的工作作风。

今天，没有多少学生能够保持勤俭生活作风。即使其家庭经济条件不好，也想办法向同学的高消费标准看齐。这和李嘉诚形成鲜明的反差。我们也许在商业上永远不及李嘉诚的业绩，但是，作为人，我们应该坚持勤俭的生活作风，贫穷志不移。与李嘉诚形成鲜明对照的是商界新贵，追求高消费，热衷于灯红酒绿。奢侈的生活作风传染富二代，人生不求上进，事业不求精进，锲而不舍的是消费升级，攀比升温。

在改革开放的大潮中，我们向国外企业只学了些皮毛，并未吃透真经，尚需领悟。其实，经营企业并非要奢侈来装潢门面，真正赢得用户的是优质服务，真正赢得利润的是优质产品。向李嘉诚学习弘扬传统文化的优秀品质，勤俭办企业，勤俭持家。我们应该牢记成由勤俭败由奢的法则，学习李嘉诚多年来形成的工作经验和人生积淀。一是牢记勤奋是一切事业的基础。勤奋工作，对企业负责，对股东负责。二是对自己要俭，对他人要慷慨。三是始终保持创新意识，用自己的眼光注视世界，不随波逐流。四是坚守承诺，建立良好的信誉。一个人的良好信誉是走向成功的不可或缺的条件。五是决策任何一件事情，应该开阔胸襟，统筹全局。六是信赖下属。七是给下属树立提高效率的榜样。八是政策的实施要持稳持重。九是了解下属的愿望。

以李嘉诚为榜样，践行九条经验，正心诚意修身，勤俭节约敬业。

养正气　守元气

2003 年 1 月 4 日

"庙堂之上以养正气为先，海宇之内以养元气为本。能使君子贤人无郁心之言，则正气培矣。能使群黎百姓无腹诽之语，则元气固矣。此万世帝王保大卜之要道也。"

今天重温《菜根谭》中这段话，进一步坚定了"一生正气、两袖清风"的做人准则，养正气以致君，守元气以泽民，铸骨气以修身。虽说今天人们习惯上讲与时俱进，但我觉得就社会公德、个人修养而言，中华民族的传统文化有取之不尽、用之不竭的宝贵资源。我们应该把中华民族传统文化中的精髓继承下去，发扬光大。同时，大胆借鉴西方社会先进的经营、管理经验。

不因一时一事的失意而放弃做人准则。重温《大学》"古之欲明明德于天下者，先治其国；欲治其国者，先齐其家；欲齐其家者，先修其身；欲修其身者，先诚其意；欲诚其意者，先致其知；致知在格物。"之论述，依然感到亲切，甚至，看到了前进的方向。无论仕途如何，不能放松正心诚意修身，为齐家治国平天下做贡献。此乃自己毕生的追求，无怨无悔。

莫让浮云遮望眼。达则兼济天下，穷则独善其身。贫穷不坠青云之志。傲不可长，欲不可纵，志不可满，乐不可极。无一身浩然正气，难成人之楷模、族之先锋，无法担当统领百姓征战天下的重任。上至国，下至家，若不能固守元气，百姓无法安居乐业，天下无法繁荣太平。

作为个人，若不能铸就一身骨气，凡事趋炎附势，人云亦云，定不能修炼成正人君子。李大钊的“铁肩担道义、妙手著文章”，体现了他的一身浩然正气。他是我们学习的榜样。养正气不是一事之为，乃是一生之功。守元气不是一时之举，乃是一生之任。铸骨气不是一时之需，乃是终生之追求。做一个昂首挺胸的人，既要善于养正气，也要精于守元气，更要敢于铸骨气。

历史上曾经有无数志士仁人，他们的一生是浩然正气，气贯长虹，名垂史册。虽然，他们的人生短暂，但是，他们为后人留下永久的精神财富，照耀我们的前进之路。

改革开放的中国，更需要无数志士仁人成为新时代的民族脊梁，与时俱进，不墨守成规，敢于为百姓的福祉负责。大丈夫应该成为新时代的代表，肩负起新时代的重任。养正气以致君，守元气以泽民，铸骨气以修身。不墨守成规，敢于正视现实，勇于改变现状，为了美好明天而呕心沥血。

忍　挺　醒

2003 年 11 月 19 日

度过严寒的人最知道太阳的温暖，遇到坎坷的人最明白坚韧的道理。面对挫折，莫怨天，莫尤人，学会忍，咬牙挺，保持醒。

忍为上。无论多大的委屈、多大的磨难，必须学会忍，不忍只会使状况恶化。受委屈要忍，被误解要忍，身处逆境，有理说不清。遭磨难要忍，受排挤要忍，势单力薄，无法讨公道。修炼心，忍为高。只有忍，才能起死回生；只有忍，才能磨炼意志；只有忍，才能增强抗挫折能力。

挺为本。无论压力多大，都要挺起胸膛。抬起头，不能一压就倒下。学曾国藩“大丈夫打掉牙和血吞”的意志品质。无论困难有多少，都要坚持，一个一个去克服；无论多么艰难，都要挺住，一步一步挪动，一寸一寸前进。

醒为魂。无论顺境还是逆境，保持清醒的头脑。处顺境要正确评估自己的能力，勿盲目乐观；保持低调，不能自命不凡。陷逆境要正确评估自己的耐力，不泄气，不消沉。乌云总会过去，雨后总会天晴。成功需要谦虚，失败更需谨慎。不能把挫折归咎于客观因素，冷静反思自己的不足，汲取教训。无论处境如何，都保持清醒的头脑。现实生活中，成功不完全取决于自己的努力、能力，失败不完全是自己的不足、懈怠。学会辩证地看问题。静坐常思己过，闲谈莫弄人非。学会忍，锻炼挺，保持醒；得意不忘乎所以，失意不垂头丧气。正确评价自己，沿着正确的方向前进，不因一时一事止步不前。

自我激励

2004 年 9 月 23 日

经历了人生的风雨坎坷后，仍能坚持不懈地努力，其动因是自我激励。人生有梦想，前进有动力。相信自己优秀，就有能力把工作做好。无论做什么，都会尽心尽力。无论多难，都会想办法推进。这就是事业成功的根本动力——自我激励。

面对逆境，人更需要自我激励。不因暂时的挫折而动摇信念，不因一次的得失而怀疑能力。唯有此，才可以激励自己向更高目标迈进，才能承担更为艰巨的任务。哪怕还会有挫折，不能陷入悲伤中，一筹莫展。哪怕还会遇阻碍，不能困在泥潭里，沉沦到底。历尽磨难痴心不改，为了理想搏击风浪。这就是走向成熟的标志——自我激励。

人生有目标，生活有追求。无论处境怎样？自我激励的动力不减。工作有计划，行动有纲领。无论难度多大，自我挑战的勇气不减。面对现实，追求理想的渴望不变。增强自立意识，培养独立能力。丰富知识，拓宽视野。面对困难，主宰命运的意志不移。尽力弥补自身不足，虚心学习别人长处。有志者，事竟成，破釜沉舟，百二秦关终属楚；苦心人，天不负，卧薪尝胆，三千越甲可吞吴。这就是先贤的榜样——自我激励。

经历挫折的烦躁之后，坚持是唯一的选择。冷静思考得失，理性权衡利弊。任凭挫折不断，吾志依然不改。驾驭人生小舟，乘风破浪前进。坚持不懈地努力，义无反顾地奋进。坚持不是一句口号，是百折不挠的行动。坚持不能一曝十寒，是勇往直前的行军。坚持是对意志的考验，需要在黑暗中探索。坚持是对心灵的磨炼，需要在逆境中沉默。这就是正确的选择——自我激励。

坚持是热爱生活，对理想才如此执著。坚持是渴望成功，对人生才如此琢磨。忘记昨天，从零开始，选准目标，继续前进。呕心沥血，不忘初心，顽强拼搏，书写人生。

引以为戒“小疏忽”

2004 年 9 月 29 日

有些人很优秀，但由于不能及时注意小疏忽，最终导致大错，酿成灾难，直至企业破产、个人下台、事业陷入低谷。大意失荆州者与从优秀到卓越者的轨迹恰好相反。

吃一堑，长一智。导致企业失败、个人失势的小疏忽，即如下不良习惯：一是视自我为环境主宰。二是将公司与个人混为一体。三是唯有自己才能正确决策。四是固执己见，铲除异己。五是过于重视公司形象。六是低估发展障碍的严重性。七是固守过时的成功经验。

金无足赤，人无完人。谁也不可能完美无瑕，谁也会犯低级错误。因此，对照七个小疏忽，引以为戒。即使现在未发现这些不良习惯，那是因为你还没有成为领袖，还没有主宰一个企业、一个单位。应该有则改之，无则加勉。加强个人修养，防患于未然。否则，有朝一日登上领袖宝座，这些不良习惯会自然流露。位高权重使不良习惯膨胀，葬送曾经的努力，摧毁昔日的辉煌。这绝不是危言耸听，随处可见因小失大的英雄。因此，志当存高远，趣应避邪庸。追求更高的目标，从优秀到卓越，保持基业长青。

欲成大事者，必先苦其心志，节其贪欲，修其品行，改其陋习。三人行，必有吾师焉，择其善者而从之，其不善者而改之。成才之路坎坷、艰辛，如不能戒掉陋习，难以到达理想的彼岸。吾日三省吾身，做事自以为是乎？听言刚愎自用乎？做人哗众取宠乎？剖析性格急躁的成因，克服脾气暴躁的毛病，防止一意孤行的危害，杜绝刚愎自用的行为。

引以为戒“小疏忽”，潜心耕耘大人生。正心诚意修身，致知格物精进。既要加强业务学习，提高业务水平和工作能力，又要加强自身修养，弥补品行不足，坚守做人准则。从点滴小事做起，精益求精；从解决问题入手，一丝不苟；从博采众长入手，虚怀若谷；从修身养性入手，豁达宽容。正确对待成绩，勿沾沾自喜。理智面对批评，勿暴跳如雷。事业之路不平坦，常怀敬畏之心。人生之路多无常，如履薄冰，如临深渊。

严于律己，宽以待人，为的是立德、立言、立功。不忘先贤抱负，传承做人追求。“为天地立心，为生民立命，为往圣继绝学，为万世开太平”。防微杜渐，谨言慎行。取长补短，豁达宽容。待人慈悲，做事精进。天地人和，珍惜生命。

磨　砺

2004 年 10 月 23 日

只要在逆境中不倒下，逆境是一种特殊的财富。经过逆境的磨砺之后，会更坚强，更冷静，更成熟。这是在顺境中无法体悟到的，也无法学到。正因为如此，才有“宝剑锋从磨砺出、梅花香自苦寒来”的警句。

逆境的磨炼是痛苦的，有时候是难以忍受的。但是，要想摆脱逆境的困扰，唯一的办法就是坚持，接受各种磨砺。就好比孙悟空经历炼丹炉的磨难后，练就了一副火眼金睛。

谁都希望平步青云，可命运不会遂人愿。因此，遭受磨难、坎坷是预料之中的事，关键是对磨难有心理准备。哪怕是一次接一次，也要咬紧牙关坚持住。这样，也许还能有雨过天晴的机会，不然，就会在黑暗中倒下，眼前的世界永远是黑暗的。

其实，不是你需要磨砺，而是你没办法，必须经受磨砺；也不是你渴望磨砺，而是你不甘平庸，就必然遭遇磨砺。因此，当你遇到挫折时，你就把希望寄托在明天；有了希望，就有勇气和力量，就能燃烧起生活的激情。

因为有希望，才能经受磨砺。因为经受磨砺，你变得更加坚强，也就增加了成功的希望；有了希望，就有了动力，就不怕磨砺。不忘初心，忍受磨砺，走向成功。

止 于 骄 奢

2005 年 4 月 7 日

历览前贤国与家，成由勤俭败由奢。人生如逆水行舟，不进则退。如果不能保持清醒的头脑，滑向骄奢，必然会衰落破败。无论是谁，不管资产有多少，事业有多大，只要沾上骄奢，就会一步一步滑向衰落破败。

古往今来，业精于勤荒于嬉，行成于思毁于随。面对动荡的社会，不能高枕无忧。要未雨而绸缪，勿临渴而掘井。作为新员工，必然会遇到很多新问题，缺乏人际关系基础，没有社会资源背景，甚至有可能腹背受敌。孤军作战，不能麻痹大意；始终以如履薄冰的心态对待工作，不能忽视任何人，不可轻视任何事。曾记否，有小河沟翻船之典，有小泥鳅掀大浪之故。时刻严格要求自己，远离骄奢，恪守勤俭。永远保持艰苦朴素的生活作风；不为灯红酒绿所动，不为钱财美色所诱；珍惜现在的一切，用自己的辛勤劳动去创造价值，不期盼恩赐，只检讨言行，尽职尽责。

一个人一时勤俭易，一生勤俭难；尤其是人到中年，容易忽视晚节，在小事上犯糊涂，一生清白毁于一时糊涂。已近知天命之年，时刻提醒自己，理想在呼唤，使命在等待，天生我才必有用，莫让光阴枉自流。

慎 言

2005 年 4 月 19 日

“蝼蚁之穴，能毁千里之堤；三寸之舌，可害身家性命”。古往今来，不知有多少因小失大的教训，也不知有多少英雄，因不慎言语而命丧黄泉。杨修死于直言，岳飞、谢晋死于谏言。教训惨痛，令人刻骨铭心。

对耿直之人而言，慎言是一件困难事。因为耿直之人，对主人忠心耿耿，总是直言相劝，实话实说；很少考虑主人的喜好，不注意讲话方式；往往事与愿违，好心办成坏事。渐渐被冷落、疏远，乃至贬职，甚至丧失生命。

这大概是古今忠臣的人生轨迹。越是忠心耿耿，越直言相谏，命运越悲惨。越是耿直，仕途越坎坷，命运越艰难。因为，君主喜欢谗言，讨厌诤言。尽管历朝历代的统治者口头上总是鼓励直言谏上。实际上，出于各种复杂原因，并非总能兼听，更不会总是纳谏，连唐太宗李世民最后也不喜欢魏征，只是皇后多提醒，李世民为社稷，才留下如此美名。

以史为鉴可以少走弯路。今后，注意语言交流技巧。考虑如何说对方才能接受，才能达到有效沟通的效果。换位思考，对方首先拒绝的不是内容，而是我们的说话方式、态度。最近，遇到一些事情，触动了耿直的个性，总想一吐为快。有人提醒，不能这样，心中有点疑惑，很困惑，很无奈。当夜深人静时，回首往事，朋友提醒最多的就是勿直言。面对新环境，注意克服直言的缺点，汲取过去的教训，提高与人交流的技巧和沟通效果。周围的一切有其存在的理由，不能以自己的思想、意志和标准去衡量。从做好工作、为领导把关出发，不要对事妄加评论，更不能标新立异。凡事都要尽力去做，不能期盼过高；凡事皆要谦虚谨慎，不能贸然行事。

“处大事贵乎明而能断，处难事贵乎通而能变”。办事要灵活，不能固执己见，学会通变。路因变而畅，事因变而通。加强个人修养，增强通变意识，提高通变能力，做到原则性和灵活性的统一。

勤修身

2005 年 4 月 22 日

读付昭《处世悬镜》总有新感悟。“外贵而骄，败之端也；处富而奢，衰之始也；去骄戒奢，惟恭惟俭。”今天再读这段话，又有了新的体会。随着地位的上升、环境的变化，骄傲的情绪自然滋生，奢侈的愿望自然膨胀；如果在思想上不重视节制，在行动上很难克制，有可能滑向堕落，走向失败。防止骄傲情绪滋生，戒骄戒躁；杜绝奢侈愿望膨胀，克勤克俭。

保持简朴的生活作风，戒贪、戒奢。不和别人比金钱、比地位，要知足，知足常乐。常反省自己是否无功受禄？是否缺乏合作精神。吾日三省吾身：“为人谋而不忠乎？与朋友交而不信乎？传不习乎？”静坐常思己过，闲谈莫弄人非。

即使受委屈、遭冷落，在工作上不能消极；学会忍耐，顺其自然，保持低调行事。

面对新环境，惟恭惟俭；解决新问题，惟忍惟让。自高者处危，自大者势孤，自满者必溢。为人处世，谨言慎行，平易近人。无论对上对下，都要谦逊平和，一视同仁；不能目空一切，不可一世。

平易是一种心态。正确对待地位，正确对待自己；长存感恩之心，不能忘乎所以，更不能盛气凌人。平易是一种修养，是道德品质的外在表现，是个性成熟的标志。凡是有雄才大略的人，都能平易近人；说话深入浅出，有“听君一席话、胜读十年书”之感。平易近人是和睦相处的法宝。人都有被别人尊重的期望。越是地位低的人，这种期望越高。作为领导，如能平易近人，必然会有良好的群众基础。有了良好的人际关系，就打开了事业成功的大门；有了稳固的群众基础，就踏上了登堂入室的旅程。平易是事业成功的奠基石。一个人无论多么有才，如果在工作中不能平易近人，很难在事业上获得成功。社会分工越来越细，彼此间的相互依赖越来越多；如不能平易近人，很难取得别人的理解信任，更得不到别人的支持和帮助，必然是孤家寡人。

迎接新挑战，谦卑藏锋。虎形似困，鹰立似睡。强势者求形弱。锋芒太露，容易伤人，遭人嫉妒。谦卑相处，和谐共存。理智行事，低调做人。放下架子，虚心倾听。磨炼意志品质，应对困难处境。山以高移，谷以卑安。恭则物顺，骄则必挫。藏锋行事，融入环境。铭记“三人同行必有吾师”之古训，防止自以为是、一意孤行之冲动。

修炼超越巅峰

2005 年 4 月 27 日

阅读《超越巅峰》一书，受启发，受鼓舞，更有鞭策。想超越巅峰，明确什么是巅峰？如何达到巅峰？然后，才能考虑如何超越巅峰。从作者的观点看，巅峰是人生旅程中的一种状态。他不仅包含了事业的成功，更重要的是人格修炼达到忘我的崇高境界。巅峰是人生修炼追求的奋斗目标，以造福人类、与人和谐相处来检验你的社会性，而不是只衡量你做某事成败的自然性。达到巅峰的人必须有健全的人格、健康的心灵、和谐的家庭氛围。

要想达到并超越巅峰，必须在以下三方面不断努力、不断升华、不断完善：一是正确的态度。凡事都要以积极的态度去面对，奋发向上，不为困难所吓倒，不被世俗所左右，对生活充满希望。以足够的勇气实现自己的伟大理想，鼓励自己的每一次尝试，为生活注入活力。二是掌握专业技能。做任何事情，不仅需要坚韧、信心和热情，还必须具备专业技能，才能超越巅峰而岿然不动。三是坚实的性格基础。良好的习惯可以改变思维。思维影响行动，行动影响未来。通过有计划的训练，形成良好的习惯是超越巅峰的基础。

在激烈的竞争中，有些人事业成功，但家庭不幸；有些人堆金积玉，但心灵无法安宁；有些人拥有金钱，但无法赢得人们的信任。总之，没钱是不成功的，因为生活没有保障；但是，只有钱也不能保证幸福，钱不能取代精神满足。

一个健全的人实现全面成功至少包含以下几点：一是愉快。愉快是一种精神状态，取决于你对生活的态度、处世准则和合作精神。二是健康。健康是事业成功的基础和载体。没有健康的身体，一切无从谈起。三是富有。满足养家糊口，解决温饱问题，满足正常社会生活的开销，有一定的储蓄。四是安全。安全，既是生活环境的要求，也是心灵深处的反映，没有恐惧感，没有生存威胁。五是友情。有朋友倾诉苦恼、分享幸福，有朋友关心、惦记。六是家庭和睦。这是人全面成功的最终归宿。一个人如果没有和睦的家庭，再多的金钱也换不来天伦之乐。七是精神安宁。生活坦荡不钻营。不把自己的幸福建立在别人的痛苦之上。八是心态乐观。以积极的思维方式看待问题，正面认知社会和人群。具有快乐、自信和坚强的特质。无论贫富，都能保持乐观的心态，以积极的态度面对生活中的一切困难。

人生想有所作为，首先是自信。相信自己的智慧力量，只要有勇气，肯用功，别人能办成的事情你一定能办成。其次要坚强。遇到挫折不灰心，不气馁；矢志不渝，坚忍不拔。第三要保持快乐心态。人的一生是漫长的，如果没有快乐的心态，生活就会陷入忧郁之中。人生之事，十之八九不如意。处顺境要冷静，遇逆境要自信。没有自信，面对困难会一筹莫展，顺其自然就一事无成。唯有自信才能改变现状，创造未来。坚强是战胜困难、走出逆境的根本保证。把追求人生之美作为神圣使命，愈挫愈奋，不改初心。

保持健全的人格，培养快乐、自信、坚强的个性，就有望超越巅峰。会当凌绝顶，一览众山小。

趋利避害话选择

2005 年 5 月 6 日

古有识时务者为俊杰的说法。历史上有很多成功人士，顺应潮流，把握机遇，青史留名，是我们学习的榜样。

面对复杂多变的社会环境，每个人都应该学会趋利避害，不能固执己见，更不能一意孤行。即使自己的想法正确，在环境不允许、条件不成熟时，也不能执意坚持；否则，就会事与愿违。识时务就是要知己知彼，权衡环境的利弊，比较自己的优劣，在此基础上，制订计划，利用环境的有利条件和自己的优势。这就是趋利。

避害就是针对执行中可能出现的风险而采取的应对措施，防患于未然。不打无准备、无把握之仗。既要有战略，全面考虑内外因素，还要有战术，扬长避短，保证战略在执行中朝着有利的方向发展。国民党主席连战这次和平之旅是趋利避害的典范。他巧妙地利用大陆对台湾同胞的友善和愿意维持两岸和平、稳定的立场，化解了在野党在台湾政坛的不利地位，实现了此消彼长的目标，提升了自己在党内的威望。

趋利避害要学会选择，有所取舍。葛拉西安在《智慧书》中指出："生存所依赖的就是选择二字。仅有学识和努力是远远不够的，还需要良好的品质和正确的判断力。没有审慎和恰当的选择，为人处世难以达到极致。"

仔细品味这段话，不仅包含了人生道德行为准则的选择，也包含了在人生不同阶段发展方向的选择。前者属于道德品行的范畴，后者属于追求的事业和奋斗目标。在德的选择上要坚持诚信、包容、仁爱，志存高远，有强烈的责任感和使命感，做对社会、对民族、对家庭有用的人。在事业的选择上要扬长避短，因势利导，善于利用环境提供的有利条件，及时捕捉发展机会，发挥自己的长处，创造新业绩，开辟新领域。

就日常生活而言，也存在取舍的选择。谁重视日常小事的取舍选择，谁就能未雨而绸缪，因势利导。谁忽视了取舍的选择，过分看重现在、看重得失，忽视了长远，则很难如愿。高质量的取舍建立在高素质基础上。因此，加强个人修养，提高知识素养，完善个人品行，在决策时把握正确方向，选择正确道路，采取有效措施。

在人生取舍选择中，切忌贪字，保持吃亏是福的心态，学会比较，有所为，有所不为。要名就别想求利，否则，会被贪字所困。淡泊名利，宁静致远。不然，就会陷入追求贪欲的陷阱而不能自拔。

个人修养点滴

2005 年 6 月 20 日

处处留心皆学问。加强个人修养从注意点滴小事做起。一是遇事推敲，二是心态平和，三是待人谦和。

推敲二字源于古代一个典故。说一个人进入别人家之前，心中想是推门好呢？还是敲门好呢？后来用推敲来比喻人们做事之前认真思考。

现在看来，凡事都该推敲。而且，在不同场合面对不同的人，应该认真推敲，不能贸然开口。哪怕你有百分之百的把握，也要推敲别人希望什么？自己应该说什么？不该说什么？另外，不但自己说话时应该推敲，而且，对别人的话也该推敲，不能一听风就是雨，更不能对别人的话都当真，有些话应该反着理解。自己在这方面比较木，以前总是对别人的话信以为真，总以为说话都是坦诚的，往往事与愿违。这次集团审查“二五”规划，自己又犯了类似的毛病，开始，真以为是广泛征求意见。自己一讲，发现不对劲，立刻刹车，只好把建议埋在心底。这让我有点困惑，更使我对推敲的奥妙琢磨不透了。真是活到老，学到老，明白别人说话的意图，不能相信表面现象；其实，毛泽东早已告诉我们，要透过现象看本质，由此及彼，由表及里。否则，会被假象迷惑，甚至误入歧途。凡事少说多听，仔细推敲。

遇事要推敲，心态宜平和。无论你多么敬业，难免有失落的时候；无论你多么坦诚，难免有被误解的时候，生活就是这样的，没有绝对的公开、公平、公正。因此，遇事心态宜平和，勿急勿躁。过于理想化的追求，只能导致更大的失误。过于计较琐碎小事，只能平添无穷的烦恼。唯有保持平和的心态，坦然面对一切。宠辱不惊，望天上云卷云舒；去留无意，看庭前花开花落。唯有此，才能生活得轻松，感悟人生真谛，死去原知万事空。金银财宝，生不带来，死不带去；若为此伤神，只能增添生活中的不快，知足才能常乐。

礼之用，和为贵。为人处世要和气，不能人为制造矛盾，妥善处理邻里、同事关系。心平气和是养生之道。不管有多大委屈，只要生命在，身心健康就是最大的幸福。抚今追昔，保持平和心态，忘记名利烦恼。尽情享受人生，领略自然风采。

有理不在声高，有才不易全抛。凡事宜冷静，做人要谦逊。人不知而不韫，不亦君子乎？

人 生 定 位

2005 年 7 月 13 日

人的一生好比大海里的一艘小船，要驶向理想的彼岸，就必须有一个准确的航行定位，使船在行驶中沿着正确的方向前进。

人的潜力无穷。定位科学合理，可以最大限度地挖掘自身的潜力。定位太低，很容易满足，从而沉迷于享乐而不求上进；定位太高，很容易遭受挫折，损伤自信心，产生悲观情绪，放弃理想追求。

人的意志品质在很大程度上决定了潜力可以挖掘的程度。意志品质强者，不畏惧困难和挫折；愈挫愈奋，勇往直前，可以攀上理想巅峰。意志品质弱者，经不起风雨，受不了煎熬；遇事畏首畏尾，只能生活在平庸之中，被拒之于成功门外。

从小培养顽强的意志品质，确定正确的人生定位，将会奠定成功的基础。一个人一旦有了明确目标和宏伟愿景，他就能够集中全部精力朝目标方向前进，为实现宏伟愿景而努力奋斗，不畏艰难险阻。

勤奋，自食其力；坦诚，与人为善。这是基本的人生定位。能做到这一点，就可以与人和睦相处，就能够安居乐业。对孩子的教育一定要抓住人生定位这个关键。

待人以诚，执事以信

2005 年 8 月 7 日

诚信是一个人政治生命的灵魂。人失去了诚信，任凭你采取何种手段达到事业的巅峰，终究会被历史所嘲弄，被历史淘汰。

诚是待人的基础，与人相处缺乏诚意，很难赢得别人的信任，更难得到别人的帮助。诚是做人的根本，一时的小聪明，甚至以欺骗手段可能会骗得人们一时的信任、重用和支持；一旦伎俩被识破，很快就会臭名远扬，甚至变成孤家寡人。

信是办事的准则，说到做到。说话夸夸其谈，承诺不能兑现，时间长了就会失去人们的信任。放羊的小孩总喊狼来了、狼来了，多次欺骗村民，等狼真来了，再没有人出来救他，最终被狼吃了。故事虽小，耐人寻味

待人以诚，不能充满虚伪。说话要坦诚，不能拐弯抹角。作为领导，应该成为真诚待人的楷模，以真诚赢得下属信任，激发下属工作热情，增强集体凝聚力。

言必信，行必果。敢于说真话，对问题负责，是执事以信的具体表现。守信是形成人格魅力的关键，是渡过难关、起死回生的基础。古往今来，凡是从逆境起死回生的人物，除了有顽强的毅力、百折不挠的精神外，取信于人、信念坚定是不可或缺的重要组成部分。要想成功，待人以诚，执事以信。

人生原动力

2005 年 10 月 6 日

人类不断战胜困难的动力在于其点滴成功所受到的激励。小孩子跌倒了，在

大人的激励下爬起来，慢慢学会了走；小学生刚开始不会用笔，在老师的激励下学会写字。激励可以点燃希望之火，激励可以增强自信。

然而，同样的事情，不同的人则会取得不同的成果；同样的条件，有的人一事无成，有的人功名显赫。究其因，成功者做事充满激情。以精益求精的态度工作，会激发出灵感，能创造出奇迹。激情可以启迪创新之梦。

希望之火让你激动，创新之梦让你行动。拥有激情的行动会带来意想不到的收获，会创造出惊人的奇迹。要想保持持之以恒的奋发精神，就要以适当的方式激励自己，让生活充满激情。只有这样，才能从疲于奔命到衣食无忧，从衣食无忧到成功，从成功到显赫，登上理想的巅峰，领略五彩人生。此时此刻，为你的成就而惊讶！为你的人生而激动！生活原来如此，秘诀是激励自己，点燃希望之火，天生我材必有用。其次，充满激情投入生活，编织美好的创新之梦，以不懈的努力和追求使之变成现实。第三，在成就鼓舞下马不停蹄奋进，登上人生巅峰。

人生充满矛盾，不如愿时不甘落后而发奋，在逆境中奋进，能取得惊人成就。相反，一旦如愿，很容易飘飘然而忘乎所以，甚至躺在过去的成就上止步不前，吃老本。这样的成功不会维持多久，再不会有大作为，慢慢地就销声匿迹了。人既要在逆境中充满激情，不屈不挠；更要在顺境中奋发向上，再接再厉。塞翁失马，焉知非福。不如愿并非坏事，可以激发斗志；如愿并非好事，容易让人自满而懒散。

人生苦短，机会稀少。若不能把握机遇，很难成就大事。若想成就大事，一方面要把握机遇，另一方面要磨炼意志。不论在顺境，还是在逆境，都要勤奋敬业，刻苦努力。珍惜现在，争取未来。以坦诚豁达的心态包容不如意，以百折不挠的精神应对挑战。热爱生活，保持人生的原动力，始终充满激情，不断激励自己奋进。

成功的原动力

2005 年 10 月 23 日

成功的原动力是正确的信仰、无限的勇气、正直的人格和完美的自信。它会使你的表现更加卓越。而且，你会感染周围的人，他们的工作也会越来越出色。这时，你的工作安全感得到了加强，也使你成功的机会大为增加。这就是管理大师金克拉对“你帮助成功，你自己就能成功的”的进一步阐述。

无论是你帮助别人，还是从完善自我出发，人们都应该树立正确的信仰。正确的信仰产生远大的抱负，抱负在激情、智慧和正直的支持下，成为推动事业发展的动力。成为你和千万人打开机会之门的钥匙。相反，如果确立了错误的信仰，就会产生狭隘的抱负，在私欲和贪婪的支持下，抱负就变成了野心。这将会产生恶劣的后果，会殃及周围很多人。

抗日战争胜利六十周年了，重温当年革命先辈的业绩，都源于抗日救亡的坚定信仰和彻底打败日本侵略者的勇气。东北大学的学子在抗日救亡运动中可歌可泣的事迹无不说明这一点。信仰指引人生，奋斗燃起激情，事业在奋斗中延伸。

今天，虽然中国强大了，但日本亡我之心不死。因此，我们永远不要忘记被日本侵略、奴役的耻辱，要树立振兴中华的坚定信仰和百折不挠的勇气，实现中华民族的和平崛起，与人为善、与邻为伴，在帮助其他民族中不断壮大中国的实力。

国家如此，个人依然。上世纪三十年代，一大批热血青年奔赴延安。在坚定的共产主义信仰支持下，以大无畏的勇气参加革命，实现了打败日本侵略者、解放全中国的梦想。既实现了国家摆脱三座大山压迫的梦想，也成就了个人的梦想，成为新中国的主人，作为社会主义建设的主力军开创了辉煌人生。

在改革开放的今天，由于受西方价值观的影响，有的人信仰动摇了，人生有点迷茫，生活缺乏动力，工作没有激情。甚至，有的人追求金钱至上，铤而走险，不择手段，最后深陷囹圄而忏悔。因动摇了信仰，毁灭了人生，葬送了前程，愧对组织和家庭。但是，这只能留给后人借鉴，无法改变自己的铁窗生涯。因此，无论多么艰难，都不能动摇正确的人生信仰；无论多么困难，都不能放弃不断进取的勇气；无论多么诱惑，都不能屈从于金钱而背离正直的人格；无论遇到多大的挫折，都不能失去自信。天生我才必有用，直挂云帆济沧海。

迈向成功的修养

2005 年 11 月 18 日

“想你所得，得你所想”。一个人的思维轨迹决定其人生轨迹。成功者坦荡荡，自信坚定；失败者常戚戚，悲观失望。由此可见，积极的思维方式产生积极的生活态度，憧憬未来。乐观的人充满活力和激情，幸福富裕。这是人生迈向成功的起点。

然而，站在迈向成功的起点，如果没有明确的目标，也不会到达成功的彼岸；好比 100 米运动员站在起跑线不知道终点在哪儿，很难第一个到达终点。明确目标是关键。明确目标后就要奋力冲刺，全力以赴，坚持到底。在具体工作中就是追求卓越，精益求精，以实现理想的结果，把动机和效果有机结合起来。

成功路上无坦途。要敢于克服困难，善于解决问题。在干中学，学中干。世界是物质的，物质是运动的。没有一成不变的真理，没有永恒的经验。活到老，学到老。积累经验，学习新知识，开拓新视野，向更高目标看齐，迈开双腿，加速奔跑，全力冲刺。

把企业从优秀带向卓越，一流的CEO有独特的经验。既有明确的目标，又有过人的智慧和燃烧的激情，使企业披荆斩棘，超越自我，在商战中独占鳌头，取得骄人业绩。一流CEO成功的要点很多，直觉是难以模仿的重要因素。直觉建立在过去的经验和丰富的知识之上，知己知彼百战百胜。作为企业经营者，首先，应该忘记头衔，不要热衷于发号施令，应该关注工作的进展和结果，做高明的授权者，以自己的理想和价值观影响、感染员工，把所有人团结在一起，凝聚在企业的价值观周围，以不达目标誓不罢休的执著，辛勤耕耘，卧薪尝胆。其次，要把授权和培养员工自身能力结合起来，形成员工有权利和有能力做事的氛围。人尽其才，物尽其用。此乃企业经营者的艰巨任务，需上下而求索。第三，提高自身的领导力和决策水平，以直觉捕捉机会，用智慧理清风险，用激情驾驭行动。第四，不但要自己进步和提高，还要激发员工的活力，提高员工的直觉判断力和风险评估能力，鼓励员工超越自我。第五，形成自己的领导风格，以人为本，恩威并重；以身作则，奖罚分明。秉公办事，不偏不倚决策，不折不扣执行。走向成功的素养，并非一蹴而就。需要日积月累，坚持不懈修炼。

内敛贵在恒

2006年1月17日

人生智力差异的影响比后天意志品质的影响要小得多。大凡成就大事者，不唯有超群绝伦之才，亦必有青云不坠之志。古往今来，人们都十分重视个人修养，强化内在意志品质的磨炼。

鬼谷子《纵横经》开篇就是内敛。它强调，欲“乱中取胜、谋定天下，非长期修炼的高人不能为也。”修身内敛贵在恒，重在遵循天道。纵横天下，顺天行道，做可为之事。逆天行事，为不可为之事，虽成犹败。鬼谷子将春生、夏长、秋收、冬藏谓之为天道。知天道，方可断可为，决进退，真正成就大事业。然而，真正掌握大自然“春生、夏长、秋收、冬藏”之道，彻底悟透人生进退、名利、忍让之道，顺应潮流、因势利导并非易事。可谓地冻三尺非一日之寒，乃千日之功。因此，仰慕功名，先沉下心来默默地耕耘；体验世态炎凉，感受人间冷暖；胜不骄，败不馁；矢志不渝，勇往直前。

时代不同了，内敛的难度加大了，外界的诱惑增加了。如果不能持之以恒地坚持，就会功亏一篑。不为名利所动，恪守清廉、勤俭、谨慎的做人原则。修炼内功，磨炼意志，锤炼品质，肩负起历史重任。振兴中华民族，从我做起。

古往今来，有志于为民做事、为国尽忠者，无不恪守“清、慎、勤”三字。吕本中在《官箴》中开宗明义提到：“当官之法，唯有三事，曰清，曰慎，曰勤。知此三者，可以保禄位，可以远耻辱，可以得上之知，可以得下之援。”君子行廉以全其真，守清以保其身。富财不如义多，高位不如德尊。立志报效祖国，敬业鞠躬尽瘁。君子务于德，修于政，谨于刑。

生于盛世，当不辱使命。情为民所系，利为民所谋，权为民所用。国泰民安，乃毕生之追求。执以危局，当临危不乱。忠于职守，信以服众，诚以待人。以忠固君臣，感天地，动神明。

养　　志

2006 年 2 月 5 日

人类在进化，个人在进步。这二者之间存在着内在的联系，没有人类的渐进式进化，难有个人持续的进步，尤其是个人修养方面的进步，离不开思维的进化。了解过去，指导未来；学习先哲，明心见性。

鬼谷子《纵横经》中对养志的系统论述，就是我们学习先哲、明心见性的指南。“志者，欲之使也；欲多则心散，心散则志衰，志衰则思不达也。故心气一则志不惶，欲不惶则志意不衰，志意不衰则思理达矣。”

显然，养志的关键在于抑制欲望，抑制欲望的关键在于养气。心平气和，清心寡欲。养志要耐得住寂寞，更要挡得住诱惑。人非草木，孰能无欲？人非圣贤，孰能无过？只有内敛克制，方可奠定事业之基；只有六欲不张，方可立鸿鹄之志。不计较一事之得失，不争一时之高下；忍让为先，克制为鉴。不图一时之虚名，不贪一己之私利。诚信为本，宽大为怀。不强人所难，不自鸣得意。静坐常思己过，闲谈莫弄人非。不投机取巧，不见风使舵。认认真真做事，坦坦荡荡做人。

养志要超越自我，勇于挑战极限。矢志不渝，追求卓越。目光要高，不断提高理想的横杆；起点要低，不断夯实事业的基础；以愚公移山精神，构筑人生理想大厦。不怕蜀道难，何惧雪满山？三军可以夺帅，匹夫不可以夺志。有志者，事竟成，破釜沉舟，百二秦关终属楚；苦心人，天不负，卧薪尝胆，三千越甲可吞吴。

养志与时俱进，汲取人类进步的营养。“谨言，巧语悦人，自扰其身，闲言送日，亦搅汝神。”养志磨炼心性，借鉴先贤不屈的人格。“立志，荷道以躬，与之以言，一息尚存，永矢弗谖。”养志自我升华，陶冶自身做人的情操。“居敬，严恪齐明，以凝汝命，汝之不在，伐我生性。”养志虚怀若谷，牢记“满招损、谦受益”。

文明互鉴

2006年5月9日

一个民族，无论历史多悠久，也不能妄自尊大；一个国家，无论历史多长，都有值得我们学习的地方。取人之长，补己之短；文明互鉴，和平共处。这是新世纪我们应该遵循的基本原则。

美国虽然只有二百多年的历史，则成为全球最强的经济大国。这其中有值得我们学习的成功智慧。美国人的成功智慧有以下几点：一是注重效果，办事目标很明确。二是强调自我，在任何事情中都要发挥自己的作用。三是白手起家，生活没有依赖思想，不靠祖宗遗产。四是勇于尝试，不怕失败，不达目标誓不罢休。五是永远自信，不迷信英雄，不迷信权威。六是实干苦干，从不投机取巧，始终脚踏实地。七是教子有方，从小培养孩子独立生活的能力。

犹太民族学会在磨难中发展，在磨难中保护自己，在磨难中主宰经济命脉，从而主宰自己的命运。逆境摧残出犹太人的经商意识和经商本领，凝练为犹太人的生存智慧，金钱是生活之源。他们用金钱化解生存困局，改善生存条件。在犹太民族中流传这样一句话：为了贫穷女孩子的嫁妆，可以在犹太教堂把《圣经》卖掉，为了这个女孩子一生富足，她的嫁妆里必须有一本《塔木德》。

《塔木德》是犹太人的一本商业圣经。它教会犹太人在逆境中生存，通过提供商业服务赚钱。他们知道：“我们没有祖国，金钱就是我们这个民族的疆域，摩西律法就是我们的国界。”犹太人的悲惨经历，让他们早早地发现这样一个事实：“金钱是生活之源”。

打开《犹太人一生信奉的传世智慧》，展现在眼前的是“逆境磨炼出的智慧、心血凝结成的财富”，耐人深思，值得借鉴。

中华民族有五千多年的历史，勤劳勇敢，曾经创造过历史的辉煌。进入19世纪，鸦片战争使中国沦为半殖民地半封建的国家。在改革开放的今天，我们应该以开放的心态，包容借鉴人类文明，取人之长，补我之短。虚心学习美国人的成功智慧和精神，借鉴犹太人的经商头脑、顽强的生存意志和服务精神，扬长补短，积极参与国际合作，展示中华民族的优势，融合其他民族的精髓。

学习其他民族优秀文化，不能从一个极端走向另一个极端，不能放弃中华民族的优良传统。经济全球化加剧了世界各民族的相互渗透，互相影响。应该以积极的态度参加世界大融合，既要发扬中华民族的优良传统，又要学习其他民族的宝贵经验。面对困难和逆境，向犹太人学习。磨炼意志，增长智慧，学会生存，通过服务创造财富。面对竞争，向美国人学习。应对挑战，不怕失败，依赖自己，实现人生价值。

随着经济全球化、市场一体化进程的加快，谁能互鉴文明，谁就能在竞争中成长。学习别人，切忌邯郸学步，不能东施效颦。学习别人的精髓，发挥自己的优势。培养竞争意识，不忘勤俭节约；锤炼冒险精神，牢记诚信做人；在忍辱负重中学会逆境生存，在挑战极限中塑造智慧人生。勤能补拙，天道酬勤。文明互鉴，诚恳虚心。

祸莫大于不知足

2006 年 7 月 4 日

人生有很多追求，也有很多诱惑。但毕生的追求就三件事：事业、家庭和健康。要做好这三件事，坚持一个宗旨：和谐。

事业成功离不开个人的努力和奋斗，离不开和同事、客户的合作，合作应该建立在和谐的基础上。建立融洽的合作关系，加强个人修养，学会沟通，充分听取别人的意见，适当考虑别人的建议和利益相关方的诉求。

在商业交往中，由于信息不对称，你可以一时欺骗合作者或在一事上侥幸得手；但是，时间长了，一旦被对方发现了，很难再继续与对方融洽地合作。诚信是融洽合作的根本。商场小赢靠智，大赢靠德。靠德者诚实守信。商场首先推销的是人品。勿因善小而不为，勿因恶小而为之。在与人交往中有吃亏的心理准备。从小养成肯吃亏的习惯，不怕吃亏，人们愿意与你交往合作。做人要守拙如初，永远以诚信为本。唯有诚信，才能合作和谐。

家庭幸福离不开忍让。敬老爱幼要以身作则，吃苦在前，享受在后；有话心平气和地沟通，有事集思广益地研讨；防止大男子主义，要避免不负责任的寻花问柳。为子孙后代树立榜样，家庭成员之间互相关心，互相爱护，互相帮助。教育子女，无论穷富都要恪守“诚信、勤俭”的准则。诚信是一种习惯。如果从小养成诚信的习惯，就孕育了良好的个性，预示着你会有美好的明天。

身体健康是每时每刻都要注意的问题。做到“合理膳食、适当运动、禁烟限酒、心态平衡”。首先，要保持合理的饮食习惯，不暴饮暴食；其次，坚持适量运动，不管什么运动，贵在坚持；第三，禁烟限酒，理智地应对社会交往，不酗酒。第四，保持心态平衡。这是最关键的一点。无论胜败，都要坦然面对。

归根结底，做任何事都离不开和谐。和谐就要知足。祸莫大于不知足。老子对“知足不辱、知止不殆”的论述有助于我们保持心态平衡。“名与身孰亲？身与货孰多？得与亡孰病？是故甚爱必大费，多藏必厚亡。故知足不辱，知止不殆”。

在市场经济的大潮中，物质享受的诱惑，固守清贫的寒酸，似乎动摇了相当多人的价值观。正如当年和珅告诉乾隆皇帝，长江千帆竞发的情景是追名逐利。人们无限的追求和欲望成了拼命奋斗的动力，可到头来，当人们离开这个世界时，似乎完全验证了老子的论述。贪欲太多会带来更多的苦恼，甚至会诱发犯罪动机，导致铤而走险，酿成终生之恨。祸莫大于不知足，罪莫大于可欲，咎莫大于欲得。因此，记住先贤的忠告，达则兼济天下，穷则独善其身。不为物欲所动，不为名利所困。知足常乐，能忍自安。

用平衡计分卡塑造自己

2006 年 10 月 7 日

平衡计分卡是企业管理的工具。个人平衡计分卡的出现，为自我塑造开辟了新的途径。只要我们认真学习，深刻领会，就能利用平衡计分卡完善自我，提高工作效率，改进办事效果，事半功倍。通过关注内心和自我思考，我们会越来越了解自己，从而更好地完成我们的职责。学习真理，做正确的事。个人利用平衡计分卡有以下好处：

1. 它帮助你脱离习惯的思维定式，真切地聆听内心的声音：如何协调外部环境与个人的抱负？改变你对外部环境的体验方式，从而使环境更符合你的个人抱负。

2. 它可以帮助你通过自我认识和自我学习更聪明地工作，而不是更卖力地工作。个人行为的改变能带来集体行为的改变。

3. 个人抱负和个人行为的良好平衡能够帮助实现个人诚信，带来内心的平和，减少精力消耗，提高倾听内心声音的能力。这有助于建立个人魅力，为建立个人诚信奠定基础。当自我内心实现良好平衡时，你会激发周围人的忠诚、动力和奉献精神。

4. 如果员工的个人利益（个人抱负）和组织利益（组织抱负）能够平衡，员工将为推动组织的发展更加投入地工作。重点在于内在动力，内心因为喜欢而做某事。

5. 将个人平衡计分卡纳入素质管理流程，与组织平衡计分卡同时使用，可以带来有效的人才管理。企业成功靠的不是机器和计算机，靠的是人。

6. 它能促进团队学习。它鼓励员工互相分享个人抱负，使彼此间更了解、更理解，互相欣赏。

7. 你将更加有效地利用时间。你会成为一个熟练的时间管理者，事情一旦计划好，就会按时完成。它帮助你围绕重要的个人目标、行动措施和有限事项制订计划。

8. 通过管理者和员工之间的抱负对话，可以消除组织内部的恐惧感。这将为营造平和诚信的组织氛围奠定牢固的基础，为创造力的发展提供滋养。

9. 个人抱负和公共抱负的协调，呼吸静默练习的引入，可以降低组织内部的压力和疲倦感，一个人的精神越愉悦，他的心脏越健康。

10. 个人平衡计分卡方法可以帮助你选择正确的人担任正确的职务。通过职务候选人的能力、态度、动机、工作要求和组织的公共抱负进行匹配。职位要求和个人抱负的意志能够带来客户高满意度。停止抱怨，行动起来。运用个人平衡计分卡培养自己快乐、充满活力和坚强的人格。

明德与致知

2007 年 1 月 2 日

《大学》中写道："古之欲明明德于天下者，必先治其国；欲治其国者，必先齐其家；欲齐其家者，必先修其身；欲修其身者，必先正其心；欲正其心者，必先诚其意；欲诚其意者，必先知其致；致知在格物。"

先贤重视弘扬光明正大的优良品德，归根结底要抓好学习，掌握知识，研究客观事物的规律。今天重读《大学》，倍感亲切。她明确地指出一个"君子"应该努力的方向和具体人生轨迹，即"致知、诚意、正心、修身、齐家、治国、平天下。"

在新的一年里，自己依然要在明德大目标下致知，争取做到知己知彼。学以致用，为的是修身、齐家、治国、平天下。这是君子的历史使命。新的一年会有新的困难和风险，不能照搬过去的经验，仍然要虚怀若谷地学习。新的一年任重道远，靠《大学》指明方向，抓住《执行力》，提高《采纳》效率。取古今中外先贤之长，补己之短，利用和平发展的有利时机，再接再厉。不忘历史使命，勇攀事业高峰，告慰先贤祖宗。

今天抄写《弟子规》，心灵深处再次受到传统教育思想的熏陶。中国古代强调个人修养，遵循"格物、致知、诚意、正心、修身、齐家、治国、平天下"的轨迹。教蒙学读物是教育的第一步。刚开始，孩子可能并不理解其意思，慢慢地在诵读中逐渐理解其道理，在耳濡目染中实现了修身的目的。

抄毕《弟子规》，深深感受古人在教育上的良苦用心，不仅重视学知识，而且重视实践；不仅要提高自身道德修养，而且，要帮助别人、关心别人，在蒙学中实现修身的目的。通过修身实践，实现蒙学倡导的理念。

掩卷沉思，现在的教育真有点见钱眼开，顾此失彼；只教书不教人，更有甚者，只收钱不教书，放任自流。呜呼，哀哉！面对市场经济对教育领域的冲击和渗透，真有杞人忧天的感觉。知识改变个人的命运，教育构建国家的未来。这二者的有机结合是教育的良性循环。

“先天下之忧而忧，后天下之乐而乐。居庙堂之高则忧其民，处江湖之远则忧其君”。重读《岳阳楼记》，再次感受到古代志士仁人通过蒙学的传统教育，沿着“格物、致知、诚意、正心、修身、齐家、治国、平天下”的轨迹，有着明确的理想，不争一时之高低，不恋一时之权位，坚守做人的基本准则：达则兼济天下，穷则独善其身。这应该是今人的座右铭。

培养青年是当务之急，国学教育是抢救迷失一代的突破口。先贤的人生追求和现代人的现实主义形成强烈的反差，缩小这种反差的根本出路在于教育。改革开放最大的失误在教育，要想重塑社会伦理道德，教育必须回归到它的社会定位：教书育人、传道授业解惑。

淡 泊 宁 静

2007 年 1 月 13 日

诸葛亮曾告诫儿子：“非淡泊无以明志，非宁静无以致远”。已近知天命之年，受环境影响，心绪杂乱难以平静，反倒不像以前那样淡泊宁静了。心动神疲，思绪茫然。

生活是现实的，现实是无情的。有感于此，再次提醒、告诫自已，谨慎冷静地面对现实，不为环境所动，始终固守本分。不奢望任何恩赐，更不追求公平和偏爱。只求付出，不问回报。但行好事，莫问前程。心境淡泊，不为物欲所趋。永远记住“知足常乐、能忍自安”的古训。

成人不自在，自在不成人。地位越高，自由度越小。为了追求更高的目标，就要固守清净无欲的境界。想有所为，就有所不为。欲成大事，勿因小失大；欲超越自我，勿迷恋物质享受；欲受人尊重，勿言行随意；欲攀高峰，勿怕艰辛；欲走阳关道，勿怕拥挤当道；欲成就丰功伟业，勿怕失败和挫折；欲成名，勿贪财、勿恋色；自警自省，吾日三省吾身。

今天抄写《千字文》，对其中一段话感悟颇深：“性静情逸，心动神疲；守真志满，逐物意移”。古人对事物的理解，对生活的感悟非常精辟，尤其在物质极大丰富、诱惑极其广泛的今天，仔细品味这段话，具有重要的指导意义。

在五彩缤纷的世界面前，需要性静情逸；否则，就会陷入各种诱惑之中。对现实生活中任何东西的心动都会搅乱平静的心情，如果执著追求，势必心神疲惫。因此，不论权利，还是名誉，都适可而止，不执迷追逐。不论是金钱，还是美色，都要克制。不能有贪欲，更不能铤而走险。否则，会陷入困境，困惑而不能自拔；轻则心神焦虑，重则焦头烂额。

在追名逐利的潮流面前，不能当弄潮儿，随遇而安，一切顺其自然。工作尽职尽责，稍有闲暇，多和古人对话，从古人的智慧宝库中寻找消除烦恼的妙方。生活简朴知足，稍有盈余，接济亲朋，让大家一起丰衣足食。不追求时尚，不炫耀显赫。踏踏实实做事，平平淡淡生活，求得心静身宁，心旷神怡。慷慨陈词，岂能尽如人意；鞠躬尽瘁，但求无愧我心。

尊 师 守 道

2007 年 1 月 20 日

周武王尊师太公，惕若恐惧，退而为戒。在自己的日常用品上铭刻警示语，告诫自己要立身、立德、立言。学习先贤的高尚品德，借鉴安邦治国的经验，汲取历代王朝灭亡的教训，防微杜渐。

武王尚且如此，我们更应该尊师守道。继承和发扬中华民族的优良传统，学习和借鉴西方国家的先进经验，总结和汲取以往工作的教训，巩固成绩，拓展未来。

尊师是一种美德。既要尊重师长本人，更要聆听师长的教诲，虚心听取不同意见。孔子云：“三人行，必有吾师焉，择其善者而从之，其不善者而改之。”在信息化的时代，向任何能为我们提供知识、信息的人学习，视他们为师长。不论地位，不论长幼。尊师要摆正自己的位置，放下架子；不能好为人师，自以为是，善于倾听不同意见。尊师要有行动，不能停留在口头上，要以身作则。

守道要经得住诱惑，不为世俗所困，不为美色所动。以“通神明之德、类万物之情”为己任，牢记玩人丧德、玩物丧志的古训。明德于天下，亲民、爱民。不忘“民可近，不可下；民为邦本，本固邦宁”的哲理，为齐家治国平天下而尊师守道，修身养性。

今天，阅读宋·范祖禹《帝学》，体会颇深。历代帝王都是治学守道的典范。伏羲“仰则观象于天，俯则观法于地，观鸟兽之文与地之宜，近取诸身，远取万物。于是，始作八卦，以通神明之德，以类万物之情”。

自伏羲以来，历代皇帝的学习态度依然，不但注重学习前人的理论知识，更注重在实践中观察。学习目的明确，就是“以通神明之德、以类万物之情”，真可谓守道之楷模。

掩卷沉思，皇帝亦如此，我们岂能夜郎自大呢？学习以解决问题、掌握规律为目的，不能停留在了解知识的只言片语上，学习注重思考；既要明白是什么？还要探索为什么？更要研究怎么办？学习要保持连续性，不能一曝十寒。“贵有恒，何必三更起五更睡；最无益，就怕一日曝十日寒”。学习要日积月累，举一反三。加深理解，触类旁通。学习不能一知半解，建立系统的知识根据地。学习要充满好奇心，善于捕捉新信息，拓展新领域。要培养创新思维，敢于对传统知识提出不同见解，善于发现问题，有志于解决问题。这是守道的根本目的。守道在于传承和创新，与时俱进；取其精华，去其糟粕；去粗取精，去伪存真。尊师守道，学之灵魂；齐家治国，人之使命。

悟《帝范》之道

2007 年 1 月 23 日

李世民在《帝范》求贤卷中写道：“夫国之匡辅，必待忠良。任使得人，天下自治。故尧命四岳，舜举八元，以成恭己之隆，用赞钦明之道。士之居世，贤之立身，莫不戢翼隐鳞，待风云之会；怀奇蕴异，思会遇之秋。是明君旁求俊乂，博访英贤，搜扬侧陋。不以卑而不用，不以辱而不尊。昔伊尹，有莘之媵臣；吕望，渭滨之贱老。夷吾困于缧绁；韩信弊于逃亡。商汤不以鼎俎为羞，姬文不以屠钓为耻，终能献规景亳，光启殷朝；执旌牧野，会昌周室。齐成一匡之业，实资仲父之谋；汉以六合为家，是赖淮阴之策。故舟航之绝海也，必假桡楫之功；鸿鹄之凌云也，必因羽翮之用；帝王之为国也，必藉匡辅之资。故求之斯劳，任之斯逸。照车十二，黄金累千，岂如多士之隆，一贤之重。此乃求贤之贵也。”

一千多年前，李世民能有如此的人才观，让我们看到盛唐、“贞观之治”的奥秘。选贤任能，不拘一格降人才。面对激烈的竞争，无论是国家，还是企业；唯有使用人才，才可以独占鳌头。完善用人选拔机制，创造优秀人才脱颖而出的氛围。人尽其才、物尽其用是重现盛世的坚实基础，是立于不败的根本保证。

治而不忘危，存而不忘亡。居安思危，崇俭诚盈。在《帝范》开宗明义写道：“俭以养性，静以修身。”在历史的长河中，始终克勤克俭的皇帝寥寥无几。即使在登基之前有勤俭作风的，一旦登基也逐渐安于现状，贪图荣华富贵了。今天，再读《帝范》，对李世民肃然起敬。他是有志成就伟业的良师益友。

“夫圣世之君，存乎借鉴。富贵广大，守之以约；睿智聪明，守之以愚。不以身尊而骄人，不以德厚而矜物。”李世民告诫儿子，即使富贵，也要固守勤俭节约，即使聪明，也不能张扬。特别强调，不因自己尊贵而对别人傲慢，不因道德尊贵而恃才傲物。

李世民既是一位明君，也是后人修身养性的楷模。面对鲜花掌声，我们能否尊而不骄？这是修身养性的试金石。随着生活条件的改善，生活上没有困难，经济上没有压力，很容易飘飘然，滋生安乐享受的思想，忘记勤俭节约的家风。忧勤惕厉，不因环境变化而滋长骄奢情绪，不因地位变化而助长傲慢作风。

成败皆因一点点

2007 年 2 月 26 日

今天在飞机上看到一篇短文，题目是《人生全是一点点》。由此领悟到，人生的成败皆因一点点。古人曾经告诫我们，勿因善小而不为，勿因恶小而为之。千里之堤毁于蚁穴，防微杜渐，防患于未然。

仔细分析古今中外的成功人士，他们的经验就是积跬步之功至千里，积涓涓细流成江海。平时的一点刻苦，就会取得一点成绩，累积一点自信，增强一点实力，在竞争中就有一点优势。日积月累，就会有进步。自信和实力增强了，优势明显了，取得成绩就是水到渠成的事了。道理简单，坚持不易。谁能坚持，谁就不简单。

对自己要求严格一点，就能提高一点修养；多学一点知识，增加一点智慧；对人多一点爱心，就会多一点仁德；修养要求多一点，就会完善一点品格。久而久之，知识日渐丰富，人格日臻完美。千里之行始于足下，九层之台起于垒土。

相反，对自己宽容一点，在工作上就马虎一点，容易铸成大错。在学习上松懈一点，在竞争中就落后一点，被社会淘汰。在生活上堕落、放纵一点，就容易偏离人生大方向，一失足成千古恨。差之毫厘失之千里，成败皆因一点点。

做一个对生活、工作负责的人。从点滴小事做起，精益求精。集腋成裘，积沙成塔。大千世界，充满诱惑。芸芸众生，为名利所累，为声色所困。生活多苦恼，事业多坎坷。只要少一点追求，就少一点苦恼，多一份安慰。少一点物欲，就少一点自卑，多一点自足。少一丝冷漠就少一分孤单，多一分爱心。少一点偏见就多一分宽容，少一个敌人。少一点自负，学习别人的长处，勿故步自封。少一点贪婪之心，多想想弱势人群，长存感恩之心。少一点怨恨，珍惜人间真情，倾心奉献。少一点烦恼，尽情享受人生，莫留遗憾。

潜心修身

2007年3月12日

无论是营造良好的关系、培养竞争能力，还是积极参与竞争、努力开拓新领域，都离不开个人修养的提高。归根结底，修身是永恒的课题。修身好比爬山，登高望远景色新，会当凌绝顶，一览众山小。

欲成大事，必先从小事做起。正心诚意，致知格物。欲攀高山，必先从山底起步。一鼓作气，勇往直前。欲修身养性，必先从静心节欲开始。老子曰："五色令人目盲；五音令人耳聋；五味令人口爽；驰骋畋猎，令人心发狂；难得之货，令人行妨。是以圣人为腹不为目，故去彼取此。"为腹不为目，居安思危。追求不为名利所动，生活不为酒色所困。修身先悟道，悟道先体验。在实践中感悟道，在悟道中寻找路。条条大道通罗马，天下行行出状元。

凡事先从个人修身开始，打好基础。修身持之以恒，择善而存，扬长补短。修身理论和实际结合，师古不僵化，弘扬其精华。修身自我反思，吾日三省吾身：为人谋而不忠乎？与朋友交而不信乎？传不习乎？修身不急功近利，不能尽如人意，但求无愧我心。

市场经济的发展对修身提出挑战，物质生活的改善对守志产生动摇，同事之间攀比对节欲产生冲击。唯有励志，不忘初心；物欲横流，灯红酒绿，置其中而不染；群英争先，各显其能，融其中而不惧。

修身学会守弱。当你弱小时，不忘敬强，勿以卵击石。忍胯下之辱，保全自己，韩信为典范。当你变强时，勿忘乎所以，睦邻里，尊师友，走仁德之路，赢得朋友，刘备能称王。共产党的崛起、长征的胜利，演绎了成功的守弱学。农村包围城市，国共合作。共同抗日在守弱中保全自己，在合作中壮大自己。

历史上有无数的事例从正反两方面诠释了守弱。项羽因恃强而衰败，在四面楚歌中告别江东父老。刘邦则演绎了成功的守弱学，掀开西汉新的一页。

作为弱者，想安身立命，虔诚地向古人学习守弱。忍让为先，在守弱中生存。勤勉、谦和、豁达、宽容。守弱的关键在示弱。示弱以真，获得同情；示弱以诚，赢得理解；示弱持之以恒，勾践卧薪尝胆。

人生示弱是一种修炼。收起傲气，掩饰傲骨；放下架子，甘当下人。忍辱负重，忍气吞声。真诚示弱，以假乱真。孙膑装疯卖傻躲过庞涓的追杀，最后生擒庞涓。示弱不能做作，少言寡语，收其锋芒。示弱韬光养晦，以退为进。

制　怒

2007 年 5 月 6 日

人生的好多机会因易怒而丧失，人生的诸多成就因制怒而如愿。个人有修养，思无邪；人生有追求，行有方。制怒是修养的难题，易怒是人生的本性。谁能制怒，谁就会赢得人生。

易怒，是性格特征，是个人修养不到位的表现。要想成功，从磨炼性格开始，把制怒作为一项长期任务去完成。易怒后患无穷，它会让夫妻反目，能使亲人成仇。易怒容易丧失理智，鲁莽而酿成大祸。易怒是成功的绊脚石，是进步的拦路虎。易怒会失去同事信任，易怒会引起领导反感；易怒会激化矛盾，易怒会错失良机。

唯有制怒，才可以冷静。唯有制怒，才能理智地化解矛盾。要想成功，除了勤学苦练、任劳任怨外，还需要制怒。谨慎对待问题，冷静处理问题。制怒，易说难做。制怒既要控制自己，又要控制环境。易怒者因环境刺激而失去理智。因此，学会控制环境，无法控制时就选择离开。避开刺激源，采取冷处理。易怒者因思维偏激而情绪激动，学会控制情绪，有效控制自己。制怒是成功的基石。

制怒助力成功。凡是有成就的人，行有方。从小就有明确的志向和奋斗目标，以不懈的努力朝着理想方向前进。在前进中忍辱负重，不忘初心。然而，有些人在前进途中因为挡不住诱惑，改变了前进方向而功亏一篑；有的甚至沉沦，迷失了方向；丧失了斗志，放弃了曾经的追求。

行有方的动力源于对理想的不懈追求。不懈追求的基础是思无邪。思无邪是个人修养的一种境界。经历过正心诚意修身，致知格物精进，才能克制各种欲望，用伦理道德规范言行，吾日三省吾身。

无论何时，只要思无邪，就能行有方。然而，由于物质生活的丰富，生活条件的改善，人们滋生了各种欲望。欲望随着生活环境的变化而膨胀，做到思无邪不易。不忘老子“为腹不为目”的忠告。当我们解决温饱以后，就该有意识地克制各种欲望。培养慎独精神，磨炼个人意志，奠定思无邪的精神基础。思无邪是长期艰苦的修炼，非一蹴而就。培养高尚的生活情趣，远离低级庸俗的环境。

学校是形成人生观、世界观的殿堂。加强蒙学教育，从小灌输正心诚意修身的理念，逐渐培养齐家治国平天下的情操。学校教育、家庭影响和社会环境对人生观的形成有综合影响，不能偏废任何一方。制怒要修身，修身需持续。思无邪，行有方。

牢记兼听则明

2008 年 1 月 29 日

从普通员工走上管理岗位，很容易从自信发展到自负，从自负发展到刚愎自用。随着地位的上升，经验的积累，自负意识会膨胀，独断作风会抬头。

自己没有自负的资本，需要汲取过去的教训。防止滑入刚愎自用的泥坑，就要严格履行决策程序，防止先入为主，盲目决策。在规范程序中防范自负、独断，以谦和的态度对待自己不明白的问题，以包容的心态对待不同意见，以审慎的态度处理日常事务。

要抑制我说了算的意识和冲动，揭下虚荣的面纱，回归自然。以普通员工身份和大家共同讨论棘手问题，虚心倾听专家的意见，防止滑入“拍脑门决策、拍胸脯保证、拍屁股走人”的下坡路。

人的伟大不在于我说了算的自我满足，人的贡献也不在于鲜花掌声中的得意，要学老黄牛，默默地耕耘。吃的是草，挤出的是奶。要学习老农民，默默地耕耘。风餐露宿，繁荣社会。谦卑地向老黄牛学习，真诚地向老农民致敬！

自从 1983 年读研究生进北京，就很少有机会感受风雨洗礼，渐渐地失去了农民的体魄，变成了温室里的书生。生活条件的改善忘记曾经的艰苦生活，地位的升迁习惯于别人的尊重，潜意识中对兼听则明有抵触。如果不能警醒自己，很容易飘飘然而不知，忘记了偏信则暗的隐患。地位越高，偏信的风险越大。牢记使命，时刻提醒自己“兼听则明偏信则暗”的道理，养成坚持原则的习惯，按程序办事，真诚倾听基层群众的意见。从程序上保证兼听的机会，从情感上培养兼听的涵养，在工作上养成少说多听的习惯。

梦想　激情　成功

2008 年 5 月 5 日

今天参加有色工程建设设计院五十五周年庆典。五十五年的发展历程，把有色人的梦想变成了现实，靠的是激情、执著追求和敬业精神。

企业如此，个人亦然。人生想成功，就要有梦想和激情。为了梦想全身心投入，无往而不胜。人生想成功，要有持之以恒的精神和坚忍不拔的意志。唯有不懈的努力，才能使梦想一步一步靠近现实；唯有饱满的工作激情，才能克服前进道路上的困难。

梦想是人生理想的灯塔。有了梦想，生活就有了目标；有了目标，就会产生战胜困难的勇气和忘我工作的激情。梦想以科学的分析为基础，立足现实，着眼未来；充分考虑环境机会和个人的优势，使二者有机结合。以梦想为导向、激情为动力，矢志不渝，就能一步一步走向成功。

人生不能没有梦想，但是，人生不能只停留在梦想。人生要以务实的态度、不懈的努力去实现梦想。以激情点燃智慧，用汗水浇灌希望，人生一定会梦想成真。

人生不能没有激情，无论身处顺境，还是陷入逆境，始终对生活充满激情，相信困难是暂时的，在逆境中冷静应对，积极寻找出路。摆脱山重水复疑无路的消极情绪，坚守柳暗花明又一村的信念。以务实的作风应对困难，凭扎实的工作改变现状。工作上心，凡事用心，对疑难问题专心，就一定会在激情的驱动下，以不懈的努力和卓越的表现，把梦想变成现实。

重读《菜根谭》

2008 年 9 月 15 日

《菜根谭》作为一本启蒙读本，言简意明，耐人寻味；雅俗共赏，发人深省。每次阅读《菜根谭》，都有新的感悟。常读常新，思绪难平。“欲做精金美玉的人品，定从烈火中炼来；思立掀天揭地的事功，须向薄冰上履过”。这是对有志成大事者的忠告。今天读来，体会颇深。“为天地立心，为生民立命”是人生的最高境界。人要达到这一境界，必须不懈努力。修身励志，持身如泰山九鼎，应事若流水落花。要牢记“祸起玩忽之人，功败细微之事。”

求学悟道。学知识固然重要，悟道思辨人生更重要。学以致用，读万卷书，行万里路，知行合一，自强不息。如果不能把知识用于生活实践，解决问题，创造财富；所学知识的意义和价值对人生的作用并不大。学习知识重在领悟道理，把握契机。莫谓祸生无本，须知福至有因。处逆境时比于下，自己并非最不幸；心怠慌时思于上，贤才仍然在奋斗。

处世循理。人身三立，立德、立言、立功乃永恒追求。处世不怠，真诚、守信、包容乃立世之本。有德有才是基础；适应环境、外界认可是关键。知退一步之功，晓让三分之法；厚德载物，雅量容人。

克己警示。荣宠不必扬扬，牢记天外有天，人上有人；困穷何须戚戚，不忘流离失所者乐生，衣不蔽体者仍存。明世相之本体，负天下之重任。操持严明，守正不阿。

感悟逆境

2008 年 12 月 30 日

古往今来，凡成就大事者，并非一帆风顺。凡青史留名者，总有坎坷的经历，甚至是逆境的磨砺。逆境是人生的催化剂。司马迁在狱中二十七年写成《史记》，就是一个典型事例，给我们很多启迪。

逆境对个人的成长有阻碍作用。但是，没有经历逆境的人，很容易在顺境中栽跟头。从这个意义上讲，逆境在人生成长的历程中有不可替代的作用。逆境激发思考能力，逆境磨炼意志品质，逆境积淀承受能力，逆境考验生存能力。不经历逆境不足以发愤，不经历逆境不足以自强，不经历逆境不足以成熟，不经历逆境不足以坚强。

珍惜人生，在逆境中坚强，在顺境中冷静。以百折不挠的意志拼搏，愈挫愈奋，百炼成钢。以虚怀若谷的心态倾听，兼听则明，博采众长。把握机遇，在逆境中寻找生机。坚定信心，在风雨后领略彩虹。总结陷入逆境的教训，引以为鉴，不在同一处摔倒两次。正确对待逆境，坦然面对人生，人生才更有意义。

人生有很多事情说不清楚，只能随缘。人生有很多曲折，可能是命中注定。人生有很多机会，争之不来，不争自到。凡此种种，个人努力有时难以改变命运的轨迹，只好随缘。凡事要努力，但不强求，一切顺其自然。人生短暂，应该珍惜岁月，做好该做的事情，不要斤斤计较。今天的付出也许为明天的收获打基础。

遇事要冷静，但不麻木。做人原则不变，不违心同意别人，己所不欲勿施于人，更不能出卖良心。做人真诚不天真。说话实在不唐突，办事认真不冒失，工作务实不虚幻。把目标分解，制定切实可行的计划，一步一步前进。在前进中不断总结，遇挫折要沉思，但不怨天尤人。哪怕被人误解，也要从自身找原因。从逆境中奋起。目标要高，心情要好。勿悲，勿喜。

立言惠人

2009 年 2 月 1 日

今晨阅《格言联璧》一书，倍感亲切。仿佛是先贤在告诫自己如何做人？如何做事？如何做学问？文字如此精辟，刻骨铭心；内容如此丰富，开阔视野。以金科玉律之言，作暮鼓晨钟之警。说理之切，举事之实，择辞之精，皆盖古今。

掩卷沉思，古人讲立德、立言、立功。立德重在立身，立言惠及世人。孟子曰：“达则兼济天下，穷则独善其身”。要想立言，首先是博学，其次是多思，再次是总结。唯有此，才可以精炼升华。“古今来许多世家，无非积德。天地间第一人品，还是读书。”立言的基础是立德，立德的基础是修身。不因果报方修德，岂为功名始读书。

无德之人立言只是哗众取宠，为人所不齿，难以服众。有德之人立言乃人之楷模，为人所敬仰，青史留名。唯有立德、立言，方可立身于世。不为虚度年华而懊恼，不为碌碌无为而悔恨。光阴似箭，争分夺秒，惜时如金，方可有立言之机会。活到老，学到老，老不够用；三人行，必有吾师焉；择其善者而从之，其不善者而改之。

人生怕进入误区，立言需审慎斟酌。人生短暂，道路坎坷，若不小心误入歧途，断送前程。世事纷繁，难辨真伪，狂妄自大会谬种流传，害人不浅。做人不可懈怠，遇事不可轻言。人生的误区源于思维。思维决定行为，行为决定个性，个性决定命运。科学的思维建立在渊博学识、敏锐观察的基础上。无知者无畏，很容易草率行事，铤而走险，陷绝境而绝望。精辟的语言，凝练于提纯升华。有心者有识，绝不会轻信谬言。

教人与治己

2009年2月4日

古之做学问，知其然易，知其所以然难。以圣贤之道教人易，以圣贤之道治己难。以圣贤之道言谈易，以圣贤之道躬身难。以圣贤之道奋始易，以圣贤之道克终难。

古人云：“圣人学问是一套行王道必本天德，后世学问是两截不修己只管治人”。因此，既要学习西方先进管理知识，还要钻研传统国学精华。古为今用，洋为中用。未教人先治己，己所不欲，勿施于人。

治己须循国学，修身勿忘正心。树立远大理想，培养高尚情操。正人先正己，正心先诚意。教人务必教心，助人何须感恩。不能尽如人意，但求无愧我心。达则兼济天下，穷则独善其身。在古人之后，议古人之失易，处古人之位，为古人之事难。取先贤之长，补自己之短。勿嫌位之不尊，只恐己之不能。静坐常思己过，闲谈莫弄人非。

面对恶劣的金融形势，信心不足，恐惧有余，甚是无奈。与古人对话，顿开茅塞，耳目一新。天下无不可为之事，只怕立志不坚。经济形势不利，及时捕捉机遇。志坚不催，有所作为。建立信心，绝处逢生。

天下无不可化之人，但恐诚心未至。在对外交往中会遇到各种人，会碰到各种困难，有时甚至步履维艰。然而，如循古人之理，精诚所至金石为开。任何误会都会化解，任何鸿沟都能填平。

为人处世，成败主要在于自身。为人不可任己意，要悉人之情。行事不可任己见，要悉事之理。慎言行，贵坦诚。事虽难，多沟通。面对动荡的经济和多变的对手，不能任己意、随己见。要晓之以理，动之以情。志坚不催，走向柳暗花明。

少言多听

2009 年 2 月 12 日

无论是要求别人，还是告诫自己，总是说起来容易，做起来难。因此，要想不断进步，不在于有多少规矩，不在于定多少措施，关键是把措施变成行动，朝着目标始终不渝前进。对别人的要求，不在于三令五申，关键在于落实。检查落实情况，关注落实效果。

地位越高，自由度越小，说话越要谨慎。由于工作关系，自己说话的机会多，很容易夸夸其谈。一言既出，驷马难追，有的放矢，谨言慎行。讷于言、敏于行是毛泽东对子女的希望，足见少言多听的重要性。然而，人的地位高了，环境变了，自我意识浓了，说话就随便了，一说话就不可收拾，往往是空话多，废话多。因此，时刻告诫自己，珍惜说话机会，想好再说。珍惜别人的时间，少说多听。

自己说话易，滔滔不绝；听人说话难，心不在焉。遇事虚怀若谷，不要好为人师。转变说教思维，培养倾听意识。说话时恪守严谨，防止感情冲动，像决堤洪水，一发不可收拾。深入基层放下架子，以小学生的心态倾听；要循循善诱，切忌高谈阔论。牢记说易行难，夹着尾巴做人。学会忍耐，少言多听；做事稳妥，谨言慎行；受辱克制，无言有行；豁达宽容，讷言敏行。探讨问题，少言多听。启发畅所欲言，防止一言九鼎。

选择的力量

2009 年 5 月 11 日

今天重读《羊皮卷》一书，再次被书中的故事、哲理所感染。二十多年前，第一次阅读《羊皮卷》等励志书，深受鼓舞，坚定了自己刻苦钻研、努力工作的信心。从此，自己选择与励志书为伴，书中的哲理慢慢融化在脑海里、渗透到血液中……

人生的幸福与不幸、成功与失败，很大程度上取决于自我心灵暗示。当自己相信能成功时，在心灵深处你就选择了成功，行动引导你走向成功。当畏惧困难时，在心灵深处就选择了逃避，行动就表现为躲闪。当对周围的同事有好感时，心灵深处就选择了友善，建立良好的人际关系。当对周围的同事有偏见，甚至有敌意时，在心灵深处就选择了防范，行动就表现出敌意，彼此难以形成融洽的关系。凡此种种，不胜枚举。这说明一个道理，人生的成功与失败完全取决于心灵的选择。

学习前人智慧，打开心灵大门。博采众长，走自己的路，成功在等着你。然而，如何走自己的路，也绝非如此简单。心灵选择成功，需要在潜意识里注入积极的思维方式，正确面对周围的一切，胜不骄，败不馁。思维积极，行动果断。养成雷厉风行的习惯，磨炼百折不挠的意志。凡事敢为人先，受挫冷静面对。有志者，事竟成，破釜沉舟，百二秦关终属楚；苦心人，天不负，卧薪尝胆，三千越甲可吞吴。

心灵选择成功，行动选择坚强；百折不挠，矢志不渝。积跬步之功，行千里之路，处处留心皆学问。聚涓涓细流，成浩瀚江海，扬帆远航搏激流。意志在锤炼中坚定，思想经磨炼而成熟。品格在修身中完善，人生遇磨难而刚强。选择积极的思维方式就选择了成功。积极应对不幸和灾难，愈挫愈奋，意志顽强。不懈的努力积淀智慧，顽强的拼搏主宰命运。命运掌握在自己手里，这就是选择的力量。

人生从选择心态开始。可以选择财富，可以选择幸福；然而，现实中有些人则选择了郁闷，选择了悲伤。当你选择了积极的心态，坦然面对挫折不幸，你会乐观，变得坚强。选择了积极的心态，可以从挫折中总结经验，汲取教训，可以从别人身上学习长处，弥补不足，不断完善自己。增强对环境的适应能力，提高职业生涯的竞争能力。选择积极的心态，就会辩证地思维，客观地对待名利，正确地权衡得失，豁达地接纳意见。选择积极的心态，长存感恩之心。选择积极的心态，开启积极进取的人生。选择了成功的希望，必然有美好的未来。

种德修身以求全

2009 年 10 月 29 日

命理云：“种十里名花何如种德，修万间大厦难比修身。”这和《大学》所讲的“正心诚意修身、齐家治国平天下”是一个道理。

一个人才能有大小，职务有高低，事业上不能有统一的成功标准。但是，作为人，有统一的道德标准、行为规范。德丰财盛，利己利人。缺德有财，误入歧途；钱财越多，祸害越大。因此，古往今来强调德才兼备。然而，德不是先天就有的，是后天耕耘获得的。种瓜得瓜，种豆得豆。唯有积德行善，才能打好德的基础，厚积薄发。

种德须持久，修身守始终。种德须慎独，修身学古人。种德高标准，修身无止境。物质条件优越弱化修身意志，社会地位提高滋生独断作风。因此，时刻不忘告诫自己，为人谋而不忠乎？与朋友交而不信乎？传不习乎？种德要持久，修身需永恒。唯有淡泊，方可明志；唯有宁静，方可致远。解决温饱易，满足物欲难。追名逐利路艰辛，种德修身心自宁。摆脱物欲，寻求宁静。严于律己，宽以待人。

种德若水，与世无争。老子《道德经》云:“上善若水，水善利万物而不争。处众人之所恶，故几于道。居善地，心善渊，与善仁。言善信，政善治，事善能，动善时。夫唯不争，故无尤。”

积德行善，贵在不争。“持而盈之，不如其正。揣而锐之，不可长保。金玉满堂，莫之能守。富贵而骄，自遗其咎。功成身退，天之道也。”重德轻财，远离烦恼。舍与得相得益彰，进与退恰到好处。

积德修善，抑制物欲。“五色令人目盲，五音令人耳聋，五味令人口爽，驰骋畋猎，令人心发狂；难得之货，令人行妨。是以圣人为腹不为目，故去彼取此。”现实社会诱惑多，难以事事知足，不能时时行善。君不见，追名者因贪婪而铸成大错，逐利者因纵欲而深陷囹圄。种德若水，利万物而不争。

修身似龙蛇，能屈能伸。《道德经》云：“曲则全，枉则直，洼则盈，敝则新，少则得，多则惑。是以圣人抱一为天下式。不自见，故明；不自是，故彰，不自伐，故有功；不自矜，故长。夫唯不争，故天下莫能与之争。古之所谓曲则全者，岂虚言哉！诚全而归之。”

从古到今，谁也不会一帆风顺。因此，认真研究自然规律，认识事物的本质特性，遵循客观规律行事，少走弯路。种德以立身，修身以成事。成事需龙蛇，遇事能辩证。既不盲目自信，也不自惭形秽。胜不骄，败不馁。心坦荡宠辱不惊，神宁静去留无意。做人委曲求全，以退为进；做事因势利导，能屈能伸。人法地，地法天，天法道，道法自然。谦卑人生，顺其自然。和谐相处，不惧艰难。融入大道，视野更宽。

打掉牙和血吞

2009 年 11 月 26 日

曾国藩在中国历史上的作用和影响之大，令人赞叹！他能有如此大的作用和影响，与他“打掉牙和血吞”的隐忍精神分不开。曾国藩的一生饱受皇帝猜忌、同僚排挤之苦。他凭着对清朝的赤胆忠心，对事业的执著追求，低调行事，未雨绸缪，身体力行，克服重重困难，书写了悲壮人生。一部《挺经》是留给后人的宝贵精神财富。

当我们在工作中遇到困难时，看看《挺经》，就没有什么困难不能克服，没有什么委屈不能忍受。当我们在工作中受到排挤时，想想曾国藩，坚定对国家尽忠的信念，增强对企业尽职的意识，一切的辛酸和委屈都不足挂齿，朝着人生的目标矢志不渝前进。

打掉牙和血吞的精神奠定了刚强、顽强、图强的信念，锤炼了坚毅的品质，积淀了不鸣则已、一鸣惊人的能量。忍受屈辱需要涵养，更需要远大的抱负和理想。韩信能忍胯下之辱，成就了他统领百万大军的辉煌。张良能忍提鞋之辱，得到姜太公的天书。想成就一番事业，就要有承受挫折、面对屈辱的心理准备。想在生活中留下痕迹，就要刻苦学习，勤奋工作。想为国尽忠、为家尽孝，就要忘我无为，体恤他人。吃苦在先，享受在后。先天下之忧而忧，后天下之乐而乐。居庙堂之高则忧其民，处江河之远则忧其君。

建本路漫漫其修远兮

2009 年 12 月 2 日

孔子曰：“君子务本，本立而道生”。夫，本不正者末必倚，始不盛者终必衰。《易》曰：“建其本而万物理，失之毫厘，差以千里。”是故君子贵建本重立始。

本是人生价值观、行为准则、处世哲学等。人唯有固本，才能强基。基是知识、技能和智慧等。想成大事者，首先，确立高尚的人生观，其次，精通业务。高尚的人生观建立在道和德的基础上。古三公之事，常在于道也。九卿之事，常在于德也。大夫之事，常在于仁也。列士之事，常在于义也。人法地，地法天，天法道，道法自然。固本要遵循自然规律。

格物、致知、诚意、正心是建本的基础，齐家治国平天下是建本的目的。修身是建本的全过程。通过修身检验建本的成效。活到老，修身到老，建本无止境。

物有本末，事有始终。知此先后，近乎道也。为人处世不能偏离原则，为官从商不能背信弃义。齐家要固本，治国需强基。弘扬正气，整肃邪佞，荐贤用能，安抚百姓。这是治国的基础。和睦邻里，尊老爱幼，兄友弟恭，安居乐业。这是齐家的根本。

不论你官多大，如果不能固本，人生的意义、价值会黯然失色。不论你多富有，如果不能固本，财富的作用和效果会日趋淡化。人要固本，不能忘本。滴水之恩，当涌泉相报。

随着时间的推移，现实和固本的要求相去甚远。固本之路漫长。古人强调未雨而绸缪，今人热衷于临渴而掘井。古人重义轻利，今人重利轻义。古人崇尚仁义礼智信，今人信奉自我为中心、巧取豪夺。

这是社会进步？还是历史倒退？两者都不是。古人强调的伦理道德并非人人崇尚，仍有一部分小人佞臣靠投机而钻营。且一人当官，鸡犬升天。故这种钻营哲学有行销市场，热衷者不乏其人，效仿者摩肩接踵。今天也并非人人以自我为中心，都靠投机钻营，仍有相当多的人恪守“达则兼济天下、穷则独善其身”的理念。这是理想和现实的反差而已。

凡事预则立，不预则废。从这个意义上讲，要立于不败之地，就应未雨而绸缪，因势利导而调整计划，做好准备，妥善应对突发事件。面对全球金融危机的影响，要有充分的思想准备，不能盲目乐观。审时度势，防止盲目冒进。该止则止，该退则退。

古往今来，很多人在得意、得势之时忘记了知止的道理，物极必反，乐极生悲。然而，由于人性之故，一般人很难把握“止”的尺度，处顺境时，总想乘胜追击，勇往直前。处逆境时，易躁动，会铤而走险；其实，客观上需要“止”的时候，应该仔细分析“止”的约束和自身的内在缺陷。

正确认识“止”，理智选择退。以退为进，保全自己。有效利用“止”，冷静解剖己。取人之长，补己之短。坦然面对“止”，认真思考“进”，进退有据。在现实生活中止与进是相对的。知止而后有定，定而后能静，静而后能安，安而后能虑，虑而后能得。心静则神安，神安则思有所得，悟有所见。心浮则神燥，神燥则意乱。

建本需立德，立德要知止。知止需修身，修身要心静。心静则神宁。神宁易知止，知止能虑险。虑险利立德，立德助建本。建本之路漫长，吾辈需上下而求索。

知人知己

2009年12月21日

刘邵的《人物志》开篇写道：“夫圣贤之所美，莫美乎聪明；聪明之所贵，莫贵乎知人。知人诚智，则众材得其序，而庶绩之业兴矣。”

知人难，知己更难。知人贵在识人用人，知己贵在务实本分。知人重在体察辨识，知己重在扬长补短。知人最怕偏听偏信，知己最怕自以为是。路遥知马力，日久见人心。知人不在于他说什么，而在于他干什么，表里如一，贵在诚实守信。知己不在于想干什么，而在于自己能干什么，凡事要有感恩的心，不要夸大自己的作用和能力，不要低估普通百姓的作用和影响力。不要把自己看得太重，不要忽视任何人的存在。

知人难在定性，孰优孰劣？孰仁孰德？知己难在定位，能高能低？能大能小？对人而言，无论其优劣，不管其仁德，要以诚相待，有效沟通，积极合作。宁愿人负我，我绝不负人。对己而言，无论地位高低，不管作用大小，要尽力去做；但行好事，莫问回报。

知己才能知人。设身处地考虑问题，潜心研究解决方案。切莫以己度人。遇事豁达大度，待人真诚守信。知人要加强修身，知己切勿居功。

唐玄宗的开元之治是知人知己的典范，值得我们学习。姚崇、宋璟的个性不同，唐玄宗能用其所长，二人的治国方略各有特色。唐玄宗知人善任，成就了开元盛世。姚崇和宋璟的处世风格迥然不同，唐玄宗对二人的使用恰当，值得后人深思。不是朝中没有人才，而是帝王能否发现人才，是否乐于使用人才。

最难相处的莫过君臣关系。在君臣相处中会有不同意见，在处理具体事务中会产生分歧，甚至是矛盾。如何处理好君臣之间的关系，关系到国家的江山社稷。唐太宗李世民和魏征的合作，为后人做出了表率。凡事以大局为重，不要把自尊看得太重。特别是臣子，即使为国尽忠，也要把握分寸；不能一味愚忠而触怒圣上，要学会把握时机，急流勇退。否则，会兔死狗烹。

我们应该学习宋璟的原则性和姚崇的灵活性，相机行事，把问题解决好。处理好君臣关系的根本是臣子做好本职工作，为圣上分忧。这是姚宋二人的共性。他们的治国方略深得圣上的赏识。唐玄宗与姚崇、宋璟和谐的君臣关系，让我们感悟到人生德为上，才为用。修德是人生的必修课。积累知识，增长才干是处理问题的根本。升华智慧是应对人生危局的护身符。品德、知识、才干和智慧缺一不可。以“春蚕到死丝方尽、蜡炬成灰泪始干”的奉献精神，尽职尽责；以虚怀若谷、博采众长的谦卑，增长学识；以扶大厦于将倾的才干，担当重任；以淡泊宁静、豁达宽容的智慧，和谐共存。此乃知己知彼百战百胜的根本。

志不可满

2010年2月17日

“身已贵而骄人者民去之，位已高而擅权者君恶之，禄已厚而不知足者患处之。”防微杜渐，“位已高而意益下，官益大而心益小，禄已厚而慎不敢取。君谨守此三者足以治楚矣。”

“夫福生于隐约，而祸生于得意，此得失之效也。”“大功之效，在于用贤积道，浸章浸明。衰灭之过，在于得意而怠，浸蹇浸亡，晋文公是其效也。”羞小耻以成大怨，贪小利以亡大众。高上尊贤，无以骄人；聪明圣智，无以穷人；不知则问，不能则学。虽智必质，然后辨之，虽能必让，然后为之。故士虽聪明圣智，自守以愚；功被天下，自守以让。勇力距世，自守以怯；富有天下，自守以廉。此所谓高而不危，满而不溢者也。

古之慎言人也，戒之哉！戒之哉！无多言，多言必败；无多事，多事多患。安乐必戒，无行所悔。成不能慎之，祸之根也；从上依世废道、违上离俗则危身。修身正行，不可以不慎。嗜欲使行亏，谄谀乱正心。忧患生于所忽，灾祸起于细微。

“去徼幸，尽忠信；节嗜欲，无取虐于人，则称为君子，名声常存。怨生于不报，祸生于多福。安危存于自处，不困在于蚤豫，存亡在于得人，慎终如始，乃能长久。”

年轻气盛，志不可满；柳宗元少年得志，对改革时弊充满激情。然而，在现实中却遇到了保守势力的阻挠，改革失败，被贬到永州。从此，再也没有回到长安和洛阳。给世人留下《捕蛇者说》一文，强烈抨击了当时的政局，苛政猛于虎也。仅此而已，令人叹息。

柳宗元锋芒太露，功亏一篑。一腔改革热血不知洒向何方，在郁闷中度过余生。他如果能收敛一点，谨慎一点，历史也许会重写。他也许可以做更多的事，也许可以活得更长些。但就不会有“千山鸟飞绝，万径人踪灭”脍炙人口的诗句了。真是此事古难全。独钓寒江雪写出了柳宗元的孤愤、寂寞和无奈，反映了他当时消沉的情绪，乃至绝望的心境。

吃一堑，长一智。世事复杂，志不可满。虽然，对百姓的遭遇充满同情，可是，不在其位，难以造福百姓。只能以《捕蛇者说》抨击社会的黑暗，是不甘平庸的呐喊，是对黑暗政治的控诉。从柳宗元身上，我们应该汲取得意冒进的教训。年轻气盛，志不可满。涉世未深，低调谨慎。留得青山在，不愁没柴烧。牢记“达则兼济天下、穷则独善其身”，龙蛇之道，能屈能伸；保全自己，稳扎稳打。志不可满，欲不可纵。谦虚谨慎，戒骄戒躁。

人生莫彷徨

2010 年 7 月 15 日

在激烈的竞争中，人们因压力大而感到彷徨，因彷徨困惑而迷失方向。对年轻人来说，唯有从心理阴影中走出彷徨，才能享受智慧人生的阳光；领略顽强者的风采，开拓有志者的未来。在激烈竞争的今天，只争朝夕。洒下汗水，积淀智慧。积跬步之功，至千里之行。在充满机会的明天，辛勤耕耘。磨炼意志，奋进无畏。聚涓涓细流，成浩瀚江海。在衣食无忧的今天，居安思危。勿沉醉于享受，须立足于奋斗。在充满诱惑的明天，理智冷静。勿贪一时之欢，铭记一生之计。

不怕一时彷徨，只怕一世游荡。鼓起勇气，战胜彷徨。不怕一时低下，只怕一生贫贱。顽强奋斗，创造辉煌。用智慧点亮人生，让彷徨消逝在夜幕中。知人者智，自知者明。用汗水浇灌生命，让人生成长在奋斗中。胜人者有力，自胜者强。用知识武装头脑，让品德在磨炼中闪光。知足者富，强行者有力。用诚信铸造个性，让人生在风雨中辉煌。不怕挫折，战胜忧伤。

知己知彼，勿自以为是。脚踏实地，勿夸夸其谈。三思而行，勿盲目乐观。虚心学习，勿骄傲自满。在培育实力上下工夫，积极进取。在调整思维上下工夫，慎思笃行。不怕逆境中的困难，就怕顺境中的自满。磨炼意志，有的放矢。在困境中崛起，稳扎稳打，循序渐进。走出山重水复的彷徨，迎接柳暗花明的盛景。

守 道 信 义

2010 年 8 月 25 日

君子喻于义，小人喻于利。这是儒家正心诚意修身的原则，历史上很多志士仁人固守道义，不怕清贫。秉公办事，造福百姓。然而，也有见利忘义者，更有出卖灵魂者，还有出卖国家利益者。借鉴正反两方面的典型，守道信义，做一个造福社会、造福家庭的有用之人。

人生短暂，不为名利所惑。世事复杂，不为财色所诱。君子固贫，不忘初心。为天地立心，为生民立命，为往圣继绝学，为万世开太平。人生自古谁无死，留取丹心照汗青。英雄气概，感召后人。铁肩担道义，妙手著文章。豪言推动社会进步，壮语唤醒青年灵魂；追求真理，无怨无悔。英雄的贡献永载史册，英雄的思想净化灵魂。人生应该积极进取，为国分忧，为民解难。向革命先烈学习抛头颅洒热血的精神，恪守做人准则，为国奉献青春。

现在的环境比以往复杂，现在的诱惑比以往隐蔽。唯有加强个人修养，才能抵制不良诱惑。不和外界攀比金钱地位，常向先贤学习理想信念。人的一生在历史长河中是短暂的一瞬，应该让人生留下闪光的印迹；不沉迷于个人享受，多担当些社会责任。尽管我们现在还不很富裕，生活还有很多困惑；但还有更多的同胞生活得比我们艰难，我们有义务推动共同富裕。珍惜机会，肩负使命，带领团队，共同富裕。为了全面建成小康社会，共享改革成果，勇于面对困厄，积极应对挑战。

恪守道义，净化灵魂。追求卓越，不断奋进。抵御名利诱惑，锤炼崇高品格。不畏权贵为人民，不昧良心爱人民。守道固贫，信义求真。“天地之所贵者人也，圣人之所赏者义也，德义之所成者智也，明智之所求者学问也。”学问之所悟天地之道也。守道信义，人之所贵。

慎　　微

2010 年 10 月 7 日

王符引经据典论述了善恶全在于自己。因此，要想立德、立言、立功，必须从慎微开始。今天读来，受益匪浅。《潜夫论》是一部很好的廉政教材。

“凡山陵之高，非削成而崛起也；必步增而稍上焉；川谷之卑，非截断而颠陷也，必陂池而稍下焉。是故积上不止，必致嵩山之高；积下不已，必极黄泉之深。非独山川也，人行亦然。有布衣积善不怠，必致颜、闵之贤；积恶不休，必致桀、跖之名。非独布衣也，人臣亦然。积正不倦，必生节义之志；积邪不止，必生暴弑之心。非独人臣也，国君亦然。政教积德，必致安泰之福；举措数失，必致危亡之祸。故仲尼曰：‘汤、武非一善而王也，桀纣非一恶而亡也。三代之废兴也，在其所积。积善多者，虽有一恶，谓之过失，未足以亡。积恶多者，虽有一善，是谓误中，未足以存，人君闻此，可以悚惧；布衣闻此，可以改容。”

无论你是人君，还是布衣，都应该从善如流，积小善聚成大善。修身养性，勿因善小而不为，勿因恶小而为之。从善应自愿，勿计较回报。施恩莫记，受惠莫忘。

欲治国者，不忘从小善做起。“凡有国之君者，未尝不欲治也，而治不世见者，所任不贤故也。世未尝无贤也，而贤不得用者，群臣妒也。主有索贤之心，而无得贤之术；臣有进贤之名，而无进贤之实。此以人君孤危于上，而道独抑于下也。”

修身慎微，治国亦然。夫贤者之为臣，因“不损君以奉佞”而难。君子慎微，臣子慎独。君臣同心，其利断金。国之所以存者，治也；其所以亡者，乱也。人君莫不好治而忘乱、乐存而畏亡。然而，令人悲叹的是错失治乱之基，忽视治乱之本。历史在延续，忠良在悲叹。朝代在更替，忠臣在哀鸣。社会在进步，奸佞在攀附。

呜呼，哀哉！慎微，国之大事，事关国之安危，情系人之忠孝，不可不察。慎微，宜慎言慎行；慎微，须慎思慎虑。慎微，如履薄冰，战战兢兢。慎微，广开言路，为国为民。

慎微，乃人生之职责。人不是只为自己而生存，也为别人的幸福而生存。最有价值的生活不只是自我享乐，甚至，也不是沽名钓誉，而是扎扎实实做事，兢兢业业做人。人生的职责，像天空的星光照耀大地；像鲜花一样洒满人间，装点人们的美好生活；像春蚕吐丝，造福人类；像蜡炬成灰，燃烧自己，照亮别人。人生的职责，像伫立在大海的灯塔，指引航船前进的方向；像不知疲倦的老黄牛，默默地耕耘大地，把丰收献给人间。它吃的是草，挤出的是奶。毕生慎微而行，履行人生职责。

学 思 行

2011 年 12 月 9 日

学而不思则罔，思而不学则殆。学要精，忌心猿意马，不知所云。思要深，戒浮躁冲动，人云亦云。学贵有恒，忌一曝十寒。思贵寻根，戒随大流走捷径。学如逆水行舟，不进则退；思似蚕丝剥茧，循序渐进。学有长，扬长补短，独树一帜。思无邪，博古通今，驾驭人生。

读万卷书，行万里路；知行合一，贵在思。死读书，读死书，只会纸上谈兵，勤思考，善应变，何需临阵磨枪。思，运筹于帷幄之中；行，决胜于千里之外。

学以增知，思以积智，行以立志。无知不足以思，无思难以有智，无智岂能立志。学而不厌，诲人不倦；三人行，必有吾师焉，择其善者而从之，其不善者而改之。思定有方，从善如流；四海游，风云变幻，稳操胜券。行，积跬步之功；假舟楫至千里，积细流成江海。

少而好学，如日出之阳；壮而好学，如日中之光，老而好学，如炳烛之明。少壮不努力，老大徒伤悲。

活到老，学到老，老不够用。思在前，想在后，仍有疏漏。山路行，沼泽行，寸步难行。人生如行医，学以致用，思以辩症，行以治病。人生如登山，学似熟悉环境，思如选择路径，行乃不懈攀登。会当凌绝顶，方知英雄本色；一览众山小，书写人生豪情！

苦难历练真君子

2011 年 12 月 29 日

灾难，锤炼意志，置之死地而后生，灾经难消。磨难，陶冶情操，出污泥而不染，事经难成。苦难，净化心灵，淡名利而豁达，志经难炼。事无捷径可循，才无速成之路。脚踏实地，辛勤耕耘。苦难历练真君子，挫折考验大丈夫。

小功勿骄，居功自傲，头重脚轻。小才勿喜，夜郎自大，故步自封。小错勿忘，积少成多，祸患无穷。小事勿缓，差之毫厘，失之千里。小财勿贪，欲壑难填，千古遗恨。小人勿招，成事不足，败事有余。小不忍则乱大谋，小不防必铸大错。

不唯上。寄上有终也，不能轻视小人。信上有险也，不能惹怒小人。恭上有疑也，不能亲近小人。谏上有祸也，不能相信小人。

只唯实。实事求是，真抓实干；实话实说，求真务实。不图虚名，勿好高骛远、爱富嫌贫。不追时髦，勿拈花惹草、断送前程。不贪便宜，勿挖空心思、利欲熏心。

思无邪，行有方。戒谗言，防诽谤。博学之，审问之，慎思之，明辨之，笃行之。

正心诚意修身

2012 年 1 月 2 日

创业有功者，易居功自傲；知识渊博者，易夸夸其谈；历练丰富者，易故弄玄虚。功劳是过去的，不代表现在的贡献；知识是陈旧的，不指导所有的棋局；历练是局限的，不破解所有的难题。正确认识自己，客观估计时局，积极顺应潮流。

随着时间的推移，功劳、知识、历练会折旧，不能吃老本。世事如棋局局新，要与时俱进。唯有不懈努力，才会不断进取。

功劳高“震”主，知识多“罩”主，历练多“照”主。功劳大者，不宜呕心沥血、鞠躬尽瘁，学会糊涂。否则，圣上猜忌，小人作祟。知识多者，不宜引经据典、口若悬河，学会木讷。否则，上司厌恶，小人算计。历练多者，不宜傲视周围、不屑一顾，学会谦虚。否则，同僚嫉妒，小人陷害。

居功自傲者，以韩信为戒。自恃聪明者，以杨修为戒。经验自居者，以华佗为戒。居功自傲易惹祸，自恃聪明事蹉跎，经验自居多坎坷。建立功勋不宜，正确对待功劳更难。知识渊博不宜，英雄无用武之地更难。丰富历练不易，为鲁莽垫背更难。学圣贤不易，防小人更难。逆境翻身不易，顺境保全更难。摆脱贫困不易，享受小康更难。共苦不易，同甘更难。

做人难，知难不难。有才，隐而不露，有怨，忍而不发。

刚 柔 相 济

2012 年 1 月 3 日

自己秉性耿直，疾恶如仇。随着岁月推移、年龄增长、生活磨炼和现实挑战，自己不断反思总结人生，在磨炼中感悟，在感悟中磨炼。但始终不明白为何刚直做人如此之苦？如此之难？

王阳明的一句“刚不致胜”似乎给出了答案，揭开了长期的困惑。大千世界，人生百态。不能以自己的标准衡量是非、判断善恶。是非非定式，刚直应有度。

勿以刚为美。刚柔相济，忌直折不弯。勿以刚为丑，骨气顶天，忌阿谀奉承。凡事皆有度，物极必反。骨气由涵养驾驭，会塑造完美人格，成就精彩人生。

为人不可太刚，太刚易折。为人不可太圆，太圆易滑。为人应刚柔相济，外圆内方；处世有原则，办事有底线。

做人应有刚直的骨气、秉性，但不能恃才傲物，目空一切。愚忠的刚直易被小人算计、会被君主误解，必招来杀身之祸。明朝嘉靖时的名臣夏言，因太刚直，下场悲惨。他四次入阁首辅大臣，名震天下。因刚直，顶撞嘉靖皇帝，被严嵩进谗言所害，最后被处以极刑，斩首于菜市口。临刑之前，夏言似有所悟：“我以刚直为美，上却以柔顺为善，我有此祸，又怪得了谁呢?”

历史的悲剧能怪得了谁呢？只能让后人警醒。夏言的教训对秉性刚直者有深刻的现实意义，刚直做事，尽忠；柔顺做人，远祸。

感 悟 修 身

2012 年 1 月 13 日

过了知天命之年，对修身的理解与感悟逐渐清晰，概括起来为“九不”。

一是不埋怨。不埋怨社会，正视现实。不埋怨家庭，正视出生。不埋怨领导，检点自己。不埋怨家人，反思自己。

二是不懈怠。学习不懈怠，兢兢业业。工作不懈怠，勤勤恳恳。生活不懈怠，认认真真。教子不懈怠，不遗余力。

三是不放纵。人生不放纵，克制谨慎。生活不放纵，严于律己。对家人不放纵，洁身自好。对下属不放纵，奉公守法。

四是不计较。不计较名利，顺势而行。不计较得失，随遇而安。不计较恩怨，豁达宽容。不计较宠辱，谦卑淡定。

五是不敷衍。分内事不敷衍，呕心沥血。分外事不敷衍，尽力而为。对群众不敷衍，真心倾听。对下属不敷衍，真诚共事。

六是不武断。对不同意见不武断，协商沟通。对家人不武断，耐心倾听。对同事不武断，了解真情。对公众不武断，谦和真诚。

七是不侥幸。办事不侥幸，执著认真。为官不侥幸，廉洁清明。做人不侥幸，坦荡慎独。学习不侥幸，深钻细研。

八是不浮躁。对问题不浮躁，刨根问底。对工作不浮躁，脚踏实地。对生活不浮躁，恬静自然。对公众不浮躁，诚恳耐心。

九是不自恋。小智慧不自恋，人上有人。小成绩不自恋，山外有山。小进步不自恋，任重道远。小经验不自恋，事事如棋。

感悟道与水

2012 年 1 月 21 日

今天是除夕，在家陪父母。随手拿起《道德经》翻阅，看到以前写下的读书体会，摘录如下："以柔克刚，一忍再忍；以弱胜强，一让再让；习水之性，悟水之道，蓄水之能，成水之势。致虚极，利万物而不争；守静笃，处众恶而不愠。"

《道德经》的道寓意于水，耐人寻味，发人深省。人应该有水的坦荡，大江东流去，奔流到海不复回。人应该有水的无私，灌溉田野，滋润禾苗，助万物生长。以水为镜，胸襟宽阔，与世无争，顺势而行；以水为镜，自强不息，百转千回，奔流不息；以水为镜，视野无穷，蓄势待发，追求永恒。

《道德经》的道深入浅出。"有物混成，先天地生。寂兮廖兮，独立而不改，周行而不殆，可以为天地母。吾不知其名，强字之曰'道'，强为之名曰'大'。大曰'逝'，逝曰'远'，远曰'反'。故道大，天大，地大，人亦大。域中有四大，而人居其一焉。人法地，地法天，天法道，道法自然。"

科学发展的基础是遵循"道"。要认识"道"，把握"道"，依"道"而行。个人成长的轨迹是践行"道"。循天理，抑人欲，无为而治。"居善地，心善渊，与善仁，言善信，政善治，事善能，动善时。夫唯不争，故无尤。"

以学治愚

2012 年 1 月 30 日

人非圣贤，孰能无惑？唯勤学好问，方有长进。人之幼稚童蒙之时，非求师正本，无以立身全性。夫幼者必愚，愚者妄行。愚者妄行，不能保身。孟子曰：“人皆知以食愈饥，莫知以学愈愚。”轻学潜移默化，治学浮躁日盛。饱食无忧，治学无心。教育有每况愈下之势，学生有读书无用之惑？国有人才匮乏之忧，吾有杞人忧天之虑。

夫学者，崇名立身之本也。子思曰：“学，所以益才也；砺，所以制刃也。”吾尝幽处而深思，不若学之速；吾尝跂而望，不若登高之博见。故顺风而呼，声不加疾，而闻者众；登丘而招，臂不加长，而见者远。故鱼乘于水，鸟乘于风，草木乘于时。人乘于学，博古通今；借用外物，拓展视野。

多少事，从来急。求学事，宜早知。少而好学，如日出之阳；壮而好学，如日中之光；老而好学，如炳烛之明。炳烛之明，孰与昧行乎？显然，炳烛之明也比在黑暗中行走要安全。施教于萌芽，防患于未然。无论何时学，都不为晚。闻道有先后，术业有专攻。

孔子曰：“鲤，君子不可以不学，见人不可以不饰。不饰则无根，无根则失礼，失礼则不立。”养不教，父之过，教不严，师之惰，子不学，非所宜。牢记圣贤忠告，教子从蒙童开始。

公扈子曰：“有国者不可不学《春秋》。生而尊者骄，生而富者傲。《春秋》，国之鉴也。”养尊处优，易生骄奢。治国先治愚，治愚抓教育。

防微杜渐

2012年2月3日

人有三危，小德而多宠，一危也；才下而位高，二危也；无功而厚禄，三危也；由此观今，危者甚众，而世人皆不识其危而羡之，尤为大危。

短期行为，金钱至上。社会环境浮躁，急功近利盛行。权钱交易者荣，恪守原则者贫。此乃国之患也。

道德滑坡，利益至上。追名逐利者多，铤而走险者众。投机钻营者通达，勤劳致富者艰难。此乃人之难也。

处危而不知，昏昏然歌舞升平。临难而不识，飘飘然得意忘形。此乃人之患也。

教育偏离方向，补课成为主流课堂；学校已非净土，抄袭造假堆砌辉煌。此乃民族之悲哀也。

寒流刺骨而不觉，久居乐巢也。颠沛流离而不知，远离民众也。物价飞涨而不识，特殊阶层也。泡沫膨胀而不觉，数字出官也。此乃国之积弊也。

干部为民利民，党国之宗旨；百姓安居乐业，政府之使命。繁荣经济，任重道远，需稳中求进。控制物价，保持就业，要不遗余力。纯洁队伍，弘扬正气，需兼济天下。环境复杂，防微杜渐，要独善其身。规范行为，文化引路，需家喻户晓。重振道德，教育先行，要坚定不移。

临危而不识，人之灾也。见危而不防，国之难也。

管得住自己

2012 年 3 月 26 日

今天上午，集团召开 2012 年反腐倡廉建设工作会议。国资委纪委书记强卫东在会上提出三点要求：一是认清形势，二是明确任务，三是抓好落实。集团董事长提出四个管住：一要管住自己的亲属，二要管住自己的朋友圈子，三要管住自己，四要管住班子成员。

从客观上讲，反腐倡廉应该从完善激励机制入手，干部不想腐败；从约束权力入手，干部不能腐败；从健全法制入手，干部不敢腐败。然而，当腐败成为一种文化时，个人的自我约束能力就显得特别重要。因此，反腐倡廉应该从自身做起，管得住自己。

追名逐利，贪心无尽。管得住自己需要有动力。动力源于对理想的追求、组织的嘱托和人民的期盼。“古之欲明明德于天下者，先治其国；欲治其国者，先齐其家；欲齐其家者，先修其身；欲修其身者，先正其心；欲正其心者，先诚其意；欲诚其意者，先致其知；致知在格物。物格而后知至；知至而后意诚；意诚而后心正；心正而后身修；身修而后家齐；家齐而后国治；国治而后天下平。自天子以至于庶人，壹是皆以修身为本。其本乱而末治者否矣。其所厚者薄，而其所薄者厚，未之有也！”国家盛衰，匹夫有责。

花花世界，物欲横流。管得住自己需要有耐力。耐力源于个人修养、职业操守和道德素养。要经得起诱惑，耐得住寂寞。要深知“吏不畏吾严，而畏吾廉；民不服吾能，而服吾公。公则民不敢慢，廉则吏不敢欺。公生明，廉生威。”为官一任，造福一方。

昔日座上宾，如今阶下囚。管得住自己需要有畏惧感。畏惧感源于别人的教训。曾几何时呼风唤雨，法律面前体无完肤。牢记“千夫所指，无病而死”的古训。珍惜过去的努力，珍惜现在的荣誉。

管住自己是对家庭负责。看看身边熟睡的孩子，想想家乡年迈的双亲。家庭的温馨胜过灯红酒绿，更胜过囹圄之室。

管得住自己是对自己负责。想想曾经的艰难，看看现在的环境。知足常乐，能忍自安。

管得住自己，从小做起，学生应该管得住心；从点滴做起，成人应该管得住情。从岗位做起，干部应该管得住嘴、管得住手、管得住脚。

警 觉 奢

2012 年 12 月 1 日

随着物质条件的改善，勤俭的意识淡化了，再不用“新三年旧三年缝缝补补又三年了”。随着社会地位的提高，出行的保障提高了，再不用起五更睡半夜挤公交蹬三轮了。潜意识渐渐地远离了克勤克俭，渐渐地习惯了奢华，并不自觉地向往……。

警惕因环境变化而潜移默化地由俭入奢，以免不再勤俭。警觉地位升迁自然而然地滋生惰性，以致不再勤奋。警醒“物自先腐，而后虫生”的现象，以防不再廉洁。正心诚意修身乃一生之功，勿毁于一旦；齐家治国平天下实万世英名，要倍加珍惜。由俭入奢易，如决堤江水，一泻千里；由奢返俭难，似逆水行舟，不进则退。

人随环境而变，自己不以为然；习惯阿谀奉承，很容易飘飘然。自我潜移默化，外界推波助澜。

处逆境不坠青云之志，卧薪尝胆，终成大业，看多少寒门子弟，一成名激起千层浪。得意时忘却勤俭之本，寻欢作乐，断送前程，瞧多少高官达人，一失足留下千古恨。成由勤俭，败自奢侈。警觉奢，守住俭。

防 止 躁

2012 年 12 月 2 日

当今社会的典型特征是“躁动”，急躁、浮躁、狂躁。人心浮躁，心猿意马，朝秦暮楚。生活烦躁，怨恨家人，挤兑同事。偶有狂躁，失去理智，酿成悲剧。

防止躁，既是生活平静的起码要求，也是生活幸福的根本保证，更是事业成功的坚实基础。

人表现出的躁，部分与先天的脾性有关。急躁，办事毛手毛脚总出错。暴躁，做事武断鲁莽易伤人。克服先天的急躁、暴躁脾性，加强个人修养，内敛克己，外圆随和。

人表现出的躁，也与后天环境、个人升迁有关。因地位职务助长的急躁和暴躁，影响大，危害大，更应加强个人的品德修养。不因一时的升迁自满，不能忘乎所以，目空一切。不为一事的曲折恼怒，不能唯我独尊，大动干戈。

防止躁，应该在个人修养上下工夫。淡泊明志，咬住目标不放松；卧薪尝胆，戒骄戒躁练内功。忍片刻风平浪静，让三分海阔天空。

防止躁，应该在知识积累上下工夫。水滴石穿，循序渐进。做学问忌心血来潮，长知识贵持之以恒。贵有恒，何必三更起五更睡，最无益，就怕一日曝十日寒。

防止躁，应该在处理问题上下工夫。克服先入为主、听不进不同意见的毛病。即使别人的意见不完全对，也为我们冷静分析风险提出了建议。防患于未然，不至于陷入被动而不能自拔。不能由于虚荣，不接受不同意见而急躁。

防止躁，应该在工作作风上下工夫。要严格履行决策程序，充分听取不同意见；审慎权衡利弊，准确把握时机。既防止犹豫不决而错失良机，又避免草率行事而铸成大错。

防止躁，应该在总结经验上下工夫。他山之石，可以攻玉。借鉴古今运筹帷幄、决胜千里的经验；吸取中外草率决策、败走麦城的教训。

防止躁，要学会隐忍。凡事要静观其变，不能冲动。要学会包容，待人要换位思考，设身处地。要学会克制，遇不公要豁达，遭打击能宽容。沉默是金，在沉默中发现机遇，在沉默中突然爆发。

漫谈“忍”

2013 年 1 月 6 日

忍天下难忍之忍，成天下难成之人。凡成事者，定有常人不能忍受之功。凡称雄人，定有常人不能忍之德。做人成事，从忍开始。

忍世上难忍之辱，成世上难成之事。韩信忍胯下之辱，成王侯将相。司马迁忍阉割之辱，成《史记》巨著。

忍人间难忍之痛，成人间难成之名。关羽忍刮骨疗毒之痛，成世代仰慕之名。孙膑忍削髌残体之痛，成《孙子兵法》之名。

为人要学会忍，能忍则安。忍，需诚心修德，忍，要积淀内功。忍，需调整心态。知足常乐，就不用忍失落之苦、失败之痛、贫寒之囧。忍，需加强修养，广闻博学。忍一时之寂寞，谋长久之平安；忍一时之苦，谋长久之乐。忍磨炼意志，坚定信念。勾践忍卧薪尝胆之苦，圆复仇强国之梦。

忍是没有办法的办法。当你身陷囹圄，无法诉求公平时，唯一的出路就是忍。忍辱负重，保全生命。留得青山在，他日有柴烧。

忍是防止草率出错的堤坝。一时冲动会成千古恨，一日自负会得罪众人。忍片刻风平浪静，退一步海阔天空。

即使忍无可忍，是可忍，孰不可忍；没办法，还得忍。忍是护身符，忍是平安盾。

梦与路

2013 年 1 月 8 日

梦想是对未来的憧憬，充满期盼。路是实现梦想的途径。实现梦想的道路坎坷，梦想需要不断修正。当现实提供了实现梦想的条件，又选择了恰当的路径；美梦变成现实，大道通向成功。

人生在逐梦中变得成熟，梦想与现实逐渐靠近。付出得越多，意志越坚强，梦想越有机会实现。想美梦成真，就要坚持不懈，百折不挠。实现梦想的路不会笔直，在实践中不断探索。梦想在不断修正，道路在不断调整。人生在逐梦中若变得消沉，那是因为梦想与现实反差太大，永远无法靠近。此时，需要停下脚步，理清思路。仔细问自己：想要什么？想到哪里？如何实现？需要什么？能否满足？能否坚持？经过反思，走出山重水复的困境，可领略柳暗花明的盛景。

人生应有梦，矢志不渝，一路前行。要问路在何方？路就在脚下！用梦想点燃激情，以理智选择路径。磨炼意志品质，累积跬步之功。汇集涓涓细流，融入浩瀚人生。点亮梦想灯塔，劈波斩浪前行。

品格与教育

2013 年 1 月 28 日

〔英〕塞缪尔·斯迈尔斯的《品格的力量》开宗明义指出：“在整个人生的历程中，人们的幸福在很大程度上都是依靠人们自身后天的努力——依靠自己的勤奋、自我修养、自我磨炼和自律自制；但首先必须要保持自己的诚实、正直和不折不扣地履行自己的职责等品质。正是这些优秀的品行塑造了人类坚毅果敢的人格品质。”

天才是超群智力的硕果，品格是高尚灵魂的结晶。对大部分人而言，不能成为天才，但是，可以正直诚实、光明磊落地做人、做自己的本职工作，最大限度地发挥自己的能力、实现自己的价值。平凡者同样可以形成伟大的品格。勤劳、简朴、正直、诚实，是值得人类崇敬的品格。教育的使命不是培养天才，而是培养伟大的品格和高尚的灵魂。

在平凡中孕育伟大，在点滴中折射整体。骨气是基于品格表现出来的一种道德准则，有骨气的人是整个民族的脊梁，值得人们尊重。诚实正直、尽职尽责是品格的基础。品格源于家庭的熏陶和影响。母亲对孩子的品格形成有着十分重要的作用。诚实是家庭教育的基础，是做人的根本。母亲是孩子的第一任教师，其品行在孩子身上会留下深深的烙印。

诚实品格是在耳濡目染中形成的，母亲的言行潜移默化地影响孩子的品格，并在潜移默化中世代传承。提高整个民族的素质应从教育抓起；提高儿童素质应从家庭教育抓起；提高家庭素质应从母亲的教育抓起；振兴一个民族应从女童的教育抓起。

寻找一位节俭、善良、乐观、整洁的女人是男人的使命。培养造就节俭、善良、乐观、整洁的女人是国家教育的使命。

一个男人品行不端，影响自己一辈子；一个女人品行不端，影响婆家八辈子。要想做一位合格的母亲，就要加强自身修养，母仪天下。

河水不可倒流，人生不可再来。教育孩子应该从胎教开始。为了孩子的未来，母亲应该有意识地完善自己的品格，规范自己的行为，为孩子树立一个良好的榜样。做一位合格的母亲，既是教育孩子的历史使命，也是振兴民族的现实要求。

拙 人 悟 智

2013 年 2 月 20 日

大千世界，物欲横流；稍有不慎，终身遗恨。千头万绪，事乱如麻。自以为是，酿成悲剧。节制欲望，克制情绪，全凭理智。

峰峦叠嶂，云遮雾罩；慌不择路，马失前蹄。曲折迂回，殊途同归。急功近利，深陷囹圄。进退有据，舍得有序，全凭睿智。

生态恶化，雾霾甚重。笑看江湖，坦然生存。杞人忧天，无疾而终。忘记前嫌，豁达宽容。释怀恩怨，释然环境，全靠心智。

利益冲突，领土纷争。有理有节，抵御外侵。海上巡航，空中照应。人民拥护，法理支撑。遇事不慌，临危不乱，全靠大智。

审时度势，培养理智。韬光养晦，修炼睿智。适应环境，磨炼心智。静心修德，不拒细流。不弃垒土，不忘庶民，积淀大智。

做 好 自 己

2013 年 3 月 3 日

美国前国务卿科林．鲍威尔的自传《我赢定了》（It worked for me），展示的不是政治和西方意识形态，而是鲍威尔作为一名军人、外交官生活和领导的艺术，即经验总结（成功秘诀）。他的成功秘诀就是“做好自己”。

每个人都想成功，有所作为，那就应该努力做好自己。一分耕耘，一分收获；天道酬勤，勤能补拙。从小养成良好的习惯，接受良好的教育。做人正心诚意，学习尽心尽力。长大了养成良好的工作习惯，建立良好的人际关系，自觉承担家庭义务。修身齐家，尽职尽责。

此书是鲍威尔献给他孙子和外孙的礼物。可见，外国人也重视家教，有意传承家风，也希望家中代代才人出，各领风骚数十年。鲍威尔告诉我们：“生活和领导的艺术就在于全心全意为人民服务。”可见，中外成功人士的精神追求是一致的。

无论是事业有成的中年人，还是风华正茂的 90 后，都应该做好自己。学习别人的成功经验，弥补自己的不足。处处留心皆学问，勤于思考、勤于总结、勤于实践，在探索中做好自己。

“子曰：三人行，必有我师焉。择其善者而从之，其不善者而改之。”曾子曰：“吾日三省吾身——为人谋而不忠乎？与朋友交而不信乎？传不习乎？”先贤告诉我们如何做好自己。

了解自己，做好自己。过好每一天，做有意义的事。平凡中孕育伟大，普通人成就辉煌。雷锋的人生短暂，但他的精神永远激励后人。鲍威尔是移民后裔，却成长为美国第一位黑人国务卿。有志者，事竟成，破釜沉舟，百二秦关终属楚；苦心人，天不负，卧薪尝胆，三千越甲可吞吴。

思无邪，行有方

2013 年 4 月 9 日

正确的思想引导正确的行为。思想如果不和目标联系在一起，就不可能产生非凡的智慧成果。漫无目标的人生必然虚度时日，随波逐流的生活难免曲折坎坷。

有了清晰的目标，任何人都能变得坚强。命运掌握在自己手里。思维方式决定行为方式。积极的思维会产生积极的行为，积极的行为一定会产生积极的效果，从而积淀成绩，增强自信；积聚正能量，奠定事业的基础。积沙成塔，积水成河。

任何成就皆源于在正确思想指引下的不懈努力。没有正确的思想，人生没有目标；没有不懈的努力，难于到达理想的彼岸。种豆得豆，种瓜得瓜。以正直、自制的思想勾画人生的梦想，坚定不移地前进，就能把梦想的蓝图变成现实。梦想使人的意志更坚定、学习更用功、工作更努力，梦想能激励人战胜困难、鼓舞人勇往直前。

示　　弱

2013 年 4 月 17 日

人生一世，道路漫长。为人处世，外圆内方。争强好胜，诸多迷茫；忍让宽容，和谐安康。逞能多教训，示弱少忧伤。

初出茅庐，气盛阳刚；傲气弥漫，容易张狂。几番碰壁，心绪躁狂。几番挫折，心境彷徨。逞能易出丑，示弱降吉祥。

风华正茂，憧憬辉煌。上天揽月梦，下洋捉鳖狂。人生似蜀道，历程多迷茫。仕途如大海，日夜风雨狂。逞能触暗礁，示弱避锋芒。

世上无直路，矢志向远方。天下有能人，行事莫张狂。三人同行有吾师，踏平坎坷铸辉煌；处处留心皆学问，勇攀崎岖有智囊。逞能遗留千古恨，示弱孕育新希望！

示弱图安，忍无礼之言，图平安之境。示弱图强，忍胯下之辱，图王侯之志。示弱图志，忍卧薪尝胆之苦，图兴国复仇之志。

逆境　顺境　心境

2013 年 6 月 8 日

一年一度的高考今天结束。高考落幕，几家欢乐几家愁。临场发挥好的同学，能如愿进入理想的高等学府，步入人生成长的快车道。临场发挥欠佳的同学，与理想学校失之交臂，有几分凄凉几分郁闷。

高考是人生步入社会的开始，从此对顺境和逆境有了切身的体会。然而，社会充满竞争，人生如履薄冰。高考如愿者不能沾沾自喜，未来依然有竞争。如不能持之以恒地努力，事业功亏一篑，未来也会遇到逆境。高考落榜者不要心灰意冷，条条大道通罗马。只要百折不挠地发奋，有志者事竟成，也能迎来黎明。

即使金榜题名，仍需忘我、利他、宽容。过度吹捧，诱发盲目自信；甚至偏离健康成长的方向，误入自我中心的牢笼。时代的佼佼者，理智适应顺境。克己修身，诚信做人。

假如名落孙山，无需自卑、心灰、意冷。不懈努力，石杵也能磨成针；只要坚守执著追求的信念，踏上忘我攀登的征程。暂时的失意者，坦然面对逆境。百折不挠，绝地生根。

一时得意勿忘形，顺境似流云，待人要包容。一时失意莫消沉，逆境如熔炉，黄土变成金。人生如逆水行舟，不进则退，贵在持之以恒。

人生渴望顺境，又难把握顺境。急功近利，好事难成。心浮气躁，好运落空。人生难避逆境，成才源于逆境。逆境磨炼，增强自信。逆境摧残，有志事成。

处顺境勿喜，本分做人。遇逆境莫悲，学做苍松。心境浮躁，顺境充满虚空。心境坦然，逆境回味无穷。保持平和心境，胜不骄，败不馁。坚守自立人生，奠垒土之基，积跬步之功。

慎始　慎独　慎微

2013 年 6 月 21 日

习近平总书记在和团中央新一届领导班子谈话时指出：“团的干部必须锤炼优良作风，既要有干事创业的激情，更要有脚踏实地的作为。要深刻领会中央八项规定的实质精神，养成慎始、慎独、慎微的意识，走好人生每一步。”

习近平总书记要求共青团帮助广大青年树立远大理想，坚定走中国特色社会主义道路的人生信念，用科学的理论武装青年，用历史的眼光启示青年，用伟大的目标感召青年，用光明的前景激励青年，使他们不断增强道路自信、理论自信、制度自信，不断增进对党的信赖、信念、信心。

其实，慎始、慎独、慎微是每个人的必修课，尤其是成人，特别是领导干部。纵观古今帝王，毁于放纵成于慎。细看中外百姓，败于奢侈成于勤。

没有慎始的意识，百姓易心浮气躁，甚至铤而走险；领导会心猿意马，甚至投机钻营。慎始遵循规矩，安守本分；不羡慕荣华富贵，不贪图安逸享受；不攀比飞黄腾达，不追求急功近利。

没有慎独的意识，百姓易侥幸投机，甚至越轨放纵；领导会有恃无恐，甚至贪赃枉法。慎独敬畏法律，尊重生命。不效仿贪赃枉法，不羡慕投机取巧；不追随投机钻营，不崇拜结党营私。

没有慎微的意识，百姓易滋长惰性，甚至玩世不恭；领导会放松修养，甚至追求奢侈。慎微防微杜渐，如履薄冰。一粥一饭，当思来之不易。半丝半缕，恒念物力维艰。千里之堤，溃于蚁穴。九层高台起于垒土，千里之行始于足下。

困难　困境　困苦

2013 年 7 月 1 日

人生不如意之事十之八九，事业并非一帆风顺。唯有经历困难考验，才能不断坚强；唯有经历困境磨炼，才能创造辉煌；唯有经历困苦纠缠，心灵才能阳光。人的成长必然要经历困难的考验、困境的磨炼和困苦的纠缠，坚强者，战胜困难、走出困境、摆脱困苦，迎来柳暗花明的春天；脆弱者，屈服于困难、绝望于困境、沉浸于困苦，陷入山重水复的严冬。

困难是暂时的，只要坚持不懈，困难会被克服；只要穷则思变，就能渡过难关。困难无处不在，只要意志不滑坡，办法总比困难多。困难无时不有，只要认真应对，就能顺利克服。

困境是无法回避的，需要适应，并在适应中找出路。身处困境时，既不能怨天尤人，自暴自弃；也不能鲁莽行事，功亏一篑。身处逆境，要有卧薪尝胆之志，韬光养晦，寻求东山再起之机。红军历经围追堵截的困境，书写了共产党的苦难辉煌。身处逆境，要严于解剖自己，寻找短板，取人之长，补己之短。

困苦是心灵的感受，精神的折磨。调整心态会减缓痛苦，乐观向上能释放压力。越是困难的时候，越要坚定信心；看到过去的成绩，增强战胜困难的勇气；憧憬未来的光明，走出郁闷压抑的阴影。

积　智　补　拙

2013 年 7 月 27 日

今天是周六，在家浏览书籍，随手从书架上拿起八年前曾经看过的《智慧书》。看着八年前阅读时的批注，仿佛听到葛拉西安 400 年前的声音。此时再看，同样的话语，似乎又有了新的感悟。《智慧书》，真是学无止境；每次浏览，感悟全新。积智补拙，受益无穷。

人该博览群书，积智于童年；知行合一，悟智于青年；融会贯通，修智于中年；立德立言，藏智于老年。然而，由于“文革”的原因，童年在辍学中荒废，心田在迷茫中荒芜。乃至早已过了知天命之年，仍觉智慧不足，应接不暇。今天应珍惜炳烛之明，继承勤俭家风，传智慧于子孙。《智慧书》，感悟不尽。勤俭路，永无止境。

“夫如是，故远人不服，则修文德以来之。既来之，则安之。”看如今，仍近忧不断，要安百姓以化之，既化之，则安之。营造和谐社会，不仅要创造财富，而且要共享财富。不仅要执著敬业，而且要积智补拙。

立身之道，唯谦与学。胜人者有力，自胜者强。敬人者，人恒敬之。学会陪衬，把握分寸；韬光养晦，抑制冲动。克己勤奋，真诚待人；磨炼技能，优雅悦人。积智补拙，励志成长。砺智育才，立志成才。

心无旁骛

2013 年 9 月 18 日

道法自然，四季往复无穷。月圆之日，俯仰天地乾坤。细品《道德经》，静处悟人生。我们能走多远，靠的不是双脚，而是志向；鸿鹄志在苍宇，燕雀心系檐下；我们能登多高，靠的不是身躯，而是意志，强者愈挫愈勇，弱者逢败则伤；我们能做什么，靠的不是双手，而是智慧，勤劳砥砺品性，思想创造未来；我们能看多远，靠的不是双眼，而是胸怀，心中有世界，世界包容你。

远大的志向，催人奋进。踏平坎坷心豁然，攀登险峰笑云端！顽强的意志，百折不挠。千锤凝真气，愈挫愈强；百炼修道场，以柔克刚。无论你走多远，都不要忧伤。安静、祥和是珍贵的宝藏。无论你登多高，都不要张扬。客观、谨慎是风险的屏障。无论做什么，都要心无旁骛。恭敬、自律是安全的门户。无论多贫寒，都不要自卑。谦和、执著是进步的阶梯。无论多聪明，都不要恃才傲物。包容、勤奋是成才的秘籍。

天不言自高，地不言自厚。心无旁骛，做好自己。

勤奋节俭为本

2013 年 10 月 1 日

勤奋，乃人生之本，立业之基。业精于勤，勤能补拙。勤于修身，立德立言。“达则兼济天下，穷则独善其身。”勤于学习，凿壁偷光。少而好学，如日出之阳；壮而好学，如日中之光；老而好学，如炳烛之明。少壮不努力，老大徒伤悲。塑造人格，珍惜秒阴。读万卷书，行万里路；勤于实践，知行合一。

节约，乃治家之本，传世之基。淡泊以明志，宁静以致远。俭以养德，福泽后人。富则兼济亲友，贫则志向不移。俭以养廉，洁身自好。不贪图不义之财，但求平安健康。不羡慕衣锦还乡，但求心情舒畅。俭以养心，净化心灵，平抑物欲。远离灯红酒绿，珍惜泥土清香。

愚拙不可怕，愚宜专注，勤能补拙。聪明不足恃，天外有天，人上有人。富贵不能淫，淫威丧德，人格堕落。威武不能屈，人贫志不贫，卑贱傲骨存。

聪明不如勤奋，富贵难比节俭。聪明反被聪明误者众，坚守勤奋成才者多。富贵不俭难长久，勤俭持家传万代。聪明加勤奋，品格可出众。富贵再节俭，有志可登天。

天生汝才必有用，知行合一惜秒阴。长风破浪会有时，直挂云帆济沧海。

人因梦想而伟大

2013 年 10 月 3 日

今年国庆长假，我和儿子一起陪母亲在呼市过。今晚和儿子在农大校园散步，路边的一个宣传标语深深印入我的脑海："人因梦想而伟大，人因学习而改变，人因行动而成功。"

的确如此，古有神童诗："自幼多才学，平生志气高，别人怀宝剑，我有笔如刀。"今有泽东赋："孩儿立志出乡关，学不成名誓不还，埋骨何须桑梓地，人生无处不青山。"莘莘学子，无不因梦想而进入高等学府；也许有人因高考不理想，没有进入梦想的大学；但是，正是因为他的梦想，才进入高等学府，开始了塑造人生的旅程。即使现在的学校不理想，还可以通过学习改变现状，以优异的成绩完成学业，考研可以再次向理想的学校进军。这就是大学的使命。让学生孜孜不倦地学习，不断改变自己的知识结构，不断提高自己的适应能力和竞争能力。

一分耕耘一分收获。你在学习上付出得越多，在改变命运上积累的资本越多，实现理想的基础越扎实。大学就是让学生争分夺秒，刻苦学习。将来不因虚度年华而悔恨，不因碌碌无为而苦恼。

大学毕业迈出校门，开始人生创业奋进的旅程。依靠经久不衰的梦想和扎实雄厚的知识积淀，矢志不渝，脚踏实地，以一个又一个的执著行动，朝成功的目标一点一点逼近，以自己的成功回报自己的梦想，回报学校的培养，回报父母的心血和汗水！

好事　小事　实事

2013 年 10 月 31 日

过了知天命之年，觉得人一生如能坚持做"好事、小事、实事"，不会有太多的不如意。自己一贯坚持“但行好事，莫问前程”的理念，故人生平稳，生活平静，家庭平安，“知足常乐”。

做好事，从实际出发，量力而行，坚持不懈；做好事，从身边做起，孝敬父母，关爱家人；做好事，从小做起，助人为乐，拾金不昧；做好事，从岗位做起，学会协调，尽力而为；做好事，从周围做起，体恤他人，关心他人。

做小事，从立足做起，勿好高骛远；做小事，从站稳做起，勿操之过急；做小事，从走好做起，勿欲速不达。做小事，从善做起，勿心猿意马；做小事，从精做起，勿敷衍塞责；做小事，从美做起，勿马虎应对。做小事，要上心；研小事，要用心；断小事，要专心。

做实事，从需要出发，脚踏实地，循序渐进；做实事，从能力出发，量力而行，精益求精。做实事，从长远出发，积土成丘，集腋成裘。做实事，从大局出发，奠垒土之基，成事业大厦。做实事，从修身出发，正心诚意，修身齐家。

敬天畏人

2013 年 11 月 1 日

天高地厚，奥秘无穷。历史演进，辈出英雄。穿越时空，仰望星辰。浩瀚无边，天道混沌。两极四象，阴阳分明。《易经》八卦，占卜乾坤。个人渺小，宇宙无穷。顺应天道，规范言行。敬天畏人，内敛包容。慈悲为怀，智慧人生。

尊重自然，珍视蓝天白云。顺应自然，沐浴阳光清风。保护自然，抑制欲望蠢动。驱除阴霾笼罩，造福后代子孙。山高松柏盛，地广绿草茵。心似碧水净，人若神仙宁。远离喧嚣，净化心灵。心净自然美，万物有神灵。敬天畏人，净心前行。呵护生命，和谐共存。

家和万事兴，人和事业顺。敬畏生命，尊重灵魂。敬畏长者，智慧化身；不听老人言，吃亏在眼前。敬畏青年，充满激情；改天换地，无限憧憬。敬畏孩童，希望无穷；引领未来，主宰乾坤。敬老爱幼，尽责尽心；传承文化，聚精会神；引导青年，把握人生；汲取营养，不懈探寻。关爱弱者，奉献爱心；伸出援手，搀扶一程。和谐同僚，共铸人生；矢志不渝，勇往前行。

海内存知己，天涯若比邻；珍惜今天，和平共存。远猷晓得失，卓鉴知古今。致知格物敬业，正心诚意修身。择善为师，谦虚谨慎。脚踏实地，积跬步之功，至千里之行。豁达包容，积涓涓细流，成浩瀚江海。继往开来，不辱使命；知行合一，勇于探寻。敬天畏人，矢志笃行。

人生修养杂谈

2013 年 12 月 1 日

闲时多读书，纵观古今事，博览凝才气。读书宜静，凝心静气，悟透真谛。读书宜钻，刨根问底，追寻真谛。读书宜广，他山之石，可以攻玉。

人前慎言行，真诚善纳谏，低调养清气。出言宜逊，谦和自然，不伤情义。出言宜缓，一言既出，驷马难追。出言宜稳，浮躁惑人，偏激失据。

交友重情义，患难雪中碳，慷慨有人气。交友宜慎，志向为媒，情趣落地。交友宜广，博采众长，开阔视野。交友宜真，肝胆相照，真诚无欺。

困境能负重，卧薪不言苦，忍辱蓄志气。处困境冷静，绝处逢生，全凭毅力。处困境坦然，适应环境，顺其自然。处困境坚强，百折不挠，矢志不渝。

行事宜豁达，忍让顾大局，不争添和气。处世仁义，将心比心，不贪渔利。处世厚道，不害百姓，不馋权贵。办事实在，忌油嘴滑舌，勿挑拨离间。

修身高标准，进步在点滴。做人有原则，一丝不苟。做事有底线，持之以恒。位卑傲骨存，贫寒志不移。古今圣人训，品味悟要义。中外楷模事，参透寻真谛。正心诚意修身，豁达宽容齐家。卓而能合群，品高养正气。

秉承价值观，培养可信力

2013 年 12 月 20 日

可信领导力就是人格魅力、感染力、感召力，要想拥有可信领导力，就要言行一致，诚实守信，为下属示范，为组织争光，为事业添彩。总之，可信领导力来自于行为可信，为人真诚；忠于职守，严于律己。因此，要想使自己成为一名可信的领导，就要自律，做诚实的人。

只有可信的领导，才能在危难时刻产生可信领导力。只有可信领导力，才能凝聚人心，共克时艰，共渡难关。

人无论在什么时候，也不论在什么地方，如果以迎合外界的需要而牺牲价值观，必然会引起下属的关注，甚至是反感；以前建立起来的可信力也会被削弱。老百姓不听你平时说什么，看你在关键时刻坚持什么价值观，能否秉持公正。

可信领导的基础是人格的可信度，而不是哗众取宠的能力、瞒天过海的伎俩。在巨大压力面前能坚持原则、在巨大挑战下能坚守灵魂是征服下属的人格魅力，是领导可信度的基石。

要展现自己可信的一面，就要有很强的自我约束能力，不随波逐流；宁为玉碎，不为瓦全。令人赞叹，让人钦佩。一个可信的领导必须同时展示自我意识、自我约束能力和动机。一个信守承诺的领导，在自觉的行动中展示自己的价值观；一个口是心非的投机者，在利益面前暴露自私的嘴脸。现实是检验领导可信力的试金石。

可信性是客观存在的，并不是让人们去感受可信，而是使人们变得可信并认识到真实的自我。一个可信的领导以不断增强的能力和动机来实现自我意识，以突出的自我约束能力面对世俗挑战，始终保持自我承诺的价值观。

随波逐流易，秉持可信难。可信领导对员工的正激励是乘数效应，能够赢得员工更高层次的信任、尊敬。组织渴望可信的领导，下属期盼可信的领导。

正己　正人　正风

2013 年 12 月 29 日

葛洪在《抱朴子外篇》（官理卷九）中强调“夫君犹器也，臣犹物也；器小物大，不能相受矣。”“故良骏败于拙御，智者踬于暗世。”由此可见，唯有正己，才能正人；唯有正己正人，才能正风；唯有正风，才能正国。因此，人的地位越高，越应该严格要求自己，为下属和周围的人做表率。

古今中外对此有相似的认知。美国西点军校的领导力教学，强调领导应该以自己的可信力影响他接触的下属，塑造下属的可信力，如此循序渐进，形成良性循环，有更多的人塑造了公众可信力。这种彼此影响的可信力互相感染，在组织中渐渐形成可信文化和共同价值观、理想。

其实，不论是君主，还是各级领导，在你统御的范围内，都存在“器物”的辩证关系。彼此有共同价值观和共同可信力，就会对下属的成长进步产生推动作用；相反，就会产生阻碍作用，就会出现“良骏败于拙御的”遗憾，组织因此蒙受损失；更有甚者，会发生“智者踬于暗世”的危机；民生凋敝，矛盾丛生；忠臣因诽死于无罪，奸臣因誉赏于无功。

欲振兴国家，须塑造全社会共同的价值观，形成共同的可信文化。欲形成共同的价值观，就要从教育入手，沿着“正己、正人、正风”的轨迹前进，在致知、格物的基础上，正心诚意磨炼品性，修身齐家做出示范。唯有此，正国才有基础，治国才有希望，平天下才有感召力和战斗力！

欲振兴教育，就要认真总结成败得失，明确“教书育人”的定位，牢记“十年树木、百年树人”的规律，师者，为人师表，以身作则；先正己，后正人。师者，“传道、授业、解惑矣。”；不可有点滴闪失，谬种流传，误人子弟。

欲民族兴旺发达，国家后继有人；教育须正本清源，正风刻不容缓。学校应该成为科学知识的殿堂，不能被抄袭造假、投机钻营所玷污。教师应该是人类灵魂的工程师，言传身教，现身说法，传递正能量。学生应该是勤奋刻苦学习的标兵，不能效仿照抄，羡慕作弊。

学校应该从“正己、正人、正风”做起，为全社会树立榜样。全社会应该以“正己、正人、正风”为己任，从自身做起。正己以先贤为榜样，传承优秀文化精髓；正人言传身教，形成共同价值观；正风弘扬正气，凝聚人心。

微笑　沉默

2014 年 1 月 4 日

微笑和沉默是人生的两把利剑，微笑可以解决好多问题，沉默可以避免好多尴尬。因此，无论何时，都要把握时机，以微笑和沉默来应对不同场合和不同事情。通过微笑能解决的问题，就微笑着面对，直至妥善解决。对微笑仍然无法解决的问题，就要沉默面对，直至问题随着时间推移而缓解。

无论是微笑，还是沉默，都会遇到令人尴尬的时候，都要隐忍制怒。微笑和沉默是手段，目的是解决问题。利用微笑化解矛盾，寻找妥善解决问题的出路。适度沉默避免激化矛盾，寻求缓解对立的机会。因此，在训练微笑和沉默的过程中，要学会统揽全局，换位思考；求同存异，因势利导。

微笑是真诚的，让人感觉到轻松。微笑是自然的，让人体会到善意。微笑发自内心，营造和谐的氛围。微笑是拉近距离的帮手，有助于增进了解。微笑是建立信任的天使，有助于增进理解。微笑是拓展情商的有效载体，有助于提高公共关系处理能力。

无论你多聪明、多能干，在人际交往中不会微笑，就很难建立良好的人际关系，很难在对方眼里留下深刻的印象。

沉默是坚定的，让人感觉到刚毅。沉默是睿智的，让人感觉到深思。沉默积淀心底，避免失言的尴尬。沉默是抑制冲动的良药，避免情绪失控。沉默是化解尴尬的助手，有助于缓和矛盾。沉默是消除对立的有效手段，有助于缓和尖锐对立的矛盾。

无论你知识多渊博、经验多丰富，在处理问题时不会沉默，就会失去因势利导的机会，很难主动掌控大局。

微笑的基础是自信，自信的基础是博学，博学的基础是勤奋。唯有勤奋才能博学，唯有博学才能自信。沉默的基础是刚毅，刚毅的基础是睿智，睿智的基础是修养。唯有修养深厚才能睿智行动；唯有睿智行动才能刚毅处事。

微笑和沉默不是先天的禀赋，是后天的修养。唯有正心诚意修身、致知格物治学，才能积淀智慧，增强自信，刚毅自强。

教养　修养　涵养

2014 年 1 月 23 日

坊间有一种说法：“儿要穷养，女要富养”。对此，望子成龙的年轻父母会效仿，如不能真正理解其实质和内涵，容易出偏差，甚至事与愿违。所谓穷养儿，强调的是男人能吃苦、不怕穷、敢于改变现状、勇于承担责任、自力更生、艰苦奋斗的品质特征。所谓富养女，强调的是女人要高雅、有见识、不随波逐流、不贪图小利的思想境界。其实，无论是穷养，还是富养，成才的男女背后都离不开家庭的教养、个人的修养。家庭教养和个人修养的有机结合，表现为个人的涵养。

我们评价某人有教养，实际是说从他身上能看到家风、家范的传承，敦厚品行的外化，诚实待人的自然。一个人有教养，是家庭教育和培养的有机结合。古语云：“养不教，父之过；教不严，师之过；子不学，非所宜。教之道，贵以专；昔孟母，择邻处；子不学，断机杼。窦燕山，有义方；教五子，名俱扬。”这里强调了家庭教育和环境影响的重要性。父母是子女的第一任老师，言传身教，潜移默化。父母的修养会耳濡目染地转化为子女的教养。

一个人有成就，无论家庭穷富，都离不开家长的潜心教育和培养。诸葛亮诫子书：“夫君子之行，静以修身，俭以养德。非淡泊无以明志，非宁静无以致远。夫学须静也，才须学也。非学无以广才，非志无以成学。淫慢则不能励精，险躁则不能冶性。年与时驰，意与日去，遂成枯落，多不接世，悲守穷庐，将复何及!”

个人修养是在家庭教养基础上逐渐深化、并持续一生的修炼。《大学》开宗明义：“古之欲明明德于天下者，先治其国；欲治其国者，先齐其家；欲齐其家者，先修其身；欲修其身者，先正其心；欲正其心者，先诚其意；欲诚其意者，先致其知。致知在格物。物格而后知至，知至而后意诚，意诚而后心正，心正而后身修，身修而后家齐，家齐而后国治，国治而后天下平。自天子以至于庶人，壹是皆以修身为本。其本乱而末治者否矣，其所厚者薄，而其所薄者厚，未之有也!”由此可见，修养伴随着个人成长、进步的一生。没有真心诚意的修身和致知格物的境界，难以齐家治国平天下。

涵养是家庭教养和个人修养的外化，表现为谈吐文雅、举止得体、彬彬有礼、不卑不亢、大度包容、处变不惊等。涵养不是与生俱来的，是后天培养和修养的结晶。因此，如果希望子女成才，首先，要加强自身修养，形成和睦相处、知书达理的家风氛围，奠定志趣高尚、自强不息的教养基础。其次，要引导子女的价值取向，明确人生目标，坚定理想信念，培养有担当、有信仰的独立人格。正心诚意修身，勤奋刻苦敬业。再次，在实践中学习、逆境中磨炼，学会承受和包容，培养“达则兼济天下，穷则独善其身”的理念，积淀遇事不怒、处变不惊的涵养。

十年树木，百年树人。对子女教育，不论男女，也不论穷富，都要培养勤俭、勤奋、勤劳的习惯，树立远大理想和生活目标。做人有原则，不能自私自利。做事守规矩，不能为所欲为。人生有追求，不能碌碌无为。

把握人生方向

2014 年 3 月 17 日

最近，全党上下学习习近平总书记的“三严三实”，感悟颇深。习总书记的“三严三实”，不仅向全党同志提出了修身敬业的明确要求，也为年轻人指明了人生应该把握的方向。在大学深造的莘莘学子，应该从中悟出自己该做什么？该怎么做？刚步入社会的精英，应该思考“自己该干什么？自己能干什么？以我之见，无论是在校深造的翘楚，还是步入社会的精英，都应该把自己的人生规划和“三严三实”的具体要求结合在一起，努力做到“六不”，即“不出轨，守法；不缺位，尽职；不梗阻，合作；不忽悠，务实；不偷懒，勤勉；不装懂，勤学。”

第一，不出轨，守法。年轻人从步入社会开始，无论是修身，还是律己，底线是不出轨，要严格守法。不能心存侥幸，铤而走险。守法是人生的安全阀。守法是事业的保护神。

第二，不缺位，尽职。年轻人容易眼高手低，大事做不来，小事又不做。好高骛远，甚至心猿意马。到头来，荒废光阴，滞涩人生。尽职是成就事业的基础。尽职是美好人生的根本。

第三，不梗阻，合作。年轻人容易感情用事，事不关己，高高挂起。甚至对自己不感兴趣的事情，抽象的同意，具体的反对；会上支持，会下抵触。殊不知，个人对集体工作的有意梗阻，相当于身体中的血液梗阻，既影响组织的生命安全，也危及自己的职业安全。

第四，不忽悠，务实。忽悠风气像瘟疫在人群中蔓延，年轻人很容易染上忽悠的习气。张口云遮雾罩，闭口惊天动地。哗众取宠有余，诚实守信不足。可是，如果想做成事，一定要脚踏实地工作。想成大事，一定要矢志不渝坚持！任凭逆境磨炼，一点一滴做好！

第五，不偷懒，勤勉。年轻人羡慕别人的成就，总想走捷径。工作中容易偷懒。遇事一知半解，做事马虎应付。没有勤勉的工作作风，很难磨炼过硬的本领。偷懒的习惯是掏空意志的蛀虫，偷懒的作风会断送前程。

第六，不装懂，勤学。无论你是硕士，还是博士。你所知道的远比你未知的要少得多。面对现实，不能装腔作势，不懂装懂。社会是一所大学校，处处留心兼学问，事事总结有智慧。唯有勤学，才能积累知识，积淀智慧。

人生虽然漫长，关键处只有几步。关键处能否把握好方向，将决定人生能否辉煌。牢记“六不”做人，磨炼闪光人生。牢记“六不”做事，事业精益求精。守法尽职忠诚，把握人生方向。务实勤勉用功，主宰个人命运。

心容天下

2014年4月9日

自然有规律，天地有五行。人间有正道，四季运不穷。月有阴晴圆缺，人有悲欢离合。谁也不能一生无忧，谁也不会一世坎坷。希望与挑战同在，机会与风险并存。天人合一，道法自然。

自然遵循四季规律，春生，夏长，秋收，冬藏。人生也有四季，少年努力学习，青年辛勤耕耘，中年收获果实，老来欢度晚年。没有少年的付出，就没有耕耘的沃土。没有青年的耕耘，就没有中年的收获。没有中年的收获，就没有欢度晚年的资本。种瓜得瓜，种豆得豆。播种大爱，收获欢欣。

容人，收获欢欣。欢欣，心中才能有胜景。心中有胜景，才能春暖花开；否则，到处阴霾笼罩，遍地寒气袭人。

容事，收获自信。自信，心中才能有愿景。心中有愿景，才能成就事业；否则，到处尔虞我诈，遍地刀光剑影。

容论争，收获睿智。睿智，心中才能有理。心中有理，才能走遍天下；否则，到处指鹿为马，遍地曲意逢迎。

容误会，收获包容。包容，心中才能有德。心中有德，才能涵容万物；否则，到处指桑骂槐，遍地恶语伤人。

容不同，收获宽容。宽容，心中才能有道。心中有道，才能拥有一切；否则，到处标新立异，遍地奇谈怪论。

容天下，收获使命。使命，唤起心中希望。心中有希望，才能实现梦想；否则，到处兵戎相见，遍地饿殍哀魂。

容论争、容误会、容不同，收获快乐。快乐，才能发现美好；发现美好，才能看到光明。

容人、容事、容天下，收获英明。英明，勇于承担责任。勇于承担责任，世界才有希望。

修己　安人　治事

2014 年 4 月 29 日

翻开《一路直行——我的企业理想》（李玉琢著），曾仕强在推荐序中写道："我一直致力于宣传'中国式管理'，为此我几乎将自己的全部时间和精力投入到著书立说之中。……当我打开这本书后，就深深地被李玉琢这个人吸引住了，我确信他就是'中国式管理'的践行者，虽然他不一定了解我一直以来所倡导的'中国式管理'。"

曾仕强指出："中国式管理"有三个核心：修己——洞悉人性，即洞悉人性动态变化，掌控变数，有效沟通，拥有丰沛人脉；安人——知人善任，即掌握识人读心的领导本事，栽培能干得力的左右手；治事——运筹帷幄，轻松愉快，宁静致远，日理万机而不失策。

修己是中国传统文化的核心，正心诚意修身，齐家治国平天下。正心重在调整好心态，懂得宽容，不拘小节。心态好，人缘就好。人缘好，做事顺利，生活愉快。诚意重在真诚、实在。为人正直，做事坦诚。既不阿谀奉承，也不藏污纳垢。修身重在制怒、包容。兼听则明，克制宽容。多一点耐心倾听，少一点霸气训人。正心诚意修身，能激发人生最大的潜能，是最大的财富。

安人是为人民服务的核心。权为民所用，情为民所系，利为民所谋。企业安人的第一要务是员工的切身利益。只要员工的切身利益受到保护，股东的利益才有保障，企业尽社会责任才有基础。把企业的发展和员工的职业生涯有机结合，安人就进入良性循环的轨道。安人既要关心个体需求，更要关心个体潜能的发挥，为企业创造更多的财富，做出更多的贡献。

治事是企业家的第一要务。企业存在的价值就是为员工、股东和社会创造价值。企业为社会创造价值的多少取决于企业家的治事能力。企业是一个系统工程，企业家不能面面俱到，亲力亲为。但是，要有战略决策能力，带领企业做正确的事；要有领导能力，带领团队正确地做事；要有执行能力，严格履职考核，严明奖惩兑现；要有统筹谋划能力，优化资源配置，优化运营流程，实现人力资源有序接替，管理资源有效利用。治事在于公平、清正、廉洁。唯有此，才能上情下达，下情上达。"吏不畏吾严，而畏吾廉，民不服吾能，而服吾公。公则民不敢慢，廉则吏不敢欺。公生明，廉生威。"

远祸近福全在心态

——写给青年

2014 年 5 月 4 日

福祸相依，不是客观必然，而是主管使然。顺与逆，人皆难免。关键在于如何走出逆境？如何抓住机会？在顺境中不失误。困惑自己的不是物质的贫乏，而是心灵的复杂；不是逆境中的绝望，而是顺境中的欲望。保持思想简单、心灵平静比执著追求更难，认识自己比认识别人更难。

坦然不是一种简单的表态，而是处世的必然。追求不只是财富的增加，而是心灵的净化、目标的升华。

顺境中不易放下，会滋生贪欲，贪欲会诱发冲动，冲动会断送前程。逆境中容易动摇，会滋生自卑，自卑会诱发消沉，消沉会束手无策。

趋利避害首要在心态，其次是准确判断周围环境，因势利导，再次，做周密准备，防患于未然；抱最大的希望，做最坏的准备；控制局面，把握底线。

知己知彼关键是冷静，重在取人之长，补己之短。放下名利，看淡得失，远祸近福全在心态。

不要狂妄自大，不要妄自菲薄。着眼于当下，把握住今天。但行好事，莫问前程。

信 仰 之 魂

2014 年 6 月 2 日

信仰是引领个体奋发向上的精神动力，信仰描绘了人生追求的蓝图。信仰鼓舞人们克服困难，改变现状，创造美好未来。信仰在改变现实的同时，也在改变人自己，使其不断向信仰的标准靠近。信仰是人生进步之魂，信仰是社会前进之魄。

信仰决定人生的追求和价值取向，从而规范其言行。吾日三省吾身，言行一致乎？表里如一乎？信念坚定乎？抗日战争时期大批有志青年汇聚延安，在共产主义信仰的鼓舞下书写了伟大的革命史诗，宝塔山记录了共产党人的壮举，惊天地！延河水汇集了人民的力量，泣鬼神！延安窑洞见证了共产党人的胸怀，爱民如子，视民如伤。

追求信仰需要意志力，艰苦岁月大浪淘沙。经历过风雨的洗礼，才能见证胜利的彩虹！那些意志薄弱的信仰者，充其量是叶公好龙。把信仰作为幌子，招摇撞骗，欺世盗名，必然走向信仰的反面，变本加厉，背道而驰。历史会无情地淘汰信仰动摇者，甚至，把那些出卖灵魂和信仰的人，永远钉在历史的耻辱柱上！

在和平年代，检验一个人的信仰，不看他公开讲什么，而看他自觉地做什么。那些口口声声马列主义，彻头彻尾的自由主义者，无论怎样标榜，在老百姓心目中，他们依然是道貌岸然的伪君子。

人有了信仰，能在追求信仰中不断进步！虽然不能达到信仰的最高境界，但借助于信仰，确立正确的前进方向，在自我完善的道路上不断进步，日益逼近人生信仰的境界！这就是人生信仰的价值。她描绘了人生的方向、追求的目标、理想的蓝图，并倾注毕生精力为之奋斗！

在金钱至上、信仰迷茫的雾霾下，人们需要坚守信仰的蓝天、自强不息的空气和彼此包容的大海！

苦与乐

2014年6月17日

人生苦与乐，唯有自己知。莫怨天尤人，苦乐全在己。古语云：“吃得苦中苦，方为人上人。”从小就告诫学童要养成吃苦耐劳的习惯，掌握知识，考取功名。

从小能吃苦，十年寒窗无人问，一举成名天下知。可谓“辛苦一阵子，享乐一辈子。”相反，从小贪玩，玩物丧志寻欢乐，一事无成苦终身。可谓“享乐一阵子，痛苦一辈子。”

朴素的语言中蕴含着深刻的哲理。谁能悟透，身体力行，谁就能尝到苦中的甜滋味。谁若自恃聪明，想走捷径，谁就必然偷着乐一阵子，敞着苦一辈子。君不见有多少宦官子弟因颓废而没落，又有多少寒门弟子因刻苦而成名。

人生的苦与乐，不取决于家庭出身。即使名门望族，整天沉迷于欢娱，迟早会家徒四壁。仰天长叹，能说与谁？尽管出身贫寒，时刻专注于进取，终究能出人头地。低头思量，全凭刻苦。

人应该从吃苦中体验人生，在吃苦中认识世界。通过吃苦磨炼意志、陶冶情操。唯有经过苦的历练，才能养成担当能力。唯有经受苦的考验，才能增强责任意识。国家兴亡，匹夫有责的国民意识，就是在国难的痛苦考验和磨炼中形成的。没有抗日的磨难，就没有国共合作的民族团结。

遇事敢担当，才能把握机遇，有效掌控人生。真正有担当能力，就有享受人生的资本。真可谓，潜心苦一阵子，享受人生一辈子。相反，事事掂轻怕重，件件挑肥拣瘦。必然，大事做不来，小事又不做。真可谓："墙上芦苇头重脚轻根底浅，山间竹笋嘴尖皮厚腹中空。"这样的人，任凭天资聪颖，也难成大器，难担当重任！

烈火炼真金，磨难造英雄。在苦中积淀涵养，卧薪尝胆！在苦中激发热情，冲破牢笼！在苦中增长智慧，运筹帷幄。在苦中积蓄力量，决胜千里。没有苦的积淀，就没有乐的基础。没有苦的历练，就没有乐的养分。没吃过苦，就感觉不到乐。

顺境 逆境 心境

2014 年 6 月 22 日

又是高考张榜日，依旧悲喜各不同。时针指向 23 日零时，考生就可以通过网络等手段查询高考成绩。今晚注定又是一个难眠之夜，几家欢乐几家愁。

荣登金榜者，志满意得，憧憬理想学校。名落孙山者，心灰意冷，寻找蜷缩地缝。此时此刻，对莘莘学子和家长是一种折磨。

凡事都有两面性，考试顺利者，体会顺境的荣耀，容易飘飘然。考试不利者，尝到逆境的压力，容易走极端。然而，在这难眠之夜，步入顺境的幸运者能否把握住机会，全在心境。陷入逆境的失意者能否走出消沉，也在心境。成功与否，不在一时的顺逆，而在持久的奋斗！不在一时的荣耀，而在不懈的努力！不在成绩的高低，而在解决问题的能力！

对莘莘学子而言，不管成绩如何？未来的路还很长，人生才刚刚起步，需要认真对待眼下的顺境与逆境。成绩理想无需多陶醉，成绩差者不必太悲观。只要心境好，不消沉；逆境可以磨炼意志。经过逆境的磨炼走出困境，逆境就是财富。只要心态好，不浮躁；顺境容易激发热情，陶冶情操，向更高目标迈进，顺境就是成才的桥梁！否则，心浮躁，高考的顺境会成为"温水"，机会在不知不觉中消失。志消沉，落榜的逆境会成为陷阱，意志薄弱者不能自拔。

人的一生，谁都会有顺境，谁也躲不过逆境。逆境与顺境考验心境。心境反映个人修养和知识素养。修养日积月累，与时俱进。素养潜移默化，化作年轮。把握顺境的能力建立在坚实的个人修养和深厚的知识素养之上。走出逆境的毅力根植于百折不挠的精神和矢志不渝的目标。

作为家长，不管孩子成绩如何？健康成长最重要。经历过张榜的难眠之夜，我们应该回归到教育的根本，确立正确的人生理想，加强孩子的个人修养，提升孩子的知识素养，培养百折不挠的奋斗精神，坚定持之以恒的学习毅力。至要莫若教子，教子塑造品格。

自我修炼

2014年6月27日

最近重读戴维·尤里奇《领导力密码》，对构成领导力密码的五要素有了新的理解和感悟。从长期战略领导力要求出发，领导应该具备勾勒愿景的能力。从组织的有效执行、立足于不败之地出发，领导应该具备主动变革的能力。从培养团队竞争力出发，领导应该有激励人心的能力。从基业长青的可持续性出发，领导应该有培养接班人的能力。从满足以上要求、具备相应素质出发，领导应该注重自我修炼。

自我修炼是领导力密码的核心，唯有自我修炼的纯熟，勾勒愿景才会抓住人心、主动变革才会占领先机、团队建设才会充满活力、接班人培养才会激发热情。

自我修炼主要包括以下方面：1. 透过细节看本质。2. 认识自我。3. 控制情绪。4. 保持好奇心。5. 拥有活力和热情。6. 善待自己。就自己的体会而言，这六个方面的修炼，重点要抓住自我认知和控制情绪两方面，下大力气磨炼，用苦功夫检验。唯有此，其他方面的修炼才有望走上良性循环的道路，性格才会适应环境和工作的挑战。

个人的自我认知，重在反思自己的不足；反思自己的不足，重在从内心深处挖掘根源。唯有冷静地分析、理智地判断，才能找出自己的不足。唯有以理智的态度面对外界的挑战，才有望克制急躁情绪，防止冲动引起不测。唯有以尊重的心态去面对下属的挑战，才不会盛气凌人、目空一切。良言一语三冬暖，恶语伤人六月寒。唯有以冷静的心态面对同僚的误解等挑战，才不会误入陷阱而失去理智，言语失态而口无遮拦，情绪失控而大打出手。

控制情绪是自我修炼最重要又最艰难的事情。一方面，外部环境的压力容易使我们的情绪烦躁，另一方面，工作任务的挑战容易使我们急躁。更进一步，机会不均、待遇不公的严峻现实则会使情绪冲动而狂躁。然而，无论如何，如不能理性地控制情绪，往往会因烦躁而错过和别人合作交流的机会，因急躁而操之过急，一着不慎，满盘皆输，因狂躁而失去理智，留下千古遗恨！

得意时很难控制自鸣得意的情绪，容易忘乎所以；失意时很难摆脱消沉的情绪，容易心灰意冷。心态冷静是自我认知的前提，理智思考是控制情绪的基础，冷静、理智是自我修炼的核心。生命中不可缺少的修炼：1. 忍得住孤独，2. 耐得住寂寞，3. 挺得住痛苦，4. 顶得住压力，5. 挡得住诱惑，6. 经得起折腾，7. 受得起打击，8. 丢得起面子，9. 担得起责任，10. 提得起精神。

崇尚吃苦精神

2014 年 7 月 5 日

稻盛和夫的成功秘诀是付出不亚于任何人。这就是崇尚吃苦精神。教育感化李白的“石杵磨成针”故事，讲的是崇尚吃苦精神。体坛精英成功的秘籍依然是“吃苦”二字。凡是公平竞争的地方，秘诀就是崇尚吃苦精神。

精英尚且如此，我们普通人想有成绩，还能有别的捷径可走吗？绝对没有！龟兔赛跑的故事告诫我们，不停地前进，终究能到达成功的彼岸。耍小聪明或自恃不凡，必然会被聪明误。

遗憾的是，近些年随着腐败现象的泛滥，扭曲了“公平竞争”的法则，破坏了崇尚吃苦的生态。的确有少数人凭借各种关系滥竽充数，甚至平步青云，产生了极坏的社会影响，造成了无法挽回的经济损失，破坏了党和人民的鱼水情关系。“不跑不送，降级使用；只跑不送，原地不动；又跑又送，提拔重用。”潜规则深入人心，心照不宣，对年轻人产生了严重的负面影响；谁在吃苦、谁在用功，谁就和傻子甚至是白痴画等号。跑官要官风靡，权钱交易盛行。在这种病态的生态圈速成了不少拔苗助长的官员、注水晋升的博士和一夜成名的专家。

当法制深入人心、竞争和国际接轨，这些速成的“精英”，在太阳底下毕露原形，要么丑态百出，成为笑料；要么东窗事发，身陷囹圄。

然而，经过大浪淘沙真正成为时代脊梁、民族精英的人才，无一不是呕心沥血的典范、孜孜不倦的楷模、吃苦耐劳的英雄。正是：不受一番冰霜苦，哪得梅花放清香。

那些出生普通家庭的学生，由于受潜规则的消极影响，放松了对自己的要求，甚至是悲观厌世，虚度光阴；既没有经过吃苦积淀的能力，也没有撬开权钱交易大门的“资本”，在激烈的竞争中陷入被动境地。一时不吃苦，一生总吃苦。正是：今天学习不吃苦，明天吃苦找工作。

在规范权力、深入反腐的环境下，个人成才是实力的较量；在实现“中国梦”的进程中，实现自我是吃苦精神的比拼！谁能吃苦耐劳，谁就能在公平竞争中占据主动；谁在观望等待掉馅饼，谁就会错失良机；谁在挖空心思走捷径，谁就会遗恨终生。

年轻的学子，普通的百姓，我们既没有高贵的背景，又没有雄厚的资本，无法敲开“便捷之门”，唯一的出路就是吃苦用功。吃得苦中苦，体味苦中甜。人生出路苦中求，立德立功竞自由；莫羡他人青云路，苦尽甘来乐无忧。

道在潜移默化中传承

2014 年 7 月 19 日

今天是周六，在书房重读老子《道德经》，又有新的感悟。朱子云：“道，犹路也，人人之所共由也。”生天、生地、生人、生物，公共之理，故谓之道。道，先天地而长存，后天地而不敝；生于天地之先，混于虚无之内，无可见，亦无可闻。

天人合一，道法自然。人类起始“不知道德之名，更不闻仁义礼智之说，然而抱朴完整，任气机之自动，与天地以同流。俨若不教而化，无为而成，自与道德为一，仁义礼智不相违焉。”

世世代代，道在潜移默化中传承。任凭统治者花言巧语，司马昭之心路人皆知。老百姓有识别定力，知敦厚以为礼，故取其厚，而不取其薄；知虚华之非智，故取其实，不取其华。去取攸宜，大道在社会动荡、战火延绵中仍能代代传承。

尽管现在的社会存在欺诈和贪腐，然而，四川的“棒棒”工依旧传承着“道”，人虽穷，缺钱不缺德。相反，令人汗颜的是曾经位高权重的人民公仆——“大老虎”，贪腐惊天，动辄几十亿。真不知这些公仆曾经读的是“什么经”，守的是“什么道”。整天慷慨陈词、出镜道貌岸然的“领导”，张口教育群众、闭口引领群众的“公仆”，竟然是“世味浓而道味淡、圣念浅而贪欲深”的伪君子。

现实的反差让我们汗颜。人民，只有人民，才是历史的创造者。不要整天教育群众，应该检点自己的言行。不能高高在上，应该深入群众；不能哗众取宠，应该挖掘“缺钱不缺德”的普通百姓；不能自恃高贵，应该有“道德楷模”的灵魂；以身作则，凝聚人心，净化日益沦丧的道德环境。

不欲以静，天下将自正。老百姓心里有杆秤，孰优孰劣不用问。牢记“贵以贱为本，高以下为基”，深入基层，了解实情。接地气，问民生。唯有此，“特色社会主义之道”才能深入人心。否则，忘机者息天下之机，好事者启天下之事。隐患深重，绝非危言耸听。整改任重，务必戮力同心！以柔以弱，立德立功。道在潜移默化中传承，人在耳濡目染中前进。净化社会环境，塑造孩子灵魂。

知止知足难

2014 年 7 月 20 日

今天是周日，在书房闭门读书。重读《道德经》，感悟老子的境界。掩卷沉思，深感“随波逐流易，知止知足难”。两千多年来，读《道德经》者众，信《道德经》者寡。讲《道德经》易，守《道德经》难。

《道德经》第四十四章，太上曰：“名与身孰亲？身与货孰多？得与亡孰病？是故甚爱必大费，多藏必厚亡。知足不辱，知止不殆，可以长久。”

反思贪腐蔓延现状，细想党的教育彷徨。人民公仆，为何不顾人民的清苦？反而大势贪腐？高级干部，为何不惧党纪国法？反而权钱交易？有志“身入中南海”者，为何“身陷囹圄”？

本该“致虚养静”，从无知无觉时，寻有知有觉处。然而，好名好利者，莫不以名能显扬我身，货足肥润我身，身若无名则湮没不彰，身若无货困苦难堪矣，是以贪名者舍身而不顾，黩货者丧身而不辞。贪名敛财丧身者皆因不知敛抑，不自退藏，贪多不止，以至于结怨于民，获罪于天。望重为国家所忌，积厚为造物所尤。

人只为身而求名，何以因名而丧身？人皆求货以为身，何以亡身而因货？与其得名货而失身，不如得身而失名货之为愈。况好名位者损精神、伤生命，甚爱者所以大费也；厚储蓄者，用权谋、戕身心，多藏所以厚亡也。尽管如此，追名逐利者如飞蛾扑火，前赴后继。足见名利诱惑之大，知止知足之难。

贪幻境者多被魔缠，好搬运者难免凶咎。贪女色者多被情溺，好名利者难免翻船。唯知止知足，止于至善者，才不会为欲所累、为名所惑、为事所缠。若心智清明，意志坚定，淡然无欲，天地亦不能转动我，鬼神亦不能役使我，况一切区区事物乎？

然而，人往往因一时之欲，为欲所驱；便如牛如马，听人羁络；甚至，不惜铤而走险，卖官鬻爵。人常常因一念之差，为名所累；则为鹰为犬，任物鞭挞；甚至，热衷结党营私，巧取豪夺。

确立价值观易，坚守价值观难。唯有心存正气，坚守正道，知止知足，才能止于至善。

坚持　坚守　坚韧

2014 年 8 月 6 日

在战争年代，指挥员经常说的一句话：“坚持就是胜利”。在历史上，好多战役的胜负主要取决于谁能坚持到最后。在势均力敌的对峙中，不但是实力的较量，而且是意志的比拼。就像拔河一样，哪一方能咬住牙坚持，胜利的天平就向哪一方倾斜。战争、拔河如此，学习、工作亦然。谁能在困难中坚持，谁就能够在学习上有进步，在工作上有突破！在人生中，谁能为理想而坚持，谁就能会当凌绝顶，一览众山小。

好多半途而废的天才，就是因为不能坚持，朝秦暮楚，这山看见那山高。不能坚持的天才，多半是好高骛远，把问题想得过于简单，在需要坚持时感到迷茫而放弃。有时则是受从众心理影响，随大流，赶时髦，今天心血来潮考公务员，明天则执意自己创业。其实，无论是考公务员，还是创业，没有脚踏实地的复习和工作，没有坚实的基础和顽强的意志品质，很难在强手如林的竞争中脱颖而出。不管目标是什么？只要选定了，就要坚持不懈地努力，百折不挠地拼搏，义无反顾地前进。唯有此，才能渡过山重水复疑无路的难关，迎来柳暗花明又一村的盛景。

然而，寂寞时坚持需要毅力，贫寒时坚持需要定力。在寂寞、贫寒中坚持需要有咬住目标不放松的坚守精神。坚守是一种境界，心里有一种寄托。有了这种境界，为了这种寄托，不轻言放弃，不达目标誓不罢休。在环境恶劣的沙漠深处，农牧民能坚守，是对根的一种寄托。留守儿童在偏远地区的坚守，是对亲情的期盼和向往。甘愿清贫为官，坚守礼义廉耻是对荣誉的珍视、对操守的呵护！贫穷的折磨是对坚守目标的严峻考验，谁都希望过上好日子。在贫困交加之时，君子不吃嗟来之食，是对君子理念的坚守，是对道德风骨的坚守。焦裕禄在兰考治沙的行动，是他对理想信念的坚守。心有定力，善于担当。心中有百姓，定要沙漠变绿洲。

在逆境中能够坚持，在孤立无援时能够坚守，靠的是顽强的坚韧。坚韧是历经坚持的磨炼，坚韧更是经过坚守信念的摧残。不受一番冰霜苦，哪得梅花放清香。坚韧是意志品质的飞跃，更是精神境界的升华。持之以恒的精神源于对理想的追求，坚忍不拔的意志是对信念的向往！目标有多高取决于理想有多远，意志有多顽强取决于信念有多坚定。李大钊视死如归、大义凛然，是理想信念驱使下的坚韧！

在和平年代，尽管没有战火硝烟的考验；但是，要想人生留下痕迹，不虚度光阴，为社会做出力所能及的贡献，就必须坚持正确的方向，矢志不渝，不懈努力；在艰难困苦中能坚守，坦然面对艰难，不为名利所动；遇到挫折时能够坚韧，愈挫愈奋，勇往直前。

坚持原则，坚守理想，坚韧不拔！

读《予学》有感

2014 年 8 月 11 日

东汉许邵的《予学》精辟分析了人生得失、顺逆、尊逆、休戚、荣辱、成败、兴亡之间的关系，深刻阐述了“予”的作用。善施者荣，吝施者衰。道理简单，易学难行。

人一生中最大的困惑莫过于在得失之间的纠结，有时患得患失，结果事与愿违。有时顺其自然，但行好事，反倒收获颇丰。究其因，道法自然，《予学》真谛蕴含其中。天地所以伟大绵长，是它不断付出的结果。大成功需大舍弃，大祸患启于大贪婪。得失之患，源于不舍。

《予学》告诫我们：“取为后，予为先；得为后，舍为先。不懂施与者，必得而复失”。然而，人们在现实生活中，自觉不自觉地陷入得失的纠缠、困惑之中，一方面是物质匮乏，另一方面是欲望驱使。能“予”，基础是物丰，“予”不影响己。愿“予”，是寡欲，利他助人为先。物欲无止境，利他有爱心。老子云：为腹不为目，是也；物丰难以开启“予”的大门，利他难有恻隐之心，此乃贪欲也。予者，不在多，在于恬淡；吝者，不是寡，在于多欲。

“予”的理念并非与生俱来。“予”是家范的外延、家教的传承。从小母亲就告诫我们“请人要大气、过日子要仔细”，母亲的话融化到我们的血液里，内化于心，外化于行。利他的家风耳濡目染，施舍的本能代代传承。

“予”要自觉自愿，水到渠成。“予”的意识内化于心、外化于行，既是家教、家风的体现，是个人修养的必然。有些人并不富裕，习惯于助人于危难之时，慷慨解囊。有些人并不贫穷，沉迷于自我消费之中，吝啬于扶危济困。有的人不忘感恩，滴水之恩以涌泉相报。有的人利欲熏心，民脂民膏搜刮不停。

对处于社会主义初级阶段的中国来说，主要矛盾依然是落后的社会生产力和人民日益高涨的物质文化需求之间的矛盾。构建和谐社会，一方面需要大力发展生产力，不断增强国力，改善人民群众的物质文化生活；另一方面，需要提倡助人为乐的精神，勤俭节约，施与急需之人，走共同富裕之路。

牢记《予学》精髓，“大失莫逾亡也，身存则无失焉。大得莫及生也，害命则无得焉”。

人胜我无害

2014 年 8 月 17 日

北宋著名诗人林逋的《省心录》对于“名与利、胜与败”有独到的见解，今天读来，感悟颇深，受益匪浅。

“务名者害其身，多财者祸其后”。在一千多年前，先贤就对追名逐利有深刻的认识，并能辩证地看待名利的副作用。对照当今社会发生的一些“悲剧”，足见其前瞻性。

“人胜我无害，彼无蓄怨之心；我胜人非福，恐有不测之祸”。这就告诫我们凡事不要过分求胜，只要尽力而为，名利归谁都顺其自然。否则，你一人拔得头筹，别人势必会“羡慕嫉妒恨”，使本来融洽的关系出现裂痕。

今天重温这些忠告，具有重要的现实指导意义。凡事顺其自然，万一你真得胜了别人，不要自鸣得意，要关注别人的感受；更不能张扬炫耀。其实，一时的胜负不代表一生的成败，要韬光养晦，低调谦和。

在个人成长的道路上，追求智慧，坚守理想，挑战自我，走向成熟。这是唯一正确的选择。否则，过分关注虚名，小成就大张扬；过分关注得失，重利益轻原则。这势必助长飘飘然的作风，容易脱离实际，变成“空中楼阁，头重脚轻根底浅；山间竹笋，嘴尖皮厚腹中空”的人物。

自我完善要从灵魂深处的磨炼开始。故天将降大任于斯人矣，必先苦其心志，劳其筋骨，饿其体肤，空乏其身，行拂乱其所为，所以动心忍性，曾益其所不能。不怨位之不尊，只恐吾之不能。曾子曰：“吾日三省吾身：为人谋而不忠乎？与朋友交而不信乎？传不习乎？”

不在意胜负，并不表示人生不上进，随波逐流；而是看淡胜负，宠辱不惊。我胜人莫喜，有危机意识，防不测之祸；化险为夷，营造和谐气氛。人胜我莫怨，查找不足，扬长补短。只要不懈努力，坚持追赶，一定有超越的机会。即使超越不了别人，不懈努力的过程也是自我提升的过程。只要志向不移，就一定能到达理想的彼岸。

尽精微，致广大

2014 年 8 月 19 日

中央美术学院的校训是：“尽精微，致广大。”这六个字形象地表达了美术院校的特点和艺术追求。在美术学院深造的学子无不是在尽精微的道路上呕心沥血、潜心钻研，在艺术上达到了致广大的境界。尽精微作为人生和艺术的指引，经过不懈努力，领略了会当凌绝顶、一览众山小的境界，真正在艺术乃至人生达到致广大的境界。

尽精微，充分反映了美术教学追求精益求精，从细微处探寻真理，寻求突破。尽精微重在“尽”字，对真理不遗余力地探索，对艺术永无止境地耕耘。致广大是尽精微的目标，认识世界不满足于现状，重在探索艺术的规律，拓宽艺术的视野，把握艺术的主旋律。

对普通人而言，“尽精微、致广大”具有现实的指导意义。不论你学什么，不管你干什么，对所学所做如能尽精微，你就能学有所长，做有所成。当你能全身心地尽精微钻研，你一定在术业上有所建树，你的人生视野就能致广大。尽精微做人做事，人生追求就会跳出简单的“衣食住行”，确立“齐家治国平天下”的目标；你就能以厚实的“尽精微”基础，构筑“致广大”的事业大厦，书写辉煌的人生。

尽精微建立在科学的思维方式之上，遇事系统思考，不急于求成，不草率应对。尽精微以致广大为动力，不达目标不罢休，精微之处显身手。尽精微要养成一种习惯，融入日常的生活、工作之中，克服粗心大意的毛病，杜绝心浮气躁的现象。

尽精微需要“敏而好学、不耻下问”的精神，心无旁骛，脚踏实地。尽精微需要“头悬梁、锥刺股”的毅力，百折不挠，矢志不渝。尽精微需要精益求精的作风，从细微处入手，探寻真知。

诚信　规矩　纪律

2014 年 9 月 30 日

在建国 65 周年之际，重温习近平总书记在某地对干部“讲诚信、懂规矩、守纪律”的要求，感悟颇深。首先，干部应该知道什么是诚信？规矩是什么？纪律有哪些？其次，以身作则，以诚待人，不敷衍，做人民群众的道德楷模。再次，了解规矩的内涵和外延，不逾矩，做遵纪守法的典范。第四，纪律面前人人平等，不特殊，做守纪律的标兵。

“讲诚信、懂规矩、守纪律”非一日修养之功，是长期正心诚意修身的结果。讲诚信的关键是培养诚信的品德，积淀诚信的涵养，使诚信成为一种习惯和风格。懂规矩的关键是勤学习，勤思考，要知其然，更要知其所以然。既要知道规矩的普遍性，更要服从规矩的约束。守纪律的关键是公民意识，不能搞特殊。不能对人马列主义，对己自由主义。

诚信的品格根植于家庭的耳濡目染，启迪于老师的言传身教，升华于学校的示范影响，垂青于自己的正心诚意修身。培养一名诚信的干部，有赖于家庭、学校和社会的共同努力，更需要自己的严格要求和刻苦磨炼。没有诚信为基础，就会投机取巧，不守规矩。没有诚信的习惯，就不会自觉遵守纪律，遇事难免撒谎。

“讲诚信、懂规矩、守纪律”不仅对领导干部有特殊的意义，对普通百姓也有警示作用。作为公民，遵纪守法是义不容辞的义务。要想成为一名遵纪守法的公民，就必须从小培养诚信的品格，通过勤奋学习，懂得各项规矩，明白具体纪律。

培养合格的公民，既依赖于家庭耳濡目染的熏陶，更要发挥学校教育的示范作用。既要注重个人真心诚意的修身，也要注重纪律约束的作用。既要培养守法的意识，更要进行普法教育，增强公民懂规矩的意识和能力。

讲诚信，是社会责任。构建和谐社会，人与人之间的信任是基础。没有诚信的人，很难有和谐的人际关系。没有诚信的干部，很难有崇高的威望。

懂规矩，是对自己负责。不懂规矩，犹如盲人骑瞎马，半夜临深地。临深渊而不知，履薄冰而不察。要敏而好学、不耻下问，不以规矩不能成方圆。

守纪律，是对公民的基本要求。无贵无贱，无长无少，都应该自觉遵守纪律，自己维护公共秩序。没有个人的自觉遵守纪律，就没有大家满意的社会秩序。

读《谏太宗十思疏》有感

2014 年 10 月 19 日

魏征以谏君而闻名，太宗因兼听而思危。“君人者，诚能见可欲，则思知足以自戒；将有作，则思知止以安人；念高危，则思谦冲而自牧；惧满溢，则思江海下百川；乐盘游，则思三驱以为度；忧懈怠，则思慎始而敬终；虑壅蔽，则思虚心以纳下；惧谗邪，则思正身以黜恶；恩所加，则思无因喜以谬赏；罚所及，则思无以怒而滥刑。总此十思，宏兹九德，简能而任之，择善而从之……”

一千三百多年前，魏征以深入浅出的道理劝谏太宗，源不深而望流之远，根不固而求木之长，德不厚而思国之安，臣虽愚下，知其不可，而况于明哲乎？并循循善诱地指出，不念居安思危，戒奢以俭，德不处其厚，情不胜其欲，斯亦伐根以求木茂，塞源而欲流长者也。真是直中要害，入木三分。

一千三百多年后的今天，我们再不能以深层次原因来搪塞不作为，其实，只要我们品鉴十思疏，就能找出问题的症结。只要我们居安思危，就能解决深层次的问题。只要君臣一心、上下同志，就能黜恶以除壅蔽，任贤以聚人心。诚能见贪腐，则思固本以强基；有结党，则思除奸以安民；遇浮夸，则思鼓泡沫必害人；闻钻营，则思堵漏洞而肃清；民怨生，则思唯安居才能振兴；人迷茫，则思教书以育人；遭围堵，则思国安要强军；作假盛，则思执法需严明；忧自喜，则思疆藏依旧不稳，盼统一，则思台海仍不平静。总此十思，兹念九州。中华民族之振兴，几代人之夙愿。路漫漫其修远兮，吾辈需矢志不渝；雾蒙蒙其险峻兮，同胞应百折不挠。

深化改革元年，成绩固然喜人。治乱之本在左右，谨防违道顺上者荣；凝聚人心路遥，转变作风任重。万物之本在自身，切勿好大喜功者兴。天下之本在家，百姓安居乐业是根本！

苦而不言，喜而不语

2014 年 11 月 15 日

对多数人来说，“苦而不言、喜而不语”是一种向往，有点可望而不可及。但是，真要想成就一番事业，就需要培养“苦而不言”的刚毅品格，磨炼“喜而不语”的内敛个性。曾国藩曾说：“大丈夫打掉牙和血吞”。苦而不言可以磨炼意志，增强勇气，激发耐力。喜而不语能够冷静思考，未雨绸缪，居安思危。

苦而不言不是天生的个性，是后天培养的品格。苦而不言不是一蹴而就的历练，是长期磨炼的结果。苦而不言不是高不可攀的修炼，是水滴石穿的积淀。即使我们达不到“苦而不言、喜而不语”的境界，只要有意识地克制自己，培养忍耐力，抑制浮躁心，个性就会日渐刚毅，品格就会日渐顽强，遇事就能日渐冷静，耐力就会日益强大。

苦而不言是心智强大的表现，喜而不语是思想成熟的标志。苦而不言能培养积极向上的进取精神，喜而不语可增强居安思危的意识。苦而不言不是不苦，是把苦留给自己品味，感悟苦中有乐，憧憬苦尽甘来。喜而不语不是木讷，是把喜埋在心底品味，回味喜中之忧，铭记乐极生悲。

人生之事，苦多于乐。人生之路，坎多于顺。因此，既要运筹帷幄的智慧，更需坚韧不拔的性格，以百折不挠的精神决胜千里，才能到达理想的彼岸。坚韧的性格是苦而不言的长期积淀，稳健的风格是喜而不语的持续修炼。唯有苦而不言，才能踏平坎坷成大道。唯有喜而不语，才能从优秀走向卓越。

苦而不言是追求的理想境界，需要不懈努力，长期坚持！喜而不语是修身的必然升华，需要一点一滴积淀，一丝一毫磨炼。苦而不言是卧薪尝胆，苦心人，天不负，卧薪尝胆，三千越甲可吞吴。喜而不语是居安思危，有志者，事竟成，破釜沉舟，百二秦关终属楚。

一时苦而不言易，长期苦而不言难。修炼之事无终点，日复一日坚持，年复一年登攀。会当凌绝顶，一览众山小。

一事喜而不语易，总是喜而不语难。居安思危有忧患，一桩一件要掂量，一举一动要思考。如履薄冰，战战兢兢。

苦而不言是正心诚意修身的必然，喜而不语是齐家治国平天下的保证。

命运掌握在自己手里

2014 年 11 月 16 日

人们常说命运掌握在自己手里，是指要靠自己的努力改变现状，以实干主宰自己的命运，不能相信宿命，听天由命，更不能哗众取宠，祈盼好运！

人有善心，自发善行，必有善果；人若知恩，自然感恩，一定报恩。人在做，天在看。但行好事，莫问前程。积善之家，必有余庆。积恶之家，必有余殃。种瓜得瓜，种豆得豆。

也许人的生辰八字蕴含了一定的机缘，但也不会天上掉馅饼。机缘只是成功的机会和可能，是外因，外因通过内因起作用。如果没有付出，必然没有回报。如果不能脚踏实地、辛勤耕耘，也会与机缘失之交臂，与成功擦肩而过。成功者除了命里蕴含的机缘外，更重要的是后天的辛勤付出、不懈努力。唯有此，才可以在激烈的竞争中拔得头筹，才能在大浪淘沙中独占鳌头。

天人合一，也许人确有运势之说，时运不济，办事不顺；但是，即使时来运转，如果没有充分的准备，没有辛勤的付出，也不能把运势转化为胜势；即使偶尔有胜势，也会因基础不牢而功亏一篑。只有充分的准备，才有望抓住机遇，顺应运势，乘势而进，顺势而为，才能有所作为。

与其埋怨命运不济,不如努力完善自己;与其羡慕别人的成功,不如弥补自己的不足。临渊羡鱼,不如退而结网。不积跬步,无以至千里;不积细流,无以成江海。

成功者并非是天赋聪颖者，多半是勤奋实干者；失败者并非是智商平平者，多半是心猿意马者。无论你聪明，还是平庸，都不能决定你的命运。失败的天才比比兼是，成功的通才大有人在。真正决定命运的是你对人生的态度，你在实际工作中的付出。如果对工作上心，做事用心，遇到疑难问题专心，即使你天赋平常，也一定在工作上有突破、有成就。相反，假如你天资聪颖，但是，对别人的意见不以为然，对自己的不良习惯习以为常，有时还自以为是，成功一定与你无缘。

无论现在是否顺利，是否成功，只要坚信命运掌握在自己手里，以积极的心态面对现实，以满腔的热情投入工作，兢兢业业，一丝不苟，勤勤恳恳，任劳任怨，成功一定恭候你。如果能够矢志不渝、百折不挠，成功一定属于你！

在迷茫中寻找信仰

2014 年 11 月 18 日

快节奏的生活、浮躁的风气让人们心存迷茫，对人生彷徨……

众所周知，个人的心态和道德影响其行为，不同的行为对社会产生不同的影响。信仰正义者抑恶扬善；恪守道德者抑制冲动。信仰真诚者与人为善；信仰礼义廉耻者，做事守法谨慎。信仰金钱至上者，则唯利是图，不择手段。

面对贪腐成风的雾霾，人们在寻找迷失的信仰。信仰能引领方向，规范行为。信仰能抑制消沉，消除烦恼。信仰坚定，则心态平和，社会和谐发展；坚守信仰，能消除偏见，化干戈为玉帛。信仰并非逃避现实的手段，而是探索真理的动力。

做人不能迷失信仰。君子立天下之正位，行天下之正道。得志则与民由之，不得志则独行其道。富贵不能淫，贫贱不能移，威武不能屈。君子不失足于人，不失色于人，不失口于人。

天行有常，不为尧存，不为桀亡。人有信仰，不为名累，不为利伤。窥视囹圄精英的可耻下场，皆因追名逐利而放弃信仰。贪腐成性，营私结党。天理难容，自取灭亡。出行要辨清方向，做人要坚定信仰。

信仰源于启蒙。从小有良好的教育和家庭熏陶，有助于形成正确的人生观、价值观，在潜移默化中确立自己的信仰，以此规范言行、引领人生。培育信仰依赖教育。教师，学为人师，行为世范；学，则礼贤下士，肝胆照人。坚定信仰需净化环境。社会风清气正，信仰积极向上。社会贪腐成风，信仰彷徨迷茫……

社会在进步，教育肩负启蒙孩童的重任。启迪少年健康成长，成为造福社会的主人。社会在进步，教育不忘育人，培养合格的劳动者，灌输健康思想，自立自信成长。确立人生信仰，坚守担当灵魂。铁肩担道义，妙手著文章。

明 德 慎 刑

2014 年 11 月 30 日

今天重读《贞观政要》第三十一卷“刑法”，结合依法治国文献的学习有了新的感悟。古往今来的君主既倡导依法治国，更注重百姓疾苦；既强调严明法纪，更注重规范言行。忧患意识之盛、法制意识之强是贞观之治的秘诀所在。

“死者不可再生，用法务在宽简。”民之治乱在于上，国之安危在于政。唐太宗深明其意，悟透亡国之因。实乃“恐惧之心日弛，邪僻之情转放”，岂知患生于所忽，祸起于细微。因此，他主张“礼以禁其奢，乐以防其佚”。强调“乐不可极，极乐成哀；欲不可纵，纵欲成灾。”“勿内荒于色，勿外荒于禽，勿贵难得之货，勿听亡国之音。”治国宜韬光养晦，弱其强而治其乱，伸其屈而枉其直。

这和今天的八项规定、“反四风”何其相似，有异曲同工之妙。真是“以铜为镜正衣冠，以史为鉴知得失”。剖析反腐案例，依旧可见“极乐、纵欲”的痕迹。

天之清，地之宁，王之贞。四时不言而代序，万物无为而受成。明德慎罚，贵在君。夫上易事，则下易知。君长不劳，百姓不惑。故君有一德，臣无二心。上播忠厚之诚，下竭股肱之力。然后太平之基不坠。

思劳谦以受益，不自满以招损。“君主安不忘危，存不忘亡，治不忘乱，是以身安而国家可保也。”静之则安，动之则乱。人皆知之，非隐而难见也，非微而难察也。然亡国者，鲜蹈平易之途，多遭覆车之辙，何哉？在于安不思危，治不思乱，存不虑亡之所致也。

夫鉴形之美恶，必就于止水；鉴国之安危，必取于亡国。借鉴历史，明晰未来。法制非一蹴而就，正人先正己。

戒之在初

2014年12月27日

今天是周六，再读［宋］吕本中《官箴》，感悟颇多。掩卷沉思，今之官员雪崩式落马为何？历史演进了九百多年，吏制在完善，约束在增多，官员做不到清、慎、勤，为何？

《官箴》言：“当官之法，唯有三事，曰清、曰慎、曰勤。知此三者，可以保禄位，可以远耻辱，可以得上之知，可以得下之援。故设心处事，戒之在初，不可不察。”

我一直在苦苦思索，党纪国法之多，要求监督之严，为何有些官员不戒之在初呢？近日，大老虎相继落马，我才恍然大悟。原来有些官员贪腐与晋升并行，甚至与时俱进！这不是个人出了问题，是吏制、吏治出了问题。

正因为吏治有问题，有些官员才无视党纪国法，心存侥幸，而且屡屡得手。甚至小贪羡慕大贪如鱼得水、平步青云之路……

天网恢恢，疏而不漏。贪官得意之日，正是走向堕落之时；贪官忏悔之日，正是政治生命终结之时。与其持巧于末，孰若拙戒于初。此天下之要言，当官处事之大法……

《官箴》言：当官处事，常思有以及人。不与人争者常得利多，退一步者常进百步，取之廉者，得之常过其初；约于今者，必有垂报于后；不可不思也。

言简意赅，发人深省。如能铭记心间，做事尽心尽力，就不会有“早知今日、何必当初”之哀叹！戒之在初，为官之要，不可不察。

命运掌握在自己手中，邪念萌生于自己心中。正心诚意修身，敬天畏人；致知格物履职，规范言行。清慎勤廉，严于律已。敦厚诚信，宽以待人。不为前事忏悔，不被后人唾弃。牢记先贤教诲，戒之在初……

激活心之力——读《心之力》有感

2015 年 1 月 21 日

1917 年的中国，“有德者心力难济，无德者霸拥民众所赋世权以为私势，神器私用，贪腐国贼举家富贵，万众民脂民膏皆被劫掠。”经过“甲午海战，八国联军……不平等诸般条约引狼入室，资敌来犯，实为召唤、鼓励诸多蛮夷强盗分食华夏之举。……恶敌觊觎长存、亡我之心不死。太多国耻未雪，蛮夷、豺狼、凶魔纷沓而至，国民皆因腐败、汉奸、军阀、买办所欠洋人无尽之亡国债务而自危。国债深陷，物价飞涨，民众食宿艰难，灾厄连连……满清鞑虏虽败，可恨国、政、经济均被愚昧独夫、洋奴把持，国民心力沉疴羸弱，蛮夷恶敌肆意分割、吞并华夏，万民为奴，国资殆尽。”

1917 年的中国，在西方列强眼里是东亚病夫。西方列强烧杀掠抢之余，定睛回眸，发现中国原来是一头睡着的狮子……

1917 年的中国，一位 24 岁的年轻人，写下《心之力》，令人眼前一亮；仿佛看到病夫强健之路、雄狮站立之势。这位年轻人就是毛泽东。

拜读《心之力》，心灵深处受到极大的冲击，敬佩毛主席的伟大胸怀，赞叹毛主席的远见卓识，缅怀毛主席忧国忧民的情怀。掩卷沉思，感叹我们昔日的同志怎么居然成为今天这个样子？1917 年的诸多弊端为何今天依然存在？沉思良久，豁然开朗。原来这些同志心已死。哀莫大于心死，悲哉，悲哉！

深化改革元年，成绩斐然。巩固改革成果，道路艰难。国之悲触目惊心，民之怨累积颇深。逆势淘汰之盛，暗箱交易之滥。“虽有智者、勇者愿做中流砥柱，却犹如闹市之人语，瀑下之鱼鸣”。久而久之，疾恶如仇者寡，麻木观望者众。秉公执法者辱，投机钻营者荣。

国之志，改革富民强国，勿忘民族灾难；开放勿忘国耻，铭记历史屈辱。民之愿，整肃吏治环境，净化社会风气；关心民生疾苦，分享改革成果。

拜读《心之力》，方显毛主席英明。惩治腐败，足见治国之任重；抵御外辱，方知安邦之艰辛。

昔日，毛泽东坚信，“确立伟志，发其动力，奋发踔厉，摧陷廓清”。若能正本清源，为民立心，聚爱成行；定会，翻天覆地，扭转乾坤。共产党人以荧荧之光点燃通天之亮，星星之火燃成燎原之势。中华民族从此站起来了！

今天，激活心之力，道远而任重。传承心之力，信念依然坚定。激活心之力，引起共鸣。治国之要，振兴民心。凝心聚力，圆中国梦。割除弊端，思想维新。

静心至善

2015年3月23日

社会变化快，生活诱惑多。生活节奏快，工作压力大。这是当今社会的典型特征。追求难如愿，心情易浮躁。这是普遍困惑。忙碌之余，渴望一份宁静。富裕之后，期待一丝轻松。这是共同期盼。然而，现实让人纠结，忙碌之余有忧伤，为安居所困，为乐业所扰；生活让人迷茫，富裕之后贪欲强，为名所驱，为利所动。心情难以平静，生活无法宁静。对现实有怨言，心浮气躁；对未来无憧憬，怨气丛生……

天地万物，相互依存。想摆脱困惑，要适应环境。天地无我为众生，春夏秋冬运不穷。人生欲望无止境，迷茫困惑扰自身。唯有清心，忙碌之余才有宁静。唯有寡欲，富裕之后才能从容。欲摆脱压力，想获得宁静，关键在于心境。心境繁杂，欲望纵横，埋怨丛生，胸闷气紧。欲心情舒畅，想过得从容，重点在心静。欲远离诱惑，想自在宁静，根本在心净。心静需心净，心净要忘我；忘我无忧，无忧则心静。

忘我如水，顺势随形。“上善若水。水善利万物而不争，处众人之所恶，故几于道。居善地，心善渊，与善仁，言善信，政善治，事善能，动善时。夫唯不争，故无尤。”无尤则心静。心静则理智，理智则豁达。豁达则心净，心净则宁。

至善则无尤，静心则包容。现实客观存在，心境全在自身。凡事换位思考，疑虑渐渐消沉。与人皆能为善，误会慢慢冰融。疑虑消则心静，误会除则心净。心境豁然开朗，生活雨过天晴。穿越山重水复之绝地，迎来柳暗花明之盛景。放下无由的疑虑，剥开多疑的误会。静心思考，生命之不易，相处之珍贵。珍惜现在，开创未来。

静心至善，毕生修行。正心诚意修炼，致知格物。知止而后有定，定而后能静，静而后能安，安而后能虑，虑而后能得，得而后能积跬步之功，至千里之行，铭记齐家、治国、平天下之重任！

静心至善贵点滴，以求卓越；矢志不渝聚细流，以成江海；做事要尽心至微，精益求精，慎思笃行。做人要静心至善，勤勉谦和，豁达包容。不忘“为天地立心、为生民立命、为往圣继绝学、为万世开太平”的使命！

人生靠自己

2015年4月6日

学生苦恼多迷茫，有忧伤。讲课敷衍皆有缘，细思量。尊师重教以身行，莫彷徨。唯有不耻下问，才可释疑解惑。唯有勤学苦练，才能循序渐进。埋怨于事无补，学习要靠自己。

成才之路多艰险，莫迷茫。敏而好学争分秒，莫忧伤。不耻下问尊师长，多请教。处处留心皆学问，少埋怨。生活实践大课堂，求知探理常开放。勤于观察找真谛，学无止境多留意。学贵有恒，争分夺秒。三人同行择善学，掌握知识靠自己。

生活不能没目标，学习不能没思考。学而不思则罔，思而不学则殆。适应生活不埋怨，改变现实要自强。无功是过莫慵懒，以身作则敢担当。逆水行舟用力撑，一篙松劲退千寻。命运掌握在自己手中，未来靠自己。目标孕育在自己胸中，前进靠自己。艰难险阻需克服，竞争靠自己。

人生不能随波逐流，认识社会须观察。判断事物要理性，不能人云亦云。实践积累有体验，比较之中甄别。理想驾驭行动，成长无捷径。意志战胜困难，成功靠自己。

读书靠自己，不怕苦。头悬梁，锥刺股。贵有恒，何必三更起五更睡。最无益，就怕一日曝十日寒。做事靠自己，莫畏难。请教先贤，摸索前进。积跬步之功，以至千里。读书做事贵有恒，切忌贪玩误青春。风华正茂莫等闲，千里之行始足下。业精于勤荒于嬉，行成于思毁于随。莫羡慕他人功名，要检讨自己付出。莫怨卑微不显赫，常思慵懒不勤奋。知行合一，自强不息。怨天尤人苦无穷，出类拔萃靠自身。涅槃重生经锤炼，掌握命运靠自己。

关注青年成长

2015年4月15日

有些青年在呵护下长大，自我意识强，抗压能力差；遇挫折心灰意冷，有困难想走捷径。情绪波动大，容易走极端。甚至逃避现实，乃至轻生。如此现象，乃当今社会之隐忧。

青年是国家的未来，肩负着祖国的希望。青年教育任重道远，理想信念贵在锤炼。青年成长，需要逆境磨炼，培养吃苦精神；青年进步，要有大局观，培养合作精神；青年成熟，临难不惧，处变不惊。青年应该走出呵护，经风雨见世面。青年应该知书达理，志存高远。在逆境中锤炼青云之志，不屈服权贵；临难不惧，大事难事敢担当。在困难中坚定理想信念，不背叛信义；处变不惊，逆境顺境皆自如。在实践中增长智慧才干，运筹于帷幄之中，决胜于千里之外。

青年兴则国家兴，青年强则国家强。青年最富有朝气、最富有梦想。教育青年把梦想变成理想，人人敢于担当，个个成为国家栋梁。国家就有前途，民族就有希望，全面建成小康社会就有源源不断的强大力量。引导青年把朝气转化为激情，创新思维，自立自强。弘扬民族优良传统，借鉴世界文明成果，扬长补短，奋发向上，创造人生价值，实现个人梦想！

关注青年成长，树立先进榜样。净化社会环境，引导青年走出迷茫。重温抗战人士家书，自古英雄敢于担当。民族危难之际，热血挥洒疆场。延续民族历史，必经苦难辉煌。青年世代传承使命，人生不能陷入彷徨。拨开眼前浮躁的迷雾，沉积历史使命的思想。甘洒热血荐轩辕，中华世代续辉煌。

关注青年成长，教育主动担当。家教耳濡目染，注意心灵健康。教育把握方向，教师引领成长。教书育人为本，理想信念为上。塑造青年灵魂，以身作则见长。言传身教为榜样，传道授业育思想。铁肩担道义，妙手著文章。知行合一不畏难，自强不息敢担当。青年奋发向上，祖国才有希望。

卓　鉴

2015 年 4 月 26 日

为官者，心存君国，不忘百姓。立足当前，卓鉴历史。志存高远，趣避邪庸。治事虽难，不可投机取巧，切忌欺上瞒下。约束虽严，不可消极无为，切忌一心二用。做人不忘正心诚意修身，为官牢记履职治事爱民。恪守仁义礼智信，致知格物勤修身。

仁者，铭记侍君为民。竭力尽智为公，安民豁达包容。谨防无知昏庸，治本曲突徙薪。远猷晓得失，卓鉴知古今。大度能容人，慧眼辨清浑。人难甄别易上当，事难掂量易误行。仁爱之心虽常在，处事不慎易被动。法难立而易紊，德难积而易损。守法宜慎，做事宜精。

义者，不忘扶危济困。体察贫寒之境，常怀恻隐之心。卓鉴长远之忧，关心弱势之群。谋划就业之事，营造安居之境。常念百姓疾苦，工作深入基层。常思雾霾之害，不忘治理环境。牵挂职业健康，执政以人为本。惦记食品安全，惩治除恶务尽。

礼者，遵纪守法秉公。弘扬正义之魂，扼制妖巫之风。修身淡泊宁静，齐家正己立身。治事恪守原则，执法不徇私情。惩治造假之风，匡正道德诚信。正视礼义廉耻，教育恪守本分。铁肩担道义，妙手著文章。

智者，潜心鉴古通今。履职贵在安民，致力祛邪扶正。抑恶扬善为先，疏通民心为本。弘扬优良传统，净化人文环境。弥补自身不足，学习世界文明。总结查找不足，切忌虚假欺人。增强忧患意识，不可好大喜功。浮夸灾难深重，造假后患无穷。治国如履薄冰，牢记凝聚民心。

信者，正直忠诚爱民。治事重实效，防止浮夸风。决策依实情，切忌空对空。为民办实事，问题要刨根。治理要经久，防止一阵风。遏制道德滑坡，重塑社会诚信。惩治造假之风，根除投机钻营。全面依法治国，恢复法治诚信。

民之治乱在于上，国之安危在于政。为官者，心存百姓。想民之所想，权为民所用。急民之所急，利为民所谋。忧民之所忧，情为民所系。“吏不畏吾严，而畏吾廉。民不服吾能，而服吾公。公则民不敢慢，廉则吏不敢欺。公生明，廉生威。”

活 在 当 下

2015 年 4 月 28 日

2015 年 4 月 25 日 14 时 11 分，尼泊尔发生 8.1 级地震，造成大量人员伤亡，导致大量建筑物坍塌，基础设施受到严重破坏，很多鲜活的生命瞬间消失在瓦砾之中……

在自然灾害面前，生命是如此脆弱。我们为伤者祈福，为逝者祈祷……经历过自然灾害的苦难，我们该加倍呵护生命！然而，现实中轻生的悲剧时有发生，令人为之叹息……

当因生活失望、职场失败、情场失意想轻生时，请先看看以下故事。他叫陈州，他出生在山东苍山的一个偏远山村。3 岁，父亲染上赌瘾，卖光了家里的一切。6 岁，父母离异，把他丢给了年迈的爷爷。8 岁，因付不起学费而辍学，开始跟着爷爷四处流浪要饭。13 岁，因一次意外事故，他从火车上摔下来，为了保住性命，被截去双腿。18 岁时，他要学点本事养活自己。他说：站起来不是一种行走方式，是一种人生态度。后来，他成为一名流浪歌手。他不识字、不懂乐谱、不懂乐理，他靠死记硬背，成为一名出色的流浪歌手。如今，他已经走过全国 700 多个城市。他喜欢登山，从 18 岁开始登山，已经登过 90 多座山峰，光泰山就登了 13 次。19 岁那年，他流浪到江西九江，他的阳光和歌声打动了一位美丽善良的女子。从此，她开始跟随他浪迹天涯。如今，他们已经相守 11 年，2012 年七夕节，他们在泰山补办了婚礼。他们育有一儿一女，有一个温馨的家庭……

当我们看完陈州的故事，还觉得自己不幸吗？你为自己的梦想付出多少努力？……也许我们出身贫寒，但是，我们有健全的身体。这就是我们的资本，生活无论多么不幸，只要活着，就有希望。人，应该活在当下。陈州的故事给我们以下启示：

人，应该珍惜生命，好好活着。三寸气在千般用，一旦无常万事休。唯有活着，生活才有希望。即使情场失意了，仍要珍惜父母给我们的生命，以我们的有生之年报答父母的养育之恩。无论多难，也要活着。即使职场失败了，仍要珍惜朝夕相处的爱人，风雨同舟，度过坎坷人生。只要坚持到天明，就有了希望。唯有活着，才能看到柳暗花明又一村的盛景。

人，应该坚强不屈。不受一番冰霜苦，哪得梅花放清香。唯有经历逆境的锤炼，才能绽放出生命的火花。唯有经历暴风骤雨的洗礼，才能看到人生的彩虹。人，应该坚守自强不息。唯有坚守贫寒生活的磨炼，才会有幸福生活的甘甜。洒汗水于天地，留硕果于人间。人，应该坚信自力更生。不积跬步，无以至千里。不积细流，无以成江海。种瓜得瓜，种豆得豆。没有付出，哪有回报。

人，应该活在当下。不要怨天尤人，经常反省自身。为人谋而不忠乎？与朋友交而不信乎？传不习乎？不要好高骛远，始终脚踏实地。勇于担当重任，同心共度时艰。不要随波逐流，一生志存高远。达则兼济天下，穷则独善其身。正心诚意修身，致知格物敬业。不要患得患失，慈悲心存善念。雪中送炭，救人于危急之中。乐于布施，解人于贫困之时。不要消沉失望，积极乐观向上。严冬终究会过去，春天迟早会到来。忍耐一时之苦，忍受一时之难。危难时，冷静思考。困苦时，理智应对。

治学之悟

2015年5月12日

人生，求学之路漫长，治学之路艰难。能上大学者是佼佼者，令人羡慕。大学，有书山攀登之乐、学海遨游之趣。潜心钻研，学富五车。然而，著作等身，未必品学兼优。大学，既要学知识，又要学做人。二者不可偏废。学，志于道，据于德，依于仁，游于艺。

古之大学，强调正心诚意修身，以齐家治国平天下为目的，不满足于致知格物。今之大学，迷途于道，失守于德。不屑于致知格物，轻蔑于正心诚意。学不用功有抄袭，教不入流有嫖窃。古之求学，头悬梁，锥刺股，凿壁偷光。今之尚奸，巧抄袭，妙百度，偷梁换柱。

大学，差之毫厘，失之千里。教书育人者，走勤苦成才之路。志于道而正心诚意修身。投机发迹者，用奸巧欺瞒之伎。发于谄而奉迎结党钻营。大学，应志于道而育人。教育，宜据于德而励志。然而，由于时下的教育有重分数轻品行之迹，社会有以成绩论英雄之象，致使考生的人生观扭曲，家长的价值观漂移，教育滑向重学历轻能力的深渊。家长望子成龙心切，重出人头地，轻脚踏实地，学生在品行修养上缺乏磨炼，在生活自理上缺少锻炼，呈现高分低能现象。心浮气躁，缺立德之志，乏立言之才，无立功之意。

大学，重视知识，推陈出新。教育，尊重劳动，重视实践。学生热爱劳动是教育之本，教师为人师表是教育之魂。学为人师，行为世范。有志于学者，应锤炼品行。志存高远，不辱使命。为天地立心，为生民立命，为往圣继绝学，为万世开太平。

大学生，不忘劳动。劳动创造人类，劳动创造财富。劳动者，不忘学习。知识孕育智慧，知识改变命运。社会需要德智体全面发展的劳动者。大学，肩负历史使命。学生，全面发展，热爱劳动，生活勤俭，学习勤奋。农民，学习知识，科学耕耘，培养智慧，改变命运。学校教育不忘启蒙，学习知识，塑造灵魂。家庭教育不忘劳动，自立自强，担当重任。个人成长不忘砥砺，吃苦耐劳，勤俭用功。

成功无秘诀，治学无捷径。勤苦成才路，脚踏实地行。治学要务实，立德是根本。不怕劳作苦，汗滴禾下土。治学砥砺品行，立言塑造灵魂。治学担当重任，智慧服务人民。常存慈悲心，立功度众生。求学之路坎坷，矢志不渝前行。治学之路漫长，水滴石穿冰融。人生之路艰辛，心血化作彩虹。事业天堑难逾，汗水凝成坚冰。志不移，雄关漫道真如铁，而今迈步从头越。

小节乃修养之外化

2015 年 6 月 18 日

出门旅行，经常会看到以下情形：“客人下飞机前，把毯子叠得整整齐齐放在座位上；在餐厅用餐毕，把餐盘整理好，把座椅推回去才离开；在宾馆住宿，起床后把被子铺平在床上……”这些都是小节。服务人员透过这些细节，隐约看到客人的修养。

近日，一位朋友和我谈到“严于修身”一事，我觉得修身应从注意小节开始，从培养良好习惯做起。修身贵在养性，正心诚意修身，致知格物处世。修身重言谈举止，谨言慎行。言必信，行必果。恪守诚信，坦诚待人。工作勤勉，为人谦和，心胸豁达，待人宽容。诚信为本，忍让为先，克制为戒，宽大为怀。正如诸葛亮诫子书所言：“夫君子之行，静以修身，俭以养德。非淡泊无以明志，非宁静无以致远。夫学须静也，才须学也。非学无以广才，非志无以成学。淫慢则不能励精，险躁则不能冶性。年与时驰，意与月去，遂成枯落，多不接世。悲守穷庐，将复何及！”

修身是一个持续不断的过程，是毕生的事情，活到老修到老，老有差距。修身能改善个人修养，提高综合素养，累积品行涵养。修身渗透在日常的点滴中，流露在平时的习惯里。修身贵在坚持，贵有恒，何必三更起五更睡；最无益，只怕一日曝十日寒。

作为学生，修身从小开始，从培养良好的习惯做起。培养习惯是修身之道，习惯决定个性，个性决定命运。培养一个良好习惯不易，改正一个不良习惯更难。吾日三省吾身：为人谋而不忠乎？与朋友交而不信乎？传不习乎？静坐常思己过，闲谈莫论人非。勿用己之长比人之短，三人同行有吾师，择其善者而从之。

作为成人，修身从克制情绪开始，从注意小节做起。注意小节是修身之要。克服懒惰，勤于学习，修身犹未为晚。晋平公问于师旷曰：“吾年七十欲学，恐已暮矣。”师旷曰：“何不炳烛乎？”平公曰：“安有为人臣而戏其君乎？”师旷曰：“盲臣安敢戏其君乎？臣闻之，少而好学，如日出之阳；壮而好学，如日中之光；老而好学，如炳烛之明。炳烛之明，孰与昧行乎？”平公曰：“善哉！”修身，活到老修到老，老有所进，老有所用。

小节乃修养之外化。注意小节是修身之要，培养习惯是修身之道。修身如亡羊补牢，犹未为晚，贵在坚持。修身似构筑大厦，不在速成，贵在基础。合抱之木生于毫末，九层之台起于垒土。不积跬步，无以至千里；不积细流，无以成江海。关注小节，从细微处做起；关注习惯，从点滴事改起。正心诚意修身，致知格物治家。

修炼安忍

2015年7月13日

今天是三伏第一天，比昨天还热。昨天，人们就无奈地调侃为“烧烤”、“清蒸”日。今天，若在户外活动，会忍受灼热的煎烤。然而，面对酷热，反应迥然。昨天，仍有几位朋友坚持户外长跑，汗流浃背，忍烈日，战酷暑。若无顽强之志，岂能不懈锻炼。他们意志顽强，健体目标远大。他们有很强的安忍意识，我不由得为他们点赞。安忍，为安而忍。安忍的动力与生活目标成正比。目标越远大，安忍力越强。安于舒适，难于忍受灼热煎烤。安于奉献，乐于忍受生活煎熬。

人们的安忍能力，多半在无奈中炼就，仅少数凭意志铸成。坚持自我加压，不断培育安忍能力，逐渐提升安忍度。人不屈服于逆境，卧薪尝胆，矢志不渝有动力，磨炼安忍力。然而，当人身处顺境时，磨炼安忍无激励，乐于享受清闲。正是，烈日炎炎似火烧，野田禾稻半枯焦。农夫心内如汤煮，公子王孙把扇摇。说安忍易，行安忍难。一时安忍易，一世安忍难。假安忍易，真安忍难。人前安忍易，人后安忍难。课上信守安忍易，课后坚守安忍难。安忍反映个人品行修养，是诚意修身的结晶，是事业成功的基石。

培育安忍能力要从小开始，从小事做起。为人子，向父辈学习安忍精神，为人父，教育子女，培养安忍精神。言传身教，耳濡目染。家庭熏陶，学校启蒙。社会感化，净化心灵。

修炼安忍能力，循序渐进。起始，从小事修炼安忍，忍别人的取笑，忍笨拙的尴尬。随之，敏而好学，不耻下问。忍贫穷之苦，守卑微之辱。洒汗水于天地，留志向于心间。进而，笑对生活拮据，追逐人生理想。忍不白之冤，淡然处之。忍不公之遇，奋斗不止。毕生，忍人间难忍之事，受别人难受之苦，成世上难成之事。天道酬勤，勤能补拙。但行好事，莫问前程。

修炼安忍，要有大格局。小不忍，则乱大谋。在白色恐怖形势下，李大钊等无数革命先烈，忍受严刑拷打，为的是传播马克思主义，解放劳苦大众，迎接新中国的诞生。他们大义凛然，视死如归。正是：生命诚可贵，爱情价更高，若为自由故，二者皆可抛。

修炼安忍，要有大目标。不能患得患失，忍一时苦就想享一世荣。勾践尝粪问疾，卧薪尝胆二十年。忍人所不能忍之辱，受人所不能受之苦！勾践忍卧薪尝胆之苦，成振兴复国之梦。韩信忍胯下之辱，成王侯之志。

修炼安忍，要有大气度。修炼安忍，乐于布施。有恻隐之心，愿雪中送炭。修炼安忍，心存敬畏。持戒莫破，守规如常。修炼安忍，追求卓越。挑战自我，不懈精进。修炼安忍，精益求精。探索因果，静虑得失。修炼安忍，积淀智慧。慈悲为怀，忘我净心。

忍字心上一把刀，能忍则安祸自消。酷暑热，似人生。忍片刻心平气静，若急躁头眩目晕。能忍则心静，心底透一丝清凉。能忍则身安，脸上溢一抹正气。

严 以 修 身

2015 年 7 月 16 日

2014 年 3 月 9 日习近平总书记在人大会议期间对干部提出“三严三实”的

要求。“既严以修身、严以用权、严以律己，又谋事要实、创业要实、做人要实”。结合工作实际，仔细品味其意。真正体会到“三严三实”既是修身养性的要求，又是致知格物的必然。既是干部成熟的标志，也是百姓满意的标准。既是提高执政能力的客观要求，也是提高全民素质的必然选择。既是改进作风的治本之策，也是防微杜渐的根本保证。

作为普通群众，严以修身，要正心诚意，致知格物；要见贤思齐，循序渐进；恪守道德规范，尊重别人利益。作为党员，严以修身，既要坚持党性原则，又要尊重群众意愿。既要深明大义，克己奉公；又要吃苦耐劳，勇挑重担。愿做表率，循循善诱。作为党员干部，严以修身，就是要加强党性修养，坚定理想信念，提升道德境界，追求高尚情操，自觉远离低级趣味，自觉抵制歪风邪气。

作为集团公司领导，要把“严以修身”摆在第一位，坚定理想信念，坚守信仰，以严的精神、实的态度做好本职工作。

1. 严以修身要忠于党，在政治上和党中央保持高度一致。心中有组织，把党的利益、国家利益摆在首位，个人服从组织。自己分管安全生产，要把“以人为本，安全发展”的理念放在首位。生产不能以牺牲人的生命为代价。任何项目，无论多么重要，一定要在保证安全、质量万无一失的前提下，严格按照规范组织施工，以满足进度节点计划和业主的要求，严格履行合同规定的职责义务。坚持问题导向，检查项目现场，排查隐患不留死角，评价问题不留情面，治理整改不打折扣。在资源开发业务的涉外交往中，恪守保密纪律，坚决维护国家的权益和尊严。认真履行上市公司高管的职责，严守集团的商业秘密。带头做到“不出轨、不缺位、不偷懒、不作梗、不装懂、不忽悠。”

2. 严以修身要修炼高尚的道德情操。心中有敬畏，做政治上的明白人、纪律上的规矩人，理解改革要实，谋划改革要实，落实改革也要实。既当改革促进派，又当改革的实干家。自己分管资源开发工作，在业务交往、商业谈判中，以维护集团的利益为最高原则。敢于担当，勇挑重担；据理力争，维护集团的合法权益；不会因小失大，绝不出卖集团利益。在深入企业调研中，严格遵守八项规定，不铺张浪费。自警自省，不谋取个人利益。养成良好的习惯，在业余时间不出入不该去的地方。在公共场所，不说不利于集团团结、稳定的话。不传谣、不造谣。

3. 严以修身要不懈坚持学习。心中有目标，无论是安全生产、质量和工程管理，还是资源开发的业务拓展，都需要不断更新知识。掌握新知识、新技能，以适应新形势、新挑战。要当称职的领导，就要谦虚实干，刻苦用脑。活到老学到老，老不够用。在全面推进集团“四梁八柱”业务体系升级版的进程中，要居安思危，刻苦学习；居危思变，认真思考。准确理解集团的发展战略，明确提出自己的工作思路，培养子企业、职能部门的果断执行能力。带头培养年轻人的学习、思考习惯。遇事要问是什么？为什么？怎么办？培育和谐进取的企业文化，塑造年轻人的亲和力、敢担当形象。

4. 严以修身要尽职尽责、有效沟通、积极合作。心中有职责，对分内的事情，不推诿，不拖延。对合作的事情，不扯皮，不作梗。对子公司的要求，不冷漠，不搪塞。对领导布置的工作，不敷衍，不畏难。对上级的要求，不抵触，不对抗。对存在的问题，不隐瞒，不回避。指导下属工作，内容清楚，要求具体，方向明确。解决问题，抓主要矛盾，举措可操作，过程可控制。

5. 深入基层一线，接地气，通下情。心中有职工，做职工的贴心人。了解员工想法，熟悉基层困难。了解业主诉求，把握现场矛盾。舒缓职工情绪，为基层排忧解难。主动和业主沟通，化解分歧和矛盾。有序推进项目建设，有效控制项目实施风险。营造和谐的内外关系，调动基层员工的积极性。传递组织温暖，激发员工热情。

6. 学习前人智慧，弘扬优良传统。心中有追求，借鉴今人经验，敢于超越自身。根据工作分工，要知人善任，选贤任能；加强品德修养，谨言慎行；独立决断，忌人云亦云。敬天畏人，注重内省；居安思危，天下为公。戒骄戒躁，谦虚谨慎；勤俭朴素，低调做人。

严以修身是毕生的事情。严以修身，谋事要实。做人要坚守根本。“君子务本，本立而道生。”做人有气节。在危急关头能够忠于国家、忠于人民，能够维护自己的人格尊严，坚持真理和正义。做人敢于正言直谏。为官要敬慎。待人恭敬，做事谨慎。“存亡祸福，要在其身。”士不可骄，高而能下，满而能虚，富而能俭，贵而能卑，智而能愚，勇而能怯，辩而能讷，博而能浅，明而能闇。“怨生于不报，祸生于多福。”

严以用权是职业操守的起码要求。严以用权，创业要实。用权贵在守法，创业贵在务实。敬天畏人，如履薄冰。以身作则，不徇私情。实事求是，恪守公平。维护权益，据理力争。用权重在建本，创业重在回报。勤学好问，贴近基层。科学决策，制度严谨。防范风险，制度先行。落实责任，有效执行。用权严在履职，创业严在执行。创业以民为本，安民富民。顾全大局，对国忠诚。尊贤聚力，敬慎为民。

严以律己是敬慎履职的必然要求。严以律己，做人要实。忠于职守，为国为民。脚踏实地，正谏笃行。礼义廉耻，刻骨铭心。立节守义，净化灵魂。居安思危，勤俭谦恭。恪守诚信，一视同仁。戒骄戒躁，谨言慎行。团结进取，敬业忠诚。

恪守“三严”，坚定信仰，坚守真理。践行“三实”，抓铁留痕，踏石留印。

天地人间

2015 年 7 月 22 日

人生是一段旅程，不经风雨，哪见彩虹。困惑弥漫于天地，智慧凝聚于人间。误会交错于天地，悲剧遍布于人间。历练磨难于天地，体察感悟于人间。人生穿行于天地，激情挥洒于人间。

人生是一艘航船，不经漂泊，哪知激流。怀慈悲于天地，播大爱于人间。吞忍辱于天地，树正气于人间。积善念于天地，布诚意于人间。洒汗水于天地，留思考于人间。

人生是一首诗，坚守心志，期盼黎明。天地万物共生，人间和谐共存。天地经历磨难，人间除旧布新。天地不惧冰霜雨雪，人间渴望包容真诚。天地屹立于世，人间珍爱于情。

人生是一首歌，引吭高歌，充满激情。天地巡四季，人间有共鸣。天地绕日月，人间有真诚。天地历沧桑，人间净灵魂。天地有大爱，人间蕴真情。

开天辟地，奇迹充满人间。谈天说地，玄学充斥人间。战天斗地，勇气震撼人间。改天换地，智慧洒满人间。敬天畏人，世界和谐。天人合一，道恒不变。

立志于学，热血青年。为天地立心，为生民立命，为往圣继绝学，为万事开天平。志向顶天立地，激情洒满人间。

学勤习思有未来

2015 年 7 月 24 日

曾国藩一生坚守五勤，青史留名。五勤并非高不可学，实乃点滴用心。有意修炼五勤，为人处世精进。矢志坚守五勤，可与圣贤齐名。一勤天下无难事，崇俭尚廉贵修身。

“五勤，一曰身勤，险远之路，身往验之；艰苦之境，身亲尝之。二曰眼勤，遇一人，必详细察看；接一文，必反复审阅。三曰手勤，易弃之物，随手收拾；易忘之事，随笔记载。四曰口勤，待同僚，则相互规劝；待下属，则再三训苛。五曰心勤，精诚所至，金石亦开；苦思所积，鬼神迹通。”

牢记五勤，天下无难事，学会三思，世上有坦途。五勤立身，三思而行。勤耕、勤读、勤探索。思古、思今、思未来。耕读养身，思修益智。知行合一，自强不息。

思古之学子，矢志不渝，水滴石穿。敏而好学头悬梁，不耻下问恳求师。思古之志士，卧薪尝胆，忍辱负重。有志者，事竟成，破釜沉舟，百二秦关终属楚；苦心人，天不负，卧薪尝胆，三千越甲可吞吴。思古之先贤，淡泊明志，宁静致远。艰难曲折不停步，坎坷泥泞总登攀。弘扬正义无畏惧，普度众生有慈悲。思古之百姓，任劳任怨，朴实真诚。心存善良吞忍辱，恪守诚信传家风。勤俭持家，耕读继世。思王侯将相，地位如昙花，名利似流水。天下长城今犹在，不见当年秦始皇。

思今之英才，继往开来。天道酬勤非传承，开天辟地出寒门。秉持正义人颂扬，扶贫济困业辉煌。思今之贤才，引领未来。潜心读书忘贫寒，立志成才肯登攀。节衣缩食惜分秒，清苦卑贱恪守道。思今之良才，恪尽职守。不惧寒暑尽天职，朴实敦厚暖人心。历经风雨无怨言，精益求精传后人。思今之百姓，忍辱负重。眷恋昔日之清风，无奈窒息之雾霾。

思未来，学先贤之勤，勤能补拙。习今人之思，思修精进。天下古今之庸人，皆以一惰字致败。以勤治惰，以勤治庸。不管是修身自律，还是为人处世，一勤天下无难事，三思世上有坦途。天生我才必有用，长风破浪会有时，直挂云帆济沧海。克己守礼无遗憾，学勤习思有未来。

依靠什么立足

2015 年 8 月 19 日

当我们对生活感到迷茫时，是否认真思考过我们依靠什么立足？我们凭什么改变现状？如果没有思考，也许因埋怨现实而陷入消沉，在埋怨中度过余生。当我们认真思考我们依靠什么立足时，就会有危机感、紧迫感；当我们想凭什么改变现状时，就要掂量自己能干什么？不能一厢情愿想干什么？还要反思自己曾经干成了什么？

尤其对年轻人来说，憧憬未来，容易满腔热情；面对现实，往往一筹莫展。年轻人初入社会很容易陷入忧郁、消沉之中，思维钻入牛角尖；不反思自己依靠什么立足，而强调社会不公；不反思自己是否敬业、忠诚，而埋怨待遇低、升职慢；不以积极负责的态度处理事务，而敷衍塞责，得过且过；不注重办事效率和结果，而满足于对付凑合；不能在团队中有效沟通，而在集体中投机耍滑；办事不思进取，乐于哗众取宠；不能控制成本，花钱大手大脚；不知感恩，经常抱怨。拿自己的长处比别人的不足，越比越自负，越比越消沉。凡此种种，不一而足。

在经济低迷、就业困难的形势下，年轻人如有上述困惑，应冷静地思考。自己平时的作为是乐观积极，还是消极应付。年轻人不要被个别现象所迷惑，要遵循个人成长轨迹。职业生涯靠自己开拓，不能靠家族保护。成才无技巧，靠脚踏实地，抓铁留痕，踏石留印。成功无捷径，积跬步之功，成千里之行。积涓涓细流，成浩瀚江海。成长取决于担当能力和工作业绩，进步不靠家族庇荫和个人关系。

在经济全球化和市场一体化的形势下，个人的适应能力决定你在激烈的竞争中能否生存；面对国际市场国内化和国内竞争国际化的挑战，个人的生存能力决定你面对挑战能否发展。不谋全局者不足于谋一隅，不谋万世者不足于谋一时。人无近忧，定要远虑。与其埋怨社会，不如完善自己，积极进取；与其埋怨家庭，不如发奋图强，自强不息。只要肯做牛，不怕没田耕。当你无力改变环境时，一定学会适应环境，适者生存。当你缺乏靠山时，切忌投机钻营，工作要上心。

命运掌握在自己手里，天上不会掉馅饼。唯有努力才能改变现状。唯有强大才能战胜对手。唯有吃苦耐劳才能成长进步。不受一番冰霜苦，哪得梅花放清香。时刻保持清醒的头脑，我依靠什么生存。人无远虑，必有近忧。社会需要什么样的人才，我是否满足市场的要求？单位需要什么样的员工，我是否出类拔萃？大环境对员工的挑战是什么？未来的机遇有哪些？我自己的优点是什么？我的不足有哪些？通过“SWOT”分析，知己知彼；扬长补短，百战百胜。

称职的员工忠诚。尽职尽责，不能心猿意马；敬业，不能懒惰；要积极进取、认真负责，不能消极怠工。称职的员工办事有效率、做事有效果，平庸的员工办事效率低、做事差错多。称职的员工尽职尽责、有效沟通、积极合作，消极的员工做事疲沓、缺乏沟通、合作欠佳。

当我们对未来迷茫、缺乏自信时，先冷静思考我们依靠什么立足？我和同事比有何优势？有何不足？开辟新路前，先缜密思考外部的机遇和挑战是什么？卧薪尝胆，运筹于帷幄之中；韬光养晦，决胜于千里之外。苦心人，天不负，三千越甲可吞吴。有志者，事竟成，百二秦关终属楚。

青春在焊花中闪光

2015 年 8 月 21 日

今天上午，中冶集团领导接见 43 届世界技能大赛代表团的中冶成员，董事长、党委书记发表了热情洋溢的讲话，充分肯定了中冶参赛团队的工作，肯定了技术专家张有权、技术总教练周树春的工作，肯定了中国首枚金牌获得者曾正超的骄人成绩，为国增光，为中冶集团增光。同时，董事长表扬了曾正超孝敬父母的美德。昨天，记者在中南海采访曾正超时，问他获奖的钱做什么？他说准备给父母盖房子。

曾正超19岁，十九冶职工。十九冶的技工学校为中冶集团培养了众多技术能手，这次中国代表团的技术总教练周树春就是十九冶培养出的技术能手，他曾获得国家技能比赛冠军。今年获得全国工程焊接冠军的小杨也是十九冶的职工，年仅20岁。

十九冶素有西部铁军之称，1966年为建攀枝花钢铁厂而从武汉进川，近50年为国家的经济建设做出了重要贡献，为国家培养了大批高素质的技术骨干。周树春、曾正超就是他们中的优秀代表。正如十九冶田野董事长所言，十九冶有20多位像曾正超这样的技术能手。十九冶是中冶集团职工技术培训基地，也是中国职工技术培训基地。

今天，我见到曾正超时有点惊讶。他刚19岁，在我眼里还是一个孩子，17岁参加工作。在强手如林的竞争中，以优异成绩赢得金牌。看着眼前这位腼腆的孩子，很难和世界冠军联系起来，油然而生敬意。他是中国代表团首枚金牌获得者。他还获得竞赛组委会最佳运动员称号。四天的封闭比赛，既是比技术，也是比毅力。曾正超挽起衣袖，我们看到的是被焊条灼伤的一条条红色印痕。整个比赛分四个环节，前两个环节过后，基本决定了第一的位置，最后，他以超出东道国选手近2分稳获冠军。他焊接作品的外观征服了所有评委，他们在中冶代表团刘金凤面前个个竖起大拇指。这是无声的肯定，这是技能的魅力。

19岁的曾正超个头不高，一副娃娃脸。但从他的眼睛里能感到自信、睿智和执著。这在同龄孩子中很少能看到。穷人的孩子长志气，有志的孩子不服输。在他身上我看到了中冶蓝领工人的希望。培养高级技能人才一直是我们的重点。建筑行业，焊接的业务很多，需要大批焊接人员。高质量的焊接人员是工程质量的根本保证。建优质工程离不开高级焊接人员。

19岁的年龄，有很多同龄人还在上学，有些不上学的甚至还啃老。而曾正超为代表的一批技术工人，已经在用自己的双手为国家的经济建设添砖加瓦，为自己的人生书写辉煌。

19岁曾正超的成绩为大批职业技术院校的学生树立了榜样，展示了希望。只要认真学习知识，刻苦钻研技能，谁都可以成为世界冠军。大学不是成才的唯一选择，条条大道通罗马。只要认认真真学习，兢兢业业工作，谁都可以书写出辉煌的未来。路就在脚下，踏平坎坷成大道。

19岁的年龄正是身体成长期、世界观形成期。通过自己的双手自食其力，坚定了热爱劳动的信念。比赛成绩激发了钻研技术的热情，坚定了努力工作的信念，比赛的环境唤起了争第一的激情，磨炼了百折不挠的意志。工作中皮肤被焊条无数次灼伤，意志经过无数次磨炼，技艺达到炉火纯青，在比赛中才稳操胜券。这是意志的较量，更是技能的比拼。

青春在焊花中闪光，人生在竞争中成长。技能人才是人才队伍的重要组成部分，在经济发展和社会进步中发挥着不可或缺的重要作用。学习借鉴国外先进经验、先进工艺、先进标准。营造劳动光荣、崇尚技能、尊重技能人才的良好氛围。三百六十行，行行出状元。只要肯用功，谁都能成才。天生我才必有用，岗位练兵能成才。希望有更多的技术能手在竞赛中成熟，在劳动中成才，为实现中国梦注入活力！

修炼“少一点”的修养

2015 年 10 月 10 日

社会在进步，物质越来越丰富，生活越来越富足；可是，社会的诱惑越来越多，人们的欲望越来越难满足；由此引发的苦恼也越来越多，生活的纠结越来越多。心情难以平静，心态难以平衡，心绪难以平和……

正是“五色令人目盲；五音令人耳盲；五味令人口爽；驰骋畋猎，令人心发狂；难得之货，令人行妨；是以圣人为腹不为目，故去彼取此”。即鱼和熊掌不可兼得。

作为普通人，难以去彼取此，可以修炼“少一点”的修养，节制欲望，克制幻想，抑制张狂。少一点欲望，就少一点迷茫。少一点幻想，就少一点失望。少一点张狂，就少一点懊丧。少一点攀比，就少一点惆怅。

当开心时，少一点放纵，收敛一点，谨防乐极生悲。

当郁闷时，少一点悲伤，自信一点，铭记有志者事竟成。

当得意时，少一点傲慢，平和一点，谨记天外有天，人上有人。

当失意时，少一点自卑，自强一点，不忘柳暗花明又一村。

当为生活纠结时，少一点攀比，知足一点，牢记世界上有很多人不如我们。

当处境艰难时，少一点怨气，乐观一点，不忘逆境锤炼意志，铭记苦难陶冶情操。

当现实不尽如人意时，少一点埋怨，主动一点，敢担当从我做起。

当情绪激动时，少说一点，冷静一点，言多语失，驷马难追。

静心修炼放下，坦然面对得失。人生短暂，万事皆空。享受现在，把握今天。少一点不平，多一点包容。少一点计较，多一点慈悲。少一点自负，多一点谦卑。少一点执著，就少一点烦恼。

志　　趣

2015 年 11 月 24 日

人生暂短，志趣引路。志不立，天下无可成之事。人生有涯，知识无涯。见之不若知之，知之不若行之。不积跬步之功，无以至千里。不积涓涓细流，无以成江海。

立志是事业的大门，工作是登堂入室的旅程，旅程的尽头有成功在等着。凡事有目标，矢志不渝，定能成功。做事有的放矢，做人恪守四维。善治病者，必医其受病之处；善救弊者，必塞其起弊之源。

志存高远，趋避邪庸。三人行，必有吾师焉，择其善者而从之，其不善者而改之。人君者，立志易，守志难。达则兼济天下，不忘公平正义。穷则独善其身，不坠青云之志。有才而无德，前功尽弃。得民心者得天下，失民心者失天下。

人臣者，言忠易，守忠难。得时则大行，不得时则龙蛇。以退为进，以屈为伸。一曲一直，一伸一屈，龙蛇是也。人臣者，尽忠易，成事难。有勇而无谋，事倍功半。兵不在多，在精；将不在勇，在谋。

志于学，凿壁偷光。头悬梁，锥刺股。由表及里，由此及彼。去粗取精，去伪存真。孤举者难起，求真知灼见；众行者易趋，寻志士共进。

志于行，矢志不渝。九层之台起于垒土，千里之行始于足下。积跬步之功以至千里，积涓涓细流以成江海。融入心血修慈悲，饱经沧桑成智慧。

知　易　行　难

2015 年 12 月 2 日

阅读《群书治要》，感触良多。唐太宗从历代帝王治国资政史料中寻找“修身、齐家、治国、平天下”之精要，以求“用之当今，足以鉴览前古；传之来叶，可以贻厥孙谋”。唐太宗读《群书治要》手不释卷，知风化之本，见政理之源。他认为：“以铜为镜，可以正衣冠；以史为镜，可以知兴替；以人为镜，可以明得失。”

研读《群书治要》，君学可以治国，臣学可以辅政，民学可以齐家。社会治乱的根本在人心，其人存，则其政举；其人亡，则其政息。无论治国辅政，还是修身齐家，关键在人。“法者，治之端也；然法不能独立，得其人则存，失其人则亡。君子者，法之源也。故有君子，法虽省，足以遍矣；无君子，则法虽具，足以乱矣。故明主急得其人，而暗主急得其势。急得其人，则身逸而国之治，功大而名美。急得其势，则身劳而国乱，功废而名辱。”此乃得人心者得天下焉。

古今中外，无论民主制度多么健全，如果缺乏仁慈博爱、诚实守信的社会公德，没有公平正义的社会秩序，形式上的民主法制难以维护社会的公平正义，避免不了政息人亡的悲剧。熟读《群书治要》精华易，恪守《群书治要》原则难，践行《群书治要》举措难上加难。

有鉴于历史，治国安邦需德礼刑并用。德治是理想状态，源于社会的诚信、礼仪完善，礼治依赖克己复礼的士大夫为民示范，刑治在于匡正局部、规范秩序，不得已而为之。然而，当社会缺失诚信、士大夫不能克己守礼时，社会秩序乱，民间怨恨多，德制步履艰，教化似浮云，重建社会诚信更为紧迫。否则，单纯的用刑会事与愿违，欲速则不达。

君子务本，本立而道生。孝悌者也，其仁之本也。学习传统国学，弘扬孝道文化，牢记礼义廉耻，正心诚意修身。君子多识前言往行，以蓄其德。《群书治要》意在治国理政，重在修身进德。《群书治要》汇聚古圣先贤之血脉，囊括千年文明之精髓，以“务乎政术，存乎劝谏”为宗旨，昭德塞违，劝善惩恶。用之当今，足以鉴览前古；传之来时，可以贻厥孙谋。引而伸之，触类而长；盖亦言之者无罪，用之者足以自戒。

《群书治要》首卷即是《易》，以《易》为统揽，求治国之精要，悟处世之真谛。《易》博大精深，智慧结晶。安不忘危，存不忘亡；元亨利贞，用心感悟。天行健，君子以自强不息。居上位而不骄，处下位而不忧。地势坤，君子以厚德载物。敬以直内，义以方外，敬义立而德不孤。以国家社稷为重，论功行赏，秉公执法，近贤臣，远小人，以求国泰民安。处逆境慎思，辨世事慎行，以俭德辟难，不可荣以禄。要深入基层，深入群众，接地气，通下情，营泰之势。防作风漂浮，脱离群众，近小人，远实情，酿否之患。得时则大行，承万众之愿，载万物之需，遏恶扬善，顺天休命。处高位自重。履要职自谦。牢记“满招损、谦受益”，得意时勿恃才傲物，失意时应虚心反思。

读《群书治要》易，悟安邦治国难；信守安邦治国易，践行修身进德难。天下之事，知易行难。正心诚意修身，致知格物齐家。知行合一，自强不息。

博学多思

2016年1月2日

昨天，去书店买了商务印书馆翻译的《理想国》《论灵魂》《宗教经验之种种》

《佛教逻辑》等书。开卷浏览，感悟颇多。这些外国作者的著作之所以能世代流传，并译成不同文字，其根本原因在于作者博学多思，遇事有独到见解，人生有独立追求，凡事能独立思考，有不畏权贵的独立人格。

人生短暂，能留下独到见解是最大的财富。生平物质财富再多，自己享用有限，若全留子孙，焉知祸福？君不见富家子弟游手好闲，皆因家境好激发了享乐欲，忘记了奋进。滋生了占有欲，忘记了博学多思。滋长了攀比心，忘记了勤俭持家。古人云：遗子黄金宝，何如教一经。万般皆下品，唯有读书高。

人无论穷富，都应该读书。读书是改变人生命运的出路。博学多思，知行合一，自强不息。读书要静心、深思、细研，探求是什么？为什么？读书要入脑、入心。读书不能一目十行，掩卷无印象。读书要凝神思辨，敢于质疑，不能不加分辨地全盘肯定，更不能人云亦云地全面接纳。读书要去粗取精，去伪存真，由此及彼，由表及里，由浅入深，循序渐进。

老幼皆应读书。少而好学，如日出之阳。壮而好学，如日中之光。老而好学，如炳烛之明。读书趁年轻，学习贵有恒。年长读书易忘，不能惆怅，唯有加倍用功，才能和才俊缩小差距。年长读书易懒，要养成习惯，持之以恒。

书籍是人类进步的阶梯，读书是个人成长的旅程。博学多思，矢志前行。正心诚意修身，立德立言立功。

学《孝经》之感悟

2016 年 2 月 22 日

孝是广义的，不局限于孝顺父母，还包括事君、立身。在当今浮躁的社会环境下，重新审视人们的烦躁，似乎应重温《孝经》，体会人的使命和义务。作为社会的人，我们有追求自我价值、享受社会进步成果的权利，同时，我们有孝顺父母、服务社会的义务。

《孝经》开宗明义："夫孝，德之本也，教之所由生也。……身体发肤，受之父母，不敢毁伤，孝之始也。立身行道，扬名于后世，以显父母，孝之终也。夫孝，始于事亲，中于事君，终于立身。"显然，孝是立身行道的基础，正心诚意修炼。对年轻人而言，读《孝经》应该感悟做人真谛。爱护自己的身体，不让父母忧心。自强不息，立身行道，不让父母操心。尽职尽责，不辱使命，不让父母揪心。

《孝经》规范了天子、诸侯、卿大夫、士、庶人孝的内涵。今天，我们应该对照社会定位，检点自己的言行是否符合孝的规范。

"爱亲者，不敢恶于人。敬亲者，不敢慢于人。爱敬尽于事亲，而德教加于百姓。形于四海。盖天子之孝也。"

“在上不骄，高而不危，制节谨度，满而不溢。高而不危，所以长守贵也；满而不溢，所以长守富也。富贵不离其身，然后能保其社稷，而和其民人，盖诸侯之孝也。”

“非先王之法服，不敢服；非先王之法言，不敢道；非先王之德行，不敢行。是故非法不言，非道不行。口无择言，身无择行。言满天下无口过，行满天下无怨恶。三者备矣，然后能守其宗庙。盖卿大夫之孝也。《诗》云：夙夜匪懈，以事一人。”

“资于事父以事母，而爱同；资于事父以事君，而敬同。故母取其爱，而君取其敬，兼之者父也。故以孝事君则忠，以敬事长则顺。忠顺不失，以事其上，然后能保其禄位，而守其祭祀。盖士之孝也。《诗》云：夙兴夜寐，无忝尔所生。”

“因天之道，分地之利，谨身节用，以养父母。此庶人之孝也。故自天子至于庶人，孝无始终，而患不及己者，未之有也。”

在践行“三严三实”活动中，读《孝经》，明事理；常反思，应警醒。“夫孝，天之经也，地之义也，民之行也。”

“教民亲爱，莫善于孝；教民礼顺，莫善于悌；移风易俗，莫善于乐；安上治民，莫善于礼。礼者，敬而已矣。故敬其父则子悦，敬其兄则弟悦，敬其君则臣悦，敬一人而千万人悦。所敬者寡，悦者众。此之谓要道也。”

孝重在孝亲、事君、立身，道重在顺人、悦人、敬人。敬人者，人恒敬之。浮躁烦忧，检点自身；孝亲有诚意乎？事君已尽力乎？立身志高远乎？行孝起于小事，贵在修身。立身赖于小事，与众不同。尽责做好小事，踏石留印。

学《论语》杂感

2016年2月23日

《论语》中关于仁、德、善、礼等有多处论述。不管从哪个角度论述，其核心是个人正心、修身、示范。无论是治世还是安民，都强调己所不欲，勿施于人。忠信崇德，处世秉公。

习礼仪，知仁义。心慈悲，有善举。若欲仁，心致诚。三人行，择善从。守仁求道，人之所行。正心诚意守仁，致知格物求道。“仁以为己任，不亦重乎？死而后已，不亦远乎？”勿骄勿吝，勿奢勿慵。“学如不及，犹恐失之。”

修德治学，行义为善。凡事皆有度，过谦不可取。修德始于耳濡目染，治学恪守循序渐进。克勤克俭，讷于言，敏于行。兢兢业业，明志向，贵践行。忌功亏一篑，积跬步之功。“士不可以不弘毅，任重而道远。”

礼为纲，正人伦。克己不逾矩，守礼不强人。为人坦诚，待人恭敬。“恭而无礼则劳，慎而无礼则葸，勇而无礼则乱，直而无礼则绞。”守礼重在修身，

“见贤思齐焉，见不贤而内自省也。”

治国有不同，礼法不可轻。晓之以理，治之以法，维护秩序，监督公平。执法重在严明，在其位，谋其政。天子与庶人同罪，高贵与卑贱同法。“其行己也恭，其事上也敬，其养民也惠，其使民也义。”选贤任能，净化世风。以身作则，治世贤明。

治国安邦，博采众长。学《论语》，与时进。悟真谛，取其精。勿食古，识其境。匡世德，在修身。和睦处，在安民。为政者，法理情。德示范，感化民。

做好自己——猴年寄语

2016 年 2 月 28 日

做好自己，
过好每一天，
做有意义的事，
珍惜今天。

挑战自己，
做好每件事，
做有志向的人，
把握今天。

完善自己，
走好每步路，
做有毅力的人，
书写今天。

塑造自己，
站好每个岗，
做有作为的人，
展示今天。

学《孔子家语》之悟

2016 年 3 月 1 日

《孔子家语》是一部记录孔子及孔门弟子思想言行的著作。其内容涉及政治、礼乐制度、与国君问答、与弟子问答、言谈行事等，集中阐述了儒家的社会政治思想、礼治观、伦理观、人才观、仁政说等。

《孔子家语》，道理深入浅出；掩卷沉思，语言耐人寻味。从古到今，万变不离其宗。个人重在修养、视野、胸襟，治国安邦重在示范、以身作则。用贤人，远小人，戒奢侈，惠民生。治理祸乱，有法必依，执法必严。乱世有因，法不治众。君子该反省，正本清源，修身正心。慎用刑于民，勤教化于礼。风俗乃官僚作风的弥漫，秩序乃官吏品行的外延。奢靡之风源于上，正本清源宜治上。善举应时，谨防不当。行不越位，事不越权，述不越级，治不越时。人存政举，人亡政息，故为政在人。“上失其道，而杀其下，非理也；不教以孝，而听其狱，是杀不辜也。”

维持秩序，崇道尚德，教化在先。“夫道者，所以明德也；德者，所以尊道也。是故非德道不尊也，非道德不明也。内修七教而上不劳，外行三至而财不费。此之谓明王之道也。”“凡上者，民之表也，表正则何物不正。”知耻而后勇，知不足而精进。“物耻，则足以振之；国耻，则足以兴之。故为政先乎礼，礼其政之本也。”

礼之基础在于家。家道，在孝与敬。孝父母，敬其亲。首敬妻，重人伦。敬妻乃家道之灵魂，孝母乃家道之命脉。家和乃政礼之基础，人伦乃家和之根本；洁身自好乃孝之行也，尊老爱幼乃德之为也。“妻也者，亲之主也；子也者，亲之后也，敢不敬与？是故君子无不敬也。敬也者，敬身为大。身也者，亲之支也，敢不敬与？不敬其身，是伤其亲；伤其亲，是伤其本也；伤其本，则支从而亡。三者百姓之象也。”

择善而交，崇德而敬，逢道而学。“与善人居，如入芝兰之室，久而不闻其香，即与之化矣；与不善人居，如入鲍鱼之肆，久而不闻其臭，亦与之化矣。是以君子必慎其所与者焉。”

人道，在政与正。克己守礼，治事安民；修身节欲，勤俭正风。审事兼听，体恤下情；与万民同利，忌一意孤行。“夫人道，政为大。夫政者，正也。君为正，则百姓从而正矣。君之所为，百姓之所从也。君子不为，百姓何从?”“君者，舟也；民者，水也；水所以载舟，水所以覆舟。”“存亡祸福，皆在己而已，天灾地妖，弗能加也。”

观周知兴替，悟道明得失。“夫明镜者，所以察形；往古者，所以知今。”问道于安存之要，铭心于危亡之因。“天道无亲，常与善人，戒之哉!”机会无亲，常与勤者；财富无亲，常与俭者；防患于未然，治患于萌芽。守拙如初，行善至终。

君贤在识人而用，求贤若渴。“郊舍三日，琴瑟不御。”臣贤在荐贤为公，让贤为民。精忠为国，勠力同心。尊贤而用，贱不肖而弃，此乃兴盛之道。尊贤而不用，非尊也；弃贱而不离，非弃也。此乃衰亡之因。

理政慎思。“勤之慎之，奉天之时。无夺无伐，无暴无盗。”治事慎言。“言人之善，若己有之；匿人之善，斯谓蔽贤。”安民慎行。“政之急者，莫大乎民富且寿也。省力役，薄赋敛，则民富矣。敦礼教，远罪疾，则民寿矣。”

一部《孔子家语》，万家修身宝典。人人修身，个个济世，何愁国泰民安？

学《礼记》，守纲纪

2016 年 3 月 24 日

《礼记》是中国古代一部重要的典章制度。该书由西汉礼学家戴德和他的侄子戴圣编定，东汉郑玄集注。《礼记》不仅是一部描写规章制度的书，也是一部关于仁义道德的教科书。

温故而知新。无论是古人还是今人，作为社会的一员，都应该遵守社会的法律、纲纪，都不能凌驾于社会的纲纪之上。在信仰迷失、道德滑坡的恶劣社会生态下，今天学习《礼记》对于匡正道德、重塑诚信有十分重要的意义。学习《礼记》，与时俱进。取其精华，去其糟粕。依法治国，强化纲纪。

学习《礼记》，彰显四维。若诚信缺失，则四维不张。人有礼义廉耻之心，事无贪赃枉法之嫌。天下之事，有善有恶，任善人则国安，用恶人则国乱。选贤任能，不拘一格。若爱而知其恶，憎而知其善，去邪勿疑，任贤勿贰，则天下可以兴矣。

学《礼记》，恪守中庸。君子戒慎乎其所不睹，恐惧乎其所不闻。莫见乎隐，莫显乎微，故君子慎其独也。君子道人以言，而禁人以行。故言必虑其所终，而行必稽其所蔽，则民谨于言慎于行也。

学《礼记》，尊孝道。夫孝道者，善继人之志，善述人之事也。君子以身作则，行为世范。下之事上也，不从其所令，而从其所行。故上之所好恶，不可不慎也，是民之表也。

学《礼记》，尊礼乐。先王慎其所以感之者，故礼以道其志，乐以和其声，政以一其行，刑以防其奸。礼乐刑政，其极一也，所以同民心而出治道。礼节民心，乐和民声，政以行之，刑以防之，礼乐刑政四达而不悖，则五道备矣。情动于中，声形于外。君好之，臣为之；上行之，则民从之。

学《礼记》，守时令。顺四时，睦邻里。物产丰，民安居。勤耕读，细考绩。整军容，振士气。强国防，固封疆。完要塞，御列强。

“大道之行也，天下为公。选贤与能。故人不独亲其亲，不独子其子。使老有所终，幼有所长，使鳏寡孤独废疾者皆有所养。是故谋闭而不行，盗窃乱贼而不作，是谓大同。”

由此可见，匡正道德非不可及也，重塑诚信非不能达也。君臣同心，其利断金。为上可望而知也，为下可述而志也，则君不疑于臣，而臣不惑于其君矣。为上易事也，为下易知也，则刑不烦矣。故天下有道，则行有枝叶，相得益彰。天下无道，则辞有枝叶，哗众取宠。听其言，观其行，辨其道，识其伪。选人看德，用人依法。君德不越权，君权不欺法。上行下效，恪守纲纪。治国先治君，治君先治权，治权先规范，政权为人民。

严于律己

2016年3月31日

严于律己、宽以待人是口头禅，但真正做到严于律己不易，尤其是领导，随着地位的升迁，律己意识逐渐淡化，潜意识中是严于律人、宽以待己。久而久之，纪律意识淡化，违纪现象萌芽。千里之堤溃于蚁穴，辉煌人生毁于违纪。教训之多，触目惊心；严于律己，警钟长鸣。

随着领导职务的升迁，重视培养洞察力、判断力、领导力、应变力，往往忽视纪律的约束。久而久之，不习惯公司制度的约束，不遵守公司制度的规定。殊不知，个人进步如逆水行舟、不进则退，一旦放松纪律约束，迟早会滑向违纪边缘。个人难以从优秀走向卓越，往往从巅峰坠入深渊。企业无法基业长青，事业难于炉火纯青。此乃因小失大，不可不察。

企业领导不仅需要洞察力，准确判断市场走势，及时捕捉市场机遇，激发员工的创造力，有效组织员工出色完成任务；而且，领导要以身作则执行纪律，率先垂范捍卫制度，不搞特殊化，靠人格魅力树立个人威信，以实际行动创建企业文化，做守纪律的表率。

随着地位的升迁，惰性在滋长，特权意识在蔓延，不守纪律不以为然，违反纪律习以为常。久而久之，为了关系破坏规矩，为了朋友违反纪律，忽视负面影响，甚至还自以为是，其后果不堪设想，在职工中产生不良影响，领导的威信受损，感召力下降。群众上行下效，不听你说什么，效仿你做什么。即使在市场好、经营业绩优时，这样的企业正逐渐失去竞争力，进入欲病状态，慢慢会士气不振，管理松懈；因人设事，机构臃肿；人心不齐，办事效率低下，出现大企业病。

一旦放松了纪律意识，不守纪律还心安理得。纪律意识慢慢淡化，总能找出各种借口，宽恕自己的行为。久而久之，就会形成懒散的作风。自己不以为然，下属看在眼里。自己习以为常，员工全在效仿。你喊破嗓子要求下属守纪律，下属敢甩开膀子自行其是。这就是领导破坏纪律的示范效应，像多米诺骨牌，领导不守纪律，纪律的长城就会顺势倒下。因此，要求员工做到的事情，领导一定做到。言必信，行必果。否则，说话没有威信，执行没有威力，欲速则不达，事倍功半，甚至功亏一篑。

守纪律，从我做起，严于律己。人生求进步，从守纪律做起，以身作则。唯有此，千里之堤才能稳如磐石，百年老店方可基业长青。严于律己非小事，其关事业成败，影响前途命运，不可不察。

守中庸，养心神

2016 年 4 月 10 日

今天中午，在中央电台 10 频道“百家讲坛”讲座，专家讲《黄帝内经》关于养心神。人的五脏六腑，心为主宰，其他器官各司其职，各负其责。人的五脏六腑在心的统领下，感知外界，协调运行，步调一致，人的身体处于健康状态。反之，则会出现郁闷、焦虑、烦躁等问题。

无独有偶，一则微信以《易经》里的十大名句警示为题，指出：“大喜易失言、大怒易失礼、大惊易失志、大哀易失颜、大乐易失察、大惧易失节、大思易失爱、大醉易失态、大话易失信、大欲易失命。”

人非圣贤，孰能无忧。喜怒忧思悲恐惊乃人之七情，生活纷繁，情绪易波动，最易伤七情。按照《易经》提示，根据《黄帝内经》指导，人应该有意识地控制情绪。处顺境时勿大喜，大喜易乐极生悲。遇挫折时勿泄气，小忧易悲观失望。人应该“勿大勿小守中庸，不急不躁养心神。”

这需要从心灵深处暗示。让心神触摸世界，感悟生活；不急不躁，凡事守中庸，把握度；不卑不亢，逢人有真诚，秉承信；遵循道，恪守礼。工作，不偏不倚；做人，中正无私。

加强日常个人修养，奠定守中庸的基础，积聚养心神的养料。喜勿多言，言多必失；怒易伤肝，火旺失礼；惊易乱神，神乱失志；哀易忧虑，忧易伤颜；乐易放纵，纵易失察；惧易伤智，智乱失节；思过失衡，患得失爱；醉易失礼，无礼失德；大话无凭，无凭失信。大欲放纵，放纵失命。

守中庸。既是人生态度，也是心理暗示。凡事不偏谓之中，不倚谓之庸；恪守中庸务实有功。这需要摆脱以自我为中心的价值取向，以大局为重，从顶层着眼，强调系统的优化，互相补充，互相促进。唯有此，才可以恪守中庸，不为点滴小事而乱心，不为蝇头小利而乱智。

养心神。重在养心安神，贵在情绪稳定。凡事心不要太重，随遇而安，顺其自然。遇事心不要慌乱，坦然自若，淡定处之。做事，不计较一时一事之得失；做人，总着眼一生一世之大局。唯有此，才能心中无愧，不为急功近利而懊悔，不为人云亦云而无为。

守中庸，一世之人生目标；养心神，一生之生活追求。良好的生活习惯有利于调养心神。坐如钟而稳，勿左摇右晃；站如松而直，忌东倒西歪。高尚的情操着眼于恪守中庸。人生贵在修德。人胜天以德。用官惟德，任人唯贤。

接受教育的目的是什么

2016 年 6 月 27 日

最近，阅读一篇文章，耶鲁大学校长理查德·莱文（Richard Charles Levin）谈“教育的真正目的是什么？”他的核心思想是：“教育不教知识和技能，却能让人胜任任何学科和职业。教育不改变生活环境，却能改变人的思维方式。教育能让你活得幸福。”耶鲁致力于领袖人物的培养。这与中国传统的“为天地立心、为生民立命、为往圣继绝学、为万世开太平”有相似之处。理查德·莱文认为本科教育的核心是通识，是培养学生批判性独立思考的能力，并为终身学习打下基础。

在高考张榜之际，新生有憧憬。憧憬之余，学生有必要思考接受教育的目的是什么？虽然，不能成为耶鲁大学的学子，没有成为领袖的社会期盼。但是，既然接受教育，我们应该明白接受教育的目的是什么？

就一般意义而言，本科教育是打基础。就理工科而言，我以为，还是要掌握基础知识、必要的基本技能。此外，在学习期间，应该跟踪学科前沿，了解专业发展动态。就文科而言，也应该打好中文知识的基础。大学，不仅要学会解题，处理具体问题。这相当于有了一把解决问题的钥匙。大学，更应该学会配钥匙，学会处理各种问题的方法技巧。这就是培养思维方式、培养思考能力、积淀思想基础、启迪人生智慧。

接受教育，培养思维方式。学会独立思考，避免人云亦云。因此，大学生应该学一点哲学，懂得辩证法，学会辩证地看问题，防止形而上学。接受教育重在提升人的素质，提升素质的关键是培养积极的思维方式。面对现实，要看到积极的一面；思考历史，发掘启迪的价值。不能否定一切，以为外国一切都好。

接受教育，培养思考能力。思考能力则以提升认识问题、判断问题能力为基础。认识周围事物，离不开了解周围环境。了解周围环境离不开认知社会环境。认知周围环境，能发现问题；认知同学，能发现优点；认知自己，能找出不足。在认知的基础上，思考是什么原因导致的问题？同学为什么比自己优秀？自己的不足是什么？只有认知上升到理性思考，才不至于苦恼。找出问题原因的过程就是培养思考能力的过程。在找出原因的基础上，进一步理性思考怎么办？如何改变现状？怎样取人之长、补己之短？怎样客观评价环境？只有认知形成理性判断，才不至于迷茫。这就是培养思考能力的全过程。从发现问题开始，顺藤摸瓜，找出问题的原因，找到解决问题的办法。这就是培养思考能力。培养思考能力非一蹴而就，需要精心观察，辩证思考，理性判断。

接受教育，奠定思想基础。知识分子有“为天地立心、为生民立命、为往圣继绝学、为万世开太平”的使命感。学生实现其抱负，要以正确的思想为基础。大学是知识的殿堂，老师是人类灵魂的工程师。大学是塑造个人灵魂的关键时期，不为功利所累，为生命的成长确定方向，为社会、人类的进步作出贡献。洒汗水于天地，留思想在人间。

接受教育，启迪人生智慧。人生虽然漫长，但关键处只有几步。大学四年是最关键的一步，一定要走好、走稳。学生应该确立正确的价值观、人生观，培养自由的精神、公民的责任和远大的志向。自由不意味着随心所欲，自由是独立人格的体现。自由是思考的自由，心无旁骛，不受误导。明确公民责任，培养担当精神。国家盛衰，我的责任。确立远大志向，把“为天地立心、为生民立命、为往圣继绝学、为万世开太平”作为毕生追求，不迷恋于享受，不陶醉于放任。

接受教育，是改变命运的机遇；把握机遇，是创造辉煌的关键；不懈努力，是人生腾飞的翅膀。不让一日虚度，不留一丝遗憾。在新的学期到来之前，孕育新的思考；进入新的殿堂，展示新的风貌。接受教育，培养思维方式、思考能力；接受教育，积淀思想基础、启迪人生智慧。如此教育，有何遗憾？

家训三字经

2016年6月29日

黎明起，洗漱忙；净居室，洁衣裳；凝心读，书声朗。
上学路，莫张望；提前到，勿慌张；勤扫除，乐帮忙。
铃声响，坐端详；仔细听，深思长；做笔记，顺序详。

勤温习，解惑忙；作业清，不惆怅；早预习，学有方。
伏案写，无遗忘；坐立思，心无旁；聚心志，悟字行。
多阅读，有思想；勤修身，德高尚；传家风，做忠良。

习礼仪，长幼详；事尊长，恭敬上；举止稳，四维张。

重人伦，守五常；敬父母，心体谅；德智体，耕读养。
品学优，义伸张；潜心学，有榜样；文中子，及老庄。

孝宗亲，源流长；祭祖先，礼仪彰；多润寡，少自享。
勤持家，俭立邦；睦邻里，和同乡；明善恶，恭俭让。
弟谦恭，兄温良；姐妹亲，妯娌让；忠厚仁，诚信藏。

通古今，国有纲；守法纪，莫贪赃；戒争讼，习公羊。
济贫弱，肯解囊；黄赌毒，家破亡；严律己，智慧长。
互敬爱，比翼双；戒陋习，比学帮；兴社稷，做栋梁。

晓中外，有异邦；语言异，文明长；虚心学，博众长。
彼此敬，事周详；忌奸滑，友谊长；善交流，架桥梁。
有危难，互相帮；人性善，慈悲长；天道助，能兴邦。

知识　素养　思想

2016 年 7 月 4 日

昨天，清华大学校长邱勇在 2016 年本科生毕业典礼暨学位授予仪式上发表题为“不忘初心、创造美好人生”的演讲。

邱校长希望同学们坚守初心，在漫长的人生之路上，不忘初心，抵制诱惑；希望同学们自强不息，因为追求理想的道路不可能一帆风顺，唯有自强才能前行。胜人者力，自胜者强；希望同学们懂得感恩。越有成就的人越要懂得感恩。感恩是对他人、对社会、对自然给予的感激与回馈，是一个人的道德涵养，也是一种人生哲学。明朝即长路，惜取此时心。希望同学们在未来的日子里不忘荷塘月色，不忘学堂书声，更不忘对自己和母校的承诺，坚守初心，创造美好人生。

邱校长的讲话激情洋溢，充满长者对晚生的希冀和嘱托，代表了中国最高学府对莘莘学子的厚望。

从清华走向社会，在掌握知识方面已经打下了坚实的基础，未来的岁月能否如校长希冀的那样呢？这不取决于校长的叮嘱，完全取决于每个人的素养和其能否在未来有独立的思想。中国大学在全球范围的排名，并不因为中国学生掌握知识扎实而靠前，相反，因学生的个体素养和独立思想方面的差距而落后。堂堂清华、北大的排名远低于香港科技大学，确实值得我们反思，问题出在哪里？

人们曾经调侃，有些人有知识没文化，有些人有文化没思想。这也许有失偏颇，但确实反映了中国高等教育存在的深层次问题。最近，教育部取消985、211的高校排名，取而代之的是双一流大学的建立。我以为，大学应该注重培养学生的个人素养和独立思想能力，学生不应该是应试尖兵、答题机器；否则，双一流的目标难以实现。

受教育的目的不仅在于培养思维方式、思考能力，更在于积淀思想、汇聚智慧。如果能朝这个方向前进，学生不但能够掌握所学知识，精通业务。而且，学生能在真心诚意的修身中提升个人素养，在齐家治国平天下的担当中积淀思想。中国有五千年的优秀文化，诸子百家的思想璀璨、深邃，古人在治学上追求“为天地立心、为生民立命、为往圣继绝学、为万世开太平”，令后人敬仰。

不知何时，今人的追求发生了180度转弯，在快餐文化的影响下，做学问少了几许耐心，多了几分浮躁。读书不求胜解，考试投机取巧；研究不愿深入，论文时有剽窃；代考、代写论文作为新型产业。这简直是教育的悲哀。长此以往，国将不国。这绝不是危言耸听！

不忘初心，创造美好人生。学生应该在掌握知识的基础上，不断提高自身素养，使自己成为有知识有文化的人。文化是能够驾驭知识的个人素养外化，是人类文明的传承，是民族精华的共鸣。学生应该在提升个人素养的基础上，不断培养独立思考能力，使自己成为有文化有思想的人。当下，我们不是产能过剩的危机，而是缺乏思想的危机。培养有知识、有素养、有思想的学生，乃国之大事，事关民族兴衰，影响国家存亡，不可不察。培养有知识、有素养、有思想的学生，路漫漫其修远兮，吾辈将上下而求索！

管理篇

GUANLI PIAN

管理企业之我见

1999 年 4 月 25 日

企业是一个复杂的系统，有其明确的使命，有内在的运行机制，有独特的组织行为特性。经营企业既要善于捕捉市场机遇、回避市场风险，又要发扬企业优势、弥补自身不足，以实现其明确的目标，履行其使命。既要关心股东的权益、利益相关方的诉求，更要关心员工的切身利益和职业生涯规划，实现员工与企业的共同成长，共同进步。作为经营者，应该有明确的工作思路，制定明确的发展目标，采取有效的工作方法。

1. 管理企业的基本思路。（1）宏观上把握大局，理清工作思路。1）工作重点；2）工作难点；3）薄弱环节。（2）找出具体问题，抓住主要矛盾。1）主要矛盾；2）矛盾的主要方面；（3）分析原因，找出本质的、固有的、内在的根本原因。1）内因：企业自身存在的，经过努力可以解决的、制约企业发展的原因。2）外因：外部环境影响，需要适应环境，营造和谐氛围，以解决制约企业发展的问题。（4）研究对策，有得放矢。1）可操作性，可信性，可实现性；2）时效性，及时，适时；3）经济合理性，局部影响，全局影响，统筹平衡。4）功效性，积极作用，负面影响，相关干扰性。（5）组织实施，关键在有效执行。1）组织落实，明确机构、人员；2）计划落实，明确责任，任务分解；3）责任落实，责任到岗，考核到人。（6）过程监督检查。有布置，有检查，有奖励，有惩罚。发现问题，及时纠偏。采取补救措施，有效推进。以“积极进取的思想、雷厉风行的作风、实事求是的态度”解决问题、面对困难，杜绝“无所作为的思想、推诿扯皮的作风、人云亦云的态度”在职工中蔓延。凡事有想法，有办法，有行动。克服困难有信心，有恒心，有耐心。

2. 增强竞争力的基本要素。一个优秀的企业家应该有“市场意识、竞争意识和创新意识”，应该培养“学习调研能力、适应合作能力和应变控制能力”，应该致力于“形成科学的决策程序、明确的岗位职责、健全的规章制度”。在此基础上，形成企业竞争力的基本要素：（1）良好的企业文化。企业文化是领导倡导的、职工共同遵守的共同行为规范、价值准则。企业文化应该适应市场经济形势，符合社会发展要求，满足员工个性解放，融洽团队合作关系，充满活力、朝气和向心力。（2）充满活力的职工队伍。形成奋发向上、公平竞争的竞争机制、奖勤罚懒的激励机制，为人才脱颖而出创造条件。（3）物质财富的积累。企业的使命是创造价值，在发展过程中要累积利润，实现财富的积累，以增强发展后劲和抗风险能力，改善员工的工作环境、生活条件，提高企业的技术装备水平和研发创新能力。这三者互为表里，共同促进。企业文化为优秀的员工队伍注入活力，增强企业的竞争力。这是获得物质财富的根本保证。物质财富的增加为改善技术装备水平、提高创新能力、改善员工工作环境奠定物质基础。这是增强竞争力的根本保证。物质财富的增加为创造良好的企业文化奠定物质基础，为吸引优秀人才创造条件。三者相辅相成，互相促进。

3. 有效的管理方法。实践是检验真理的唯一标准。在过去证明是成功的工作方法，在新环境下需要调整，以适应新情况，否则，就不会产生预期的效果。作为管理者，善于博采众长，不能刚愎自用。知己知彼，对症下药。（1）经过实践检验行不通的方法，管理者就不该一意孤行了，更不能孤芳自赏。应该在探索中前进，在总结中完善，在改进中提高，以使工作方法适应新的环境，事半功倍。（2）借鉴别人的经验，总结自己的体验和失误，可以升华提炼出适应新环境的方法。这和依靠实践是截然不同的思路。这是依靠理性分析，推理判断。作为管理者，不可能事事依赖实践。学习借鉴别人的经验，总结自己的得失，在此基础上完善工作方法，也是走向成功的途径之一。（3）学习哲学理论，掌握辩证方法。认识世界、改造世界离不开方法。采用不同的方法会取得不同的结果。因此，作为管理者，掌握科学的方法显得尤为重要。抓住事物的本质，找出事物的主要矛盾和矛盾的主要方面，对症下药。这是解决问题的基本思路。企业的外部经营环境复杂，内部的条件参差不齐，能否找出制约企业发展的主要矛盾和矛盾的主要方面，并对症下药，是企业成败的试金石。

企业的成败往往就在于管理者决策的一念之差。如果掌握了正确的工作方法，采取了正确的决策程序，企业就能起死回生；否则，企业就可能走向失败，甚至破产。

市场经济的竞争日趋激烈，工作方法举轻若重，不能有半点马虎。作为管理者，不管形势多严峻，困难多大，不能有束手待毙的想法，一定从探索新方法入手，找出路，想办法。一旦找到合适的方法，就会出现柳暗花明又一村的盛景。在困难面前，不能有山穷水尽的自卑情绪，多从解决问题的方法入手探寻出路。当陷入无路可走的迷茫时，其实路就在脚下，只是方法不同而已……

关于秘鲁铁矿企业文化的思考

1999 年 10 月 4 日

在完成秘鲁铁矿的现场调研后，首钢任命我为秘鲁铁矿总经理（兼），1999 年 8 月 6 日正式向公司秘方官员宣布我出任总经理，现在任职近两个月了。在这段时间，先后听了 32 位秘方官员、18 位中方员工的汇报。给我一个整体感觉，秘鲁铁矿缺乏一个引领员工的共同价值观、行为准则，员工之间缺乏共识和凝聚力。

秘鲁铁矿现在是资金短缺。但是，我觉得除资金短缺外，秘鲁铁矿急需的是全体员工的共同价值观、行为准则。如果不能把大家的思想统一到共同价值观、行为准则上来，公司的管理不会发生根本变化。在共同的价值观、行为准则引领下，制定明确的发展战略，统一思想，步调一致，凝心聚力，共渡难关。

作为经营者，深感构建秘鲁铁矿的企业文化是当务之急。作为企业文化核心的企业精神是激励员工的重要力量。经过反复思考、认真斟酌，提出秘鲁铁矿的企业精神如下：

“诚信，务实，开拓，创新”。企业精神是主要领导秉承的、经过实践证明是成功的、能为企业员工接受的共同价值观、行为准则。在秘鲁铁矿建设企业文化，首要的是自己以身作则，在工作中做到“诚信、务实、开拓、创新”。

1. 诚信是交往、合作的基础。在接待杭钢董事长童云芳、昌兴行张遂成总经理一行三人短短一天的交往中，客人被我的诚信所感动，给我的评价是：“诚实、可信，没有架子，容易和别人交朋友。”我当时讲了一个基本观点，生意的交往，其实就是人的交往。质量、价格差不多时，能否成交主要取决于彼此的印象和感觉。我坚持对用户负责的观点，对用户负责实际是对自己负责。随后，便和昌兴行张总谈起通过香港融资、互惠互利的想法。他答应回去和黄总商量，童董事长也表示愿意促成此事。通过一天的交往，我觉得在客人心目中建立了良好的印象，是一个良好的开端。

商务谈判实质上是对自己人格的推销。这种推销如果不成功，随后的产品推销不会有大起色。一个企业，推销是第一位的。要想推销成功，首先，在客户心目中建立良好的形象，增强客户对自己的可信度。第二，形成独特的企业文化，让企业的共同价值取向深入员工的心灵深处。通过他们和客户的交往，把这种价值观表现出来，并能让客户认可。第三，提高商务人员的道德素质和业务能力。在商务谈判中，先推销自己的人格和企业价值观。第四，以诚信为第一要义，坦诚相见。本着互惠互利的原则开展业务往来和合作，路一定会越走越宽。

2. 务实是企业各项工作的基本原则。企业的中心任务是创造财富、赚取利润，企业的各项工作以效益为中心。要实现这个目标，各项工作必须坚持务实的原则。

务实就是一切从实际出发，说实话，办实事，不搞花架子，不哗众取宠。确定工作目标实事求是，不放卫星。评价工作业绩实事求是，不沽名钓誉。如实反映问题，客观评价业绩。务实就是倡导科学的工作作风。凡事要深入实际了解情况，掌握真实内容，对问题追根究底，脚踏实地工作。务实就是讲究效率和效益。不追求轰轰烈烈的一时繁荣，注重资本的积累、效率的提高、实力的增强、业务的发展、管理水平的提高。务实立足自身，不抱侥幸心理，不把命运寄托在别人的恩赐或对手的失误上。凭自己的实力战胜困难，战胜对手，战胜自我。务实就是不沾沾自喜，不忘乎所以。深知天外有天，相信山外有山，靠辛勤耕耘开辟企业的天地，能默默奉献创造企业的未来。务实就是不炫耀成绩，善待所有人，不趾高气扬，不专横跋扈。

3. 开拓是企业生存的基础。逆水行舟，不进则退。企业的经营也是如此，没有开拓进取，就会在竞争中被淘汰。

开拓就是不满足于现状，不断进取。只有这样，各项工作才能不断完善，管理水平才能不断提高。开拓就是不故步自封，勇于探索前人没有涉足的领域，勇于开辟市场竞争中尚未开发的处女地。开拓就是善于开动脑筋，解放思想，更新观念，构筑未来。一旦确定了目标，就矢志不渝，百折不挠。开拓就是要敢于面对别人的非议和冷嘲热讽，坚持自己的主张，敢于走自己的路，实现自己的理想。

开拓需要献身精神。事业的发展往往是前人栽树后人乘凉。今天的开拓需要一种奉献精神，甘当人梯，为了事业，自己甘心做铺路石、螺丝钉。开拓精神需要不断注入新的活力。唯有虚心学习，认真工作，开拓才能取得预期效果。唯有不断提高理论水平和工作能力，才能提高开拓过程的成功率。

4. 创新是企业追求的永恒主题。创新意味着不墨守成规。创新是一项系统工程。就企业而言，应该从管理创新、技术创新、观念更新入手。

管理创新是一个系统工程。组织机构、规章制度适应新形势，不能一成不变。在一定时期内，组织机构和规章制度应该相对稳定，关键在于落实，抓执行力。当环境、形势、任务发生了巨大变化，原有机构和制度不适应、制约甚至阻碍工作的开展，就要创新机构和制度。从长远看，管理创新是永恒的主题。通过管理创新给企业注入新的活力，带来新的生机。同时，孕育着新的不适应和新的创新任务。

技术创新是人类社会进步的必然。同一种产品，生产方式的变化就是创新。生产方式的变化带来生产效率的提高、产品功能的增强、用户满意度的提高。谁在技术创新上占有优势，谁就能在竞争中立于不败之地。

观念更新的基础是人力资源整体素质的全面提高。这是一项艰巨的任务。人力资源的开发和利用是一个问题的两个方面，不能有所偏废。没有人力资源的开发，利用的潜力是有限的。没有充分利用，会浪费开发成果。只有把开发和利用有机结合起来，管理创新和技术创新才有赖以存在的基础。由此可见，抓创新，首先要抓好人才的开发和利用。

培育秘鲁铁矿的企业文化，在坚持“诚信，务实，开拓，创新”的企业精神基础上。要秉承“积极进取、认真负责、实事求是”的行为准则。

从事企业经营管理，时刻都充满竞争，凭过去的经验不可靠，消极等待没出路。唯有以积极进取的思想面对一切困难和挑战，才能发现机遇，捕捉机遇。唯有以积极进取的思想面对现实，才能在逆境中崛起，绝处逢生；才能在顺境中发展，从优秀走向卓越。

任何机遇只能提供成功的机会和可能，唯有认真负责的态度，脚踏实地去干，才能抓住机遇，使成功变成现实，才能实现经营目标，企业从优秀走向卓越的彼岸。

现实是复杂的，市场是多变的。仅凭积极进取的思想和认真负责的态度还不足以战胜竞争对手。面对复杂多变的环境、市场，必须养成实事求是的作风，一切从实际出发，不盲目照搬过去的经验，不局限于已有的条条框框。否则，会陷入经验主义的牢笼，掉进教条主义的陷阱，被理论权威、领导权威所禁锢。唯有养成实事求是的作风，客观地面对现实，以实践是检验真理唯一标准的哲学思想指导工作，一切从实际出发，不浮夸，不臆造，才能准确、全面把握企业经营的实际，才能了解员工的真实想法，才能发现经营管理中的问题。实事求是作风是中国革命成功的宝贵经验，是毛泽东思想的精髓。

经营企业，无论顺逆，都要养成实事求是的作风，以积极进取的思想思考未来，开拓市场，拓展业务；以认真负责的态度对待工作和客户，脚踏实地，为企业生产优质产品；真诚热情，为顾客提供优质服务。坚持“诚信、务实、开拓、进取”的企业精神，提倡实事求是的作风，树立积极进取的思想，秉承认真负责的态度，培育秘鲁铁矿的企业文化。

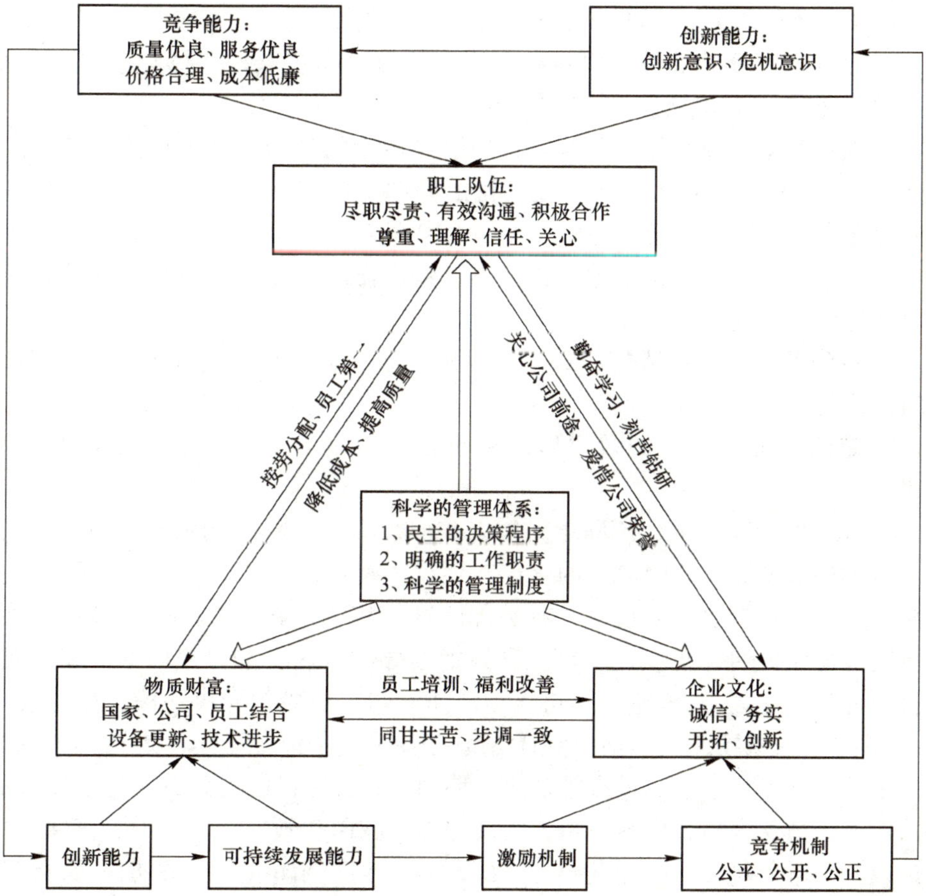

经营理念示意图

境外企业如何开好会

1999 年 10 月 9 日

现代社会的会议越来越频繁，但会议的成功率并不高。对企业来说，会议是必不可少的，如果组织不好，不但达不到预期效果，还会造成人力、物力的浪费。尤其是中外员工一起参加的会议，由于语言翻译的环节准备不好，事倍功半，效果欠佳。领导随意讲话，翻译随便翻译，既表达不准确意思，也翻译不准确内容。会上人人忙乎，会下人人茫然。听会者不知所云，落实者不知所以。

作为企业的经营者，对会议成功应该引起高度重视，并能汲取别人的教训。会议尽可能少，每次会议尽可能短，会议要解决问题。如何才能实现上述目的呢？根据自己的体会，成功的会议应具备以下几点：

1. 会前有充分的准备。明确会议研究的内容和重点，选择合适的人参加会议，确定合理的规模，让每个与会者事前都有所准备。

2. 会中巧妙安排讨论的进程。正面引导讨论的导向，突出重点，广开言路，各抒己见，兼听各方面的意见，使讨论的问题能够深入，切中要害，直奔主题，不停留在表面上泛泛而谈。

3. 会议要形成明确的结论。作为下一步工作的指导方针或解决问题的依据，会议结论突出重点，有针对性。

4. 认真落实会议形成的决议。抓进度检查，做好效果评价和信息反馈，及时纠正偏差。

5. 定期对过去会议的效果做出评价，不断改进开会的形式、内容和研讨方式。

6. 作为会议主持人，不断更新知识，不断积累经验。谦虚谨慎，博采众长。

就中秘双方员工共同参加的会议，还需要做好以下工作：（1）领导会前以中西文方式下发会议主要议题，有关部门准备相应资料。（2）会上领导讲话内容事前准备成提纲式文字。（3）让翻译把领导讲话内容翻译成西语。表述准确，语言简练。（4）会上领导讲一句，翻译译一句。切忌领导讲一段，然后翻译再译。（5）切忌领导即兴讲话，翻译凭记忆翻译。翻译记不全，表达不准确，理解有偏差，要点抓不住，重点难落实。特别是布置工作的会议，领导要充分准备讲话内容，精益求精，内容清晰，用词准确。翻译和领导充分沟通，读懂、理解讲话内容，避免歧义。在此基础上，认真准备西文翻译稿。形成初稿后再请教当地员工从文字上把关，表达规范化，纠正语法错误，语言流畅，文字简练，用词准确，表述精确。防止出现歧义，准确理解具体要求。

服务精神是企业发展的内在动力

1999 年 10 月 28 日

这次参观 CLEVELAND CLIFFS 公司，在 MINEAPOLIS 入住 MARRIOTT 宾馆。房间的抽屉里有一本介绍公司经营之道的书——服务精神。静心阅读，眼前豁然一亮。MARRIPOTT 的成长性如此好，秘诀就在这本服务精神。书中写道："对一个国家的真正检验就是看这个国家培养出什么样的国民，对一个公司的真正检验就是看培养出什么样的经理。"

由此可见，服务精神不局限于国家、民族和信仰。东方提倡为人民服务精神，西方培育服务意识，MARRIOTT 把服务精神送到床边。服务精神不局限于行业，服务业提倡优质服务，工业企业需要优质服务。

作为经营者，以身作则塑造良好服务文化是义不容辞的责任，要率先垂范。西方公司不仅注重培养具有良好服务精神的经理，更注重培养具有服务意识的员工，以塑造良好的公司形象。一名称职的经理，以自己的言行影响员工的行为，秉承公司的价值观、行为准则、服务意识和作风，规范员工行为，潜移默化地塑造公司的服务文化，酝酿、培育良好的服务精神。一名优秀的经理，在不断完善自己的人格，陶冶情操，磨炼性格，丰富经验，积累知识，提高亲和力，增强应变力。

唯有此，经理在公众心日中的威信才会提高，员工的凝聚力才会增强。在经理人格魅力的感染下，会产生千千万万模仿经理人的后起之秀。久而久之，就会把经理倡导的价值观、行为准则、服务规范和作风在员工中发扬光大——形成独特的企业文化，具有良好的服务精神。

形成自己的企业文化，培养独特的企业精神，身体力行推广，是一名合格经理人认真思考的课题、持续实践的任务。实践的态度不同，取得的效果也不同。因此，企业要想生存和发展，必须从改善服务、提高服务质量入手。借鉴别人的先进经验，弥补自己的不足，在实践中提升管理水平。关心别人、为别人提供方便的本质就是服务别人，发展自己。道理浅显易懂，说易行难。服务精神是企业发展的内在动力。

知耻而后勇，知不足而后精进。当你觉得自己的工作还有不完善之处、需要改进时，说明还有向前发展的动力。当你自以为工作不错了，就会产生自满情绪，服务意识就会淡化。当你对给别人提供服务觉得单调或不耐烦时，你就走向故步自封了，向前发展的动力枯竭了。

保持旺盛的服务意识，仍需吾日三省吾身。为人谋而不忠乎？与客户交而不信乎？待员工真诚乎？经常检查自己的工作，随时反思不足，自觉改进服务，努力为别人创造方便，路就会越走越宽。相反，如果只注重赚钱，忽视对客户服务时，就会走上畸形发展的道路，路越走越窄，终将陷入困境。种瓜得瓜，种豆得豆。种下服务，收获真诚。优质服务，魅力无穷。战胜对手，征服员工。造福股东，成就员工。

关于秘鲁铁矿战略管理的思考

2000 年 2 月 16 日

企业在激烈的市场竞争中生存、发展，并立于不败之地，必须实现有效的管理。企业经营战略的策划、制定、实施，直接决定着企业发展的动力，关系到企业的成败。实现企业的有效管理，战略管理是高层领导不可忽视的主要任务。

有效的战略和战略管理应包含以下内容：（1）增加价值；（2）核心竞争力；（3）战略能力；（4）战略结构（内部和外部联系）；（5）协同作用。从管理控制系统的角度考虑以上内容，不能孤立地分析。从任务控制入手，从单元抓起。战略管理通过管理控制、组织结构、人力资源和企业文化来实现。

战略规划是决定战略的过程。它决定组织的目标和实现目标的战略过程。战略的提出立足于企业自身条件。落实战略过程，必须依赖管理控制的有效运行。管理控制的全面推进和健康运转建立在各项任务的有效控制上。对任务的有效控制是保证任务能有效完成。对管理的有效控制，确保组织系统内部有效运转、功能正常发挥、战略目标合理推进。这是战略管理的高级阶段，必须抓住企业、竞争和功能三个方面，系统思考，整体策划，协调运行。

通过有效的战略管理，使企业能够在多变的环境中成功地制定和保持战略的适应性，企业领导能够增强战略意识、重视战略制定和实施。21 世纪的企业经营者，既要抓日常生产经营管理，更要抓战略管理，二者统筹考虑。

就秘鲁铁矿而言，战略管理工作重点抓好以下几方面：

1. 经营战略定位。**产品升级，品种多样，长期客户，长期合同。股权多元，股本结构调整，降低自有股份比例。生产、开发有计划推进，改造、更新分步骤实施。**实现以上战略定位，产品升级、品种多样、长期客户、长期合同是基础。这必须建立在有效的管理控制和任务控制之上。股权多元化、降低自有股份比例额是根本保证。这完全取决于我们的合作态度、合作诚意和合作方式，互惠互利是基础、发展壮大是目标。生产开发有计划推进、改造更新有步骤实施是走出困境的动力。切忌好高骛远，防止悲观失望。

2. 管理战略定位。优化组织机构，提高工作效率。简化管理环节，强化基础管理，适当放权，必要监控。明确岗位职责，严格考核业绩，奖惩严明，公平公正。完善决策程序，健全管理制度，减少失误，堵住漏洞。

3. 任务控制定位。全面实行目标管理。（1）生产保证低成本、高质量。（2）销售保证及时回收货款。（3）财务保证债务合理、资金到位。（4）人事保证人尽其才、有效合作。（5）科研保证进度、结果、效果。

以上三项是管理控制系统的三个层次，由低级到高级互为调条件，互相促进。作为经营者要统筹考虑，全面推进。落实资源，保障供给。优化流程，激发活力。运筹于帷幄之中，决胜于千里之外。

管理与管理统御

2000 年 7 月 20 日

现代企业管理理论和实践使更多的企业管理者体会到，在以人为中心的管理成为主流的新形势下，管理统御和管理之间的差别也日益明显。培养管理统御能力已成为大部分管理者的必修课。

管理意味着“控制、安排、处理和限制”，在科学管理的初级阶段，这是规范行为、理顺关系所必需的，也发挥过积极的作用，功不可没。但是，随着行为科学理论引入管理领域，以人为中心的管理日渐盛行。这就是管理统御的雏形。管理统御表示“解放、建立、发动、授权”，其中最重要的是培养。

管理者希望员工对他有信心，管理统御者则鼓励员工对自己有信心。管理强调“要我干”，管理统御强调“我要干”。

由此可见，从一个传统的管理者成长为一个管理统御者，一方面要实现角色定位的转变，另一方面要培养自己的人格魅力，提高自己在员工中的威信，使和他在一起工作的人感觉良好。一个士气高涨的人才能充满活力，团结向上，忘我工作，面对逆境泰然处之。作为管理者，应该知道提高员工的士气比自己勤奋工作更重要。这完全符合毛泽东思想的精髓，即充分调动广大群众的积极性和创造性，发挥他们的聪明才智。这正是中国革命胜利的经验。再次证明毛泽东思想体系是一个巨大的管理智慧宝库。

管理统御的实质是坚持系统论观点，统筹考虑，系统运行。因此，管理统御的起码要求就是团队协作。因为无论多么完善的制度和方案，如果在一起工作的人员不能服从统一指挥，各自为政，很难达到预期的效果。

团队协作的首要条件是有效沟通。人与人之间的有效沟通会减少失误，凝结智慧，加强了解，增进友谊，增强团队的战斗力和竞争能力。有效沟通既有组织的优化，但更多的是人与人之间的友好交流，坦诚相待。否则，即使有沟通的形式，也不会产生良好的效果，只会出现认认真真的扯皮。

团队协作的好坏直接关系到企业的前途和命运。领导自身的素质、能力对团队协作有极其重要的影响。领导以身作则是实现团队协作的关键。领导豁达宽容的气度会增强员工的凝聚力。领导百折不挠的精神会激发员工的创造性。

明确的岗位职责和科学的管理制度为团队协作提供有力的保证。岗位职责和团队协作互为表里，互相补充完善。没有明确的岗位职责，单纯的所谓协作也不会到达理想的彼岸，充其量只是一个快乐俱乐部。因此，企业明确的战略目标是管理统御和团队协作的领航灯，没有它，企业就会迷失航向，甚至会陷入漩涡之中。

决策与用人的思考

2000 年 7 月 31 日

作为经营者，主要任务是决策与用人。实现决策目标，增强企业竞争力的关键还是用人。因此，经营者的首要任务是知人善任。知人先知己。知人难，知己更难。古往今来，凡成就大业者，在知人、用人上都有独到之处，但是，很少有人介绍自己的诀窍。作为经营者，既要知人，更要知己，以有效统御管理企业。知人知己，融会贯通，因势利导，争取主动。

就知人而言，诸葛亮的精辟论述值得借鉴："夫知人难，莫难察焉。美恶既殊，情貌不一。有温良而为诈者，有外恭而内欺者，有外勇而内怯者，有尽力而不忠者。然知人之道有七焉：一曰，间之以是非而观其志；二曰，穷之以辞而观其变；三曰，咨之以计谋而观其识；四曰，苦之以祸难而观其勇；五曰，醉之以酒而观其性；六曰，临之以利而观其廉；七曰，期之以事而观其信。"

就知己而言，一要知能力，即（1）统御能力；（2）应变能力；（3）协调能力；（4）语言表达能力；（5）技术能力；（6）创新能力。二要知不足，即（1）遇事动怒；（2）遇财动心；（3）遇色动情；（4）管理失控；（5）承诺失信；（6）酒后失态。三要知潜力，即（1）毅力；（2）记忆力；（3）亲和力；（4）体力。知己要做到培养能力，弥补不足，挖掘潜力。知人难，学无止境。知己难，循序渐进。知己知彼，百战百胜。

就决策而言，不但要有对信息的敏锐性，对风险的理智性，还要有敢于决策的果断性。无论何时，任何决策都有一定的风险。因此，控制风险是决策前认真考虑的首要任务。作为经营者，用人和决策不可分，领导的决策水平、风险控制能力从不同程度反映了领导的管理统御能力。

企业是以经济效益为中心的市场主体。利用自有的资源，为社会创造财富，提供服务。如果对市场的定位不准，决策失误，就会坐失良机。因此，对企业面临的基本风险应有起码的知识和必要的防范措施。首先，是经营风险。它是由于企业经营情况的不确定性引起盈利能力的变化，造成投资收益的变动。影响经营风险的主要因素有：（1）需求变化；（2）售价变化；（3）投入成本变化；（4）固定成本变化；（5）当投入成本变化时，企业调整产品价格的能力。经营风险的控制能力取决于对市场走势的判断，对竞争对手的了解，对自身营销能力的判断，对市场营销机会的把握。其次，是财务风险。它是企业负债融资而引起的企业盈余变动。控制财务风险取决于企业财务管理水平高低，取决于对不同资金结构的均衡和有机结合，也取决于对国际金融市场的了解，对其走势的判断等。第三，是市场风险。它是由一些不可控制因素引起的投资收益不确定的风险。诸如，经济衰退，通货膨胀，以及汇率、利率变动等，使投资者可能遭受的投资损失。控制市场风险取决于企业的信息渠道是否畅通，决策是否及时果断。控制市场风险的关键就在于快半拍的行动。通过及时的行动，转移、化解风险。

商场犹如战场，知己知彼，百战百胜。随着经济全球化、市场一体化的推进和知识经济的兴起，信息的作用日益凸显。作为经营者，提高决策水平和降低经营风险是关系企业成败的核心问题。唯有知人善任，及时占有准确的信息，果断决策，才能知己知彼，提高决策水平；才能掌握主动，降低经营风险；才能防患于未然，有效控制风险。因此，建立畅通的信息渠道，形成有效的信息反馈机制，完善决策程序，全面控制风险是企业的当务之急。提高领导知识素养、管理能力和对市场的敏锐性是控制风险的关键。良好的企业文化、领导的道德情操是提高决策水平、有效控制风险的内生动力。

关于企业谋略的思考

2000 年 10 月 2 日

面对秘鲁铁矿的处境，想到孙子兵法的“变胜”。《孙子兵法·谋攻篇》中说：“知己知彼者，百战不殆”。在《孙子兵法·地形篇》中强调：“知彼知己，胜乃不殆，知天知地，胜乃不穷”。

一个有 47 年生产经营历史的老企业，想变胜，首先，是知变，明确变什么？其次，是善变。因势利导，抓住时机而变，不错失良机。第三，是速度，就是变革要快，一旦决定，果断执行，不拖泥带水。

所谓变，不墨守成规，一切从实际出发。变不是心血来潮，一时冲动；而是审时度势，果断决策。变不是为变而变，哗众取宠；变是为了争取主动，顺应潮流。变是前进、探索，因势利导。这符合唯物辩证法的发展变化基本原则。秘鲁铁矿的变，一定要立足现实，着眼未来。统筹考虑，循序渐进。切忌操之过急，防止半途而废。一旦实施，一鼓作气，凝心聚力，不达目标不罢休。

《孙子兵法．势篇》中说："凡战者，以正合，以奇胜。故善出奇者，无穷如天地，不竭如江河"。今天的商业竞争也有奇正之术的巧妙应用与推陈出新。"奇正相生，德智相融，治乱相宜，破立相协"。在激烈的商业竞争中，奇以正为基础，没有正的基础，奇就是空中楼阁。就企业而言，正就是管理规范化，经营决策制度化。奇是应对时势的经营谋略。奇正相生的基础是完善的管理、良好的生产组织，先进的工艺技术、优良的产品、优质服务等。奇在扬长补短、出奇制胜上独树一帜。没有完善的管理和竞争能力，奇不会产生奇效，更不会产生奇迹。一厢情愿、闭门造车的"奇"，只能是无源之水，无本之木，最后昙花一现。

市场变幻莫测，但企业的核心竞争力是相对稳定的。积累并加强核心竞争力是正的坚实基础。建立在核心竞争力基础上的奇才能适应变幻莫测的市场，以此为基础的营销策略才是奇的巧妙应用，才会产生奇效，才能创造奇迹。

奇的妙用会促进正的基础扩大、实力增强，才能捕捉到稍纵即逝的机遇，在激烈的竞争中把握先机，增强竞争能力和实力。正以奇为催化剂，奇以正为动力。巧用奇术，扩大正果。

奇正二字相辅相成，但根本还是增强正的基础，扩大正的优势，巩固正的成果。以正为基础，巧用奇术要抓住关键。首先，攻其无备，出其不意；其次，避实而击虚；第三，以迂为直，以退为进，不战而屈人之兵是也。攻其无备、出其不意的根本保证是知己知彼。重点是知其所长，攻其所短；避其锋芒，击其虚弱。以迂为直、以退为进是具体策略。三者不可分割，构成策略的统一整体。

企业如何在经营上做到出其不意攻其不备呢？（1）经营决策出奇招，打破常规，逆向思维。（2）经营目标出奇点，在正常的市场目标之外，寻找未开发的处女地，填补空白。（3）产品创新出奇葩，以满足用户特殊需要为出发点，以方便客户、提供优质服务为努力方向，不断推出新产品。（4）分销渠道出奇道，打破常规方式，探索新的途径。（5）促销策略出奇思，不墨守成规，不随大流。以上的奇招能否奏效，关键在于正的基础、正的实力。没有正的强大后盾，再奇的营销策略也不会扩大正果。秦池酒的销声匿迹就是最好的见证。

作为经营者，既要培养奇思，形成妙想，更要脚踏实地，加强正的基本功，增强正的竞争力，培育正的凝聚力。不哗众取宠，不急功近利，不做表面文章。

企业经营战略之基础

2001 年 3 月 5 日

企业由三个相互关联的利益群体组成：股东（业主）、客户、员工。各个群体都有自己的期望。客户追求的是满足其需要的、物有所值的产品或服务，股东（业主）关心的是投资回报，员工关心的是合理的报酬。这是三个基础因素。

作为经营者，其战略定位应该建立在充分考虑以上三个群体合理期望之上。通过为客户提供优质服务、扩大市场份额、增加销售（收入、利润）、满足员工对报酬、股东对回报的合理期望。同时，通过扩大市场份额的资金积累不断拓展业务，增强竞争能力和抗风险能力，吸引更多的股东加盟、留住并吸引优秀员工，以增强企业的实力、扩大企业规模、提升企业的社会地位，企业在社会生活中扮演更重要的角色。通过企业的自身发展，回馈社会、股东、员工，逐渐形成优秀的企业文化，树立良好的企业形象，使企业的无形资产不断增值。

作为经营者，义不容辞的责任是实现上述三者的平衡、保证企业的健康发展。因此，首先，明白企业的宗旨是什么？围绕企业宗旨，脚踏实地开展工作，从点滴小事做起、点滴盈余抓起，不好高骛远。其次，有明确的奋斗目标和努力方向，集中志同道合者共同工作，不为暂时的困难所吓倒。第三，熟悉了解竞争对手，知己知彼，避其锋芒，发挥自身优势，敢于公平竞争，坦然面对失败。诚信务实，凭实力竞争，战胜对手。

作为经营者，除了考虑股东、客户和员工这三个因素外，还需考虑环境、市场和竞争对手三个外部因素。外部环境对企业的生产经营有直接的影响。对跨国经营者而言，政治环境、法律环境和金融环境是首要考虑的内容。在政治动荡、司法腐败、金融不稳的国家经营企业，投资风险大，防范风险难度大。其次，市场是企业确定战略的关键因素。根据对未来市场的预测、走势分析，确定企业的产品结构、产品性能，实现合理的市场份额和利润目标。根据对市场价格走势的判断，做出合理的价格组合战略，抢占市场先机。再次，了解竞争对手，有针对性地避实就虚，扬长补短，避开短兵相接，有的放矢，不战而屈人之兵。这是企业的上策。了解竞争对手的发展战略、优势产品、主要客户、主要领导，研究其薄弱环节，寻找攻击的突破口。

作为经营者，战略定位要知己知彼。知己就是了解股东、客户和员工的真实需求，知彼就是了解外部环境、市场、竞争对手。二者有机结合，企业的运营以满足顾客需求、适应外部环境、顺应市场走势为目标，就能战胜竞争对手，满足股东和员工的合理期望值。

然而，把客户、股东和员工的需求协调好不易，再统筹考虑外部环境、市场走势和竞争对手就更难了。因此，作为经营者，要未雨而绸缪，勿临渴而掘井。市场变幻莫测，对手琢磨不透。避免在竞争中走弯路。（1）凡事要比别人看得稍微远一点，基础打得稍微扎实一点。善于分析市场，总结过去，把握现在。预测未来，建立在科学的分析之上，找出事物发展的内在规律。顺应规律办事，依靠科学指路。（2）办事不要急功近利。为人厚道，办事公道。要有大局观，不能只盯一目棋，只顾一口气。权衡利弊，不能贪小利。（3）凡事明白是什么？为什么？不但要清楚表面差异，还应探究内在联系。透过现象看本质，拨开迷雾见真容。趋利避害，抑恶扬善。（4）不图一时之快而放任无度，不为一己之私而为所欲为。切记，物极必反，乐极生悲。市场竞争，理性宽容。得意时，势不可用尽，功不可独享。失意时，不能堕落，防止沉沦。

员工的素质决定了企业的竞争力。领导的素质决定了团队的战斗力。高素质的领导，能够运筹于帷幄之中，决胜于千里之外。提高员工队伍素质是有效执行战略的根本保证。作为员工，应该肩负起自己的历史使命。工作任劳任怨，比别人多付出一点。办事脚踏实地，比别人勤奋一点。学习刻苦认真，比别人谦虚一点。生活艰苦朴素，比别人勤俭一点。作为自然人，同自然和谐共存，比别人宽容一点；和同事友好相处，比别人忍让一点。

天道酬勤，勤能补拙。无论外界环境多复杂，只要笨鸟先飞，踏实做事，就能应对自如。无论竞争多激烈，只要诚信经营，本分做人，就能化险为夷。做事不能走捷径，做人不能恃聪明。牢记股东利益，熟知客户关切，关注员工诉求，熟悉外部环境，把握市场走势，了解竞争对手。唯有此，战略基础才坚实，经营策略才主动。

作为经营者，要统筹考虑股东、客户和员工的利益，要认真分析环境、市场和竞争对手。把二者有机结合则需要完善的信息反馈、分析、加工系统，为决策提供及时、准确的信息。一旦形成决策，就需要称职的人去完成。因此，作为经营者，除自己要脚踏实地，诚信经营外，要有效利用信息，为正确决策、科学用人提供科学依据。

随着经济全球化，市场一体化进程的加快，信息产出的速度也加快。眼花缭乱的信息有时难辨真伪。因此，建立一套科学的信息管理系统是正确决策的根本保证。及时阅读有关资讯，和外界保持广泛接触，是获取有用信息的必要补充。加强内部沟通，深入实际调研，是了解内部真实信息的有效途径。

科学的决策程序是防止决策失误的制度保证。地位越高，承担的决策风险越大，越要严格遵循科学的决策程序，克服独裁、专断带来的负面影响。把正确决策变成预期结果，需要人尽其才。合理用人是实现正确决策的根本保证。用人持开放态度，不拘一格用人才，用其所长，量才录用，择优而用，消除门户之见。

开阔视野、科学决策、合理用人是经营者应具备的起码素质。

核心竞争力战略初探

2001 年 6 月 4 日

《核心能力战略——以核心竞争力为基础的战略》一书把传统管理文献中的

类似术语“实力、技能、竞争力、能力、组织知识、无形资产”概括为核心竞争力（Core Competence）。

核心竞争力是企业拥有的特有资源和能力，竞争对手很难模仿。企业把这种特有资源和市场机会相匹配，就形成了自身的竞争优势。核心竞争力除对手难以模仿外，它具有价值和稀缺性特点。它含有企业特有的资产、知识、信息、能力、特点和组织程序、具体反映在财务、人事、组织和生产过程。

不同企业拥有不同的竞争力，对竞争力管理利用好的企业在竞争中能够占据主动，并有意识地培养、开发竞争力，使其在竞争中的优势更加明显，为企业带来更大的收益。

企业管理者要使其核心竞争力资本化，需要对其鉴别，对如何开发、利用、扩展这种资源进行决策。利用企业特有资源制定公司的核心竞争力战略的过程，是一个学习的过程。这个过程包括知识获得、知识共享和知识运用三个阶段。不同阶段相互促进。

根据竞争力有价值、稀缺和难以模仿的三个特征，鉴别本企业竞争力是管理竞争力的起点。在鉴别竞争力的过程中，还应该全面揭示本企业的弱点和不足，分析外部环境的有利因素和风险。利用外部环境的有利因素，发挥企业竞争力优势，回避企业自身的弱点和外部风险。这是有效利用竞争力的根本。有目的地培养竞争力，协调不同竞争力之间的关系，实现优势互补，加强企业的总体竞争力是开发竞争力的主导思想。

不管是鉴别竞争力，还是利用竞争力和培养竞争力，都是全体员工的共同任务，不只是总经理和规划部门的事情。因此，在企业内部开展群众性的学习活动是增强企业竞争力的基础。通过学习获取新知识，掌握新技能。企业内部员工之间实现知识共享是形成竞争力的关键。有效运用共同掌握的知识，以形成企业的竞争优势。

核心竞争力战略的形成实际是统筹考虑外部因素和内部条件的有机结合。在开发环境机会、抵御环境威胁时，运用其内部实力避开内部弱点，以获得竞争优势。抓住机遇、抵御风险、运用实力、避开弱点是运用核心竞争力的关键。即SWOT 分析法（STRENGTHS，WEAKNESSES，OPPORTUNITIES，THREATS）。

核心竞争力是一种潜在的生产力。需要企业领导有计划、有组织地系统开发。在开发过程中要因地制宜，从实际出发，不能千篇一律。要充分考虑企业文化的约束、不同行业的特点，应该遵循商业规则。

竞争力的鉴别源于学习。竞争力的培养和利用也离不开学习。把企业看作一个学习的试验工厂，对内部知识进行加工、创新和实验；对外部信息进行整理、筛选，在现存的生态环境中以有效的措施解决问题。在现有条件下，优化组织结构，完善工艺过程，激发全体员工的工作热情和创造性，为每个人提供施展才华的舞台是保持竞争力经久不衰的动力源泉。

培养竞争力遵循共同的系统观:(1) 找出现有程序需要解决的各种问题。(2) 确立一种平等的价值观。(3) 增强激励机制，被授权的个人在组织中将受到充分的尊重。他们有主人翁精神，自信、自由，并有不断解决问题的强烈动机。

找出了需要解决的各种问题，就必须通过收集信息、整合知识，找出解决问题的有效途径。为此，应遵循以下原则:(1) 提倡内部知识整合。(2) 奉行知识共享的价值观。(3) 通过教育和培训实现上述目的。

在收集信息和整合知识的基础上，提出解决问题的措施。挑战现状。遵循以下工作思路:(1) 进行不断的革新和实验。(2) 提倡勇于冒险的价值观。(3) 有针对性地建立聘用人员程序，确保员工队伍的创造性经久不衰。

树立博采众长的价值观，有效整合外部知识，容忍并接受外部知识，为实现和外部知识共享建立完善的渠道，制定相应的制度保障。

企业发展的关键就在于如何利用环境机会，增强自己的实力，克服自己的弱点，抵御环境的威胁，显示企业实力的价值。促进知识的获得、共享和有效运用，培育竞争力，扩散竞争力，整合竞争力，发挥竞争力，更新竞争力。这是一个永不间断的过程，是一个从实践到认识、再从认识到实践的循环往复、以致无穷的过程。管理者是维持这个过程正常运行的动力源泉和操作者。

《核心能力战略——以核心竞争力为基础的战略》一书谈的是企业核心竞争力。其实，对每位员工有具体的指导意义。把自己置身于人才竞争的大环境中，同样有捕捉环境机会、抵御环境风险的问题，发挥自己的长处，弥补自己的不足。以唯物辩证法的观点分析个体的核心竞争力，就会走出“死生有命、富贵在天”的误区，就能发现不同个体有不同命运的真谛，就能摆脱生不逢时、命运不佳的自卑意识。

个人要在千变万化的社会中生存下来，首先，要学会利用环境提供的机会，避开环境可能带来的威胁。这就要求个人要分析环境、了解环境、适应环境、利用环境。其次，要分析自己的实力、能力、优点，扬长补短，避实就虚，避开山穷水尽的命运，迎来柳暗花明的美景。个人要在激烈的竞争中生活的得比别人好，工作有进步，事业有发展，不能只凭侥幸走捷径，要充分利用外部环境可能提供的一切机会。古语云：识时务者为俊杰。一语道破天机，把握事物的内在联系，可以遇难成祥、逢凶化吉。这是避开外部环境威胁的典型，也是利用外部机会、发挥自身优势的最高境界。

作为企业经营者，不但要培育企业的核心竞争力，而且，要构建学习型组织，培育员工的核心竞争力。把员工的职业生涯规划和企业的发展战略有机结合，在提升员工核心竞争力的基础上构建企业的核心竞争力。企业员工核心竞争力培育得越成功，构建企业核心竞争力就越有优势，在利用外部机会、避开环境威胁方面就越主动。

企业的核心竞争力战略，立足于员工核心竞争力的培养、提升，着眼于企业内部资源的有效整合、优势互补，在知己知彼的基础上，运筹于帷幄之中。唯有此，才能决胜于千里之外。这是企业经营者的神圣使命。

从核心竞争力战略出发，秘鲁铁矿首要任务是培养称职的员工，能够尽职尽责。在此基础上不断提高整个队伍的工作能力和竞争实力。主要途径是构建学习型组织，通过“学习知识、共享知识、运用知识”的途径，发掘员工的潜力，发现潜在的竞争力。在此基础上，有针对性地培养竞争力，开发竞争力，整合竞争力；从整体上提高全员素质，使不称职者称职，鼓励尽职者，淘汰渎职者。这是一项艰苦细致而漫长的工作，不能操之过急。

加强修炼，走出误区

2001 年 9 月 28 日

今天阅读《第五项修炼》前三章，深受启发。该书提出的五项修炼，其哲学基础是系统论思想。他用系统论的观点考察企业和社会，分析不同企业的成败，总结出五项基本法则：系统思考、自我超越、改变心智模式、建立共同愿景、团队学习。

这五项基本原则是一个有机整体。系统思考是关键，如果缺少系统思考，我们的愿景将止于对未来不着边际的描述，对如何整合运用相关力量缺乏深刻理解；系统思考也需“建立共同愿景、改变心智模式、团队学习和自我超越”发挥其潜能。建立共同愿景，是培养成员对团队的长期承诺；改善心智模式专注于以开放的方式，找出我们认知方面的缺失；团队学习是发展团体的力量，使团体力量超过个人力量的总和。自我超越则是不断完善自己的一面镜子。

研究企业应该把企业放在系统中从五个方面分析，找出个体和团体之间的内在联系，把个体的愿景和团队的发展愿景有机结合起来，寻求增强团队实现共同愿景的途径，带领团队共同学习，共同前进，不达目标誓不罢休！

由于受传统思维的影响，对照五项修炼的内容，我们很难自觉地做到全部五项修炼；相反，很容易自觉不自觉地陷入以下误区：

（1）局限思考。人们往往只专注于自身职务范围，不会对所有职务互动产生的结果有责任感。（2）有问题时归罪于他人。人们往往不限于指责组织内的同仁，还会埋怨外部环境。（3）缺乏主动思考的积极性，有时会冲动，陷入复杂事件的陷阱中。（4）专注于个别事件，忽略渐进性变化带来的影响。（5）误入陷阱而不觉。(6) 凭经验办事导致的失败。(7) 团队内部不协调引起的内耗。所有这些问题，有个人原因，也有组织的原因；有时是二者交织在一起，导致恶性循环，以堂而皇之的理由在扯皮，在断送一个有机体的前途和生命力。比如，企业的管理团队把时间花在争权夺利上，或者想方设法避免任何使自己失去颜面的事情发生；同时，佯装每个人都在为团队的共同目标而努力，以维持一个组织团结和谐的外貌。这实在是令人啼笑皆非的事情，但确实时有发生。

作为管理者，我们应该以冷静、审慎的态度找出工作环境中潜在的危险因素和司空见惯的障碍性因素。以敏锐和机智的眼光探求其真正的危害，以严谨、务实的态度寻求解决问题的对策，以果断、负责的态度采取行动，并最终达到理想境界。这是成熟管理者应该掌握的基本技能。

要学会以系统的观点看待现实世界中任何因果关系构成的系统，准确把握全局。然而，现实生活中的任何事件并不存在简单的、一目了然的因果关系，不同的系统有不同的因果关系。一种是增强型反馈，会产生强烈的震荡效应，一种是调节性反馈，还有一种是存在时间延滞。鉴于此，对任何事情都不能孤立地看，应仔细解剖其因果之间的互动类型，有针对性地采取措施，因势利导。

然而，真正吃透因果关系、纵观全局、掌握重点并非易事；既需要管理者具备渊博的理论基础和丰富的管理经验，又需要管理者能保持清醒的头脑，能够抵御急功近利思想的诱惑和投机心理的驱使，始终坚持高标准的服务质量，不断增加服务内容，不断增强服务意识，在改进完善服务中找到经济增长点——系统的杠杆点；还需要以发展的观点去完善现行的结构体系，逐步剔除限制性因素。最关键的是培养所有员工能认真学习系统思考的技巧，掌握系统思考问题的方法，在工作中实现知识共享，以形成企业的核心竞争力。

这应该成为每个人的努力方向，以谦虚的态度博采众长，以顽强的毅力战胜各种困难。这与传统管理有本质的区别。传统权威组织的信条是管理、组织与控制，而第五项修炼的信条是愿景、价值观和心智模式。

调整心智模式在第五项修炼中占有重要地位，既是改变自己传统思维方式的转折点，也是增进和别人沟通、交流的有效途径。人的思维方式和行为准则是形成心智模式的基础，改变已经形成的思维方式是一件很困难的事情。这需要摆脱传统习惯和过去工作经验的误导，需要以开放的思想面对社会，面对不同意见。

随着社会地位的提高，改变心智模式的难度加大，很容易陷入经验主义而刚愎自用。唯有以开阔的胸襟、开放的视野面对荣誉、地位和自尊，才可以逐渐调整我们的思维方式，化解人为的误解和矛盾，真正了解事情的真相，提高决策水平和应变能力。

对一个集体而言，通过领导调整心智模式来影响全体员工的思维方式，逐步使全体员工的心智模式也发生变化，使大家能在一起深度交流，达到有效沟通的目的，互相启发，共同提高。调整心智模式对充分发挥广大职工的聪明才智有着十分重要的作用。通过调整职工的心智模式，建立共同愿景，形成共同的价值观，为共同事业奋斗。这是管理者的神圣使命。加强修炼，走出误区。路漫漫其修远兮，吾将上下而求索。

组织变革的原则

2001 年 10 月 13 日

当前，最时髦的词是各种创新，有了问题别的路走不通了，就调整组织。这是典型的中国特色，可是，越调整，机构越多，官员越多；越调整，办事效率越低。问题究竟出在哪里？以我之见，组织变革应遵循基本原则，否则，组织变革会事与愿违，事倍功半。

1. 系统有效运转，防止撞车。经过调整的组织应该比调整前、比同类组织的工作效率高、运营效益高、工作氛围好。否则，就审慎变革，重新考虑方案。

2. 员工有机结合，避免内耗。从员工实际出发，量才录用，实现优势互补。员工之间实现有效沟通，积极合作。员工之间实现知识共享，共同进步。

3. 业务有序开展，警惕垄断。形成健全的业务操作、管理流程，适当放权，必要监控。严格的业务成本效益考核机制。严格的财务监督机制。

4. 管理有法可依，摆脱人治。健全决策程序，按程序决策；明确的岗位职责，按职责考核；科学的管理制度，用制度管人，按制度办事。

唯有坚持上述基本原则，组织变革有望成功。以系统观点审视组织的各个子系统，力求系统优化运行。在保证系统优化的前提下，完善内部子系统的运行、奖惩、约束机制，形成良好的反馈机制。对系统适时微调，进行自我完善，保持良好的运行状态。这是实现组织变革的根本目的。

培育领导力

2004 年 2 月 8 日

杰克。韦尔奇说过：“在这个竞争求生存的知识经济时代，要想获得成功，只有不断提升自己的能力，增强自身的综合素质，不断地提高自己的领导力。”

面对新的经济规则、变化了的市场环境和国际化的竞争，如何提升企业的经营管理水平，铸就核心竞争力，特别是提高 CEO 的领导力，在竞争中生存与发展，对中国的企业及经营管理者来说是一个十分严峻和永恒的课题。

领导力是一种能够激发团队成员热情与想象力的能力，也是能够与领导一起全力以赴实现企业成长目标的能力。同时，领导力也是领导者综合素质的体现，从情感上影响下属团结在自己周围的一种凝聚力。

领导力不是与生俱来的，是在领导实践和工作中慢慢培养起来的；领导力不是永恒不变的，是一个没有终点的发展过程，领导力不是个人智慧的全部，它是集个人智慧、群众创造力而形成的感染力、号召力和推动力。

有智慧的领导者从不为过去而满足，更不会沾沾自喜，而是虚心学习别人的经验，借鉴别人的长处，结合实际不断调整自己的工作方法，不断更新，充实自己的领导力，以适应新形势、新环境的要求。

领导力是一种借助他人完成工作任务的艺术。如果你想圆满完成工作任务，那么，必须对员工进行激励、启发和引导，必须虚心倾听他们的意见和建议，及时了解员工对自己的反映。要做到这一点，领导者就要放下架子，从发号施令的角色转换到执行命令的角色，体会下属在执行命令中遇到的问题，他们的想法和困难。只有设身处地了解下属，才会和下属形成共同语言，才能找出激励员工的有效措施。

让员工尽职是不够的，应该想办法让员工释放全部能量，要做到这一点，仅靠行政命令是不够的，必须让大家看到共同的愿景，为了实现这个目标而不遗余力。

激励员工除了改进完善制度和分配政策外，更重要的是要增强全体员工的凝聚力。通过领导自身的实际行动感染员工，用自己的理念引导、启发员工。

总而言之，领导力不是个人能力的叠加。一个领导班子的领导力应该是班子成员能力的有机结合。如果优势互补，集体能力会大于个人能力之和。否则，会互相抵消，甚至合力为零。领导班子能力的整合同样需要角色换位思考，不能以自我为中心。

正确处理领导个人和领导集体、领导和群众的关系，是提高领导力的基础，角色换位则是处理好各种关系的关键。克服个人英雄主义心态，树立全局观念，有利于领导力的形成和提高。

西澳的安全培训

2004 年 3 月 16 日

由西澳矿业资源部、承包商协会培训中心的官员对 HISMELT 第三期员工进行安全培训。西澳的安全培训时间为五天，考试合格，由政府培训中心发证书，证书有效期五年。在五年之内，凭此培训证书，可以到任何企业应聘。在证书到期前三个月，持证者提出申请，再培训一次，有效期再延长一次。

参加培训课程的第一天，几位管理者从不同角度阐述了公司的核心价值观，其中安全、环境、文化摆在突出位置。这和国内企业的安全培训有些不同。安全是零事故为目标。为了实现这个目标，有一套完整的安全管理制度。既有事前的交流、沟通，增强防范意识；又有事中监督检查，还有事后的总结、分析和改进措施。环境标准要达到ISO14001的标准，废气排放、废物处置都要达到具体标准。文化则是新经济时代的典型特色。首先，让全体员工认同的价值观，明确公司的目标，建立起有效的激励机制，给员工携手施展才华的舞台，重视员工间的交流，重视环境发展变化带来的影响，不断完善制度，使之适应变化。

这三点对中国企业来说，应该引起高度重视，并有切实可行的措施，保证制度落到实处。实现上述三方面的目标，企业的可持续发展就有了可靠的基础；否则，即使眼下有利润，时间长了就会出问题，受环境制约、安全事故的影响和职工队伍价值观的冲突而失去战斗力。

第二天的培训。首先，介绍了西澳的安全法律、法规、标准和细则。这四种不同级别、层次的规定，对企业和员工有不同的要求；若违反了有不同的处罚；如果企业违反了安全法律，将构成犯罪行为；如果违反了法规，企业会被处以罚款。其次，介绍安全生产注意事项。企业、劳动者、设计者和承包商应该分别承担的义务。这部分内容规定的很细。如：企业应该为劳动者提供信息、指令和培训，确保员工以正确的方式完成工作，不至于暴露在危险环境之中。第三，介绍了安全代表、安全委员会的产生和作用。第四，介绍现场安全程序及紧急情况的应对、处理措施等。第五，介绍职工健康安全的保护措施及使用要求：安全帽、工作鞋、手套、面罩、眼镜等。最后，组织考试，一天的课程内容多，考试多；每讲一部分考一次。下课时，小结培训内容。

第三天的安全培训课，从行为学观点阐述安全生产管理发展的三个阶段：第一阶段，靠监工抓安全，职工认为安全是监工的事。第二阶段，是员工自己重视安全，认为安全是自己的事。第三阶段，是团队共同抓安全，认为安全是大家的事，要互相关心，共同配合。

随后几天的安全培训，结合生产工艺特点，以动漫方式教学，结合现场的师生互动，讲师示范。有声有色，细致入微。这种安全培训真正入心入脑，值得我们借鉴。

平衡与愿景

2004年4月15日

今天，看到一则澳洲关于小企业的消息，澳洲政府对小企业经营给予特殊的政策，出发点是小企业帮组解决就业问题，维持社会稳定。显然，资本主义也不是什么都一刀切，还是具体问题具体分析。所出台的政策，采取的措施都围绕社会持续稳定发展的目标，考虑各方面的协调发展，做到平衡。

就个人的发展而言，也有平衡的问题，既要考虑工作，也要考虑家庭。既要和下属保持良好关系，也要和领导保持融洽关系。只有这样，才能营造出上下、内外和谐的环境，才有可能把事情做好，既满足企业的发展，又充分调动员工的积极性，为员工的成长创造条件。否则，既实现不了企业的目标，也激发不了员工的激情，工作处于两难境地；领导不满意，员工无激情。把企业的发展和员工个人成长有机结合起来，企业发展带动员工成长，员工进步增强企业活力。这就是中国古代中庸思想的巧妙运用。

不偏谓之中，不倚谓之庸。中庸就是平衡。掌握平衡技巧是一门学问，更是一门艺术。既需要有一定的知识、经验，又需要有一定的涵养、阅历。凡事要分清轻重缓急，保持平衡，不出现顾此失彼的现象。努力维持上下关系的平衡，不卑不亢，在平静、平淡中平衡前进。

在确立企业愿景时，要把握好平衡的关系。从大局出发，保证愿景能使各方面因素保持平衡，互相促进，共同发展，推动企业整体素质和经营管理水平的全面提升。一个良好的企业愿景，一定是平衡关系处理最好的发展蓝图。

企业的愿景激发员工的创造性，鼓舞员工朝共同目标前进。企业的愿景是企业发展目标和个人成长规划的有机结合。在企业的发展中员工成长进步；员工成长进步增强企业的发展后劲；彼此形成良性互动，互相促进，共同发展。如果不能把员工的职业生涯规划纳入企业的愿景规划，就无法调动员工的积极性和创造性，员工会在随波逐流中消磨时光，企业的愿景也会束之高阁而化为泡影。

管理企业，既要注重顶层设计，制定企业的愿景，更要关注员工的职业生涯通道。有了愿景，就能产生前进的动力；有了愿景，就能燃起生活的激情；有了愿景，人人感觉到自己的重要和价值；有了共同愿景，就能凝聚大家的共识；有了愿景，就能战胜前进中的一切困难。凝聚共识形成大家的愿景，坚定员工的信念，能激发员工的生活热情和工作激情，形成互相感染的企业文化，战胜前进中的困难。愿景是企业前进的蓝图，有了愿景，就会在平衡中矢志不渝，勇往直前。

执行力是企业成功的保证

2004 年 5 月 25 日

读了 Larry Bossidy 的《执行》一书，对执行有了深刻的认识。以前，把执行看作是完成任务的过程，没有从实施公司战略的高度去认识“执行”二字。读了《执行》以后，才发现大公司的兴衰都与公司的执行能力有密切关系，CEO的任务就是执行。不论中国企业，还是外国企业，凡是成功的企业都有很强的执行能力，反之亦然。

执行有丰富的内涵，不是我们平时想象的那么简单。它包含公司战略、人员流程和运营流程。制定公司战略时，不仅要提出战略，关键是考察公司执行战略的能力，考察战略是否符合公司的实际情况，考察战略的可操作性。同时，制定公司战略时要考虑完成战略的合适人选，每个人应该明确自己要执行什么？什么时间完成？完成任务的意义和影响力？

为了保证战略可执行，并取得预期效果，有一套科学的运营流程，流程的每一个环节都在执行自己的任务。执行是一门科学，更是一门艺术。执行是对现代科学管理的一个贡献，让人们真正明白使企业成功的是执行，而非空泛的理论和战略规划。

企业的成功取决于其执行能力，而企业的执行能力高低则取决于主要领导的执行能力。一个合格的执行领导，既不是高高在上的官僚，也不是事无巨细的微观管理者，而是深入了解企业现状、发展战略、职工队伍现状及实现战略的执行者。根据企业现状、外部环境条件提出可操作的发展战略，并把责任落实到人。领导及时跟进各项工作，及时发现问题，及时解决问题，确保各项工作按计划推进。具体说，执行领导者应该具备以下基本条件：（1）了解企业和员工，实事求是地评价企业和员工；据此，提出公司的发展战略。（2）坚持以事实为基础，从实际出发，量力而行。（3）确立明确的目标和实现目标的先后顺序。（4）跟进。及时把握各项工作的进度、各环节的衔接程度。（5）对执行者进行奖励，论功行赏；不能被夸夸其谈的理论家蒙蔽，重成果，重业绩。（6）提高员工能力和素质，就是提高其执行能力。（7）领导要了解自己的长处和不足，敢于解剖自己，发现不足，勇于改正错误，虚心向任何人学习。

企业没有执行力就没有竞争力，领导亦然。因此，一个成功的企业，既重视执行文化建设，更重视执行能力建设，二者不可偏废。一切以企业的经营业绩为标准来衡量。把执行文化上升为执行力，使企业的执行能力和竞争能力融为一体。

再好的战略，如果不付诸实施，也只能是方案、设想而已。企业要靠不折不扣的执行解决问题。执行不仅意味着服从、按计划进度推进，执行还要认真分析、解剖自己和企业实现战略的能力。如果企业因组织结构、文化等原因影响企业各项工作的顺利推进，有明显的内耗，那么，这个企业无竞争力可言。

企业应该做踏踏实实的工作。不应该追求时髦的管理名词，诸如核心竞争力新概念等，不做表面文章。其实，企业的核心竞争能力源于企业的执行能力，没有强有力的执行能力，何谈企业的核心竞争能力？当务之急，应该培养企业的执行能力。出色的执行能力源于强烈的执行意识。出色执行者的思想是开放的，能够以真诚的态度听取不同意见，认真分析执行方案的可操作性；不自以为是，先入为主。没有真诚的态度，难以赢得别人的信任。

执行者应该有清晰的自我意识。只有客观认识自我后，才能找出自己的优点和不足，才能对自己的行为负责，随着环境的变化调整自己的心态和行为。谦虚是执行者成功的根本。唯有谦虚，才能得到有用的信息，才能从自己的错误中学习。遇到问题要反思自己的不足，而不是找借口、片面强调客观原因。执行意识不是天生的，是慢慢培养的。要想成为一名良好的执行者，就应该加强自身修养，增强执行意识，坚定执行信念，遇事不左顾右盼。

企业的长盛不衰，不仅要有强有力的执行领导，而且，要使员工的执行意识上升为执行文化。如果员工不能把企业的战略方案、奋斗目标分解成自己的具体目标和要求，企业的战略方案是难以贯彻落实的。因此，在企业内部培育良好的执行文化是实现企业目标的保证。

执行文化的形成，要全面落实到人员、运营、战略的各个环节。人员的培养、引导、激励都要围绕企业的执行文化。制定发展战略、运营流程要围绕如何有效执行展开，明确要求、标准和奖惩关系。战略方案必须基于公司的人员、资本、运营流程。

执行文化培养执行尖兵。凡事皆以执行的协作效果、解决问题能力衡量，不只是看报告、听汇报而已。企业无论大小，如果有了良好的执行文化，可以由小到大、由弱到强；可以凭借良好的执行文化培养出优秀的执行团队，在激烈竞争中立于不败。相反，即使大企业，如果没有良好的执行文化，在用人方面不重视执行力，仅凭个人好恶、感情用事，人才会流失，竞争力会下降，市场份额会减少。

执行文化要靠领导倡导、制度保证形成、巩固和发展。它代表企业的行为准则、价值观和办事规范，要求企业员工自觉遵守。执行文化应该不断充实，以适应外部环境和竞争对手的不断变化。由此可见，选择领导，既要考察工作经历、业务能力，也要考察个人修养、经营理念、价值准则和行为规范。首先，塑造良好的执行领导形象，为全体员工起示范和表率作用。在此基础上潜移默化，因势利导地塑造企业的执行文化，贯彻执行企业的战略、战术，推动各项工作前进，提升企业的执行能力，巩固企业的竞争能力。

漫长的修炼之路

2004 年 8 月 10 日

古有“正心诚意修身、齐家治国平天下”的教诲，今有《第五项修炼》、

《第五级领导的修炼》。可见，从古到今，人们的成长始终围绕提高个人修养、知识素养在修炼。

修养是修炼、修身过程的外化。我们常听到，此人有修养，彼人修养差一点，甚至说某人没教养。都是对个人修身、修炼外化的评价。提高个人修养是漫长的过程，需要“吾日三省吾身，为人谋而不忠乎？与朋友交而不信乎？传不习乎？”。因此，加强个人修养要从小抓起，在家庭耳濡目染和学校言传身教的影响下，自觉接受社会正面引导。

修炼与时俱进，体现时代特征。重在培养忍耐的志气、士气、骨气。人生短暂，现实严酷；若没有远大的志向，很难经受住各种考验，容易在困难面前低头、挫折面前消沉，很难实现远大理想。因此，要想成才。有志气，不服输；不畏难，不怕苦；以百折不挠的意志迎接挑战，以持之以恒的精神战胜困难。

人容易受情绪影响，当遇到意外事件打击会消沉，受消极情绪影响会萎靡。唯有加强逆境中的修炼，忍受卧薪尝胆之苦，不坠青云之志；才能牢记使命，不忘初心。始终坚持正心诚意修身，遇逆境而不屈不挠，遭挫折而骨气依旧。

面对激烈的市场竞争，企业既需要提升竞争能力，更需要提升士气。因此，加强领导的个人修炼，提升个人修养和知识素养，规范员工行为，引领队伍直面困难，增强企业战胜困难的凝聚力。胜不骄，败不馁。保持旺盛的斗志，激发员工的战斗力。作为领导，时刻牢记使命，工作不忘修身。在漫长的修炼道路上，弘扬正气，砥砺锐气，引领企业走出困境，走向繁荣。路漫漫其修远兮，吾将上下而求索。

从优秀到卓越

2004 年 9 月 9 日

今天是毛泽东主席逝世 28 周年纪念日，缅怀他老人家的一生，眼前浮现出一个从优秀到卓越的伟人。诚然，在他的后半生也犯了发动“文革”的错误。金无足赤，人无完人。由此联想到，一个人由普通成长为优秀难，从优秀成长为卓越更难，要长时间保持卓越则是难上加难。

从《从优秀到卓越》一书可以领悟到带领企业从小到大、从优秀到卓越的领袖们都是卓越的领导。他们有以下共同的特点：（1）对现实刨根问底的执著态度。（2）面对残酷现实的勇气。（3）坚定必胜的信心。（4）不达目标誓不罢休的追求。（5）规范严格的自律和以身作则。（6）勤俭节约的美德。（7）肩负历史使命的责任感。(8) 敢于担当的献身精神。

对领导卓越品质的感悟，是对自己心灵深处的一次解剖和净化。要想从优秀成长为卓越，并保持《基业长青》，需要不断学习，不断提高和不断完善，努力克服自己的缺点，弥补身上的不足，朝着卓越的方向迈进，并以不懈努力走向卓越。不能停留在自我感觉良好的幻觉之中。

无论是个人，还是企业，从小到大的发展、从优秀到卓越的成长都可以实现，但在实现卓越之后，要想保持卓越就难了。这里有两方面的原因：(1) 竞争对手的成长、壮大超过了自己。(2) 自己在实现卓越后的居功自傲、自以为是，没有跟上时代发展的步伐，没有改变自己，失去了在新形势下的竞争优势。

针对人们经常会犯的错误，在心灵深处应该树立警示牌："成绩只能说明过去，保持卓越要靠不懈努力，不断自我完善。"在具体工作中应该放下"成功"的包袱，和所有人、所有企业一样，在同一起跑线上出发、比赛，要认真对待任何事情，永远保持从优秀到卓越的成长理念，要客观分析环境、竞争对手和自己，真正做到知己知彼。

学习是避免盲目自大的良师。一方面，要总结自己的过去，汲取失败的教训，探究失败的原因，引以为戒，不犯类似或重复的错误；另一方面，要向竞争对手学习，向社会学习，使自己的行为、追求和环境相适应，和社会相协调，在符合社会环境的框架下履行自己的职责，追求自己的理想。唯有学习可以不断进步，走出"夜郎自大"的王国。

能够保持卓越成绩的企业有一个共同的特点：恪守核心价值观和核心目标，与时俱进，改变文化和运营模式，改变具体目标和策略。其实，就个人而言，要想保持卓越，也应具备这两点：一方面，恪守核心价值观和核心目标，无论顺境还是逆境，都不能改变核心价值观；另一方面，随着环境的变化，工作方法、策略和具体目标都应该有些变化。这是典型的辩证法，谁掌握了这个原理，谁就可以不断进步。

由此得到的启发是：工作方法、策略应该根据不同环境进行调整，使之产生理想的效果，减少失误。适应环境是第一要务，在环境允许的条件下施展自己的才华，寻找实现自身价值的途径。最可怕的是低头拉车、不抬头看路，很容易偏离方向，做无用功。完善自我，改变心智模式，遇事换位思考。这有助于提高适应环境能力。培养良好的沟通能力、改变过去封闭的个性是适应环境的必修课。关键是适应环境，顺应潮流。

人生短暂，如因方法不当而错失良机，很难成就大事。这是一个警钟。警钟长鸣，在行进中保持恪守与改变的平衡。励精图治，沿着从优秀到卓越的方向前进。

项目经理的五项修炼

2004 年 11 月 5 日

圣吉的《第五项修炼》讲述了个人如何改变心智模式、超越自我、建立共同愿景、团队学习和系统思考。然而，涉及不同的岗位，要求全然不同。就项目经理而言，应该做好角色定位，加强以下五方面的修炼。

(1) 管理过程。学会授权，不能什么事情都亲自做。既要控制工作进度，又要调动下属的工作积极性。(2) 树立权威。威信是领导效能之本。没有主见，不能坚持自我，就当不好领导。同时，敢于正确对待工作中的缺点和不足，有错误及时纠正，不能掩盖错误，更不能回避问题。(3) 当你在一个比较生疏的领域扮演领导角色时，学会边学习边领导；放下架子，不要冒充内行；明确自己的任务是整合资源，真正的技术问题靠专家。(4) 领导每个人。领导单位就是领导每个人。领导每个人，而不是领导团队。只有真正领导了每个人，整个团队就在你的领导之下；否则，会陷入抽象的领导之中。(5) 适度民主。这要因环境、因人员做具体的调整。既要有民主，又不泛民主。既要有集中，又不独裁。凭感觉找到民主和集中的结合点。

在项目管理过程中，并不是每一个出现的问题都能得到顺利、及时的解决，而需要在反馈信息的基础上反复进行分析。项目管理所面临的是一个由事态、组织、人员等因素组成的复杂的问题集合，对问题进行分析尤为重要。(1) 分析问题的性质和条件。分析问题性质主要是弄清各种相关问题形成的问题集合、它们的来龙去脉。即问题的结构、过程和态势。(2) 在里程碑处进行小结。将整个项目管理过程划分为几个里程碑阶段，每到一个里程碑处，应及时对前阶段工作进行小结，并对后续工作计划进行调整。(3) 制定管理目标。管理目标是分层次的，包括高层目标和低层目标，低层目标比较明确具体，低层目标服从高层目标。(4) 管理效果评价指标。通过评价指标来反映管理的效果。选用的指标既要符合评价要求，又可操作、可比较。(5) 识别管理过程中的约束。约束是对项目管理在实践中的限制。管理方法不能违反约束条件，比如资源的限制、组织体制的束缚、法规政策的界限等。

作为项目经理，我们就是在各种约束条件下解决问题。因此，首先要学会分析问题。有效管理过程，逐渐树立威信，深入群众，边学习边领导，适度民主，科学集中，达到最终有效解决问题。这就是项目经理的五项修炼。

解决问题的途径

2004 年 11 月 7 日

分析问题是解决问题的开始。要顺利解决问题，必须在分析问题的基础上提出切实可行的解决方案，当机立断，付诸实施。由此可见，解决问题由分析问题、提出方案、付诸实施三部分组成，每一部分都相互联系、互为因果、共同促进。

分析问题是基础。因此，对问题分析的是否全面、透彻，决定了解决问题的方案是否科学、是否有可操作性。不管是多么复杂的问题，都要找出它和周围事物的关系，发现系统内部的关系，找出问题的主要矛盾和矛盾的主要方面。

提出解决方案是解决问题的关键。它规定了解决问题的途径和应具备的条件，就好比过河，可以坐船，可以过桥；要过河，就要解决船或者桥的问题。

当机立断。付诸实施是解决问题的根本保证，再好的方案如果束之高阁，它只能是方案而已。正确的方案，只有及时付诸实施，才能产生正确的结果。正确的方案错过实施的时机，可能产生相反的结果，甚至会产生负面的作用。

周密的考虑、认真的分析、科学的决策和果断的实施是解决问题的根本途径。

成为守纪律、能宽容的领导

2004 年 11 月 20 日

有些走上领导岗位的人重视培养洞察力、判断力、领导力、应变力，往往忽视了守纪律的问题。久而久之，可以理直气壮地不接受公司制度的约束。这样的领导很难保持基业长青，也很难使企业从优秀走向卓越。

一个合格的领导，不仅能洞察市场走势，捕捉市场机遇，激发员工的创造力，有效地组织职工完成任务，而且，要做遵守纪律的表率，不搞特殊化，靠人格魅力树立自己的威信。

一个人随着地位的升迁，守纪律的意识容易淡化，总能找出各种借口宽恕自己的自由行为，久而久之，就会形成懒散的作风；自己不以为然，下属看在眼里、记在心上。当你要求下属自觉遵守纪律时，就很难奏效。

一个人情绪低落、处于逆境时，也容易消极对待纪律。殊不知，这样把自己带上错误的方向。即使自己被错误对待，理应得到同情，但假如自己不能以积极的态度遵守纪律、努力工作，而是消极、甚至抵触，很容易让人厌烦，陷入孤立，在逆境中永无出头之日。越是被误解，越要坚守原则，越要遵守纪律。唯有这样，才有望迎来生机。

由此可见，无论是顺境，还是逆境，对自己的要求永远不能放松、做人的标准永远不能降低。做守纪律的领导，培育守纪律的文化。

作为领导，严于律己是必需的。否则，混同于一般群众就难以进步。学会宽容是刻不容缓的。因为，作为同事相处，别人不可能和你一样，不能用自己的标准衡量别人，更不能用自己的标准要求别人。否则，你就会陷入孤立，成为孤家寡人。有时候，真理在少数人一边，当多数人不能接受时，你就不能强加于他们，但不等于你放弃真理，没有原则，学会外圆内方，学会说服、教育、引导下属。

这正是姜局长在谈话时要求的“原则性和灵活性的有机结合”，自己在这方面的差距较大；尤其是到了新环境，首要任务是适应环境、融入团队，形成良好的人际关系基础。国企的特殊性，对适应性的要求更高。

时光如流水，机会稍纵即逝。保持谦虚谨慎的态度，尽快融入新环境，适应新环境，努力工作，不辱使命。

领导能为师

2004 年 12 月 18 日

古之师者，传道、授业、解惑也。在当今激烈竞争的环境下，要想当好一名经营管理者，也应该能为下属传道、授业、解惑也。在创建《学习型组织》中，传道是首要任务，让员工知道企业的发展战略、建立共同愿景，朝着共同的目标前进。其次是授业。告诉员工如何掌握业务技能，做好本职工作，加强团队的合作与沟通，使每个员工都能胜任本职工作，提高团队的整体素质。第三是解惑。这就是加强和员工的面对面沟通，了解员工的疑惑，帮助他们分析、解答问题，提高员工对企业发展战略的认识，能够明白企业存在的理由、意义、企业追求的目标。第四是培育具有共同价值理念的企业文化，凝聚共识，激发潜能。

新时代的 CEO 不仅是德才皆备的指挥官，更是一位造诣高深的教师。在知识管理的变革时代，不但自己理解知识管理的要义，还要告诉员工知识管理的特点：（1）人本管理。首先，要确立人在管理过程中的主导地位，企业管理活动的重心就是紧紧围绕调动和发挥企业员工的自觉性、主动性和创造性这个中心开展一切活动。其次，要通过以人为本的管理活动，全面培养和塑造卓越的企业队伍，实现企业的可持续发展。（2）投资与收益管理。在知识经济条件下，投资与收益向知识资本、人力资本等无形资产倾斜，加强人力资本投入，加强对知识工人的培训，建立起有效的投资与收益管理机制。（3）人才激励管理。从按劳分配到按知分配的人才激励管理，在知识经济时代，知识、信息等无形资产起决定作用。激励是管理的首要职能，只有调动、激发员工的积极性，才能实施计划、组织和控制职能，维持企业的向心力，实现企业的目标。物质激励是基础，精神激励是补充，晋升是激励员工爱岗敬业的直接动力。（4）信誉管理。诚信经营，保证企业、社会、客户之间的良好关系，承担企业应该承担的社会责任。在奉行经营理念的过程中，为社会提供优质服务，从而使企业获得稳定收入和利润，回报股东和社会。

新的岗位，新的挑战。不仅要当好领导，还能当好教师。因此，要加强学习，不断提高综合素质和知识素养。为培养新时期知识型员工、学习型组织而努力工作。新时期的员工不仅是勇猛杀敌、来之能战、战之能胜的勇士，更是敏而好学、不耻下问的学生。根据企业的发展战略，结合自己的工作职责，积极开展工作，坚持不懈学习。新时期的企业是一所学校。应该形成尊师重教的文化。师者为人师表，学者精益求精。

竞合有度

2005年1月10日

面对激烈的市场竞争，人们本能地有竞争意识、排他意识，忽视了合作意识，往往事与愿违，事倍功半。其实，当今的趋势是合作大于竞争，合作促进竞争能力的提升。片面强调竞争，忽视合作，势必陷入孤立，甚至被淘汰。

企业在经营过程中，主要领导之间的关系会影响到企业间的合作关系，产生误会、矛盾。遇到这种情况，明智的做法是主动沟通，放下架子，疏导关系，而不能互不理睬，堵上化解矛盾的通道，使关系走向对立。

企业在发展中，总希望能不断前进，不愿意看到倒退。其实，现实生活中，进和退是相辅相成的，有进必有退。从战略高度讲，以退为进，可以进得更快，走得更远。

总之，企业的发展离不开环境。因此，制定企业发展战略时，一定要认真分析环境的约束。同时，还要分析自己的长处和不足。有效地利用环境的机会，寻找和别人合作的机会，在合作中提高自己的竞争能力。遇到误会，关系紧张时，要主动地沟通，化干戈为玉帛；不能清高自傲，既要追求进步，也要有退的思想准备。处在逆境时，要考虑如何以退为进？如何疏通关系？如何与人有效合作？这是组织的生存基础，也是个人的处世原则。

实现真正的竞合，需要正确对待兼听与偏信的问题。古人云：兼听则明，偏信则暗。几千年的历史反复证明如此，可历代君主最终则总是偏听偏信，致使江山易主，饮恨退出历史舞台。这让人困惑？既然兼听则明，为什么总做不到呢？大概是人性所致，人都喜欢听好听的，喜欢别人恭维，不愿意听批评意见；地位越高，越容易走极端；久而久之，自以为是，把自己当成真理的化身，顺我者昌，逆我者亡。好多人在事业初期还能听取不同意见，随着事业的发展、地位的提高，就忘记初心了，忘乎所以，把一切成功都归功于自己的才能，逐渐走向群众的反面，离心离德，事业出现滑坡，逐渐走向衰败……

它山之石，可以攻玉。自己的事业刚起步，汲取别人的教训，不犯类似的错误，学会兼听，防止偏信，逐渐提高自己分辨是非的能力。凡事都要问为什么？天上不会掉馅饼。越是有诱惑的消息，越要警惕；越是大家追随的事，越要谨慎；越是别人吹捧，越要冷静。人贵有自知之明，正确评价自己的工作，学会欣赏别人的长处，学会鼓励下属工作，学会倾听别人的意见，特别是不同意见。

高处不胜寒。身处高位如果不能谦和，必然会脱离群众，不了解事实真相，就好比盲人骑瞎马，半夜临深地，一不小心就会掉进万丈深渊。前车之鉴，不可不察也。兼听是防止掉进陷阱的有效途径。

提高竞合能力，需要培育沟通能力。从事管理工作，沟通能力决定工作的成效，服务态度和水平决定创造价值的能力。在日常工作中，要注意和周围每一个人的沟通，良好的沟通能够形成合力，有效的沟通能够建立良好的人际关系；积极的合作可以实现资源共享，竞合互利可以促进发展。

新环境，新同事，有效沟通是摆在面前的首要任务。自己属于空降兵，对原先形成的平衡格局产生了冲击，受冲击波影响的人有一种本能和你疏远。如果自己不能积极主动地和周围人互动，不能实现有效的沟通，自己的言行很容易触犯某些人，甚至会影响一些群体。稍不注意，就会给自己树立反对阵营。一旦出现这种局面，任凭你的思路正确，任凭你多么坦诚，都会遭到强烈反对，会被孤立。主观愿望和客观效果难以统一。在新单位，有效沟通是大事，事关工作能否有效开展，决定与同事能否有效合作，不可不察。

学会倾听是建立有效沟通渠道的关键。深入群众，认真倾听员工、领导的意见和呼声，真诚交流自己的看法，形成有效的互动，潜移默化地传播自己的理念、价值观，扩大对员工的影响，激发员工的学习热情和创新动力，增强员工的凝聚力，培养良好的执行文化，提高执行力。通过倾听，了解基层的真实情况，判断企业整体的健康状况，发现可能的亚健康因素，有针对性地开出药方，监督服药，定期检查疗效，按疗程推进，勿急躁。

通过学习，提高自己的综合素质和领导艺术；通过倾听，了解员工。知己知彼，百战不殆。通过有效沟通，奠定良好的人际关系基础；实现积极合作，为企业创造价值，推动公司管理水平的提高。

慎小 治大

2005 年 1 月 23 日

中国的语言很丰富，关于小与大有不同的表述，蕴含着深刻的哲理。小不忍则乱大谋，小人当权，鸡犬升天。从不同侧面说明不能忽视小事，不能不拘小节，不能轻看小人，慎在于畏小。经营管理企业，应该汲取传统文化的营养，悟透小与大的关系，慎小治大，顺势而为；防微杜渐，运筹帷幄。

作为经营管理者，从大局出发，正确认识大与小的关系。企业的发展事大，群策群力。个人的忍让事小，顾全大局。一生的追求事大，不懈努力。一时的忍辱事小，反思总结。谋划企业全局事大，运筹帷幄。个人扮演角色事小，尽职尽责。

作为经营管理者，认真做大事，糊涂对小事。把握大局，集中精力朝目标前进，勿纠缠于小事。识时务，顺潮流。融洽合作关系，避免固执己见。广纳谏言，礼贤下士。注意大事中的小节，避免因小失大。大事从小处着手，稳妥推进。克制为鉴，未雨而绸缪。小事从大处着眼，统筹考虑。忍让为先，防患于未然。

做大事，奠定小的基础。协调好关系，不张扬；准备好方案，不冒进；低调行事，脚踏实地；高标做人，埋头苦干。大丈夫欲顶天立地，正心诚意修身。严格要求自己，拘小节重素养，做小事有涵养。大智慧应该造福人类，致知格物精进。全面细致了解情况，勿武断决策；准确判断走势，勿自以为是。慎小事，谋大局。大志向勇攀高峰，勿羡阳关大道，走好独木小桥。勿以善小而不为，勿以恶小而为之。

有志于大，应从小事做起。不积跬步，无以至千里。不积细流，无以成江海。千里之行始于足下；九层之台起于垒土；千里之堤溃于蚁穴。有志于大，经得起小事考验。凡事讲原则，严于律己，宽以待人。宁静致远，淡泊明志。学会慎独，不为名利所诱，不为美色所迷。有志于大，敢当配角。甘心做小事，不争名，不争利。尽职尽责，问心无愧。打好基础，积累经验，以迎接更大挑战，做出更大贡献。有志于大，韬光养晦。忍辱负重，不争一时之高下，不贪一事之功利。

智者千虑，必有一失。谦虚谨慎，认真学习；取人之长，补己之短。谨言慎行，脚踏实地。防止一失足而成千古恨。用众人之智成共同之事。智在于治大，勿一叶障目不见泰山。

海外投资应该注意的问题

2005 年 6 月 9 日

今天，参加苏利文律师行组织的中国公司海外投资应该注意的问题研讨会。听了颇受启发，联系即将投资的巴新镍钴矿，我们应该注意的问题远比今天介绍的多。因为，巴新是一个落后的小国，有很多不安全因素，有很多不确定因素。如果不能提前有风险防范的预案，到时就会一筹莫展。如果风险防范预案对关键的风险因素分析不透，重视不够，一旦风险出现就很被动。

就当前的资源开发区域而言，首要的是防范政治风险。政治不稳定因素包括政局不稳，政策不连续，所在国对中国的敌视，当地文化和中国文化的冲突等。其次，项目所在地土地征用中的问题，以及和当地政府之间的关系问题。第三，资源可靠性问题。要通过补充勘探验证。第四，金融风险问题。所在国的金融基础薄弱，银行的抗风险能力弱，项目运作中的资金保障以及将来资金的自由流动。第五，税收政策的变化带来的风险。第六，边界问题引起的风险。资源赋存在地下，临近边界处的资源开发会有类似问题。第七，公司组织风险。没有合理的组织架构，没有完善的组织管理都可能导致公司瘫痪。第八，合同风险。合作者的陈述与保证，应该把所有不确定的因素排斥在合同之外。

境外投资似探险旅行，一定要踩稳走好，否则，轻者摔倒，重者一倒不起。一定要吃透当地的政策、法律，了解当地的政治生态和人文环境，了解当地的物资供应条件和人力资源受教育程度。凡此种种，不一而足。需要统筹考虑，运筹于帷幄之中，决胜于千里之外。

以绩效为导向的管理

2005 年 6 月 10 日

企业的竞争是多方面的，要想全面提高企业的竞争能力，就应该推行以绩效为导向的管理。个人绩效的点滴改进会促使公司绩效的大幅度提高，可谓积跬步以至千里，积小溪而成江海。

企业是国家经济的细胞，个人是企业运行的细胞。努力实现人人全力以赴，就会形成全员奋进的洪流，一切困难和问题，经过大家的集思广益都会找到解决的办法。为了巩固经营业绩，实现可持续发展，就要从精神和物质两方面激励员工，肯定员工的成绩。对他们的成绩及时赞美，给予适当的物质奖励。通过激励机制使追求绩效成为员工的自觉行动。

确立明确的公司价值观和经营理念。创造具有挑战、令人满意又有趣的工作环境，鼓励年轻人脱颖而出，为他们提供公平竞争、施展才华的舞台，营造轻松、热烈、紧张而有序的氛围。全面实现公司愿景，规范和引导员工形成自己的愿景，实现公司发展、个人进步的目标。发展是硬道理。绩效是检验发展的标准。以绩效为导向的管理是企业发展的导航系统。

面对世界经济的快速发展，国家对企业提出了更高的要求，希望国有企业在激烈的竞争中增强竞争能力。形成以绩效为导向的企业文化，防止造势务虚风气蔓延，培养务实做事的作风，是提高国有企业竞争能力的根本保证。当前造势之风有蔓延之势，有的企业热衷于国家领导人见证的签字仪式，并不关注合同的落地和有效执行，忽视了合同风险防范，甚至签意向书之风盛行。热热闹闹见证签约，冷冷清清违约收场。既有机会损失，也有实际损失，教训惨痛。

各种场合的领导见证签约应运而生，新闻报道大谈出访成果，企业趁机向国家领导表功。一旦草率签约，就陷入合同陷阱。企业应该以提高绩效为目的，以务实的作风参与国际竞争，以精准的核算防范履约风险，以严格的管理降低经营风险，以有效的激励机制调动员工积极性，不断提升员工的个人业绩水平，增强员工间的有效沟通、积极合作，提升企业的整体绩效，造福员工，回报股东。

务实做事才能造福社会，务虚造势必然贻害员工。作为企业的经营者，需要理智地遏制造势之风，身先士卒推行以绩效为导向的管理，逐渐提升企业的精细化管理水平，不断提升企业的竞争力和凝聚力。

中国企业的差距

2005 年 7 月 17 日

近来，中国企业参与国际竞争的机会多了。通过竞争合作，学习了别人的长处，发现了自己的不足，在参与竞争的实践中，不断进步，逐步提高。但是，从根本上说，中国长期以来的计划经济惯性和国有独资模式的烙印，大部分企业很难达到国际企业的水平。主要差距是：

1. 管理不规范，一人说了算。虽说国资委要求按照公司制规范运营，也设立了董事会、经营层；但董事长基本是种了别人的地、慌了自己的田，明显的错位。涉及长远战略决策的调查研究不深入，问题探讨不到位，草率武断的决策往往应运而生。

2. 管理不到位，全局不清楚。对子公司的放权是搞活企业的前提，但必要的约束和监督缺位，导致总部不掌控全局的真实情况。小问题不汇报，大问题掩盖掉，一旦发现问题就陷入被动。

3. 管理不系统，内部不协调。国有企业往往缺乏科学系统的管理制度、运营流程和人才管理机制，没有团队意识、团队精神；多数是各自为政，缺乏合力，没有核心竞争能力。

4. 用人不科学，优势不突出。在选人用人上没有统一的标准，往往因人而异。由于不称职、不胜任而影响工作、错失商机的事例不胜枚举。因此，公司的优势不突出，缺乏凝聚力和竞争力。

5. 流程不畅通，反馈不及时。无论是管理流程，还是业务流程；不是因事设人，而是因人设事。同一个部门，换了不同的领导，管理幅度不一样；同一个项目，换了不同的领导，管理方式不一样。缺乏科学的管理、运营流程，缺乏畅通的信息反馈渠道。经常是少数人只知道有限信息。信息不能共享，风险不能及时发现，危机不能及时处理。

6. 责任不到位，执行不及时。由于缺乏科学的运营流程和人员流程，岗位职责不清，推诿扯皮，导致办事拖延，执行不及时，延误工期，错失良机。

7. 奖惩不明确，激励不到位。由于受种种观念的影响，激励、约束和监督很难有机统一。在执行中往往顾此失彼，奖惩不够明确，干好干坏一个样，激励不到位，优秀人才的市场价值在工作中得不到体现，加剧了人才流失。

8. 愿景不明确，措施不具体。由于愿景不明确、措施不具体，五年规划对生产经营缺乏指导性，经营战略缺乏连贯性，主攻方向不明确，凭着感觉走，一步一回头。重点不突出，资源配置不合理，不能突出竞争优势，不能形成竞争能力。

如何提高企业执行力

2005 年 7 月 21 日

中国加入世界贸易组织以后，企业参与国际竞争的机会增多。在过去的同台竞技中，既展示了中国企业的优势，也暴露出中国企业执行力不够的问题。执行力不够是一个复杂的系统问题，反映了企业的整体管理水平和团队的经营管理能力。如何提高企业的执行力是摆在中国企业面前的现实问题，也是提高国有企业竞争能力的长远问题。执行力事关企业的竞争能力，是企业之大事；执行力事关国家经济基础主要命脉的国企竞争力，是国之大事；执行力问题影响深远，不可不察。

由众多人员组成的企业，必须把员工的思想统一到企业的发展目标，员工认同企业的发展目标；同时，员工为实现企业目标而努力工作，能够展示自己的才华，实现自我价值的提升。员工和企业共同发展、共同进步。一个有效有序运转的企业必须有明确的职责和合理的程序。统一思想、规范行为靠的是明确的岗位职责和办事程序。岗位职责规定权限与目标，它指导每一个员工，员工知道自己该做什么？不应该做什么？程序规定了如何做？程序的宗旨是让员工做得规范、有效、有序，既能提高团队的规范服务水平，又能改进服务态度，完善服务文化，提升企业的软实力。既能满足用户的要求，又能及时反馈用户的意见，便于改进管理，完善服务，不断提高企业的服务水平和竞争能力。程序保证各项工作的有序衔接，避免工作出现短路，导致服务中断，甚至引发客户的不满。

职责与程序固然重要，但更重要的是严格履行职责。认真遵守作业流程，保证各项工作的连续运转；然而，现实中做到这一点不容易，有些领导往往带头破坏作业流程，越级指挥。这就导致了工作信息系统的短路，工作秩序出现混乱，岗位职责无人遵守，也无人检查。简言之，执行力受到严重破坏，团队的凝聚力和士气受到严重影响。

作为领导，不但要致力于建立严格、科学的岗位职责和完整的作业流程，而且，要带头执行，对于执行过程要认真监督、检查；否则，事与愿违，欲速则不达。时间就是金钱，拖延、扯皮就是浪费金钱、浪费生命。正如鲁迅所言，浪费别人的时间是谋财害命，浪费自己的时间是慢性自杀。

对于集团公司而言，要处理好对子公司的授权、约束和监督问题。集团公司不能事无巨细，越俎代庖。下属公司应该享有足够的授权。否则，子公司无法履行经营管理职责，无法承担民事义务。但是，不能从一个极端走向另一个极端，授权了之，万事大吉。

集团公司应该把握适当放权、必要监控的原则，以充分调动子公司的积极性。和授权相对应的是约束和监督。授权、约束和监督是管理子公司领导的基本内容，是子公司健全运行制度的保证。没有约束的授权必然会出现滥用权力的现象，没有监督必然导致独断专行，破坏民主决策程序。如何保持授权、约束和监督之间的平衡，使企业能朝着既定的目标，以积极的态度开展工作，保证各项工作稳步前进。这是摆在集团领导面前的棘手问题。

凡事都有两面性，授权会引发滥用职权，尤其在缺乏监督、没有约束时，往往会酿成大祸而不知，甚至还沾沾自喜。约束、监督不当会挫伤子公司领导的积极性，甚至扼杀职工队伍的工作热情。在实践中不断总结、完善，使授权、约束和监督保持平衡，促进企业的健康运营，不断提高子公司的经营业绩，不断增强职工队伍的凝聚力。

在集团公司和子公司之间架起“授权、约束、监督”有效制衡桥梁的是尽职尽责、有效沟通、积极合作的工作原则。作为管理者，谁都明白有效沟通的意义和作用，谁都希望能成为有效沟通的典范。然而，在现实工作中，即使大牌的

CEO难免有挂一漏万的时候，难免有感情支配理智的时候。往往由于不经意的疏忽和偶尔的感情用事，会成为有效沟通的绊脚石，甚至成为企业走向灭亡的千古罪人。由此可知，有效沟通难，难在人们感情用事，尤其是领导的感情用事；难在人们有好为人师的自负，有时不能静心去沟通；难在好大喜功，容易被虚假的成绩所蒙蔽；难在人们不愿意听反对意见，有先入为主的武断。地位越高，沟通的主观阻力越大；地位越高，有效沟通的意义越大；有效沟通的程度直接影响决策的正确与否。作为领导，不能自恃经验多，应该深入实际，接地气，听下情。作为领导，应该虚怀若谷，虚心听取下属的意见和建议，了解子公司的困难和问题，不能先入为主，以偏概全。尽职尽责是有效沟通的前提，无论是领导，还是下属，都要尽职尽责，工作到位不越位。有效沟通是积极合作的基础，作为领导，首先要尊重下属，只有真诚倾听，才能了解到真实信息；只有互相尊重，才能听到真知灼见。没有尽职尽责，无法有效沟通；没有有效沟通，无法积极合作。作为领导，应该严格要求自己，做好本职工作，为下属树立榜样，为有效沟通奠定基础。唯有此，才可以实现集团上下的积极合作。积极合作是挖掘企业潜力、提高执行力的根本保证。

提高集团的执行力，既取决于职责与程序的科学合理，也取决于授权、约束、监督的平衡。但是，如果忽视了公平正义，执行力会大打折扣。因此，在日常工作中，吾日三省吾身，授权是否公平？约束是否有效？监督是否到位？在履职考核、奖惩兑现时，吾日三省吾身，考核评价是否公平？有无偏袒？奖惩兑现是否公平？有无虚假？

公平正义是增强凝聚力、提高执行力的灵魂。职责到位、程序合理是提高执行力的制度保证。合理授权、有效约束、及时监督是提高执行力的根本保证。提高执行力是企业之大事，不可不察。提高企业执行力，路漫漫其修远兮，吾辈需上下而求索。

有 容 乃 大

2005年8月14日

有容乃大，无欲则刚。西汉开国皇帝刘邦曾精辟地指出：“夫运筹帷幄之中，决胜千里之外，吾不如子房；镇国家，抚百姓，给馈饷，不绝粮道，吾不如萧何；连百万之军，战必胜，攻必取，吾不如韩信。此三者，皆人杰也，吾能用之，此吾所以能取天下也。”

刘邦这段话为后人指出“如何用好人，扬长避短，形成一个有战斗力、竞争力的团队，在竞争中立于不败之地”的道理。刘邦的经验告诉人们将和帅的关系。今天的企业领袖应该从中悟出一些道理，要想治理好企业，基业长青；有容人的雅量，敢于使用能人，并给予其足够的自主权，不能事无巨细都亲自过问。否则，会陷入琐事而失去对大局的把握。企业领袖应该运筹于帷幄之中，经营团队决胜于千里之外。

用人之长，容人之短。既要敢于用在某些方面比自己强的人，也要敢于用有缺点的人；重在用其长处，避其短处，不求全责备。大肚能容容天下难容之事，笑口常开笑天下可笑之人。

作为企业领袖，为人处世不能孤芳自赏，更不能标新立异。牢记“水至清则无鱼、人至察则无徒”的道理，兼容并蓄，博采众长。

作为企业领袖，既要有容人的雅量，也要有熟悉管理、运筹帷幄的修养。只有包容雅量，无鉴别能力，也无法识别人才，甚至会把庸才误以为人才而包容。那就会贻笑大方，让真正的人才避之不及，夸夸其谈的说客趋之若骛，企业难以做成百年老店。

作为企业领袖，有志于把企业经营成百年老店，保证基业长青。加强自身修养，提高知识素养，成为业界精英。养成正直的品行。作为领袖，有追随者。没有正直的品行，就没有正直的追随者，事业后继无人。营造影响力。领导真正的影响力是能够做出正确的决策，选择适当的推进方法，鼓励推广企业理念或目标时要脚踏实地。注意自身领导形象。用良好的经营业绩彰显其领导能力。严格的自律习惯。具有远见卓识的预见力。有效利用激励手段，强化个人动机，以提高工作效率；改变个体行为，凝聚集体力量；提高员工素质，融洽彼此关系。养成科学而果断的决策习惯，既不盲目决策，也不犹豫不决。提高识人用人艺术。有识人的慧眼，兼听的习惯，为人才成长创造良好条件和氛围。有效掌握授权技巧，管而不死，放而不乱；适当授权，必要监控。有效沟通，积极合作。唯有此，德才兼备成其事，运筹帷幄成其业。

务虚与务实

2005 年 8 月 30 日

眼下管理书籍多得眼花缭乱，刚看完《核心竞争力》，又出现了《战略竞争力》。其实，仔细分析，二者是以不同角度说明企业的竞争优势。实际上，一个企业的真正优势是各种竞争力资源的有效整合，即系统竞争力。

所谓战略竞争力是指在实施长远性、根本性的战略发展目标时给经济社会发展所带来的无形的或潜在的利益，是企业未来发展的根本点。企业战略竞争力永远是企业生存、发展和增强竞争力的航标和灯塔。

战略管理的核心是战略决策，战略决策的基本要求就是以未来变化趋势作为决策的基础，体现“现时决策的未来性”。战略竞争力是以动态竞争战略的制定为前提的，重视动态竞争互动，预测竞争对手的能力，削弱和限制竞争对手的能力。战略竞争力强调创造新的竞争优势。通过创造新优势，削弱对手的竞争优势。战略竞争力强调动态变化中的战略优势，不是孤立静止的，既有对自己未来的判断，也有对竞争对手未来的分析。此消彼长，形成自己的发展优势，即战略竞争力。

一个企业的战略应该建立在基础承载力之上，不能脱离实际，更不能赶时髦，贪大求洋。无论是核心竞争力，还是战略竞争力，都离不开企业的基础能力。企业的基础承载力是企业经营活动的载体，由动产和不动产、有形资产和无形资产组成，其中，人力资源及其有效整合是关键。人力资源和运营流程的有机结合可以提高企业的承载力。良好的经营业绩可以增加企业的现金流量，巩固企业的基础承载能力。基础承载力也包含企业内部管理、基础建设。因此，追求卓越的企业，一方面重视核心竞争力的培养，战略竞争力的培育；另一方面，要加紧基础建设，加强基础管理，打好基础，增强对外界的适应性。

最关键的是企业领导保持清醒的头脑，处理好务虚和务实的辩证关系，知己知彼，脚踏实地，不论制定什么战略，运用什么战术，都必须从企业的实际出发，量力而行，循序渐进。在人们都追求时髦的大环境下，要冷静地分析自己的长处和不足，研究外界的机遇和风险，集中精力培育基础承载力。这是企业发展壮大的根本。

竞争战略的思考

2005 年 9 月 15 日

企业的发展战略从宏观上确定了企业未来的发展方向、主营业务，要实现上述战略就必须以主营业务为基础，制定具体业务的竞争性战略，明确每项业务如何体现竞争优势，并以相应的功能性战略组合，形成实际的竞争优势。这是实现企业发展战略的根本。

要形成竞争性战略，必须统筹考虑环境、资源和文化的融合，扬长补短，发挥比较优势，完善运营管理流程，形成竞争优势的优化组合。严格管理，达到竞争性战略的目标。

对于大集团而言，要实现集团的整体战略，就必须抓好若干具体的竞争性战略的实现。在实现具体竞争性战略过程中，累积集团的整体优势，巩固竞争性战略的主导地位。然而，不同竞争性战略项目，在实施过程中需要有机协调，资源共享。因此，完善功能战略就显得格外重要。互相扯皮的无效管理极大地影响项目按计划推进，由此导致项目难以实现竞争优势。

作为经营层，在实施企业发展战略中，抓住竞争性战略和功能性战略，统筹兼顾，狠抓落实，提高效率，降低成本，增加服务内容，减少中间环节。重点关注资源、技术、能力建设，关注利益相关者的关切，关注企业文化建设，特别是价值取向的确立，价值观的传导等。制定能使企业在复杂环境中有效竞争、超越对手、取得长期成功的战略，就必须从企业的实际出发，根据企业的资源现状、技术水平和竞争能力，务实地打好基础，积极推进计划，逐步形成内部合作和客户导向的企业文化，把学习、适应和调整有机结合起来，养成敢于应变、善于应变的习惯，培养创新意识，增强竞争能力。

任何伟大的战略，如果脱离了现实的基础，违背了客观规律，只能是战略而已，并不能达成战略描绘的目标，更无法实现其愿景。有了实施战略的基础，还必须有强有力的领导推动，必须有果断的执行能力。同时，必须考虑战略的容纳能力、战略意识和学习能力、战略转变能力。只有这样，才能把愿景和执行力融合在一起，实现战略成功。

如何做好“空降”经理人

2005年11月11日

2005年11月9日，一年的试用期结束。经过国资委干部二局三处考察，征求了集团主要领导和下属部门领导的意见，试用期划上圆满句号。

回顾过去的一年，有收获，有压力；收获是在新公司接触到了新任务，压力是组织和领导的期望。展望未来，仍然有困难，有压力。困难依旧是管理体制的不完善，压力还是领导对资源开发的期望过高、资源市场的波动和合作者的趁火打劫。

寄希望于规范管理来优化环境还不现实。在适应环境中工作仍然是基本选择。不能因为试用期结束就以为一切条件都变了，还需要谨言慎行。人无远虑，必有近忧。在新的一年里，提出资源开发的新思路，制定并完善资源开发的制度，促进在建项目的顺利推进，规范下属公司的运营管理。任务依然艰巨，道路不会平坦。总结过去，坚定信心；展望未来，矢志不渝。抓住现在，尽力而为。

空降经理人有其特殊的困难和限制，在工作中头脑要保持清醒。空降经理人有三大缺陷，一是缺乏知情权，对过去了解甚少。二是缺乏话语权，信息不对称。三是缺乏执行力，和下属尚需磨合。工作唯有知己知彼，才能稳妥推进。首先，要以低姿态和同僚相处，踏踏实实做事，保证所办事情成功，以此证明自己的能力。其次，要以身作则，用自己的行动影响下属，不急于发号施令，在实际工作中积累资料。第三，敢于承担责任，勇挑重担。出现问题要勇于承担错误，不推卸责任。第四，少言多行，言必信，行必果。想好了再说，不能轻易表态。说话要有高度，有条理，有层次。要以诚相待，不说假话，不说空话。第五，保持平和心态，能耐得住寂寞。坦然面对冷落，但又不能消沉。对工作要充满激情，全身心投入，但不能失去理智，把握大方向。第六，站稳脚跟，循序渐进扩大影响，确立威信。

作为空降经理人，如何对待责权利，直接关系到自己在新环境中工作的成效。刚开始只能默默地履行责任，只有出色完成了任务，周围的人才会认可你。责任完成的好坏，直接影响你在新岗位的业绩。诚然，完成任务应该责权利对等。但是，不能操之过急，首先是认真履职，一步一个脚印，不能急躁冒进。不能贪多，更不能急于求成。信任是授权的前提。信任是建立在自己工作业绩和个人人格魅力之上，不是一纸任命就有的。信任包括能力信任和忠诚度信任。先尽责，慢要权；淡名利，敢担当。先付出，肯做牛；不贪利，能奉献。脚踏实地不停步，矢志不渝不畏难。

如何提高执行能力

2005 年 11 月 26 日

在去年年底（刚到中冶）的务虚会上，我提出落实战略时，要考虑运营流程、人员流程与战略实施相适应的问题，在此基础上，应该抓执行力。一年过去了，集团的执行力似乎并没有多大提高。根据自己一年的工作体会，提高执行力，应该注意以下三点：

（1）从细节抓起，培育执行文化。从员工的工作习惯抓起。良好的个人习惯是良好工作作风的基础，良好的工作作风是执行文化的基础。（2）从学习抓起。培育学习文化，培育团队学习、信息共享的文化，提倡虚心向别人学习，在实践中学习，在工作中互相学习。转变思维观念，增强危机意识，放下架子，淡化老大思想。（3）从管理抓起，巩固执行效果。业务以项目管理为突破口，确保项目能够达到预期的目的。在实施项目中培养队伍，增强在市场上的竞争能力。职能部门以业绩管理调动员工的积极性和创造性，形成创新提升的积极氛围，完善薪酬制度和奖罚体系，把公司愿景和实现个人价值有机结合，推行以业绩管理为核心的执行文化，让员工在耳濡目染中增强自觉执行的意识。

然而，在现实中影响执行力最大的障碍就是不以为然的作风和习惯。年轻人如果对自己要求不严，会染上对工作不以为然的习惯，工作不能尽职尽责，更不能精益求精，甚至敷衍了事。长此以往，年轻人会陷入既无思想、又无经验的尴尬境地而碌碌无为。

对一个成长中的企业，不以为然的意识折射出不良企业文化的萌芽，习以为常的思想种下了企业衰退的种子，自以为是的行为加速企业的衰退。在这样的环境中，年轻人会迷失方向，甚至彻底改变人生的价值观和追求，变成世俗的投机主义者。集体是一个染缸，年轻人好比一匹白布，企业文化会在年轻人身上留下烙印，影响其价值取向和行为习惯。

抓企业文化建设。培养良好的工作习惯是净化人际关系的基础，形成良好的工作作风是调动员工积极性的关键。作为企业领导要以身作则。不但要开创业务新局面，还要营造新氛围，给有能力的人创造条件，提供舞台。同时，还要鞭策一般员工，发奋努力，奋起直追；形成互相学习、共同进步的学习氛围。消极的工作作风像瘟疫在蔓延，不遏制就会侵蚀健康肌肤，使机体免疫力下降。

年轻人应该保持旺盛的适应能力，有志者应该培养坚忍的意志品质。在良好的企业文化熏陶下，员工自觉荡涤不以为然的意识，主动清除习以为常的思想，坚决克服自以为是的态度，在脚踏实地的工作中提高执行力。

诚信的回报

2005 年 12 月 7 日

12 月 3 日《冶金报》介绍了“宝冶建设”诚信建设的经验，读后深受启发。宝冶建设从理念、质量、速度、服务、市场、奉献几方面履行诚信的承诺。宝冶建设的经验值得全集团借鉴、学习和推广。

（1）确立诚信的市场理念。市场经济，既是竞争经济，也是法治和诚信经济，宝冶建设的诚信理念是：以诚为本，以信为先。先树信誉，再卖产品。经营之道在于诚，赢利之道在于信。（2）在保证质量上体现诚信。质量是施工企业对业主最根本的承诺。没有质量保证，谈不上任何的诚信。（3）诚信在速度。对业主来讲，速度就是效益；对施工企业来说，速度就是压力。自己承担压力，保证业主速度。（4）诚信在服务。把诚信上升到服务的高度，用户满意放在第一位，既要自己经营创造效益，也要为业主创造效益。（5）诚信在市场。诚信可以带来市场，诚信可以赢得合同，诚信能够增加收益。（6）诚信在奉献。客户至上的奉献精神有回报，并能建立长期稳定的合作关系。

诚信可贵，重在坚持。诚信不在说，贵在行动。诚信历练市场竞争能力，贵在形成诚信文化，凝聚核心竞争能力。诚信之路漫长，勿功亏一篑。

转型与执行

2005 年 12 月 25 日

三年前，一本《执行》在中国畅销。好多企业意识到企业的成功取决于执行能力的强弱。执行能力是战略、运营流程和人员流程的有机结合。就在人们按照《执行》的原理在提高企业执行力的同时，本书作者在着手准备另一本书《转型》。该书从另一个角度说明，如果企业的方向错了，执行力再强也不会取得成绩。因此，企业的成败不仅取决于执行能力，还取决于对环境的适应能力。如果不适应环境，企业就应该转型。

如何转型是摆在人们面前的首要任务。作为企业领导，既要考虑企业所处的外部环境、所确定的财务目标，又要考虑企业实现财务目标和适应环境的能力。在制定战略时，既要考虑执行，也要考虑转型。一旦明确了战略方向，就要全力以赴执行，强化执行能力建设；一旦发现企业的内部条件不适应外部环境时，就应该考虑转型，调整发展方向，以增强企业的市场适应能力。转型为执行指明了方向，执行为下一次转型奠定基础，创造条件。

就中冶集团而言，未来五年是转型期。首要任务是执行能力建设。培养执行文化刻不容缓。培养良好的工作习惯是当务之急。任何企业都希望在市场发生变化时能有效地转型，但是，在实际经营中，企业转型成功者少、失败者多。究其因，企业自身能力不适应财务目标，外部环境满足不了财务目标。归根到底，就是企业的转型能力弱。因此，一个企业保持可持续发展，既要培养执行能力，也要培养转型能力。转型能力要求更高，它要求企业领导以务实的态度正确分析所处的环境，正确评估企业的经营能力。在此基础上，客观地确定财务目标，循序渐进。

企业如果好高骛远，制定不切实际的财务目标，选择自己没有优势的主攻方向，过高地估计自己的执行能力，转型难以奏效，也难以成功。企业的可持续发展建立在科学的发展观上，必须从实际出发，因地制宜地选择突破口和主营业务，必须脚踏实地做好基础工作，牢记龟兔赛跑的经验，一步一个脚印地前进。只要在不停地前进，就一定能到达成功的终点。相反，如果偏离正确方向，做出不切实际的计划，盲目转型，势必事与愿违，欲速则不达。

正确处理转型和执行的关系

2006 年 3 月 2 日

在 2006 年集团工作会议上，集团公司总经理对 2006 年的工作提出了明确的要求和部署，董事长对落实2006年工作做了重要指示，要我们必须牢牢把握住八个问题。良好的开端是成功的一半。今年是实施集团“二五”规划、进入转型期的起步年，今年的工作将直接关系到“二五”规划的顺利实施。因此，在实现“转型”的过程中，正确处理好转型和执行之间的关系，落实责任、抓好执行是关键。战略从大处着眼，根据环境的变化适时选择转型；执行从小处着手，抓全方位、全过程、全员的执行。无论是转型，还是执行，都要有风险意识，要强化风险管理工作。正确处理好转型、执行和风险管理的关系，是每个经营者需要认真考虑的问题。

1. 认真分析经营形势，正确对待业务“转型”。中冶集团经过“一五”的快速发展，经营规模不断扩大，经营质量不断提高，为“二五”的转型奠定了物质基础。世界经济一体化和跨国公司的兼并扩张，使传统的经营优势和比较优势发生了巨大变化，企业必须在转型中适应这种变化。“创新提升、做强做大、持续发展、长富久安”的总战略就是适应这种变化的具体指导方针。转型是中冶集团生存和发展的需要，是增强竞争能力的需要。“十一五”期间，国家贯彻“以人为本、统筹协调、持续发展”的科学发展观，企业的经营方式和增长方式必须适应这一要求。因此，转型也是落实科学发展观、构建和谐社会的需要。然而，过去的经营和管理已经形成了相对稳定的模式，一旦转型，势必打破这种平衡。如果不能及时建立起新的平衡，转型过程中会出现很多意想不到的困难和问题。因此，认真分析企业面临的经营形势和自身的特点，审慎研究转型策略，积极进行转型是我们的当务之急。

（1）在转型中冷静地面对现实，认真研究以下问题。全面考虑环境的变化，我们所处的市场地位，目标市场的潜力和竞争对手、潜在竞争对手的情况。审慎考虑我们的资金能力、转型的财务目标预期和可能的风险情况。客观评价组织的能力和行为、人力资源和其他资源状况。

（2）要敏锐冷静地实现转型，警惕在转型中出现以下偏差。对环境变革反应慢，被突如其来的市场变化搞得措手不及。过高地估计了自己的能力，轻视了转型的艰巨性、复杂性。过低地估计了实现目标的难度，对实现转型目标的困难估计不足、应对措施准备不充分，实施方案考虑不周全，风险管理机制不健全。

（3）科学辩证地实现转型，有所为，有所不为。坚持集团的经营理念、经营哲学、企业精神不变，在实践中赋予新的内涵，不断升华。企业的经营模式在适应环境中变化，以捕捉商业机遇和发挥自身优势为目标而改变经营模式，最终目标是增强自身的竞争能力和持续发展能力。根据经营业绩、经营能力和市场情况，及时调整经营重点，有所为，有所不为。

转型是艰难的，是痛苦的。但是，不转型是危险的，是没有出路的。只要我们认清了形势，明确了目标，落实责任，认真执行，经过转型一定会柳暗花明。

2. 积极培养执行文化，努力提高执行能力。无论多么好的战略和方案、无论多么完善的管理制度，如果没有一支具有良好执行意识、良好执行能力的队伍，往往事倍功半或功亏一篑。在激烈的竞争中会处于被动，在转型中会陷入山穷水尽的地步。因此，建设执行文化，培养一支有创新能力的执行队伍是转型成功的根本保证。

（1）从细节抓起，培育执行文化。从培养良好的工作习惯入手，养成良好的工作作风，奠定执行文化的基础。领导干部要做表率，部门之间、部门和公司之间、公司内部真正实现有效的沟通和积极的合作。改变不以为然的意识、习以为常的思想、自以为是的态度。要踏踏实实地工作，不要认认真真地扯皮。秉承“忠实、认真”的执行理念，形成“快半拍”的执行作风，强化“重实效”的执行意识。善于在执行中发现问题、及时解决问题。

（2）从学习抓起，培育执行能力。增强学习的紧迫感，从工作实践中学习，掌握新知识、新技能，提高自身的执行能力。增强团队的学习意识，实现信息、知识共享，凝聚团队的智力资源，形成团队的创新能力。培养年轻人的学习热情，提供施展才华的舞台，形成可持续发展的人才队伍，为团队的创新注入活力。

（3）从管理抓起，提高执行效率。经营部门以加强项目管理为突破口，明确工作范围，健全组织机构，理顺业务流程，明确岗位职责，加强风险防范，在预算、进度和质量计划内推进项目建设。管理部门以提高工作效率为突破口，简化程序、主动沟通、严格把关。以高效率服务经营业务为宗旨，加强学习，提高业务能力和宏观管理水平。考核以加强业绩管理为突破口，完善岗位职责和运营流程，让员工明白应该干什么？应该怎么干？完善绩效考评和薪酬激励制度，最大限度调动员工的创造性和积极性。

3. 科学冷静地对待风险，积极有效地防范风险。风险是客观存在的。无论是在制定发展战略、研究转型方案，还是制定执行计划、落实执行任务，都必须研究制定相应的风险管理方案。风险是可以防范的。关键在于科学冷静地对待风险，积极有效地防范风险。要未雨而绸缪，勿临渴而掘井。有效的风险管理是执行成功的根本保证，是企业转型成功的重要因素，也是企业走向成熟的重要标志。

（1）要正确认识企业经营风险。承认风险的客观存在，但是，不因有风险而无所作为，要有经营魄力。科学地对待风险，建立健全风险管理体制。把风险管理融化在日常的经营管理工作中。强化风险控制，防患于未然。

（2）落实项目风险管理规划的具体内容。做好风险识别、估计、评价、应对和监控的基础工作。加强技术风险、经营风险、金融风险、政治风险的管理工作。加强项目群的风险管理。

（3）提高职工队伍的风险管理素质。增强风险管理意识，全面培养职工的综合素质，提高职工的风险管理能力。落实职工的风险管理责任，和职工的个人发展紧密结合起来，增强职工风险管理的紧迫感和危机感。加强风险管理的考核，增强职工风险管理的自觉性和主动性。

转型是企业发展的需要，执行是成功转型的保证，风险防范是成功转型的路标。没有风险防范的转型犹如盲人骑瞎马，半夜临深池。有效的执行为转型创造条件，赢得先机，争取主动。科学的转型为执行注入活力，为创新发展增添动力。有效防范风险是转型与执行前进的方向盘，确保企业的运营朝着正确的方向前进。

关于公司治理的思考

2006 年 6 月 22 日

今天，国资委改革局副局长白英姿介绍了对中央企业进行公司治理的整体分析和工作安排，从形式上讲，建立董事会，引入独立、外部董事，并继续保留外部监事会制度。这和发达资本主义的公司治理相比，框架更完善；但经过这种安排，中央企业在管理上能否有质的飞跃？现存的问题能否有效解决？仍有很大变数。

就治理公司而言，公司治理结构有一定的作用，但治理结构相同业绩大相径庭者很多，主要差异在于公司的执行力、执行文化、员工队伍素质、职业操守等内在因素。中国的企业既缺有效的治理结构，更缺一贯认真的执行文化和行之有效的执行能力。在推行公司治理结构的同时，培育执行文化，提高有效执行力；否则，实施公司治理会事倍功半。

提高公司经营业绩，需要完善公司治理结构，提高公司治理水平。提高公司治理水平，既要培育认真负责的执行文化，又要建设高效的执行能力。因此，需要引入学习型组织建设，摆脱传统文化和意识的影响，全面转变员工的观念，增强危机感、使命感，积极主动地学习新知识，掌握新技能。同时，培养全体员工的合作精神和合作能力。这是公司治理有效运转的基础。

在推进公司治理时，需要战略引领，执行文化和执行力建设围绕战略展开。组织架构、业务流程、人员流程都要和发展战略相向而行，保障战略思想付诸实施，通过有效的组织架构、业务流程和人员流程转化为经营业绩和可持续的发展能力，即竞争力。然而，在实际执行中难免有执行和战略发生偏差的情况发生，经营轨迹偏离战略方向。因此，在经营过程中，需要加强反馈，及时调整方向，纠正偏差，适当微调发展战略，使之和经营环境、执行文化、执行力等有机融合。最重要的是培育骨干人员，积极引导员工践行执行文化，带动执行力向高效、协调方向发展，促进战略思想的深化、细化、具体化，把战略和经营融为一体。

真正把企业战略转化为行动指南，需要从组织架构设计入手，充分考虑决策和沟通流程。统筹考虑组织的形态、技能组合、反应速度、协调能力和决策权分配等因素。在此基础上，精心设计运营流程和关键业务流程，采取适当的监控手段和有效的监控程序。设计人员流程要考虑控制和激励，公司自上而下形成符合战略要求的执行文化，统一全体员工的思想意志，设计个人成长轨迹；统筹考虑公司发展和个人成长。只有这样，执行过程才会进入良性循环的轨道，才能激发员工的积极性和创造性，才能提高公司的竞争能力和应变能力，才会加强公司的可持续发展能力。

积跬步之功而登高望远

2006 年 6 月 25 日

为期两周的“国有骨干企业领导人员培训班”即将结束。回顾两周的学习，深深感受到国有企业和跨国公司相比，在经营、管理方面的巨大差距，强烈意识到当前全面提高国有企业整体素质的紧迫性和艰巨性，清醒地看到解决国有企业问题的紧迫性和复杂性。

通过学习和交流，增强了国有企业在激烈竞争中发展壮大的危机意识，增强了搞好国有企业的使命感，坚定了搞好国有企业的信心和决心。就当前国际国内形势看，搞好国有企业不能完全照搬外国公司的做法和经验，也不能在现有的框架内故步自封。必须从实际出发，针对国有企业存在的具体问题，借鉴外国公司的经验，从企业文化、运营流程、人员流程和战略组合出发，脚踏实地做好基础工作，积跬步之功而登高望远。

1. 冷静分析国有企业的差距和不足。国有企业是在计划经济体制下建立的，并运行了几十年；无论在体制上还是思想意识上都有很深的计划经济烙印。尽管，改革开放已经二十八年了，经营管理的模式发生了很大变化；但是，在决策程序、执行计划、分配制度上，仍然有计划经济的痕迹。主要表现在以下几方面。

（1）虽然，我们引入了董事会制度；但是，只是形式上的变化。实际上，董事会的工作还不能完全定位在出资人的职能上，工作往往和经营层交叉在一起，有点像董事会、党委会、经营层三合一，彼此的工作有些错位。董事会对经营层的工作微观介入多，宏观控制少。甚至，出现内部人控制时，对决策失误等问题不能及时发现。一旦问题浮出水面，可能就是一个大窟窿。

（2）虽然、我们的组织结构发生了很大变化，在形式上和国际接轨了；但是，在具体的运作过程中不能按照市场经济的要求履行自己的职能。例如：人事部的名字虽然变为人力资源部，但它的实际工作很大程度上是继承了历史上人事部的职责，对于服务于企业发展战略的人力资源规划、人力资源配置、业绩考核和薪酬管理等依然没有摆脱传统的影响，很难真正体现出按劳取酬、优胜劣汰。因此，很难阻止人才的流失。

（3）虽然，我们引入预算管理制度，但是，人们习惯于预算内开支，对完成预算任务没有压力，一旦不能完成预算，总会找出各种理由推卸责任。在实际执行过程中，预算的约束作用大大减弱。而且，预算的准确性还亟待提高，编制预算的程序亟待完善。

（4）缺乏良好的执行文化。不以为然的意识、习以为常的思想和自以为是的态度在管理部门和业务部门普遍存在。公司的发展战略、经营理念很难贯彻到位，信息失真、业务失控的事件时有发生。很多项目很难达到预期的效果。

2. 认真学习跨国公司的成功经验。有比较才能鉴别。虽然，国有企业在改革中取得了长足进步，但是，和顶级的跨国公司比较，差距还比较大。不但在经营规模、获利能力、经营能力、经营水平上有差距，而且在经营理念、风险防范意识、服务意识上有差距。不但在决策水平、管理水平上有差距，而且在执行能力、应变能力和协调能力上有差距。不怕起点低，就怕不知底。只要我们找到了自己的差距，就能朝着正确的方向前进，我们一定能赶上和超过跨国公司，并且在激烈的国际竞争中发展壮大，真正成为有竞争实力的跨国公司。

（1）抓住国资委实施董事会试点的机会，认真组织好公司的董事会，从选聘董事、制定公司的治理架构、完善公司章程到界定董事、经营层职责，公司能够清晰、透明，规范运作。

（2）按照公司治理的基本要求，规范人力资源部门的工作，使其真正担负起人力资源规划、配置、培养、考核的职责，完善业绩管理制度，规范薪酬激励机制。人力资源部门的规划应该服从、服务于公司整体战略的实施，为公司实施发展战略提供人力资源保障，科学合理地确定业务流程、关键岗位，合理配置人力资源。

（3）在完善全面预算管理的基础上，积极推进“平衡计分卡”考核办法。全面预算以预算管理为主线，可以强化员工的成本意识，有助于降低成本，减少费用开支。全面预算的实施，有助于加强公司的基础管理工作，为积极推进“平衡计分卡”考核办法奠定基础。“平衡计分卡”考核办法的实施，真正把公司的发展战略量化为具体的财务指标，并且把实现财务指标和利益相关者的利益结合在一起考虑，把实现财务指标和具体业务要求结合在一起，对人力资源的开发利用提出具体要求，使公司战略实施形成财务、业务、人力资源和利益相关者互动的良性循环。从业务发展和公司战略实施推进学习型组织的建设，有助于推动个人学习和团队学习的结合和互动，有助于增强公司的竞争力。

（4）加强执行文化建设，完善风险控制制度。执行文化建设的关键在于统一全体员工的思想和意志，使每个员工为实现公司的发展战略在工作中养成自觉执行的习惯，强调执行的效果和效率，强调互助合作和协调，强调优质服务和良性互动，坚决杜绝“不以为然的意识、习以为常的思想和自以为是的态度”在员工中蔓延。增强奉献意识，完善风险管理制度，提高决策水平；增强抗风险能力和危机处理能力，在激烈的竞争中任凭风浪起，稳坐钓鱼台。

3. 在实践中总结，在完善中提高。由于历史的原因，中国的公司和跨国公司有很多不同之处，不可能完全照抄照搬外国公司的治理模式和经验。一定要从实际出发，因地制宜，形成适合中国公司自身特点的公司治理结构，用实际效果检验改革的成败。注重在实践中不断完善、不断改进、不断提高，在实施公司治理结构时，把充分发扬中华民族优良传统和吸收借鉴外国先进管理经验相结合，创造出适合中国国情的公司治理结构。

（1）防止民族虚无主义的思想。冷静分析我们的差距，正确对待我们的不足，取人之长，补己之短。在实施新的公司治理结构时，勇于发扬我们曾经积累的成功经验，勇于放弃不合时宜的管理思想和经营理念，批判地吸收西方管理思想和文化。

（2）防止急躁冒进的思想。不能简单模仿公司治理的形式，认真丰富公司治理的内涵；从战略制定、业务流程、人员流程的设计到岗位职责分工、业绩考核和薪酬管理制度的制定，考虑可操作性、业务连续性和公司可持续发展能力。

（3）加强以执行文化建设为基础的基础管理和基本制度建设是一项长期而艰巨的任务，是先进公司治理结构发挥作用的根本保证。任何华而不实的模仿和哗众取宠的炫耀都不利于公司可持续发展能力的形成，也不利于提高公司竞争力。一切改革和创新都要立足于公司基本情况，真正做到知己知彼，百战百胜。

（4）千里之行始于足下。从现在起，每个员工都要投身于改革和发展的伟大实践，积跬步之功，奠登高之基。借鉴别人的经验，汇聚职工的智慧。只要我们能够以不懈的努力推进国有企业改革，以务实的态度跨越改革的障碍，国有企业改革一定会走出困境，迎来美好的明天。会当凌绝顶，一览众山小。

什么决定成败

2006 年 7 月 15 日

最近，热销的书有《细节决定成败》、《战略决定成败》、《制度决定成败》，然而，一位牧师则说，品格决定成败。每种说法似乎都有一定道理，那么，究竟什么决定成败呢？

这是一个复杂的系统工程，取决于诸多因素。作为个体，要养成良好的习惯，正心诚意修身，培育良好的品格，形成健全的人格。做事注重细节，精益求精，保持良好的合作关系，具有和谐的人际关系。精通业务，人品超群，仁义至上，德行为先。这是成功的基础。

作为企业领导，还应该具备战略思维、改革创新、科学发展的能力。战略思维能力的形成建立在勤奋学习、知己知彼的基础之上，需要从传统思维方式向结构性思维方式转变。思维能力本身就是人们对世界的支配和改造能力。个人的思维能力决定一个人的生存和发展能力。组织的思维能力决定一个组织的生存和发展能力。突破思维就是从封闭思考到开放式思考，从传统思维到理性思维，从线性思维到系统思维，从分散思维到流程思维。通过提高思维质量可以提高企业的管理质量。改革创新能力建立在对经营规律、市场趋势的合理判断之上，适应环境变化，及时转变观念，改革固有体制机制，创新发展模式，激活发展动力。科学发展能力是企业从优秀走向卓越的根本保证。科学发展是追求卓越的灵魂。企业要在激烈的竞争中立于不败之地，就必须走科学发展之路。科学发展的核心是协调、可持续。组织和业务运营流程协调，管理和经营协调，战略和资源协调，领导和员工协调，内部和外部协调。人力资源可持续，现金流可持续，业务拓展可持续，核心竞争力可持续。

从优秀到卓越的企业，需要出类拔萃的经营团队，需要在卓越文化熏陶下培育成的凝聚力和市场应变能力，需要有效处理局部和全局、发展与稳定、做大与做强、效益与责任关系的能力。因此，一个成功的企业家应该具有驾驭团队、引领市场、创造业绩的综合能力。形成共同价值观是凝聚团队意志的基础，培育卓越文化是成功企业家责无旁贷的事情。因此，在激烈的竞争中始终保持成功的关键在于卓越的企业领导以身作则形成的、引领全体员工共同遵循的企业文化。培育卓越文化是一项艰苦卓绝的工作，需要企业领导从点滴小事做起，从意识和思维方式的改变抓起，身体力行重塑企业文化。

成功的企业既注重细节的周密、战略的方向、制度的效率，更注重企业家的品行、卓越的企业文化和有效的执行力。企业从优秀走向卓越，路漫漫其修远兮，吾将上下而求索。

如何当好副手

2006 年 7 月 29 日

作为副手，要明确自己的工作任务是什么？要达到的目标？以积极的态度对待工作，主动采取行动，工作不停留在口头上、文字上，要落实到行动上。行动及时不耽误，目标明确不偏离，态度积极不抵触。

准确领会工作任务，积极制定实施计划，着手准备资源，分解落实任务，监督检查进度。拖延不找借口，争分夺秒行动。疏忽不找理由，敢于承担责任。把工作目标印在脑海里，启动执行计划，对照检查进度，及时纠正偏差，适当授权，必要监控。无论工作多么棘手，都要以积极的态度面对，不埋怨，积跬步之功，至千里之行。只要思想不滑坡，办法总比困难多。注意调动员工的积极性和创造性，发挥员工的聪明才智。在处理棘手工作时，群策群力，集思广益。培养员工积极采取行动的品质、毅力和恒心。无论顺境，还是逆境，只要能够及时采取行动就能争取主动，化险为夷。采取行动是执行力的具体体现。培养雷厉风行的习惯是果断行动的前提。因此，当好副手要从培养言必信、信必果、不拖延、不敷衍的良好习惯开始。

作为副手，要高标做事，低调做人。当一把手有决策粗放的习惯时，要高标管事，不能随声附和。在自己力所能及的范围内，尽可能严格把关，防止一切可能的风险，把可能产生的损失降到最低。作为副手，合理定位。工作低调，不能越位；增强个人修养，提高个人魅力。依靠诚信做人、严格做事的风格树立威信，赢得信赖，扩大在组织中的感染力和影响力。作为副手，除了高标做事、低调做人外，还要注意以下细节：站得恰到巧处，不越雷池一步，不能张扬，做好配角，不靠近中心位置。说得恰到妙处，领会领导意图，勿多言。做得恰到好处，把握领导旨意，竭尽全力完成任务。牢记三条戒律：不与上司产生摩擦，做服从的楷模。牢记上司的指令，按时保质保量完成任务。维护上司的声誉，在公开场合注意维护上司的尊严。

说易行难，严把三关。尽职尽责，有效沟通，积极合作。

创 新 思 维

2006 年 9 月 27 日

《领导者之剑》一书强调了创新思维的作用。在激烈的市场竞争中，一个企业的竞争力不仅取决于企业积累形成的核心竞争力，而且，也取决于领导的思维方式。领导的思维创新不仅可以有效地整合优势资源，充分展现企业的核心竞争力。而且，通过创新思维可以发现新机遇，利用新机遇。

本世纪企业之间的竞争，不仅是企业核心竞争力的竞争、企业文化的竞争，也是企业领导创新思维能力的竞争。激烈的竞争，不仅需要关注战略、细节、智慧和态度，而且，更要关注创新思维的培养、训练。不仅领导要有创新思维的能力，而且，要培养训练一支创新思维的团队。不仅要集中精力做好眼前的事情，确保一贯的竞争优势，而且，要超前思考未来的发展方向、潜在机会、竞争对手等问题，以创新思维的方式研究应对方案，组织开展创新活动，包括创新管理、创新业务流程等。

创新不是摒弃原来的一切，创新是发扬成绩、优良传统、优秀文化，使其在新环境中赋予新的内涵，发挥新的作用。

创新并非高不可攀。《为学》篇首开宗明义指出："天下事有难易乎？为之，则难者亦易矣。不为，则易者亦难矣。人之为学有难易乎？学之，则难者亦易矣，不学，则易者亦难矣。"毛泽东当年曾写下："贵有恒，何必三更起五更睡；最无益，只怕一日曝十日寒。"古往今来，圣贤对做事、做学问都有精辟论述，难与易是相对的；对不同的人来说，同一件事就表现的难易各异。

只要我们以积极的态度去做、去学，难事也会变得容易。可谓熟能生巧。相反，懒惰、不积极进取，易事也难以完成，必将一事无成。世上无难事，只要肯登攀。学习创新思维、培养创新思维的团队，不是高不可攀的事情。只要领导以身作则参与学习型组织建设，改变过去的心智模式，系统思考问题，就能形成浓厚的创新文化氛围。

作为企业领导，不满足于现状，不但要培育企业的核心竞争力，而且，要率先垂范，培养企业的创新思维能力。因此，首先从培养自己的创新思维入手，重新审视复杂多变的环境和激烈竞争的市场，独辟蹊径，寻找战略突破口。培养勇攀高峰的信心和决心。越是艰苦的环境，越需要创新思维；越是紧张的节奏，越能激发人的潜能；越是激烈的竞争，越能磨炼人的意志；养成创新思维的习惯，增强战胜困难的斗志。

做好接管矿山、恢复生产工作

2006 年 11 月 28 日

2006 年 11 月 8 日中冶集团和美国晓业公司在阿根廷铁矿举行了接管矿山和股权转让仪式。美国晓业公司正式把矿山 70% 的股权转让给中冶集团，中冶集团正式承担起恢复生产以及将来组织生产的重任。11 月 16 日我和阿根廷铁矿（晓业公司）的管理人员见面，对恢复生产过渡期间的工作提出具体要求。11 月 26 日中冶集团的管理人员进驻矿山。今天，召开全体员工（含美国晓业公司员工）会议，布置矿山交接、恢复生产工作。

1. 做好矿山管理的具体交接工作。在工作交接时，王燚总经理要认真听取美国晓业公司吴总介绍情况，虚心请教他在这里的工作经验。坦诚交换意见，对问题有不同看法可以保留意见。要互相尊重。吴总在这里做了大量工作，有很多切身体会和经验。在交接过程中要认真了解每一项工作的具体情况和工作中的注意事项等。要处理好中冶集团和美国晓业公司的合作关系。

2. 建立和维持良好的外部合作关系。（1）处理好和 SIERRA GRANDE 市、港监等当地机构的合作关系。（2）处理好和黑河省有关部门（生产部、矿业部、环保局、移民局、法务局等）的密切合作关系。阿根廷是联邦政府，省里的权力大于联邦政府的影响力。（3）处理好和联邦政府移民局、外交部、矿业部、港务交通、海洋运输等机构的合作关系。（4）处理好和当地居民、劳工组织的合作关系。（5）处理好和中国驻阿根廷使馆的良好关系，有事首先向使馆汇报，听取使馆的意见。（6）处理好和银行、税务、审计等部门的良好合作关系。

3. 矿山恢复生产、经营管理要抓好六项工作。基本原则：工作有原则，做事有规矩，经营讲诚信。

（1）加强基础建设。1）建立健全组织机构。2）建立健全规章制度。3）建立健全决策程序。4）建立健全部门工作职责、个人岗位职责。5）建立健全业务流程。6）建立健全业绩考核、奖惩制度。以上制度、职责等管理文件以中、西文两种文字下发，统一规范中外员工的行为。原则：用制度管人，按制度办事。规范化、标准化、制度化。

（2）加强调查研究。1）摸清矿山恢复生产工作的现状和设备现状。2）摸清井下采空区分布及状态、井下生产作业面的现状、井下开拓运输系统、采准系统现状。同时，了解矿山生产的历史资料：产量、消耗、工效、单位成本等指标。摸清职工队伍现状（姓名、性别、年龄、学历、工作经历、能力、思想状态）、组织机构现状、管理制度现状。摸清“美国晓业公司对黑河省的承诺”：① 2004 年 12 月 10 日提交的“私有化措施里的承诺”。② 2006 年 8 月提交的“矿山发展计划”。摸清阿根廷政府有关“环境保护、矿业开发、外商投资、劳工、各种税收（含进出口关税）、工会等”政策要求，以及鼓励矿业的税收优惠等政策。摸清 MSG 和外部的合作关系、遗留问题等（包括历史问题，参考《希拉格兰的铁矿财务状况汇报材料》，现在的客户、供应商等），要建立客户档案。原则：先看、先听，知己知彼。

（3）加强安全生产。1）建立健全安全生产管理机构。2）建立健全安全教育制度（班前 5 分钟安全教育，安全教育落实到班组）。3）监督、检查劳动保护用品的使用情况。4）定期、不定期检查安全生产情况。5）监督安全整改措施落实情况。6）制定详细的恢复生产计划。把计划任务按时间、按部门、工序及工艺流程分解。作为预算和工作考核的重要依据。责任到人。原则：安全无小事，常抓不懈。

（4）加强组织纪律（情况特殊、任重道远）。1）重申并明确“上、下班考勤”制度，统一要求，不能有特殊人。2）明确部门工作职责和管理权限。3）明确业务流程和审批程序。4）明确个人岗位职责和工作权限。5）对中方员工要强调外事纪律。尊重当地居民的风俗、宗教信仰。业余外出请假制度。6）提倡并要求全公司员工做到有效沟通、积极合作，每一个人都要做有效沟通、积极合作的典范。原则：不能越权做事，更不能先斩后奏。培养执行文化，增强执行能力。

（5）加强成本控制。1）严格预算管理（产量、工效、消耗定额、单位成本、采购成本、市场营销计划、管理费用等）。12月组织编制2007年的生产经营预算。2）根据预算控制生产成本。明确工效、定额和个人收入挂钩。3）严格控制人工成本。收回用人审批权，进人要严格审批，人事部门严格把关，宁缺毋滥。4）严格控制管理费用。制定统一的差旅费标准、交通费报销原则。5）严格控制采购成本。严格按照采购招标程序采购。签约、跟踪和执行要分开。6）严格业绩考核和奖惩兑现。原则：考核有标准，奖惩有原则。

（6）加强企业文化建设。1）认真学习国内（党和国家）文件、中冶集团文件，准确把握企业发展的大方向。2）学习中冶的企业文化、宣传中冶的企业精神：“敬业、忠诚、团结、进取”。3）结合MSG的实际注入新的内涵：敬业：站在中冶集团“走出国门、开辟国际市场、实现资源战略”的高度认识办好MSG的重要意义。我们是开拓者，要勇往直前，百折不挠。忠诚：忠诚于祖国，忠诚于中冶集团，忠诚于MSG，忠诚于自己，忠诚于家庭。团结：在境外工作，远离祖国和亲人，彼此的团结尤为重要。首先，是中方人员的团结，领导要起表率作用。其次，是中、阿员工之间的团结。进取：没有现成的经验借鉴，我们又不能停步不前。要创造性地工作，动脑筋，勤思考。要积极主动地工作，敏而好学，不耻下问。4）营造良好、和谐的人际关系：“互相尊重、互相信任、互相理解、互相关心”。5）加强业余的语言学习和专业知识学习，培养集体学习的氛围，构建学习型组织。6）开展积极、丰富的业余文化生活，创造轻松、愉快的生活环境。原则：企业文化服从于企业的发展战略，企业文化激发人的创造性天赋。

任务已经明确，成败重在执行。在总经理的统一指挥下，认真落实各项工作，责任到岗，考核到人，以实际行动谱写境外资源开发的新篇章。

适应环境，积极开展恢复生产工作

2007年3月30日

2007年3月25日到达矿区，检查了矿区恢复生产进展情况。发现矿山的管理团队不适应境外的工作环境，和当地政府、员工缺乏有效沟通，安全意识不强，现场恢复生产工作进展缓慢。针对接管矿山四个多月的恢复生产情况和存在的问题，对矿山管理团队恢复生产提出以下要求。

1. 要适应环境的变化，调整思维方式，积极投入工作。（1）明确。我们是在国外工作，在国外工作就要遵守当地的法律、法规。（2）记住。我们是外国人，我们要和当地人一起工作，要尊重当地人的风俗，要和当地员工形成良好的合作关系，要依靠他们来处理当地的各种关系。（3）学会。通过紧张的工作、学习消除远离家乡的孤独感。既来之，则安之。要以对事业的追求和人生价值的实现为动力，全身心投入到工作中，学习新知识，了解新事物，适应新环境。

2. 要增强安全意识，以身作则，互相监督。（1）遵守当地的安全生产法规，以身作则，形成人人遵守安全法规，个个重视安全检查的氛围。（2）遵守当地的交通法规，以身作则。酒后不开车，开车系安全带，开车不超速。离开 SIERRA GRANDE 到外地办事，中国人不开车，要由专职司机开车。（3）人身安全。业余一人不外出。外出开车要得到领导的批准。外出活动不酗酒，不喧哗，不闹事。

3. 要增强主人翁责任感，认真负责，监督检查阿方员工的工作。（1）按时上班，不迟到，不早退，有事请假。（2）上班要认真工作，不上网聊天，不传小道消息，不脱岗。（3）监督阿方人员的工作，要求他们认真工作，但是，态度要友好！

4. 要增强组织观念，服从领导，及时汇报。（1）遵守组织纪律，不和阿方员工谈论关于政治、宗教信仰的话题。（2）服从领导指挥，工作不能推诿扯皮，有布置，有检查。（3）及时汇报工作完成情况、存在问题、解决建议等。

5. 要增强危机意识，勤奋学习，努力工作。（1）要抓住在境外工作的机会，勤奋学习语言，尽快掌握西语。尽快能独立工作。（2）利用和阿方员工一起工作的机会，学习别人的长处，提高工作能力。（3）争取使自己早日成为中冶集团国际化经营人才。

6. 要增强保密意识，集体意识，严守各种秘密。（1）不向当地员工宣传国家的政治、经济政策、策略等保密内容。（2）不向当地员工散布不利于团结的消息，维护中国员工的集体形象。（3）不泄露公司生产经营中的秘密。

围绕 2007 年的恢复生产计划，结合当前的实际问题，增强危机意识和责任意识，用制度管人，按制度办事。结合自己的岗位职责，把六项要求落实到位。总经理以身作则，抓恢复生产的进度检查，严格按照部门工作职责和员工岗位职责考核。

浅析企业跨国经营

2007 年 5 月 17 日

企业跨国经营要遵循企业发展的轨迹，不能一步登天。一般要经历商品输出、技术输出和资本输出。跨国经营是三种形式中的最高阶段。换句话说，跨国经营是有条件的，达不到条件，盲目走出去，会淹没在异国他乡的市场海洋里。

跨国经营矿产资源类企业，要具备的条件更多，难度更大。对此，国人缺乏足够的认识，有些盲目乐观，潜在风险更大。在境外开发矿产资源比有些人想象的复杂得多。利润也并非投资者想象得那么好！如果没有可靠的地质资料，盲目决策，很可能是无米之炊。即使有资源，如果资源大打折扣，必然导致规模不合理，大马拉小车，也难以达到预期目的。

资源所处的地理位置、基础设施、水电供应、原材料、劳动力状况等都对项目顺利实施有影响。所在国的政治、法律、金融环境对项目能否正常运营有直接影响。税收政策、税负水平、外汇管制、资源税等都影响企业的经营成本和效益。

企业即使对投资所在国的政治、经济、法律环境了如指掌，如果自身不具备经营境外企业的条件，没有驾驭境外企业的能力，投资也不会成功。

一支懂国际商务的职工队伍是项目谈判、签约成功的基础。不懂商务、法律，把握不住谈判要点，很容易陷入合同陷阱。一支懂技术的专家队伍是选择正确方案、确定合理规模的根本保证。不懂技术的盲目乐观，对未来生产规模和利润的幻想，很容易在谈判中脑子发热，把握不住成本底线，很容易签下无法执行、更无法赚钱的合同，甚至因无法履约而蒙受巨大损失。一个健全的谈判组织是周密分析问题、提出合理谈判方案的基础。明确分工、有效沟通和积极合作是谈判成功的保障。一个懂业务、懂管理的领导，组织好谈判队伍是成功签约、堵住合同漏洞的基础。组织好施工队伍，选择称职的项目经理是项目如期保质保量、在预算内建成的关键。健全的执行队伍、有效的过程跟踪检查是保质保量的根本。

最关键的是投资决策所依赖的可行性研究报告的质量。因此，决策前的尽职调查不能走马观花，更不能蜻蜓点水。资源类项目的尽职调查应该包括技术尽职调查、法律尽职调查、环境健康尽职调查和财务尽职调查等基础性工作。尽职调查应该深入实际，全面了解相关内容，准确判断投资环境，特别是资源可靠性、数据可靠性和合作方信誉可靠性等是至关重要的影响因素。按照国外的惯例，可行性研究报告应该达到银行融资审查条件（Bankable feasibility study report）。因此，投资矿产资源类项目，应该坚持“前期工作细、基础数据全、可研报告实、最后决策慎”的原则。

跨国经营必须认真考虑上述内容。企业应该具备相应的条件。即使有些服务性工作可以委托第三方做，也不能违背起码的工作要求而草率了事。如果不具备条件而盲目投资、盲目“走出去”，投资很难成功。境外投资风险大、困难多，运筹于帷幄之中，决胜于千里之外。

改变现状从点滴做起

2007 年 8 月 13 日

我到阿根廷铁矿已经参加了两次周一的调度会，每次都三个多小时，严重浪费与会者的时间，大家都有意见，又无能为力。

今天，是我主持的第一个周一调度会。一开始，我提出调度会要简短，重点讲没有完成计划的原因、工作中存在的问题和本周工作重点。话音一落，投来很多赞许的目光。尽管事先没有通知与会者，但今天的会议十点半就结束了。

为了扭转中国员工在这里散漫、消沉的不良习惯，今天中午用十分钟时间给所有中方员工开会，号召大家要珍惜现在的机会，以敬业、忠诚的态度，充满激情地工作。提醒大家“勤奋使人振奋、懒惰使人消沉”。要求大家肩负起海外资源开发的重任，齐心协力，共同克服生产中的一切困难。简短的讲话，对大部分人有鼓舞作用，对个别人是背后猛击一掌，该醒醒了，再不能混日子了。下午，又和徐剑云一起到高位水池、自备电厂查看，了解基本地形地貌等施工条件。

在现场工作了两周时间，深深感觉到懒惰比无知更可怕。鞍山院准备可行性研究报告，让矿里提供地质地形图、过去生产数据等资料，异口同声说没有资料。对此，我一直半信半疑。

昨天，我和 Vega（原阿根廷铁矿矿长）一起到井下检查生产。我问他有没有以前的生产月报、公司管理制度等资料。下午，他就向我提供了 1980—1988 年每年一个月的生产月报。今天上午，他又给我一摞公司规章制度。

就这么简单的事情，我们第一批来的技术人员，八个月都不收集，以没有推脱责任。这种不作为，既可恨，又可笑，实在无奈。

在他们刚到矿山时，就要求收集以前的历史资料，可竟然无动于衷。无知者如果愿意学，还可以做些事情。无知再加上懒惰就无药可救了。

今天下午，我打开《生产月度报告》，数字全面详细、报告内容完整，当时的生产情况一清二楚。我不明白这些专门的技术人员，包括总经理怎么就连要资料的力气都不肯出呢？对一个恢复生产的矿山，对过去资料了解的越全、组织生产越主动。这点道理恐怕一般人都应该懂，更何况是工程技术人员呢？

我看着眼前这一摞资料感慨万千，哭笑不得。这就是我们的职工队伍，这就是我们的高管层……

在艰苦环境下工作，保持人心稳定是队伍稳定的关键。要想稳定队伍，领导要“以心换心”，用心去管理心，以此赢得人心。当年在秘鲁铁矿工作时，自己在极其困难的条件下带领大家共渡难关，经历了破产威胁的严峻考验，为秘鲁铁矿的起死回生创造了条件，奠定了基础。今天的阿根廷铁矿形势更严峻。如何凝聚人心依然是主要矛盾，尤其是凝聚经营管理骨干人员的人心极其重要。这两天的工作初见成效。卫红本打算回国，经过做工作，她基本同意如果身体允许，还愿意继续留在矿山工作。如何留住毛老师还需要继续做工作，还需要用心去留心，用心去留人。

在工作中深深体会到，心灵相通是达成共识的基础，是办成事情的根本保证。因此，在今后的工作中，不但要强调业务管理，更多得要体现用心管人。心灵的沙漠渴望甘霖滋润。用自己真诚的心去感动，用自己赤诚的心激发员工的热情，用火热的心温暖员工寂寞的心。艰苦的环境磨炼意志。艰苦环境需要用满腔热血融化冰霜，用涓涓细流滋润干涸的心。

走动管理

2007 年 8 月 21 日

今天上午，利用管理人员开调度会的时间，我和毛老师到预选车间、磁选车间、机修车间检查生产情况，随后到中间料场下的皮带走廊查看了漏斗放矿情况。

预选放矿口堵塞，清理后，重新启动的声音不正常。磁选车间矿浆管堵塞没有生产，职工用高压水冲洗。车间多数人在办公室，只有一个工人在焊一个铁皮箱。我问一位坐在办公桌旁的中方机修员工，你的工作是什么？他说管理。我说是管理你的办公桌吗？你应该到车间走动，查看设备是否正常。这是极普遍的现象，令人焦虑。中间料仓下面的十四个漏斗，只有 1 号、3 号和 8 号漏斗在出矿，而且 3 号漏斗出的矿很湿，4 号、5 号漏斗因矿湿被堵死了。

下午，我和毛老师到主井、风机房、通风井处查看，主进风井井口三台风机，有一台的进风管连接处胶管破裂漏风。另外，已是下班五点半（一班作业），风机还在转。毛老师问我，为什么不停？我说不生产可以停。这件事虽小，只要注意就可以办到，连翻译都注意到了，我们很多员工对生产管理中的问题习以为常，根本不会对漏风引起重视，或者根本就不可能到这里查看。

今天的体会是走动管理才能了解真实情况。想了解情况，就要走出办公室。坐而言误事，起而行兴矿。

称职　尽职　失职

2007 年 8 月 24 日

在阿根廷铁矿工作了一个月，脑海里不断浮现几个字：称职、尽职、失职。

选择称职的员工是企业成功的基础。称职的员工若能尽职尽责，企业有了成功的保证。相反，企业选择了不称职的员工，各项工作无法按照计划推进，达不到预想目标，不称职员工若不尽职，企业的生产经营必然每况愈下。

虽然，2007年8月8日选矿一系列已经恢复生产，为全面恢复生产迈出可喜的一步。过去九个月中冶集团投入了大量人力、物力，购买了大量的设备，恢复生产工作已经取得突破性进展。一个停产16年的矿山终于恢复生产了。这对当地政府和人民是一件大好事。既给当地经济复苏带来活力，也为当地居民创造了就业机会。

尽管，恢复生产的进展顺利，提振了当地政府的信心。但是，我对今后的生产组织、管理仍捏一把汗。如果不能改变从国内带来的懒散作风，全面恢复生产的效率、效果将大打折扣，经营状况仍令人担忧。

现在的阿根廷铁矿有相当多不称职员工，而且在工作上不能尽职。因此，各项工作处于被动状态。要想改变这种局面，可以借鉴孙子兵法的“道、天、地、将、法”五要素，重点在“将、法”上做工作。首先，选择智信仁勇严的总经理。这是我们最大的困惑。其次，完善公司的“法”，即公司规章制度（含组织机构、运营流程、人员流程）。通俗一点讲，就是选择称职的员工，建立健全组织机构，完善规章制度，加强业绩管理，使大部分员工能够成为称职的员工，并能在工作中尽职尽责；果断清退不称职、投机取巧的员工，重点清退不称职的“将”。挑选称职的总经理是下一步的首要任务。否则，无法保证恢复生产的进度，即使正常生产也难以盈利。

呼唤敬业者

2007年8月29日

今天上午，我和毛老师到选矿车间，棒磨机、球磨机都没有启动。我问余可甫厂长，他说下面的管子有问题。因为机修负责人出差了，没人修，这里的电工修不了。听完余厂长的话，我和毛老师到了机修车间，让他们马上安排机修师傅去维修管子。就这么一点小事，居然没人去机修车间找维修师傅，一群人愣是都站在那里等，机器仍然停着。

离开机修车间，我心头压得喘不过气来。这里缺乏敬业精神，我们呼唤敬业者。敬业者的荒漠，企业会在这里枯萎凋谢。缺乏敬业的土壤，企业难以健康成长。期盼敬业的员工，需要培养敬业的员工之魂。

抓管理从树立员工的灵魂做起，树立员工灵魂从领导的敬业做起，领导敬业从日常工作的点滴做起。培养员工的敬业精神是一项艰苦细致的工作，需要耐心和恒心，需要领导言传身教，需要“春蝉到死丝方尽、蜡炬成灰泪始干”的奉献精神。呼唤敬业者，需要奉献者。这就是自己的使命。

敬业要解决问题。抓住主要矛盾，理清头绪。经过在矿山一个多月的工作，渐渐地理出了主要问题头绪，思考解决办法。由于地处阿根廷，有些问题的解决比较难。因此，分清主次，先解决直接影响生产的主要问题。1. 清退不称职的个别中方员工，以振奋士气。2. 调整生产组织机构，取消调度室和技术部，组成生产技术部，由 Mr. Paco 负责组织生产。3. 加强井下的生产组织工作，均衡采掘关系，加快采准掘进进度。4. 加快回水管道、矿浆管道施工进度。5. 加强操作工上岗前的技术培训。6. 加强人员的招聘、培训计划工作，满足生产对人员的需求。7. 抓紧落实后续电力供应工作的沟通协调，确保二系列试车的电力供应。8. 抓紧落实生产用水的保障供应工作。9. 抓紧落实恢复自备电厂天然气供应工作。10. 抓紧办理安全生产许可证、码头使用许可等证件。11. 抓紧下发有关规章制度（中、西文）。12. 编制 2008 年度生产、采购、销售预算。13. 集团尽快提出委托经营方案。

中冶集团采取委托华冶经营的模式组织阿根廷铁矿的生产经营，关系不顺，工作不力。在没有委托经营协议约束的前提下，对经营者的考核无法实现。因此，集团要抓紧准备委托经营协议，完善各项管理制度，真正落实双方的责任、权利、义务，恢复生产工作不能再耽误了。

在恢复生产中，采矿将是难度最大的一个环节。如果采矿准备工作不能及时开始，后续的采矿会受到制约。水电因素是外部制约最大的因素。因此，协调采选码头的生产关系，是组织生产的关键。协调省里有关部门、电力公司、供水公司、天然气公司的关系，是营造外部条件的关键。二者不可偏废，呼唤敬业者。

忧 勤 惕 厉

2007 年 9 月 20 日

在两千多年前《孙子兵法》的火攻篇中提到：“主不可以怒而兴师，将不可以愠而致战，合于利而动，不合利而止。怒可以复喜，愠可以复悦，亡国不可以复存，死者不可以复生。故明君慎之，良将警之，此之安国全军之道也”。

英雄所见略同。毛泽东曾提出对敌作战坚持“有理、有利、有节”的原则，邓小平关于发展经济提出三个有利于。由此可见，不管是领袖，还是企业家，在做出任何重大决策之前，都要考虑事情的后果，都要检查实现目标的可行性、可靠性。在采取任何重大行动之前，都要检查工作布置、准备情况，凡事从最坏处着想，审慎地采取行动，把消极影响降到最小。

冷静、理智是决策者必备的素质。系统思考、权衡利弊、有得放矢是执行者的必备素质。作为企业领导，在小系统是决策者；作为集团子公司，在大系统下又是执行者。因此，提高决策水平和执行能力是永恒的课题，学无止境。要及时告诫自己“亡国不可以复存，死者不可以复生”，做任何决策、采取任何行动都要冷静、理智。

怒而兴师是国之灾难，富而忘本是家之悲哀。一个人能否守本分，决定了他能否担当大任。由于国企不是企业家自己的，有些人对勤俭节约不屑一顾，所以大部分企业缺乏竞争力。究其因，是经营者未富而先奢，未成而先贪，导致企业未捷先死。归根结底是未富而忘本。

在矿山恢复生产初期，穷大方、摆阔气的作风如继续下去，难以实现企业的全面盈利。因此，一定要号召全体员工积极行动起来，防止未富先奢的风气蔓延。创业艰难需要勤俭节约！恢复生产初期投入大，没有产出，举债压力大，必须厉行节约。否则，入不敷出会被债务拖垮。精打细算是渡过难关的根本，我们不能忘本。

勤俭办企业需要从领导做起，带头起表率作用。勤俭办企业需要全员的努力，发挥大家的聪明才智开源节流。勤俭办企业需要保持艰苦奋斗的优良传统。创业艰难，唯有矢志不渝，才能立足、生存、发展。培养勤俭节约的员工队伍任重道远，唯有未雨而绸缪，精心组织，方可迎难而上，开拓、进取、创新。

统一思想、明确任务，做好恢复生产的各项工作

2007 年 9 月 22 日

这次在阿根廷铁矿工作了七十天，明天就要离开矿区启程回国。回国之前，召集中方员工布置工作，提出以下要求。

1. 统一思想，明确使命，增强责任感，增强凝聚力。把思想统一到“2008 年一季度全面恢复生产，生产出合格的满足用户要求的精矿粉。2008 年采出矿石 110 万吨，生产精矿粉 40 万吨，开源节流，实现盈亏平衡。”我们的使命是“开创境外资源开发的新事业，要勇于进取、开拓创新”。不错过历史的机遇、不辜负组织的信任、不能虚度时光、不要留下遗憾！（1）要增强组织观念。坚持民主集中制的组织原则。任何人都不能违反这一原则。（2）增强全局观念。从集团的大局出发，以对集团负责的态度工作，不怕得罪人，更不能讨好人。防止出现小圈子，甚至小团体。公司的整体利益高于一切。（3）增强责任心。要扪心自问，对得起工资，对得起组织的信任，对得起家人的期盼。领导要发挥表率作用，一定要以身作则。（4）增强凝聚力。要以“敬业、忠诚、团结、进取”

的中冶精神为指导，培养“敬业忠诚，充满激情”的员工队伍。

2. 整顿工作作风、提高工作效率，做到“严、细、实”，扭转粗放管理的现状。学习大庆“三老四严”的作风：“即对待事业，要当老实人、说老实话、办老实事。干工作，要有严格的要求、严密的组织、严肃的态度、严明的纪律。”不能夸夸其谈，说了就算了事，布置的一定要干。而且，在规定时间内，一定要把工作干好！有布置，就要有检查，平时业绩有记录，年底考核有依据。更不能朝令夕改，要保持指令的一致性、严肃性，注意领导说话的权威性，保持工作的连续性。要形成“敬业忠诚、有效沟通、积极合作”的工作作风。（1）转变“浮”的作风，要有使命感。工作要脚踏实地，深入实际。少坐办公室，多跑现场。开短会，讲效率。少发文件，多面对面沟通。（2）转变“拖”的作风，要有紧迫感。任务有布置，有检查，在规定的时间完成任务。遇到问题少找原因推诿，多想办法，以解决问题为出发点。调动中、阿员工的工作积极性、主动性。要牢记：“拖延了工作时间，损失了国家的金钱，我们无颜面对江东父老。”（3）转变“混”的作风，要有危机感。尽职尽责，精诚合作。加强业绩考核，实行动态管理。（4）转变“懒”的作风，要有责任感。防止出勤不出力，防止懒惰在职工队伍中蔓延。（5）转变“散”的作风，要有荣誉感。要增强集体观念，防止自由散漫。

3. 深入现场，了解实际情况；现场办公，解决具体问题。（1）公司领导要根据自己的分工，经常到生产现场检查工作。人事部门领导要重点检查出勤和现场工作表现情况。总经理要主动深入生产现场，对生产现状要了如指掌，及时解决生产现场发生的问题。（2）所有采、选、地质、测量、机、电等专业中方人员，上午一律下现场。尤其是采矿、选矿、地质、测量的专业人员，必须在生产一线熟悉情况，做好自己的本职工作。要做好技术管理的基础工作。（3）要培养合作精神，强调一专多能。一是要学会和阿根廷员工一起工作，真正掌握生产的具体情况。二是遇到问题，不论分内分外都要干，以解决问题为原则。三是要服从领导指挥，不能强调客观原因。没有合作精神、不服从领导指挥，不论是谁，立刻辞退。

4. 保证安全生产，强化井下采矿、出矿和采矿准备，保证三级矿量和合理的采掘顺序。（1）加强全员的安全教育，强化班前5分钟的安全教育。（2）加强岗前培训，严格操作规范，杜绝操作失误，保证设备正常运行。（3）按照预算，编制好采矿、出矿、采矿准备、开拓工程计划。（4）按照采矿、出矿和采矿准备计划，组织好生产作业，保证全面完成生产和掘进任务。（5）加强生产现场的测量、取样工作，严格控制掘进的规格尺寸，控制采场的损失贫化。（6）完善通风系统，保证生产时新鲜风流能够满足设计要求，保证作业人员的人身安全。（7）完善供电系统，保证电动设备在井下的正常作业。（8）加强生产现场的安全检查，作业前“敲帮问顶”要形成制度，严格执行。(9) 针对矿山现状，优化开拓工程的断面尺寸、工程布置等，控制施工质量，降低开拓成本。

5. 强化选矿生产管理，提高设备完好率，减少事故率，提高选矿回收率，降低能源消耗。(1) 加强全员的安全教育，强化班前 5 分钟的安全教育。(2) 加强岗前培训，严格操作规范，杜绝操作失误，保证设备正常运行。(3) 完善工艺流程，严格生产管理、降低消耗指标，提高选矿回收率。(4) 加强设备巡检，及时发现隐患，加强设备维护，提高设备完好率。(5) 加强实验研究，完善工艺参数，优化生产运行系统。(6) 加强现场操作的监督检查，防止脱岗、串岗，确保设备运行稳定、生产、消耗指标稳定。

6. 健全采购销售组织、完善采购销售制度、建立采购销售网络、保障供应、开发用户。(1) 健全采购销售组织，招聘人员，在布宜设立办事处。(2) 完善采购流程、严格执行采购计划、采购审批制度，防止出现库存积压。(3) 完善招标评标程序、认真选择供应商、承包商，努力降低采购价格、工程招标价格，控制采购成本。(4) 加强采购物资加工过程的跟踪检查，保证备品备件的质量，保证交货期。(5) 建立完善的采购销售网络，形成快速的询价报价机制，加快采购进度。(6) 调研阿国内水泥厂对铁精矿、预选矿的有效需求，建立稳定的供应关系，优质服务，扩大销售。(7) 寻求国际上潜在客户，建立业务联系，跟踪客户需求，寻求成交机会。(8) 加强业务交流，积极宣传公司业务。

7. 以效益为中心，加强成本控制；推行预算管理，强化资金管理。控制成本、提高效率和产品质量是永恒的课题，我们要常抓不懈，用制度推进工作的落实。从完善决策程序、工作职责、业绩管理（奖惩）制度入手，不断提高管理水平、工作效率、企业运营效率和水平。不断提高职工队伍的素质。(1) 以消耗定额为标准，加强作业成本控制。从试生产一开始，就要做好成本的基础统计工作，按照成本中心进行考核。考核有依据，改进有目标。(2) 以预算为标准，加强管理成本控制。要坚持“勤俭办企业”的原则，领导起表率作用。(3) 提高工时利用率和作业效率，降低单位成本的固定费用。(4) 精简机构、精简人员，完善运营流程，提高企业运营效率。(5) 根据 2008 年生产预算的基数，编制采购预算、销售预算、人力资源预算，在此基础上编制 2008 年的经营预算。2008 年预算以 HIPASAM1989 年的生产实际指标为基数。(6) 开展“合理化建议活动”，努力实现“增产节约，增收节支”。

8. 落实恢复生产的各项检修工作、矿浆和回水管道工程的组织工作。(1) 11月实现选矿二系列的全面空负荷、重负荷试车。(2) 12 月份开始回水管道的现场施工工作。(3) 9 月份落实矿浆泵的选型工作。(4) 9 月份完成过滤系统安装、调试及辅助工作，达到试车的条件。(5) 2008 年 3 月恢复矿浆泵送系统，完成全面正常恢复生产打通最后一个流程。(6) 12月前完成码头有关修复的工作，确保2008年码头的顺利装载矿石。

9. 开展东矿体的地质勘探工作。(1) 根据过去完成的探槽和钻孔资料，利用过去的数据资料，局部调整华东院的地质勘探设计。据此审查勘探合同的工作内容和付费标准等。(2) 根据华东院的地质勘探设计，明确和阿根廷勘探公司的合同内容，严格履行合同，认真组织施工。(3) 做好地质勘探过程中的数据编录等基础工作。(4) 地质勘探报告的编制和审查工作。

10. 完成职工住宅的修缮工作。(1) 9月份完成活动板房现有材料的安装工作。12月份活动板房投入使用。(2) 根据一期合同，分期交付40套住宅，安排有关员工入住。(3) 积极安排后续住宅的修缮工作。(4) 利用“阿根廷圣诞期间的假期”，组织中方员工修缮职工住宅。

11. 以恢复生产为中心，做好“招募、培训、管理”工作，强化“业务学习、西语学习”。(1) 根据四季度生产预算和2008年生产预算，落实员工招聘计划，确保所需员工能够按时上岗。人事部门要和生产部门积极配合。(2) 根据不同岗位编制培训计划和培训教材，提前组织专业技术培训。做好培训后的考核工作，合格者上岗。保证新员工能够严格按照操作规程使用设备。杜绝因操作不当造成的设备和生产事故。杜绝因操作不当造成的跑冒滴漏堵。(3) 加强人员的管理，重点是新员工的规范管理和中方员工的全面管理。每个员工要牢记：“敬业、忠诚、团结、进取”的中冶精神，牢记自己的工作职责，牢记公司的奋斗目标。对中方员工要特别强调“安全”的问题，严格车辆管理。认真执行3月30日讲话中提出的要求，更不允许无证驾驶。对违反3月30日要求的员工要严肃处理，绝不姑息迁就，确保中方人员的人身安全。(4) 组织好中方员工的西语学习。安排好学习计划，组织好阶段考试和在生产实践中使用西语能力的考核。对一年后不能用西语进行业务交流的业务人员，一律安排回国。(5) 结合生产实践，加强业务学习。加强岗位练兵，开展业务竞赛。(6) 加强与阿方员工的交流，增进彼此了解，融洽合作关系，提高涉外工作能力。

12. 加强基础管理，实现“按制度办事，用制度管人”。(1) 2007年12月底，全面下发（以中西文形式）公司各部门的工作职责，人事管理、业绩考核、薪酬管理和各部门的业务管理等主要制度、业务流程等。奠定管理的基础。(2) 人事部门要根据组织机构、人员编制和部门的职责，制订各岗位的工作职责。(3) 加强考勤管理和现场劳动纪律检查，提高出勤率和工时利用率。逐步建立个人业绩档案，做到“考核有标准，奖惩有依据”。(4) 加强生产、技术基础资料的收集、整理、归档，建立健全生产、技术管理制度。(5) 建立健全设备、电气（器）基础管理制度，认真执行“保养维护、小修中修大修”等规定。保证设备的完好率、作业率达到规定的标准。(6) 加强财务的基础管理，建立健全财务档案。加强支付审查，严格控制现金流出。（7）监督检查各部门“按照业务流程开展工作”的情况，堵住管理漏洞，董事会在适当时候成立内部审计科。内部审计科对董事长负责。（8）坚持“有理、有利、有节”的原则，积极主动处理和工会的关系，不拖延、不回避、不激化矛盾。依法办事，把握原则，有效应对工会问题。

13. 全面落实恢复生产的“电、水、天然气”的供应和政府的各种许可。（1）上报联邦矿业部《恢复生产可行性研究报告》，落实三十年财税稳定政策。（2）完成《矿山生产的安全许可》的各项工作，得到政府的《矿山生产的安全许可》。（3）完成《码头使用许可》的各项工作，得到政府的《码头使用许可》。（4）落实选矿一、二系列全面恢复生产的用电、用水的有效供给。（5）落实恢复自备电厂的天然气供应的可靠性、可能性和经济合理性等。（6）落实从黑河建设供水系统的可行性、可靠性、经济合理性。

恢复生产进入关键时期，需要全体员工精诚团结，齐心协力组织好恢复生产的工作。按照今天提出的要求和工作部署，抓落实，抓进度，抓履职检查，确保各项工作围绕恢复生产的中心任务有效、有序推进，抓出成效，为明年一季度全面恢复生产奠定基础。

尽职与服从

2007 年 10 月 19 日

工作三十多年了，对尽职与服从的了解和理解不断加深。从原则上讲，做一名尽职尽责的员工，首先要服从组织的决定。然而，在现实工作中，当你发现违心地执行一个错误决策时，满足了服从的标准，内心深处会觉得并没有尽职。此时，尽职和服从之间出现了矛盾。

地位越高，尽职和服从之间矛盾产生的影响越大。因此，要想做一名称职的领导，要学会创造性地工作。首先，在被迫执行错误决策时，尽力把损失降到最低，以精细的工作弥补服从错误决定的疏漏。其次，在一个决策形成前，一定要表达自己的不同意见，说明利弊关系，不屈服于压力，不人云亦云。第三，对属于自己负责范围的工作，形成良好的合作关系，能够听到有关人员的真实想法，要善于指导工作，把工作做细。第四，尽力推动“规范化、标准化、制度化”管理，使决策程序合理，避免因决策程序问题造成决策失误，减少执行错误决策的可能性，降低决策风险。

作为副手，难在把握尽职和服从过程中的分寸，只能在夹缝中找平衡点，寻求尽职的机会，把握服从的原则。在具体工作中如履薄冰，不能有丝毫的懈怠。

安全管理在于创新

2007 年 11 月 7 日

今天上午，于总正式将她主管的安全、质量工作全部交给了我。从今天起，中冶集团的安全质量工作就由我负责了，深感责任重大，不敢有丝毫的懈怠。

安全和质量相辅相成，都取决于企业的管理。管理水平是提高质量、保证安全的主要因素。抓管理应该从规范化入手，做到标准化、制度化；流程是否科学，从客观上影响质量和安全。对流程的规范要结合发展战略、人员流程统筹考虑、系统安排。执行力决定了质量和安全管理水平。再好的措施，不能及时实施，达不到预期效果。强化执行是实现计划的根本保证。执行保进度，进度保工期，工期保预算；管理保质量，质量保工期，工期保预算；安全保进度，进度保工期，工期保预算。由此可见，安全、质量和执行直接影响进度、工期。因此，要有大安全思想，从系统上做到安全，从意识上重视安全，从措施上保证安全，执行中强调安全，做到全员全过程全方位的安全，生产必须安全。

抓安全只做不说，从班组入手，强化标准化作业。抓安全以项目为重点，优化项目的安全管理。安全人命关天，责任重于泰山。

随着时间的推移，企业的安全生产工作被赋予新的内容。唯有创新才能保证安全生产跟上时代的步伐，为企业的健康发展保驾护航。因此，对未来的安全生产工作不能墨守成规，根据国家的安全法律法规，结合企业的生产实际，有针对性地采取一系列改善安全生产环境的措施，增强安全生产意识，加强生产组织管理，创新安全生产工作，推动企业生产经营管理工作全面创新，增强企业的核心竞争力。

创新不是停留在口号上，是针对实际问题，立足于自身能力，创新解决问题，统筹考虑业主、利益相关方、承包商、分包商的利益，最大限度地利用有限的资源，优化组织和资源配置，确保生产安全、人员安全。

创新不是脱离实际、独出心裁、标新立异；创新是用发展的眼光看问题，以积极的态度找出路，以不懈的努力克难关；既要考虑历史，又要尊重现实。在此基础上，探索未来的安全生产管理模式，坚持以人为本，把握安全生产的基本规律，有效监督过程安全。安全生产任重道远，唯有不懈地创新，才能把安全生产管理工作做好。

关于“走出去战略”“资源战略”的思考

2007 年 12 月 17 日

今天，参加中矿联四届三次常务理事会，对国家实施“走出去战略”、“资源战略”提出以下建议：

1. “走出去战略”、“资源战略”是国之大事，宜韬光养晦。现在外国人听到“走出去战略”、“资源战略”就和掠夺资源联系在一起，造成人为的恐慌，再加上个别国家和团体别有用心的挑拨，使境外资源开发受阻，企业经营环境恶化。

2. 国家领导人少见证“资源开发项目”的签约。资源开发类项目从资料收集到可行性研究需要很长时间。如果为了赶上国家领导人出访见证签约仪式，很容易出现疏漏。另外，外国人利用我们急于签约的心情，抬高要价，使商务谈判陷于被动。有些企业想利用国家领导人见证签约仪式来扩大知名度。赶进度难免有所让步，会留下考虑不周的隐患。

3. 实施资源战略，少宣传，最好只做不说。舆论宣传是造成外国政府和当地居民恐慌的直接原因，是敌对势力借题发挥的诱因。根据国家的可持续发展战略，应该有详细的资源保障战略。实施“资源战略”要做大量基础性调查研究工作，知己知彼，选择合适的入市时机和切入点。当前黑色金属、有色金属、煤炭、石油等是价格的高点，不宜盲目入市，等到全球经济进入萧条期，资源价格在低谷时，不动声色地进入，资源开发事半功倍。企业要增强风险意识，理智地选择“资源项目”的介入时机。

4. 有条件、有准备、有计划地走出去。企业“走出去”的热情在“资源紧缺”的舆论声中不断高涨，导致和资源开发不相关的企业也匆忙加入了境外资源开发的行列，扰乱了正常的资源谈判程序，恶化了商务谈判的环境，抬高了资源价格，增加了投资风险。资源开发是有条件的，有其自身的客观规律，需要具备一定的条件才能完成资源开发的任务。即使有条件、有能力开发资源的企业，也要有准备地走出去。要慎重选择“资源开发”项目，认真组织资源开发队伍，精心准备资源开发方案，确保境外资源开发少走弯路，少交学费。企业的境外资源开发，应该和自己的全球化战略有机结合，有计划地走出去。

5. 根据国家发展纲要，选定境外资源开发的目标区域，从长计议，打好基础。勿临来抱佛脚，忌匆忙行事。勿盲目跟风，忌无序竞争。

6. 根据国家可持续发展要求，认真调控钢铁、有色金属工业的发展速度，适当降低经济发展对资源的需求，使原材料价格回归到合理水平，抑制可能的通货膨胀，调控经济发展速度，使其维持在合理、可持续的水平。

西澳铁矿项目总承包应该注意的问题

2007年12月28日

今天下午，专程去大兴外研社国际会议中心给中冶西澳公司讲课，介绍实施中信泰富铁矿总承包项目应该注意的问题。

1. 全面了解总承包项目合同内容。合同标的、品种规格要求、工期、质量标准等。

2. 全面了解业主资信等情况。特别是业主对资源开发方面的经验、能力；业主在业界的信誉、项目执行团队、执行文化等。

3. 全面了解设计内容、准确理解建设要求。设计的标准、产品选型、工艺流程、主要参数标准、主要技术经济指标选取等。

4. 对西澳政府法律法规的了解。项目建设的审查批准流程，每一环节所需审查时间。总包的义务、风险，分包的义务、风险，生产的具体内容及要求，明确总包的法律地位、权利、义务，依法执行合同。注意收集整理建设过程中往来函电资料，为依法处理建设过程的索赔准备依据，及时提出索赔申请，据理要求索赔。

5. 了解西澳当地劳动力现状。包括引入外籍劳工的限制，当地劳工的供应状况、工资水平，劳资法律法规，职业健康规定，休假制度要求，劳动组织的模式等。

6. 了解西澳设备、材料、水电供应能力。主要设备、备品、备件、原材料、辅助材料的供应渠道、货源、价格、供货周期等。项目施工地的水电供应能力、条件等。

7. 了解西澳当地分包商的业绩、信誉、规模等，有关分包的法律规范，施工执行的标准，对分包的系统管理，索赔处理依据、原则等。

8. 了解当地文化，特别是当地土著文化等。文化遗迹保护的法律，土著人谈判、协议、补偿原则等。

9. 培养语言交流能力。项目部的管理人员应该能流利进行口语交流，主要业务骨干应该能够自主进行专业方面的业务沟通协调，现场及时发现问题、解决问题。

10. 注重加强项目团队系统管理能力、业务协调能力、有效执行能力建设。在陌生环境执行项目，一定要统筹策划，系统思考，责任分解，逐项落实。严格界定分包任务的边界。施工组织的优化，有效协调分包队伍、业主之间的关系，稳妥推进项目建设进度。严格按照合同进度要求，认真落实业主的施工保障条件，有效组织施工，确保分包的施工进度。对业主不能满足合同规定的保障条件，要做好索赔的基础资料管理，有理有据，据理力争，维护公司的合法权益。

认真应对境外建设的挑战，悉心防范实施合同的风险。合理组织施工建设管理，确保圆满完成总承包任务。从一般业务人员到公司领导都要高度重视，认真组织力量妥善安排有关事宜，做好人力资源培训的基础工作，加强和业主的有效沟通，积极推进项目在政府的审批进程，以科学的态度对待工程拖期的问题，合理组织施工准备和施工管理，积极稳妥地推进 EPC 总包工程的建设进度。

胜任能力建设

2008 年 1 月 8 日

从执行到执行能力，强调了执行的重要作用；但影响执行效果、执行效率的是执行者对工作的胜任程度。能胜任工作者，执行的效果就好，不能胜任工作者，无论执行的多么认真，执行效果不会太好。

由此可见，要提高执行能力，首先，要提高胜任能力。因此，加强员工队伍的胜任能力建设至关重要，迫在眉睫。胜任能力有以下几方面组成，(1)责任心和敬业能力。(2)专业能力。(3)综合协调能力。(4)通用知识能力。(5)掌握新知识的能力，即自学能力。

一个团队的胜任能力源于每个员工的胜任能力。增强员工责任心和敬业精神，加强业务学习和专业技能培养，加强综合知识的学习，加强和周围人的沟通和合作等。这些是建设胜任能力的基本要点。

领导带头，因材施教，信息共享，共同学习。这些有助于提高团队的胜任能力，鼓励学习，鞭策后进，使每个人既有荣誉感，又有危机感。任何偷懒的想法、取巧的念头只能事与愿违。树立正气，抵制歪风，使胜任能力建设进入良性发展轨道。

有一定社会阅历和地位，人就容易骄傲。这不利于胜任能力建设。因此，作为企业领导，应该养成谦卑与反思的习惯，放下架子。不怨位之不尊，常思能力不够。自负使人自闭，骄傲使人落后。唯有管理好自己，不断提高自己的胜任能力，才能管理好企业。管理自己是一项永恒的课题，内容与时俱进，不能吃老本。自我管理应该在以下十个方面不断加强，常抓不懈。(1) 学会分析自己。分析自己要实事求是，分析环境要客观公正。(2) 明确目标。制定目标要长短结合，落实目标从今天抓起。(3) 坚定信心。树立信心要坚定不移，不能朝秦暮楚。勇于战胜任何挫折，征服任何困难。(4) 顽强的毅力。贯彻落实要毅力持久，自我管理要坚持到底。(5) 心态平和。快乐健康是成功的基础，良好的心态是成功的前提。(6) 加强学习。勤奋学习是事业的需求，刻苦努力是进步的保证。(7) 认真思考。独立思维，保持头脑清醒；善于思考，少走弯路。(8) 有效管理时间。时间是一条单行线，加强管理才会出效率。(9) 及时检查。认真执行保证目标落实，认真检查保证贯彻正确。(10) 经常反思。不断反思，继续进步，超越自我，拼搏进取。

以上十点要素，是自我管理的基本要素，是胜任能力建设的根本保证。要想达到理想的效果，就要以谦卑的态度面对生活，随时反思过去的不足。吾日三省吾身：业务管理是否失误？管理决策是否失据？与人交往是否失信？

作为企业领导，在开始管理别人前，先学会管理自己。在行使行政管理权之前，先学会理解别人。胜任能力建设，推己及人；知己知彼，百战百胜。

召开中方员工大会

2008 年 3 月 15 日

自去年 9 月 22 日给阿根廷铁矿全体中方员工开会布置工作，到今年 3 月 7 日再次到矿山检查指导工作又过去半年了。半年来，矿山的各项工作进展不理想，有客观环境的制约，更多的是人为原因，特别是领导思想意识问题。针对矿山存在的实际问题，今天召集中方员工开会，布置今后的各项工作，确保完成 2008 年的预算任务。

1. 关于职工队伍建设。(1) 转变思维方式，正确认识自我。①在矿山，我们是外国人，要适应当地的环境，学会和当地职工一起工作。②在工作上，不要用自己的长处和别人的不足比。要扪心自问：我应该干什么（岗位职责）？我能够干什么？我干成了什么？③不要牢骚满腹，要自我反思。不怕位之不尊，只怕能力不及。④遇到问题先不要追究，甚至是推卸责任，要积极寻求解决问题的办法。(2) 增强责任意识，学会有效沟通。①自己本职工作的责任意识，要不遗余力。②合作协调的责任意识，要主动沟通，及时反馈信息。③团队的集体责任意识，要敢于承担责任，不能推诿扯皮。(3) 培养敬业精神，真诚积极合作。①把工作当成一项事业去完成，有成就感。②把工作当成实现人生理想的唯一途径，就不怕任何困难。③把工作当成完善自我的难得机会，就会加倍珍惜。(4) 积累专业经验，提高执行能力。①勤学专业知识，不当外行，真正明白生产过程中的问题是什么？②观察实际问题，探索问题的根源。要明白为什么？③积累专业经验，提出解决问题的措施，知道怎么办？(5) 加强西语学习，提高沟通能力。①加强自学，熟悉工作内容。②加强交流，了解别人的思想。③积极探索，吸取别人的长处。语言沟通能力是在境外工作的生存能力之一。

(6) 牢记企业精神，增强创新能力。①敬业、忠诚、团结、进取，我们要以身作则。②要深刻认识到我们不仅仅代表自己，我们代表中冶集团、代表中国人。因此，平时要规范自己的言行，使之符合集团的企业精神，符合国家的利益。③用集团的企业精神指导阿根廷铁矿的实际，创造性地开展工作，提升矿山的创新能力。

2. 关于安全生产。(1) 抓好安全生产的隐患排查治理工作。①明确分工，落实责任单位、责任人。②认真组织，全面排查，不留死角。③及时治理，登记造册，销号归档。(2) 抓好应急预案的编制、演练，建立健全风险防范机制。对突发事件的应急预案，应该报中国驻阿根廷使馆商务处、中冶集团产业部、华冶资源公司备案。(3) 加强中方员工的业余管理，确保中方人员的人身安全。严格按照制度办事，对违反制度的要严格考核，绝不姑息迁就。

3. 关于生产经营工作的重点要求。(1) 建立健全规章制度，强化基础管理工作。(2) 落实部门、岗位职责，加强责任管理。(3) 加快恢复生产工作的进度。(4) 加强对恢复生产工作的监督检查。(5) 加强和工会的及时、有效沟通，做到“有理、有利、有节”。(6) 加强对外的及时、有效沟通。包括同当地政府、联邦政府、银行、税务、海关、中介机构等的沟通。也包括同国内集团各部门、华冶资源公司、上海国贸公司、合作单位等的沟通。

明天就要离开矿区回国，心情格外沉重。虽然，我在会上提出了要求。但在实际工作中能落实多少依然是未知数，中方员工队伍现状令人堪忧。一方面是现有人员对生产组织管理不熟悉，缺乏骨干人员。另一方面，有些人工作敷衍塞责，片面强调客观原因。中方员工的懒散已引起阿方骨干员工的辞职。

基于当前骨干人员不足，基础管理不到位。首先，充实有关部门的人员，在布宜设立财务、采购销售部门，充实人力资源部门，全面开展日常的基础管理工作。建立正常的业绩考核和业绩档案是基础，也是发展方向。根据业绩确定去留，确定晋升，不能拍脑瓜，更不能凭感情决定人员的升迁。

现在的关键是抓落实。各级人员的工作表现决定了工作的成效。总经理的监督检查是非常重要的。精简中方人员迫在眉睫。执行力是检验下一步工作成败的关键。现场总指挥的意志直接关系到执行力的高低和强弱。多少事，从来急；恢复生产，只争朝夕。

资源战略的困惑

2008 年 4 月 7 日

自从上世纪末提出资源战略，在具体的实施过程中则面目全非。一方面是我们说得多做得少，另一方面是国外对我们的宣传有误解，出现了恐惧心理，以敌视的态度对待中国企业的境外资源开发。

喊了近十年的口号，碰了近十年的钉子，走了近十年的弯路，闹得市场秩序混乱，人心恐慌，内部竞争，互相抬价，做了很多亲者痛仇者快的事情。在真正的资源领域仍然没有话语权，谈判总是处于被动，甚至，有一种被戏弄的感觉。这就是实施资源战略的结果，适得其反，事与愿违。

其实，我们的邻国日本在实施资源战略方面有非常成功的经验，他们只做不说，从长计议；先深入研究竞争对手、市场等基本因素，然后，根据研究结果制定自己的境外资源战略，有计划、有组织地实施，在无声无息中拓展市场，占领资源，巩固优势地位。

我们则恰恰相反，雷声大雨点小，从上到下喊“资源战略”，并没有具体的实施目标和举措，全民出击，到处碰壁。吵吵嚷嚷喊战略，沾沾自喜夸成绩，其结果是以高昂的代价换取低微的回报，甚至，有些投资是血本无归。总结教训则轻描淡写，多从客观找借口，以不熟悉环境为由。实际上，多半是草率决策造成的，有的则根本没有履行科学的决策程序，即使履行程序，也是流于形式，现场尽职调查蜻蜓点水，研究论证敷衍了事。主要领导执意投资，论证一定是有回报。

资源战略的最大教训是决策失误，用人不当。呜呼，哀哉。实施资源战略，路漫漫其修远兮，吾辈上下而求索。资源战略乃国策，决策宜慎，论证宜详，实施宜稳，用人宜精。

关于企业国际化战略的思考

2008 年 4 月 28 日

为期 21 天的“企业国际化战略专题研究班”学习结束了。时间虽短，收获颇丰。21 天的学习拓宽了视野，开阔了胸怀，打开了思路，坚定了信心，增强了“克服困难、迎接挑战”的勇气，必将对今后的工作产生积极而深远的影响。

通过学习，有以下收获，（1）共产党人的责任意识是我们的历史使命。（2）自力更生、自主创新是提升核心竞争力的基础。自力更生、励精图治是国力增强的精神支柱。建立创新体制和机制是国力昌盛、经济可持续发展的关键，坚持改革开放、弘扬共产党人精神是振兴中华民族的必由之路。（3）国际化经营是企业生存和发展的需要，扩大产品出口、技术出口和资本输出是跨国公司发展的必由之路。新形势下的贸易保护使国际化经营的紧迫性更为突出。（4）国际化战略是企业国际化经营成功的关键。企业需要明确国际化经营的区域定位、市场定位、产品定位、人才定位和管理定位等。国际化战略着眼于经济全球化、市场一体化的国际大环境。因此，企业从实际和需求出发，审慎制定企业的国际化战略。企业实施国际化战略是有条件的，不能全面开花，更不能一哄而起。

企业的国际化经营是企业生存和发展的必然要求。制定正确的国际化战略是企业国际化经营成功的关键。转变思维方式、完善决策程序是制定国际化战略的关键；客观分析经济形势、准确判断自身优势是制定国际化战略的基础；科学的管理制度、运营流程和高素质的员工队伍是实施国际化战略的根本保证。

当前，在国际化进程中的突出问题是：战略不明确，盲目走出去；行为不规范，内部无序竞争；风险不清楚，狂热跟风；目标不现实，做表面文章。

在实施国际化战略的进程中，政府少宣传“走出去战略”和“资源战略”，真正的战略不要大张旗鼓，宜秘而不宣。少安排国家领导人见证国际场合的签字仪式。对资源开发项目，政府和企业的分工应该明确，政府不要错位，更不要越位，企业忌不到位，更不要缺位。实施资源战略要有战略眼光，稳扎稳打；不要急躁冒进，更不能虚张声势。

在实施国际化战略进程中，企业明确战略目标，规划市场定位。明确市场目标，落实保障措施。明确项目目标，优化资源配置。加强人才队伍建设，培养执行能力，提高核心竞争能力。企业的使命是创造价值、满足需求。通过优化内部业务流程创造价值、满足客户需求；通过改善流程、降低成本提高效率，以满足公司的财务目标，为股东创造价值。合理利用企业的有形资产和无形资产，使之发生协同效应。投资无形资产是为了长期的收入增长，消减成本是为了实现短期的财务业绩。这二者之间的平衡是企业战略的最高目标，为股东持续创造价值。客户满意是持续创造价值的源泉。客户满意战略建立在客户细分和令客户满意的价值主张。企业通过内部的业绩创造价值，通过收入增加和生产率提高增加股东的价值，通过客户获得率、满意度、保持率、忠诚度和成长性增加客户在公司的消费额。高效协调的内部流程决定了价值创造和企业的持续发展，通过向客户提供满意的产品和服务，建立新型客户关系，不断开发新产品，满足社会的期望，建立繁荣的社区。这是企业在实施国际化战略时必须统筹考虑的综合因素。

企业实施国际化战略的标志是企业走出去。企业走出去是有条件的，不具备条件的企业盲目走出去必定会碰壁。企业的走出去是有准备的，根据特定的投资环境，做好人才、法律等方面的准备。企业的走出去是有计划的，应该纳入企业的整体战略，国际化战略应该是整体战略的重要组成部分，有计划、有步骤地推进。

企业家是决定企业国际化战略成败的关键因素。企业家应该有国际化视野，在全球化大环境下定位企业的国际化战略区域，从国际分工和比较优势原理出发，研究环境的机遇与挑战，分析自身的优势和不足，扬长补短，因势利导。企业家应该有国际化的思维方式。重视法律、政治、文化差异，遵循国际惯例；切忌一厢情愿，真正熟悉投资目标国的政治、金融、法律、文化等环境。企业家应该有国际化的心胸。既要竞争，又要合作，以提高企业的竞争能力。有所为，有所不为；欲取之，必先予之。

企业国际化战略的成败很大程度上取决于企业家的视野、思维方式、心胸。一支有竞争能力的企业家队伍是企业国际化战略成功的根本保证。培养熟悉国际业务的员工队伍，建立适应国际竞争的管理制度，适应国际合作的运营流程；形成科学的公司治理结构、完善的管理制度；这些是实施国际化战略的载体，决定了企业的治理结构能否高效运转。因此，研究、制定企业的国际化战略一定要系统思考，统筹研究要素战略，扬长补短，突出重点。

学习班关于企业国际化战略的研讨结束了，实施企业国际化战略的重要使命落在肩上。我们需运筹于帷幄之中，决胜于千里之外。实施企业国际化战略，路漫漫其修远兮，吾辈需上下而求索。

召开兰伯特角铁矿谈判小组第一次会议

2008 年 5 月 7 日

今天上午，召开兰伯特角铁矿谈判小组第一次会议，对谈判工作提出以下要求：

1. 明确谈判小组的任务、使命，积极开展工作，做好谈判前的各项准备工作，在小组内有分工、有合作，大家集思广益。

2. 认真研究对方准备的合同条款、分析可能的陷阱条款。从我们执行合同、实现最终目标的角度界定工作内容、范围，界定谈判双方的权利、义务。

3. 了解西澳政府对矿山项目的审批程序，准确把握环境评价、土地使用权、原住民遗迹保护的具体要求，不折不扣执行；准确理解资源储量的评价标准、开发计划内容、州协议等，对每一环节的工作内容、程序、所需时间等了如指掌。

4. 注意谈判技巧。做好基础资料的归档，往来函电的管理，谈判内容的及时确认等。有疑问，当时澄清；有争议，书面记载。工作循序渐进，谈判有依据，结论有资料支撑。

5. 认真准备谈判方案。明确谁主谈、谁记录、谁提问补充，谈判前准备有关信息，谈判后分析谈判进展、推进阻力，指出下一次谈判的重点、难点和突破口。

6. 把握谈判原则，明确授权范围，不能越权。及时汇报谈判进程和存在的问题。对后续谈判有建议、有分析、有准备。

谈判工作在即，认真准备为先。熟悉西澳的政策法律，坚守合作原则，认真防范风险。

管理工作看、听、说

2008 年 8 月 4 日

毛主席曾经说过："没有调查就没有发言权"。经过一周的现场安全检查，对这句话有了深刻理解。通过对工地的检查，对工地的安全生产状况有了感性了解，对不同工地的管理人员、施工队伍有了直观印象。这就是检查安全生产的收获。

安全生产的关键在于真抓实干，不是坐而论道，夸夸其谈；要不折不扣地落实整改措施，不能千方百计找理由，推卸责任。

对安全生产的全面了解在于深入实际，调查研究，不是听汇报，看材料。漂亮的文件和制度不能消除安全隐患。因此，一定要坚持一贯的工作作风，深入实际，先听后看，在分析比较的基础上，提要求，抓落实。

治理安全隐患不能走过场，不流于形式。一定要找原因，定措施，抓落实，强化现场的监督检查，有奖有罚。提高安全生产能力是实现安全可持续发展的根本。加强协力队伍管理是提高安全生产能力的关键，增强安全生产能力要从培养安全意识入手，真正从思想上重视安全，在行动上保证安全。

通过一周的安全检查，发现有些值得注意的不安全因素：(1) 赶工期，忽视安全生产管理。(2) 承包价格低，没有安全管理的预算，安全投入欠账。(3) 业主随意指定分包，出现交叉作业。(4) 施工人员对生产安全不重视，有麻痹思想和侥幸心理。(5) 现场安全监督人员的工作不到位，对现场的安全隐患习以为常，视而不见。(6) 现场炎热，作业时间长，工人容易中暑，或出现疲劳现象。最令人担心的是项目经理的思想意识问题，对违章现象不以为然，对违规的劳动组织习以为常，对短时间没发生安全事故自以为是。

现场的安全监管应该做到：隐患排查制度化，治理整改规范化，监督检查常态化。对协力队伍的管理应该把好六关：资质关、合同关、技术方案关、安全生产关、员工培训关和现场监督检查关。增强项目经理的安全意识，全面落实安全责任，抓好技术支撑体系、施工执行体系、安全监督体系、人财物的保障体系建设。安全监管队伍建设重在提高监管能力，增强安全意识，工作上心，现场监督检查用心，遇到疑难问题专心。安全生产，以人为本。科学发展，切忌盲目冒进。

对阿根廷铁矿工作的要求

2008 年 9 月 8 日

根据中冶集团的决定，中冶集团把阿根廷铁矿的投资划转给华冶公司，阿根廷铁矿作为华冶的全资子公司，我不再兼任阿根廷铁矿的董事长。这次到阿根廷铁矿出差，一是交接董事长的工作，二是作为集团主管资源开发的领导，检查指导工作。在回国之前召开中方员工会议，对今后的生产经营工作提出以下要求。

1. 抓好职工队伍建设，提高执行能力。（1）培养敬业的团队、办事要坚持原则。①用制度管人，按制度办事，制度面前人人平等。关键在执行。②完善激励、约束机制，整顿劳动纪律，抑制不良作风；奖勤罚懒，培养优秀人才。人才是关键。③增强团队意识，中阿员工要有效沟通，积极合作。目标要一致。目标：以培养敬业、忠诚、充满激情的员工队伍为目标。（2）增强责任意识、对企业要忠诚。①自己的责任：尽职尽责。明确自己该干什么？②集体的责任：团结合作。明确自己该如何配合？③团队的使命：竭尽全力。明确企业的目标是什么？目标：强化责任管理、提高工作质量、提高办事效率。（3）培养执行能力、工作有紧迫感。①执行无借口：主观上要积极努力，不强调客观原因，不能凭个人好恶去执行。②执行不打折：不投机取巧，蒙混过关；不敷衍了事，得过且过；更不能人为拖延，贻误商机。③执行争分秒：比别人快半拍，比计划快一步。目标：提高执行能力、增强竞争优势、捕捉竞争先机。

2. 抓好生产经营工作，实施精细化管理、全面实现经营目标。（1）采矿、选矿、过滤、维修、采购、销售按照生产计划积极推进。（2）提高上班的时间利用率，严查迟到早退现象。（3）提高现场作业的效率，有序、有效组织生产。（4）严格控制材料消耗，加强定额管理。（5）严格控制人工成本和管理费用。严查病假。（6）按照预算考核独立的成本中心，强化预算的约束作用。

3. 抓好重点工作，责任落实到人。（1）矿浆泵送系统的维修、交付使用（包括管道清洗）。（2）回水管道系统的成功试车运行、早日投入使用。（3）码头堆取料机的维修、采购。（4）码头浮筒的维修。（5）积极推进东矿体地质勘探、水文地质评价工作。（6）矿区网站的建设、完善。（7）协调工会谈判、对外公共关系。（8）平价电指标的申请，抓紧、抓实、抓细。（9）恢复生产可行性研究报告的备案、税收稳定政策的落实。

4. 抓好 2009 年生产经营预算的编制，用预算约束生产经营活动。（1）生产预算：采矿量、选矿处理量、精矿量、各项技术经济指标。（2）采购预算：原辅材料消耗、备品备件、水电消耗及单耗等。（3）人力资源预算：人工数量、人均工资、福利及其他等。(4) 销售预算：销售数量、单价、金额、销售成本、费用等。(5) 财务预算：收入、支出、三项费用、现金流、折旧、利税等。(6) 实现预算目标的措施：增收节支、增产降耗。

5. 抓好西语培训工作，提高中阿员工的交流合作能力。(1) 培训有计划，严格执行。(2) 培训有目标，岗位检验。(3) 培训有考核，奖惩兑现。

6. 抓好安全工作，确保人身安全、设备安全、财产安全。(1) 现场的安全生产工作：加强安全教育，杜绝违章现象；落实安全措施，加强隐患排查。(2) 中方人员的安全管理：严禁非司机开车、严禁酒后开车、严禁长途开车、严禁聚众闹事、严禁酗酒、严禁赌博等。(3) 预防突发事故：对突发事件要有应急预案，组织落实、人员落实、措施落实。对突发事件的汇报制度：大使馆、华冶资源、中冶集团、董事会成员等。

实施资源战略，在实践中总结，发扬成绩；在工作中完善，攻克难关。领导以身作则，员工齐心协力。唯有此，才能克服恢复生产中的困难。

应该限制境外投资的冲动

2009 年 2 月 25 日

中国的国有企业在国家“走出去”战略的感召下，在境外的投资有点饥不择食，导致国际市场秩序混乱。这几年交的学费惊人。国人应该冷静反思，再不能一哄而上。

2008 年在资源市场价格异常高的条件下，有些重点国有企业慷慨地收购境外项目，随着下半年的市场疲软，损失惨重，令人瞠目结舌。2009 年在一片浮躁的建议声中，多数企业抱着抄底的幻想又蜂拥而出。据新闻报道，战果辉煌。如此报道为时尚早。

面对这些报道，我的心情格外沉重。为国人在国际兼并重组业务上的草率感到茫然，为日后的投资风险忧虑，更为中央企业如此“大方”的投资感到不解。坦率地讲，国际经济是否触底，资源题材是否“物有所值”，一时谁也说不清。如此神速的兼并、入股，在中外投资史上实属罕见。我真为纳税人鸣不平。领导一句话，一大笔投资就出去了。但将来的结果由谁来负责呢？这充分暴露出当前国有企业的治理结构问题。

企业的对外经营并非我们的一厢情愿。对投资目标国的了解应该在决策之前。对于项目的审慎评估是决策的起码要求。投资决策，一定要遵循“前期工作细、基础数据全、可研报告实、最后决策慎”的原则。对合作对象的了解是防范决策风险的首要任务，绝对不能想当然，必须进行深入的尽职调查了解。我们在这方面的教训多如牛毛，举不胜举。

企业在国外经营，要符合当地的经济发展战略，利用当地的比较优势，发挥我们的优势，为当地的经济发展和就业提供机会。要依法经营，把自己的事情做好，遵纪守法，不但要创造经济效益，还要履行自己的社会责任，建立良好的社区关系。要及时和当地政府部门有效沟通，和政要保持密切联系，建立彼此了解、信任的关系。加强中外员工的有效沟通，积极合作，形成明确的经营思想和理念，共同为企业的发展努力工作。全面提高中方员工的综合素质、业务能力，为有效执行合同创造条件，为全面提高执行力注入活力，创造执行文化。

境外投资是有条件的，不能草率决策。境外投资成功的前提是有计划、有准备，既要熟悉当地政治、法律、金融环境，又要熟悉合作者的信用状况、投资标的风险、项目的可靠性。既要选择称职的执行团队，又要潜心钻研境外投资的政策风险、履约风险因素。既要认真审查合同条款，又要严格履行合同义务。在境外经营最大的风险是“固守工作习惯、缺乏法治思维”。即对合同风险不以为然，对不守法现象习以为常，对说了不算的承诺自以为是。兼并之路漫长，重组之事艰难。路漫漫其修远兮，国有企业需上下而求索。

借鉴管仲的管理思想

2010 年 2 月 7 日

《管子》立政篇中指出：“君之所审者三，一曰德不当其位，二曰功不当其禄，三曰能不当其官。此三者，治乱之源也。故国有德义未明于朝者，则不可加以尊位；功力未见于国者，则不可以授以重禄；临事不信于民者，则不可以任大官。故德厚而位卑者，谓之过；德薄而位尊者，谓之失。宁过于君子，毋失于小人。过于君子，其为怨浅；失于小人，其为祸深。”君子所慎者四：“一曰大德不至仁，不可以授国柄。二曰见贤不能让，不可与尊位。三曰罚避亲贵，不可使主兵。四曰不好本事，不务地利而轻赋敛，不可与都邑。此四务者，安危之本也。”

对企业而言，主要领导的德是否配位、功是否服人、能是否胜任？尤为重要。领导以身作则，带领团队朝着理想的目标前进。谨言慎行，恪守安危之本。治理企业，抓住主要矛盾，考核德能勤绩。弘扬优秀价值观，实干；防止夸夸其谈者，误事。培养干部德才兼备，以德为先。任人唯贤，身先士卒。治事安人，身体力行。深入实际，体恤下情。

《管子》的七法是“则、象、法、化、决塞、心术、计数”，则是万物的自然法则，固有规律，即道。像是现实中事物的状态。法是衡量的标准，制定的准则。遵循的原则。化是因势利导，教化、感化。决塞是影响事态变化的关键因素、重点环节。心术是诚信为本的道德准则。计数是对事物的定量分析、描述、研究。

《管子》的七法对企业家有重要的指导意义。企业要在激烈的竞争中获得成功，首先，要遵循经济规律、自然规律和企业自身的规律，即守则。其次，要知己知彼，把握真实情况，即知象。第三，企业的规章制度，保证企业有序经营、规范管理，即有法。第四，因势利导，扬长避短，即感化。第五，把握关键环节，控制重点要素，即控制要害。第六，坚持诚信为本的原则，弘扬社会道德和正义，形成积极进取的企业文化，即驾驭心术。第七，认真研判环境和竞争对手，知己知彼，用各种定量手段对事物进行计算、分析、比较，即权衡利弊。

对企业家而言，把《管子》的有关原理和企业的实际相结合，深钻细研，感悟要义。《管子》在七法中指出："言是而不能立，言非而不能废，有功而不能赏，有罪而不能诛，若是而能治民者，未之有也。不能治其民，而能强其兵者，未之有也；能治其民，而不明于为兵之数，犹之不可。不能强其兵，而能胜其敌国者，未之有也；能强其兵，而不明于胜敌国之道者，犹之不胜也。"

把治民、强兵、胜敌国转化为企业内部的主要工作，有重要的现实意义。一个企业，如果言是而不能立，言非而不能废，有功而不赏，有罪而不诛。则正气不能树立，民心不能凝聚，肯定没有竞争力。企业即使能够规范员工行为，但不精通企业的管理之道，不能有效利用环境提供的机会，不能发挥自己的专长，面对新形势和新挑战就不能应对自如，更不能占据主动，也不能开拓市场。一个企业如果在激烈的竞争中不能把握先机，占据主动，很难战胜竞争对手。一个企业只知道培育企业内部的核心竞争力，而忽视了竞争对手的战略和策略，在激烈的竞争中也难以取胜。

兵不能胜敌国，而能正天下者，未之有也；兵必胜敌国，而不明正天下之分，犹之不可。治国如此，企业亦然。一个企业不能战胜竞争对手，想基业长青不可能。即使能战胜竞争对手，但不能因时因事提出竞争策略，也难于基业长青。治企如治国，员工士气乃企业成败之关键，企业文化是员工行动之灵魂，凝心聚力乃基业长青之根本。员工士气、企业文化，企业成败之大事，不可不察。

严以用权，清廉务实

2015年11月3日

严以用权是严以修身、严以律己的试金石。作为领导干部，严以修身的境界，严以律己的操守，集中反映在严以用权的具体工作中。严以用权不是简单的承诺，不是虔诚的发誓，而是实实在在地遵纪守法，牢记“权为民所用、利为民所谋、情为民所系”的原则，秉承为人民服务的宗旨，履职尽责，敢于担当。严以用权集中体现干部的作风。严以用权，严字当头。

1. 严以用权的灵魂是遵纪守法

组织赋予个人的权力是正常履职的保证。因此，一定要在遵纪守法的前提下工作，对职务赋予的权力心存敬畏，秉公办事，依法用权。谨防公权私用。官员坚守法律、秉公用权是古往今来吏治的根本，是普通百姓衡量官员的一把尺子。普通百姓重点衡量官员用权是否公？为官是否廉？“吏不畏吾严，而畏吾廉，民不服吾能，而服吾公；公则民不敢慢，廉则吏不敢欺；公生明，廉生威。”这就告诫我们，要做到严以用权，就应该坚持用权为民，心存敬畏。作为集团公司领导，必须清楚手中的权力是组织赋予的，权力是神圣的。对组织赋予的权力要有敬畏之心，如临深渊，如履薄冰，不越雷池一步。心有所畏，言有所戒，行有所止。

自己分管安全生产、质量、工程管理。代表集团对子企业的安全生产、质量、工程管理监督检查。自己行使监督检查权力的依据是国家有关法律、法规和集团的有关管理规定。因此，在履行自己的监督检查权力时，一定要认真学习有关法律，准确把握法律的基本原则、要义，严格执法，秉公执法。认真贯彻《安全生产法》以人为本的理念，尊重生命。对违反《安全生产法》的行为不偏袒，不包庇；严格按照《安全生产法》的要求抓企业主体责任的落实，严格按照“党政同责、一岗双责、失职追责”的要求，抓安全生产机构建设、制度建设、队伍建设、安全培训、安全监督检查，保证安全投入到位，促进科技兴安。对工作不力的单位，严格要求限时整改。按照建设部工程质量两年治理方案要求，重点治理子企业“违法发包、违法分包、违法转包”等不规范行为。督查全覆盖，不留死角。治理严要求，不打折扣。整改高标准，不迁就应付。以法律为准绳，治理违法发包、违法分包、违法转包等非法行为。组织赋予自己对安全生产、质量、工程管理监管的权力是履职的保证，不是徇私舞弊的筹码，一定要为公用权。对违法行为，依法治理整改，不纵容，不包庇；依法追究责任，不姑息、不迁就。

自己分管矿产资源开发。协助总经理负责境外资源生产运营项目的监管、开发建设项目的推进、项目经济性评估等的把关工作。这是一项法律原则性非常强的工作。既要遵守国家的法律法规，更要遵守项目所在地的法律法规。同时，必须严格遵守集团投资管理的有关规定。对生产运营项目，诸如巴新瑞木镍钴矿、山达克铜矿、阿根廷铁矿的生产运营，一定要严格遵守当地的法律法规，保障员工合法权利，保证生产经营依法进行，依法维护集团在当地的合法权益。对开发建设的杜达铅锌矿项目，一定遵守巴基斯坦的法律法规，做好投产、正常经营销售的法律咨询工作，理顺生产、销售、外汇管理等渠道，保证经营正常进行，资金安全流动。对进行修改《采矿合同》谈判的阿富汗艾娜克铜矿项目，重点依据已形成的《采矿合同》文件和阿富汗的相关法律，做好修改《采矿合同》谈判工作，对因对方无法兑现承诺下的我方有关责任条款，通过修改合同谈判，关闭有关《铁路建设》、《燃煤发电》、冶炼厂等内容。依据修改的合同条款，推进修改《采矿合同》谈判，改善项目实施的经济性、安全性。对澳大利亚兰伯特角铁矿项目，依照西澳法律要求，维护四个勘探区块矿权的有效性。依据西澳法律，对政府计划征用项目港口用地等方案，寻求合理的经济补偿。同时，对所有项目，要按照合同规定的义务，严格履行有关项目的法律义务，遵守当地的法律法规，做境外经营的守法企业。组织赋予自己管理资源开发管理工作的权力是履职的保证，不是草率决策的尚方宝剑，一定要为公用权，不感情用事，不投机钻营。对外谈判，严守外事纪律。指导工作依法为据，勿信口开河。维护企业利益依法为据，据理力争。

依法用权的基础是懂法。懂法的关键是学法。学法重在用法，理论联系实际。增强法制意识，养成自觉学习法律知识的习惯，培养法治思维，坚定守法意志，提升用法能力，提高依法治企水平。

2. 严以用权的基础是履职尽责

在依法治国的进程中，依法治企是重要组成部分。认真履职尽责，奠定严以用权的基础。作为集团公司领导，肩负着以法治企的重要使命。严以用权是依法治企的根本保证。凡事以依法治企为规范，界定组织赋予权力的边界，履职尽责。依法治企的基础是遵法、学法、守法、用法，关键是依法治企能力的建设。市场经济是法制经济。（1）要增强依法治企意识。不断完善公司治理体系，增强公平竞争意识。不断推进精细化管理，增强合规管理意识。不断提升法律素养，自觉形成依法维权意识。不断强化法律知识学习，培养依法治企意识。（2）培养法制思维。企业一定要依法经营，不为利益驱使。坚守底线思维，不能突破法律底线。增强风险意识，坚定理性思维。既不能心存侥幸，见利忘法。也不能畏缩不前，无所作为。恪守诚信原则，坚守契约思维。依据合同条款，明确履责义务。认真全面履约，保障经营效益。依法追究责任，维护合法权益。培养规则思维，不能试图走捷径。明确企业行为准则，确立员工行为规范。（3）培育依法治企能力。加强人力资源队伍建设，提高全员依法履职能力。领导加强学习，提高依法决策能力。全员有效沟通，提高公共关系处理能力。完善公司治理结构，提高内控依法监管能力。培育诚信文化，提高兼容并蓄能力。

在依法治企的履职尽责过程中，慎用权利。保证子企业权利和义务对等，充分调动企业的积极性。安全监管慎用权力，充分调动安全监管人员的工作积极性。在安全、质量、工程监督管理中，慎用惩罚措施，多用正激励措施，诸如员工主动发现安全生产隐患给予奖励等。监管的目的在于改进工作，完善管理，充分发挥员工的积极性、主动性和创造性，提高安全、质量、工程管理的本质安全水平，发挥人的主观能动性。依法惩处在于治病救人，吃一堑，长一智，引以为鉴，增强守法意识，牢记违法教训。在事故处理过程中，准确把握惩处尺度，慎用权力。严格按照“四不放过”原则，进行事故调查，防止主观武断，张冠李戴，错罚员工。核实事实要慎，坚持实事求是原则，切忌急躁。

在履职用权过程中，把高标准履职尽责作为基本要求。日常工作能尽责，难题面前敢负责，出现过失敢担责。面对急难险重任务，不退缩，坚守岗位职责。认真履职尽责，临危不乱，处变不惊。果敢决策，以身作则。特别在依法治企的新形势下，营造依法治企的良好外部环境，增强风险意识，提高风险防范能力，加强人才队伍建设、完善激励机制，培育诚信的法制文化，建设守法的竞争能力、严谨的规范管理能力、理智的依法维权能力和包容的海纳百川能力。为实现上述目标，认真履职用权，不急不躁，运筹于帷幄之中，决胜于千里之外。

在日常履职中务实用权。不因担心用权越位而退缩，该管的一定要管，该严的一定要严。特别是在推进“一带一路”战略的进程中，无论是承揽工程，还是资源开发，既有一般国际化经营的安全、质量、工程管理风险，也有特定国家（地区）的资源开发特殊风险。从自己分管安全、质量、工程管理、资源开发的履职出发，增强风险意识，务实风险管理履职，为主要领导决策把关。重点培育企业的风险防范能力。（1）熟悉合作方所在地的政治、法律、金融、宗教、人文风险，做好尽职调查等，未雨而绸缪，防患于未然。（2）了解合作方的背景、经营状况、债务、潜在风险等，知己知彼，百战不殆。（3）仔细研判合作模式的交易风险，周密设计实施方案，详细审查具体条款。（4）做好实施策划，抓住合作进程的重点环节、关键节点，有效控制过程，及时反馈信息，强力推进执行，及时解决问题。（5）组织好实施团队，列出责任清单，落实资源保障，加强履职检查，严格奖惩兑现。

3. 严以用权的关键是敢于担当

面临经济新常态的挑战，严以用权的关键是敢于担当。刚直用权，不回避矛盾，不违反原则妥协。扶正祛邪，意志弥坚。在依法治企的大环境下，以敢担当的精神开拓安全生产、质量管理、工程管理、资源开发新局面。围绕打造全球最大最强最优冶金建设运营“国家队”战略目标的实施，阳光用权，着力构建依法治企的良好外部环境，提高依法治企的安全执行能力。明确自己该做什么？不能有依赖思想。以勇于担当的精神、主动作为的行动自觉，推动集团全年目标任务的顺利实现。廉洁用权，着力构建良好的国际合作关系，依法维护企业在境外经营中的合法权益；着力培育依法治企的土壤，完善制度，优化流程，规范薪酬。公正用权，着力建设依法治企的执行能力。重在提高决策效率、决策水平、执行效率、执行能力和监督纠错能力。着力培育依法安全管理、质量管理、工程管理的竞争能力。营造诚信为本的法制文化，砥砺守法的公平竞争能力，培育严谨的合规管理能力，提升理智的依法维权能力，塑造包容的海纳百川能力。

严以用权，真抓实干。实实在在谋事创业，认认真真开拓进取。敬畏法律，廉洁从业。任何时候都不搞特权，不以权谋私。忠诚于企业，清白做人，干净做事。临危不惧敢担当，依法用权不彷徨。从谏如流，自觉接受监督。坚定信仰，挺起精神脊梁。务实工作，抓铁留痕，踏石留印。

关于新一轮矿业“走出去”的思考

（发表在《中国矿业》2016年7月，第25卷第7期）

2016年5月10日

2000年国家提出“走出去”战略，回顾十几年来“走出去”的历程，企业的经历并不平坦。在全球经济新常态下，实现产能合作，寻找新的市场，“走出去”是企业发展的必然选择。如何走好？如何走稳？汲取过去的教训，防患于未然。借鉴成功的经验，未雨而绸缪，关键是如何防范风险？

企业“走出去”是有条件、有计划、有准备的。企业“走出去”的风险远大于国内经营的风险。“一带一路”战略下企业“走出去”的风险更大。“走出去”的陷阱深、教训多、代价大。唯有依法治企，才有望防范“一带一路”战略下企业“走出去”的风险。本文简要分析新一轮矿业“走出去”应该注意哪些因素？如何防范风险？仅供业内同仁参考。

1. 做好尽职调查

就矿业项目而言，在普通勘探的基础上，进行详细勘探；有了详勘成果，着手可行性研究工作；如果可行性研究结果可行，项目立项开发。开发工作经历勘察、设计、施工建设、竣工验收等阶段。对于已经生产的矿山，尽职调查重在对生产能力、生产运营系统、生产组织等的全面分析；对停产企业的尽职调查，重点在恢复生产的难点，资源的可靠性？系统运行的安全性、可靠性？恢复生产的工作量？恢复生产的难度等进行全面、深入了解，摸清潜在风险，防止交易风险。

矿业项目的尽职调查不能蜻蜓点水，不能只听介绍，更不能偏听偏信。尽职调查一定要深入实际，做好“技术、法律、环境、财务尽职调查”。在此基础上，进行项目经济性研究，确保项目技术上可靠、经济上可行、环境允许。

技术尽职调查主要包括：矿床位置、通道和基础设施。气象条件。矿床勘探和开采的历史（原始数据）。资源和储量（支撑的基础资料）。采矿作业（现场勘察），选矿和冶金作业。现场服务的相关内容。环境和社会问题。投资和运营成本。经济效益分析。

法律尽职调查主要包括：财产（含矿产勘探权、采矿权）归属权、股东结构，公司资产、负债、权益，法律纠纷等。合同的法律要求、法律体系。税收政策：资源税、进口税、增值税、所得税等。许可证件：勘探许可、采矿许可、经营许可及相应的许可程序，许可期限等。有关法律：《矿业法》《公司法》《外商投资法》《环境保护法》《劳工法》 等。

环境健康尽职调查主要包括：环境保护法律、法规的要求。环境影响评价的程序和时间要求。环境保护标准，废弃物排放标准。职业健康标准及要求。环境治理的条件、成本。

财务尽职调查主要包括：当地的原材料供应条件。当地的物价水平和通货膨胀率。当地的劳动力价格。当地的金融环境、融资成本。当地的外汇政策、货币汇率、利率水平。当地的进口关税水平。当地的施工建设成本。当地的人力资源状况。原住民遗产保护成本。

在尽职调查的基础上，开展项目经济性研究。范围研究或预评价——对矿山项目早期矿产资源潜在可行性的经济分析。预可研——矿山项目可行性的综合研究，是矿床分类的基础，以确定矿床资源量（或储量）的多少。可行性研究——矿山项目可行性的综合研究，满足生产和融资最终决策的要求，是决策的基础和依据。

2. 投资境外资源项目应考虑哪些因素

在尽职调查的基础上，决定投资境外资源项目，应该重点考察并考虑以下因素：

地质条件。地质资料的可靠性（来源、数据、地质工作程度）。资源的富集程度（富矿、中等、贫矿）。资源的规模（特大型、大型、中小型）。资源的可选性能（易选、难选）。资源的综合回收（多金属、单一金属）。资源的赋存状态（地表露头、浅层、深部）。矿床的地质构造（复杂、简单）。矿床的水文地质条件（地下水涌水量多少?）。矿区的找矿前景。

建设条件。地理位置（高山、丘陵、平原）。内、外交通运输条件。基础设施条件（公路、铁路、配套设施）。电力供应条件。原材料供应条件。熟练劳动力供应能力。气候条件（降雨量、无霜期、冻土层厚度）。合作队伍的施工建设能力和技术服务能力等。

市场条件。国际国内市场的供应能力。国际国内市场的需求能力。国际国内市场的新增供应能力。国际国内市场的潜在需求能力。产品的市场定位（国际、国内）。产品的价格走势判断。替代产品的可能性极其发展预测。对主要竞争对手现在、未来的判断。

政策法规条件。投资目标国的矿业法（勘探许可和采矿许可的获得、转让等）。投资目标国的外商投资法。投资目标国的劳工（工会）法。投资目标国的外汇管理办法、规定。投资目标国矿业项目建设审批程序。投资目标国的税法（关税、所得税、资源税、营业税等）。投资目标国的环境保护法及其实施条例。投资目标国的区域、双边贸易协定等。

金融财务条件。投资项目的内部收益率、投资回收期、现金流量。目标投资国的所得税税率、资源税、税收监管、减免税条件、财税体制的稳定性。目标投资国的外汇管制。目标投资国的金融基础、货币稳定性、融资成本、金融服务的便捷性。劳动力成本、环境保护成本。

环境保护问题。环境保护的法律、法规及监管条例。投资项目的环境影响评价。目标投资国的环境许可程序。目标投资国的废弃物排放标准。项目的环境保护措施及实施成本。目标投资国环保政策的稳定性。

项目运营条件。熟练劳动力的供给条件（教育条件及水平）。投资目标国矿业开发的技术服务能力。投资目标国的技术标准、技术壁垒。政府对企业运营的干预程度（直接、间接）。水电供应及基础设施服务的能力、水平。原辅材料的供应情况、运输条件。产品离目标市场的距离、运输条件。文化差异、管理效率、合作程度等。作业环境的安全条件（滑坡、泥石流、洪水、地震等灾害因素）。

投资的政治环境。国家和政府的稳定性。政府官员的腐败程度和社会风气。社会治安条件。程序效率和透明度。工会组织的干预程度。宗教信仰、与中国的政治关系。

考虑公司的经验。投资公司在目标投资国的项目实施经验。投资公司的项目经理及相关人员在目标国或海外工作的经验。投资公司的专业经验（熟悉投资领域）。项目团队的业务水平、外语水平、国际商务经验、良好的企业文化。项目经理和当地政府打交道的经验。项目经理和工会组织打交道的经验。

制定完善的执行方案。组织专门的尽职调查小组。组织专门的商务、技术谈判小组。组织专门的融资小组。组织专门的工作小组（重点协调政府部门）。制定详细的实施方案。选择称职的项目经理和管理团队，成败在人。协调和所在国政府的关系。建立严密的监督、控制体系。

3. 并购重组应关注哪些因素

在以往的国际并购重组中，失败的例子比比皆是，成功的案例凤毛麟角。特别是在当前经济新常态的特殊时期，并购的陷阱多、风险大，更要慎之又慎。一般而言，并购之前，应该审慎考虑以下问题：

明确并购重组原则。不能恶意收购。彼此的文化要相近。符合公司的发展战略，和公司产品互补。能够增强公司的核心优势。兼并具有全球市场的强势品牌。有助于公司成长。

冷静考虑为什么要收购？为了推动企业战略的发展，以较快的速度进入市场。充分发挥协同效益，加快核心竞争能力的形成。扩大规模，降低运营成本。

如何管理市场预期？清楚表达企业战略。努力实现收入、成本协同效益作用，证明其价值。获得主要投资者的支持。实现现有期望（每股收益变化轨迹、红利）。创造成功记录。

分析成功交易需要什么？制定明确的收购战略。企业的战略？事业部的战略？明确收购过程中的主要问题，成功收购需要哪些资产和能力？收购和内部自我发展，哪种方式更好？哪些资产应该剥离？

做好并购交易的财务分析。贴现现金流分析，诸如保持价格、愿意接受的最高价格、收入和成本协同效益假设、剩余价值、敏感度分析。收益减损与增加分析，诸如交易价值、融资水平和性质、公司重组与融合时机、现金与非现金成本。

并购中明确人力资源管理目标，处理好与交易相关的人员关系，使其有助于增强两家企业的声誉。整合团队的工作效率。设计新的组织以期保持企业发展势头。在新组织中实现成本和收入协同增效。形成最强的团队。留住企业发展所需要的人才和能力。管理好目前的组织，确保其向新组织架构成功转型。

从长期看，人力资源系统应整合，建立统一的人力资源系统、政策及项目激励机制。但是，初期应维持现状，并与员工就此进行沟通，确定一体化整合计划。不成功的兼并重组往往因文化排异产生阻力，甚至产生破坏力，把兼并重组引向失败。文化融合是兼并重组成败的大事，不可不察。它关系到战略目标能否实现？企业运营能否盈利？新的团队能否形成合力？

4. 新一轮矿业“走出去”应关注哪些风险

矿业企业“走出去”是有条件、有计划、有准备的，不能有任何幻想和错觉，不要一厢情愿“走出去”“抄底、淘金”，天上不会掉馅饼。矿业企业“走出去”的风险远大于国内经营的风险，涉足境外经营要格外小心。一带一路”战略下“走出去”的风险更大。因为“一带一路”沿线国家政治法律体系健全，经济发展落后，外资进入的制约多于扶持，甚至有雁过拔毛的管制风险。“走出去”的陷阱深、教训多、代价大，唯有依法治企，才有望防范“一带一路”战略下“走出去”的风险，改变工作习惯，增强法制思维。

在实施“四个全面”战略的实践中，“走出去”的企业要提高“依法治企”水平。从防范风险的角度出发，认真研究依法治企的薄弱环节、难点、重点，集中突破，精准发力，提高企业依法治企的水平和能力。依法治企能力关系到国家的竞争能力、可持续发展能力。依法治企，国之大事，事关发展之道、存亡之要，不可不察。

加强依法治企能力建设，（1）增强依法治企意识。市场经济是法制经济。要增强公平竞争意识、合规管理意识、依法维权意识、依法治企意识。（2）培养法制思维。底线思维。不能突破法律底线。理性思维。不能心存侥幸。契约思维。不能主观意志。规则思维。不能试图走捷径。（3）培育依法治企能力。人力资源队伍建设，提高全员的依法履职能力。加强学习，提高领导依法决策能力。有效沟通，提高公关关系处理能力。完善治理结构，提高内控依法监管能力。培育诚信文化，提高兼容并蓄能力。

提升依法治企能力，重在培育防范风险能力。（1）熟悉合作方所在地的政治、法律、金融、宗教、人文风险，做好尽职调查，未雨而绸缪，防患于未然。（2）了解合作方的背景、经营状况、债务、潜在风险等，知己知彼，百战不殆。（3）仔细研判合作模式的交易风险，周密设计实施方案，详细审查具体条款。（4）做好实施策划，抓住合作进程的重点环节、关键节点，有效控制过程，及时反馈信息，强力推进执行，及时解决问题。（5）组织好实施团队，列出责任清单，落实资源保障，加强履职检查，严格奖惩兑现。

在经济新常态的特殊时期，企业能否在“走出去”的竞争中取胜，取决于企业依法治企能力。加强依法治企执行力建设，提高决策水平、决策效率、执行效率和执行能力，增强监督纠错能力，培育依法治企的竞争能力，营造诚信为本的法制文化，砥砺守法的公平竞争能力，培育严谨的合规管理能力，提升理智的依法维权能力，塑造包容的海纳百川能力。

在经济新常态下，“走出去”是产能合作的必由之路。应该有计划、有准备地“走出去”，不能一哄而起，不该一哄而上。国际化经营，要“尊法、学法、用法、守法”。熟悉当地法律环境，依法维护企业合法权益。国际化经营，重合同、守信誉，融洽劳资关系。国际化经营是探险旅行，需要正确的国际化战略指引。国际投资是在浩瀚沙漠中的艰难旅程，需要放慢脚步，踩稳走好。否则，欲速则不达，轻则摔倒，重则失去可持续的耐力而陷入困境。

在实施“一带一路”发展战略的今天，“走出去”的陷阱深、风险多、阻力大。不能再犯对外籍员工诉求不以为然的错误，不能对拖延的习惯习以为常，更不能对不规范的处事“技巧”自以为是。当前最大的风险可能是“固守工作习惯、缺少法制思维”。即使具备“走出去”条件的企业，也要有计划地行动，有目标地筛选，有准备地实施。唯有依法治企，才有望防范“一带一路”战略下“走出去”的风险。本着“前期工作细、基础数据全、可研报告实、最后决策慎”的原则，积极稳妥地开展工作。

走出新常态的战略思考

2016 年 8 月 20 日

自改革开放以来，企业发展迎来诸多机遇，遇到诸多挑战。特别是从计划经济体制下脱胎为公司、股份公司的企业，在扮演市场主体的过程中，面对自主经营的机遇和自负盈亏的约束，对游戏规则的适应和对成功企业的学习、模仿显得有点不知所措。一时间，管理理念铺天盖地，企业在学习管理规则过程中热衷于理念先进、口号先进，在宣传上似乎一夜之间中国的企业就已与跨国公司接轨了，战略与时俱进，治理方式也在革新，中国企业遂以崭新的面貌出现在国际舞台上。

然而，自2001年加入世界贸易组织以来，在和跨国公司的同台竞技中，中国企业暴露出诸多不足，形式上的国际化并没能在国际竞争中获胜，有困惑，有教训。真正的国际化竞争必须有支撑先进形式的竞争能力，即竞争实力，否则，好比擂台上的花拳绣腿，在对垒中会败北。通过模仿制定的发展战略、竞争战略缺乏人员流程和运营流程有效运转的支撑，难以发挥比较优势，无法形成竞争优势。单纯的人力资源管理模仿，没有真正优化资源配置，没有建立起有效的激励约束机制。回顾过去，在国际竞争中最大的短板就是人力资源不适应竞争，执行力不足，执行效率和效果欠佳。

自2006年国资委学习新加坡淡马锡模式、引入股份制试点以来。先后采取股份制试点的企业，有了形式完备的董事会、监事会、外部董事和独立董事的治理模式，也有了规范的内控体系和战略规划体系。然而，面对新常态的挑战，运筹于帷幄之中的战略，在千里之外的决战中一言难尽。究其因，既有公司执行力的原因，也有战略定位的原因。总结过去，需要认真思考企业发展战略应该如何制定？

在以往的战略定位中，很多人效仿美国通用公司杰克·韦尔奇的战略思想。致力做行业最好，努力进入行业前三。这一战略思想忽视了客户需求的差异性和企业自身的赢利模式，赢利能力，在实际经营中战略思想未能转化为经营成果，也没有创造出预想的利润，自然没有形成核心竞争力。其实，不同的行业有不同的赢利模式，不同的企业有不同的获利要素和比较优势，不同的客户有不同的服务需求。唯有充分考虑行业、企业和客户的差异性，围绕创造价值，提供优质服务，体现比较优势，优化资源配置，提高执行能力，把握转型机遇，才有望把战略蓝图转化成经营成果。

企业制定经营战略，既要考虑行业内的竞争态势，熟知竞争对手现在做什么？未来三年能达到什么程度？还要考虑未来新进入企业的情况？替代品的发展态势和成熟程度？买家的议价能力（买方市场发育程度）？原材料供应商的议价能力（卖方市场的发育程度）？这五种因素对企业实施战略有独特的影响，需统筹考虑其制约。既要考虑市场机会和威胁、企业自身优势和不足，又要考虑五种影响力的综合作用。

在经济低迷、复苏乏力、结构阻力叠加的新常态下，战略能否引领企业走出艰难困境，迎来复苏，取决于企业领导的战略思维，取决于企业的战略决策和与之相适应的人员流程和运营流程。因此，新常态下的战略应有系统思维，在综合考虑上述五种因素(《波特五力模型》)影响的基础上做 SWOT 分析，不能制定笼统的发展战略，有针对性地制定突围战略，企业的发展战略应该有独特的价值取向，针对特定的客户、客户特定的需求提出与之适应的价格策略，明确为实现独特的价值取向所采取的特定价值链，根据 SWOT 比较和客户细分原则做出理性取舍，取舍体现针对不同客户的独特价值取向和所采取的特定价值链，统筹考虑人员流程和业务流程，保证战略涉及的要素之间、环节中间彼此协调，发展战略体现竞争优势，保证独特价值创造的可持续性。

在当前经济新常态下，去产能、去库存、去杠杆、补短板、降成本的任务艰巨，没有成熟的战略指引，没有现成的道路可走，不能以追求最好为目标，应该结合企业自身实际，先求生存，再图发展。因时因势提供特色服务，为目标客户创造特殊价值，形成独具特色的价值链，以多元化思维优化流程，体现与众不同的创造价值方式，避开血腥竞争，独辟蹊径。这是经济新常态下战略思考的基础。走出新常态的困境，路漫漫其修远兮，企业需上下而求索。在应对新常态的挑战中，完善发展战略，优化资源配置，确保战略符合实际，执行不打折扣，员工尽职尽责。面对新常态的困难，以战略统一思想，用文化凝聚人心，凭激情应对挑战，靠服务创造价值。

警惕自满的陷阱

2016 年 8 月 28 日

古今中外，无数英才在事业如日中天时渐失光环，甚至陨落，人生道路从此发生逆转，甚至出现滑铁卢。这些人不是被敌人打倒在战场上的，而是被自己打倒在自满中的。

成功人士容易被自己架空。经验禁锢视野，成功之日就是事业滑坡之时。权威隔绝现实，登顶之日就是前程滑坡之时。谄媚迷失了真情，自恃高明之日就是人生迷途之时。

时过境迁，事随情移。没有永远有效的经验，没有无可替代的先知，难得一贯正确的领导。人贵有自知之明。正确认识社会，客观评价成绩。正确认识自己，客观估计能力。正确认识权力，客观判断时局。

体制的权力容易滋生傲慢的权威，谄媚的奉承伴随远离现实的危机，自以为是的傲慢逐渐架空自己。很多成功企业触礁沉陷，多半是主要领导坠入自满的陷阱，企业的发展偏离了正确的航程。

多数决策失误的教训与企业的所有制无关，与企业领导的自身素质和个人修养有关。

在新常态的困局中，走出艰难的出路不在于所有制，不是一股就灵，也不是一混就赢。走出困境的秘籍在于决策和用人。大多数因决策失误陷入困境的企业，多半有用人不当的教训。拍脑瓜决策，拍胸脯保证，拍屁股走人的教训值得反思，需要总结。

时代呼唤理智的职业经理人，企业期盼科学的决策程序。无论过去的业绩多辉煌，经营企业不忘科学决策，始终坚持量才用人。增强风险意识，警惕坠入自满的陷阱。

漫谈决策

2016 年 8 月 30 日

企业领导人最重要的事情是决策和用人，用人归根到底还是决策。因此，一个企业领导人的领导能力在很大程度上取决于其决策能力。其实，决策无处不在，人人需要决策；决策无时不有，人人都在决策。决策是生活的基石，正确决策能创造辉煌人生，错误决策会导致前功尽弃。唯有正确的决策，才能引领企业基业长青。

决策具有预见性、选择性、主观性和可行性。决策者的能力、素质直接关系到决策质量、决策水平。因此，提高决策者素质是提高决策水平的根本保证。企业领导应加强理论学习，在实践中磨炼，向周围人学习。这是提高决策者素质的有效途径。企业领导唯有不断增长知识、逐渐积累经验，才能提高洞察力和决断力；唯有周密考虑决策目标、审慎权衡利弊，才能审时度势、把握机会。

决策失误是管理工作的最大失误。决策是领导的核心职能。因此，决策前要充分听取各方面的意见，兼听则明偏信则暗；决策中避免感情用事，冷静关注反对的少数人；决策后立即付诸实施，不折不扣执行，重在提高执行的质量和效果。再好的决策也会因拖延而失去其功效。避免决策失误是管理者的头等大事。充分占有信息，奠定决策基础，立足当前，着眼长远，统筹兼顾，权衡利弊。

成功的决策者应该具备以下特质：能宽容决策结果。有强烈的决策内在动机。能够虚心倾听不同意见。能够为决策消除偏见，凝聚共识。随时保持弹性。有超强的预见能力。决策者应该保持清醒的头脑，防止因风格而使决策出现偏差，避免因武断使决策脱离实际。严格遵守决策程序，充分论证关键环节。在履行决策程序时，决策者扮演着决策者、协调者、信息传递者的角色。因此，决策者应该客观审视，理性分析，努力控制情绪，主动协调分歧，求同存异，居安思危，防患于未然。

决策依照一定的程序，遵循一定的方法，综合考虑决策成本、决策风险和决策收益。在现有条件下，收集更全面、更真实的信息、资料。没有调查，就没有发言权。信息是正确决策的生命线。能否全面掌握准确的信息是决策能否正确的关键。决策者善于捕捉灵机，不能墨守成规；决策者与时俱进，激发创意，不能照搬过去的经验。盲目依赖过去的经验，可能使决策误入歧途，甚至导致执行过程的失败。决策者应恪守本分，不能越俎代庖。在取舍中抉择，果断决策。既不冲动，也不寡断；既不冒进，也不优柔。

随着周围环境的变化和企业自身的成长，企业需要不断地做出抉择。企业的决策呼唤理性，企业的发展需要理性，未来的进步需要理性。决策宜慎，执行决策要快。企业的竞争在于快半拍的行动。有效的执行是实现决策目标的关键。成功皆因雷厉风行的执行，失败常是优柔寡断的拖延。调整决策宜慎，忌朝令夕改。决策忌从众，决策怕盲动，决策防冲动。

心路篇

XINLU PIAN

大度容天下

1999年1月1日

昨天晚上，我给郑主任电话拜年，互致问候后，他告诉我，1997年为经济技术协作办招聘的李先生已经调离，去了建工系统。从郑主任的话语中，能听出他有点无奈和惋惜。我打心眼里感激郑主任一直为我的事努力，但终因他个人的能量有限，再加上他又从现职上退下来而无能为力。

通完电话，我告诉爱人，李先生从经济技术协作办调走了，她听了心里也很难过。她反问我："你的心里怎么样?"我说："很平静，很坦然。"实际上，这一消息对我来说确实震动很大……

不过，因为遇的坎坷太多了，一副对联给我的启发很大，心境平和多了。这副对联是："大肚能容容天下难容之事，笑口常开笑天下可笑之人。"细细品味其内涵，对陶冶情操有潜移默化的作用。

天不负我，失去了1997年的机遇，终于抓住了1998年的机会。尽管差点擦肩而过，但毕竟几经曲折，已经有了眉目。虽说，不如1997年的位置好，但毕竟是凭自己的实力，再一次向命运发起冲击，得到了社会的承认。仅这一点对我就足够了！

人生不如意之事十之八九，只要"大肚能容容天下难容之事，笑口常开笑天下可笑之人"，就一定会活得坦然、充实。

很快，我可能会告别有色行业，步入一个陌生的领域。面对陌生的人群，会遇到很多意想不到的困难，甚至是莫名其妙的阻碍。因为，我的出现，毕竟影响其他人的前途。

正因为这样。从今天起，从心底暗暗告诫自己，要以一种平和的心态面对失意、挫折、误解。一如既往地奉行"谨言慎行、克制宽容"的原则。对未来的路，从困难方面做充分的思想准备，不能轻视任何人、任何事，更不能忘乎所以。现在是逆水行舟，不进则退。

与其嫉妒别人，不如去赶超别人；与其悔恨自己，不如去完善自己。这是我多年来的行动准则。但行好事，莫问前程。今后，我将继续坚持这一原则，不断地努力学习、工作，逐步提高自己的理论水平、业务素质和个人修养，包容一切苦恼、挫折和不幸，珍惜已经拥有的一切。以乐观、积极、向上的生活态度迎接每一天，以宽容、真诚、友爱的处世原则面对每个人。凡事尽心尽力，尽职尽责。无愧于岁月，无愧于人生。

合理确定自己的心理预期是减少烦恼的良药。凡事不要盲目乐观，做最坏的准备，以平静的心去包容一切难容之事，为短暂的人生注入全部心血，做一个对社会、对家庭有用的人，把自己的享乐降到最低程度。

但行好事，莫问前程

1999年1月18日

几经周折，北京双高人才选拔工作终于尘埃落定，我被选聘到中国首钢国际贸易工程公司任副总经理。调令已到，着手办理交接工作事宜。这几天谈到工作变动之事，领导都在挽留我，自己也有舍不得离开之感。同事下属都感到惋惜，少了一位愉快的合作者。这次离开有色金属贸易集团公司，心里是十五个吊桶打水，七上八下……

1997年报考北京市副局级职位，虽然过五关斩六将，但最后功亏一篑，饮恨疆场。1998年报考双高职位，只是抱着去试一下的心态，并没有很大的兴趣，结果阴差阳错地走上了新的征程。

回首往事，百感交集。正是："有心种花花不开，无心插柳柳成荫。"这也许是命运。

既来之，则干之。我对中国首钢国际贸易工程公司的业务并不陌生。因为自己的经历符合招聘条件，而且，再次以第一名的成绩进入组织考察，并最终被录用。但是，对中国首钢国际贸易工程公司的情况并不了解。

面对新的岗位，以饱满的精神准备，迎接新的考验。首先，要有充分的心理准备。要充分考虑到新的工作岗位、新的合作人群，刚开始会遇到新的困难。因此，不要幻想新的岗位有鲜花和掌声，很可能布满荆棘。面前的路并不平坦，要准备付出更多的辛苦和汗水，找一块立足之地。做好置之死地而后生的心理准备，迎难而上，勇往直前，义无反顾。其次，要有充分的思想准备。新的机构、新的人群，其工作效率、管理水平不一定就比自己的原单位好，也许漏洞更多。公司的风气、人际关系、领导作风可能到处都差不多，也许更糟糕。要有走出泥潭、步入沼泽的思想准备。为了出污泥而不染，需要有高度的警惕性和自制力，经受来自各方面的考验。第三，做好充分的知识准备。多看看外语和相关的专业书籍。先预习一下日常工作会遇到的专业知识。练习英语听力应该提到议事日程，坚持下去。

面对新的岗位，不仅需要饱满的精神状态和坚定的信念，更需要有坚实的理论基础、专业知识。因此，当务之急不是憧憬未来，而是脚踏实地学习新的知识，研究新的问题。前事不忘，后事之师。在有色系统工作了十六年，从整体上说是在不断进步，不断成长。但也有暂时的停止和倒退。仔细分析、总结失败的教训，引以为鉴。避免在新环境中重蹈覆辙。

不接近领导是自己的最大教训，今后应该渐渐地克服这一缺点，坚持己见是自己遭受挫折的主要原因，不善于交往是自己信息不灵的主要原因。今后，对以上三大不足要高度重视，以对人生负责的态度改造自己，使自己能够适应新的环境，占有一席之地，并站稳脚跟。

既然新岗位有如此多困难，自己有如此明显的不足，那是什么动力驱使自己告别轻车熟路的单位呢？原因很简单，就是想利用这个机会，再学习、磨炼几年，增加一些实践经验，充实自己的生活，为捕捉新的机会奠定基础。历尽磨难，痴心不改。

人生能有几回搏？我不想默默无闻地、舒适地活着，我希望生命能够放出更多的光，普度众生，永佐人间。也许不会如愿，留下的全是遗憾，但既然选定了，我将坚定地走下去，搏击风雨，笑傲苍穹。

西出阳关无故人

1999 年 2 月 1 日

今天，我办理了工作调动手续。经过四个多月的周折，终于画上了句号。当我拿上报到通知，走出有色大楼的大门时，心中有一种说不出的滋味，是苦？是甜？一言难尽……

不管前面的路有多么艰难，既然走出了这一步，就必须勇往直前，走下去……

从大学毕业到现在，已有十七个年头，其中，有十六个年头是在有色系统度过的，对有色系统的人有着深厚的感情。一旦真得要离开时，这种感情显得格外强烈。我很重感情、友谊。当原辅中心的几位同事得知我办理调动手续的事后，他们先后到我房间和我话别，虽说大家谈得轻松，但是，我深深感受到他们对我离开有色系统的惋惜，我何尝不是呢？从他们的眼神中，我看出了依恋之情。

小张是研究生，她说，王总是棵梧桐树，我是奔这棵梧桐树来的。你这一走，我的工作处境就难了。小饶说，是呀！再过几天就看不到王永光这三个字了。李声说，王总调走是原辅中心和贸易集团的一大损失，今后再找这样的合作伙伴很难。张成也如是说。李声还和我唠叨了他在工作中的苦恼和担心。我理解他们此时此刻的心情。

但是，我此时此刻的心情也许没有人理解，是喜是忧，一言难尽。总有一种西出阳关无故人的感觉。

按理说，我在原辅中心这一年多的工作有收获，在职工中树立了威信，在企业和客户中有好的口碑，应该继续干下去。现在离开真有点前功尽弃的感觉。

可是，像中国首钢国际贸易工程公司这样的单位，今后是否还会有机会选择，都不好说。所以，我不忍心放弃这次机会。心中很纠结，进退两难。

我并不是患得患失，只是觉得进退的选择得失各半，并没有值得高兴的事情，更不能飘飘然。所以，我在和公司领导、同事告别时相当低调，没有表现的那么得意。原辅中心的每位同事和我在总公司大楼门口合影留念，我非常珍惜长期以来形成的这种情感。

让我不能兴奋的原因就是将来面对的人和事比以前更复杂，路更艰难。我是入虎穴探险，是否能得虎子？就不得而知了，全在于自己的本领。

从人生自我价值实现的角度讲，我的选择是合理的。从考虑家庭生活、个人享乐讲，我的选择就不一定合理了。因此，从参加考试后，我就一直处在矛盾的思想斗争中，最终，还是选择了实现自我价值的探索之路。

路漫漫其修远兮，吾将上下而求索。不论西出阳关有无故人，我将勇往直前地走下去。我决心用心血和汗水浇灌生命之树。我相信，只要自己与人为善，以诚相待，谦虚谨慎，不求有功，但求无过，不争名，不争利，推功揽过，总不会有太多的不幸和困惑。

但行好事，莫问前程。这是我一直信奉的原则。从过去的结果看，还没有太大的出入，我相信今后也该如此。做好充分的思想准备，迎接各种考验，克制自己的欲望，坚持以下原则：见酒能节制，遇色能克制，见财有理智，遇气能控制。我相信，如果能做到以上四点，有志者，事竟成，破釜沉舟，百二秦关终属楚；苦心人，天不负，卧薪尝胆，三千越甲可吞吴。

纵观过去，有多少有才、有识之士，因没能把住这四关而痛失美好前程。四十多岁的男人，最容易在这四条道上滑出去而堕落，不能自拔。应该经常反省自己，检查自己的言行，不要忘乎所以。应该经常勉励自己，不要被暂时的困难吓倒，失意时不要气馁。应该保持一颗平常心，合理确定社会定位，不能好高骛远，也不能平庸无为。对现实中的任何事情，都要有恰当的心理预期。凡事期望值不要太高，知足常乐。

把社会定位和心理预期落实到具体问题上时，应该坚持以下原则：（1）当一把手要到位，讲究合作，尊重下属。同事间做到尊重、理解、信任和关心，善待下属。（2）当副手不越位，讲究配合，不争名，不争利，推功揽过。维护集体荣誉，协调人际关系。（3）不过问与己无关的事情和隐私。静坐常思己过，闲谈莫弄人非。（4）淡泊名利得失，保持身心健康。不要和别人比收入、比地位，更不要用自己的长处比别人的短处。

诚信勤俭是立身之本，善待百姓是为官之本。凡事要脚踏实地，做到问心无愧。但行好事，莫问前程。我相信，只要能坚持以上原则，路一定会越走越宽，生活也会越来越好。

难忘今宵

1999年2月11日

“难忘今宵。难忘今宵……”的歌声把欢送会推向高潮，原辅中心的全体同志都站起来了，合唱这首歌。我和大家一一握手告别，依依惜别之情油然而生。续经理和我紧紧拥抱在一起，泣不成声。更使我眷恋这一年多的工作经历，眷恋这些同事对我的理解、尊重。此时此刻，我热血沸腾，终于觉得我的付出得到了同事的认可。因为大家都是从祖国各地赶回来参加今天的欢送会，孔越和陈东星夜兼程，从西安开车晚上八点才赶到会场，一天水米未进。

在举杯祝酒中，大家言语不多，个个语重心长。有的弟兄们居然把千言万语凝聚在饮酒的不言中，我为之深深感动，同样有点哽咽……

细想起来，我又有何德何能？赢得同事如此尊重，真有点受宠若惊。此时此刻，我需要冷静，千万不能忘乎所以，自己只是一颗螺丝钉，发挥了应有的作用。

善待民意、顺乎民心，也许是大家对我尊重的根本。想起过去的工作，自己并没有忍辱负重，只是深入群众，体察实情，尊重他们的人格，理解他们的苦衷，并能从正面引导，发挥他们的长处，调动他们的工作热情。

尊重、理解、信任和关心。这是我和下属相处的根本。以诚相待、不盛气凌人是大家对我的认同，也是我努力实践和追求的工作作风。

尊敬、适应一把手，为他排忧解难，不争名，不争利，主动去处理难题。这些可能让续经理刻骨铭心。当好副手，必须豁达、宽容，有时忍辱负重；当好副手，发挥自己的长处，弥补一把手的不足，使全局工作浑然一体，不出现大的漏洞；当好副手，学会适时提醒一把手值得注意的事情，把问题处理在萌芽之中；当好副手，在群众中多讲一把手的长处，树立他的威信；当好副手，解决问题要身体力行，不能纸上谈兵，更不能哗众取宠；当好副手，千万不能越位，要做幕后英雄。

从小事做起，以身作则，是做领导的基本功。吃苦在先，享乐在后，以工作为重，终究会赢得大家的认同。原谅下属的过失，尊重下属的人格，会慢慢地树立自己的威信。人格的感召力是赢得人心的法宝；个人修养的加强，工作经验的积累和总结，永不间断的学习和探索，是培养人格感召力的基本途径。急功近利的做法不但增强不了人格的感召力，还会前功尽弃。

人格感召力的培养，是领导干部终身坚持修炼的事情，永无止境。虚心好学，善于听取不同意见，深入实际，少言多听，从点滴小事做起，将会受益终身。

从平凡的事做起，做一个平凡的人，保持心情的宁静，与世无争；与自己争，争分夺秒，不要虚度光阴；不能尽如人意，但求无愧我心。

也许就是这些点滴，赢得了大家的信任。也许就是这些细节，引起了大家的共鸣。杯酒壮豪情，人需要友谊和真诚。

难忘今宵的真情，她是心灵的感应，她是思想的共鸣。难忘今宵的真情，她是人生的财富，她是事业的指引；办事要公道，为人要真诚。

今宵虽已过去，引发的思考、留下的启迪耐人探寻。事应该怎样做？路应该怎样行？一切全凭自身。得意时不要刚愎自用，失意时不要怨天尤人。谦虚谨慎，克制宽容；自尊、自爱、自强、自信。

今宵的时光随风而去，明天的日历面貌全新。即将踏上新的征程，对未来应该充满信心。道路在脚下，只要脚步不停，事业定会向前延伸。命运在手中，必须全力以赴，人生岂能一事无成？

诚信为本

1999 年 4 月 12 日

今天，阅读介绍 TCL 总裁李东生的文章，谈到他的诚字经。这更使我坚信诚信为本的原则在市场经济的环境下仍然是企业的生存之道。虽然，在市场经济发展的初期，不同的企业有不同的发展经验，但是，真正有发展后劲的企业，有竞争生命力的企业，离不开诚信二字。

虽说有的好心人曾经劝我要善于总结经验，不要太认真了。我深深理解他们的好意，也深知自己的木讷呆板在社交中的不利影响。但总结自己步入社会二十年的得失，唯一能使自己立身的恐怕就是诚信二字。离开诚信，自己实在是无以为计。

诚然，自己的诚信有时也并没有得到公平的回报，有被戏弄的苦恼。不过，如果没有诚信二字，那苦恼可能就更多了。因为，别人没有诚信，有机巧，能随机应变；若自己放弃诚信，再去学机巧恐怕是邯郸学步，东施效颦了，结果肯定是鸡飞蛋打一场空。因此，我还是认准了诚信二字，一条道走到黑。任凭别人多变，我以诚信待之，以不变应万变，做到问心无愧。我坚信，种下善果必定有善报。诚信是我的风格，是我经营企业的风格，是企业文化的基本内涵。

其实，诚信不是消极无奈的手段，而是个人的宝贵财富，是经营自己的资本。我始终以此来衡量一个人、一个企业是否可以信赖。也许这是人以类聚、物以群分的缘故。

作为企业领导，更需要诚信。诚信可以帮助企业渡过难关，可以帮助企业找到真诚的合作伙伴，可以感化员工，可以激发员工的敬业精神，可以增强企业的团队精神和凝聚力，可以化解同事间的误会和恩怨隔阂，可以树立企业的良好公众形象，形成丰厚的无形资产。

一个企业如果把诚信二字贯彻始终，需要不懈的努力和追求，需要真诚对待客户，满足客户的合理诉求，把客户的需求作为自己工作的突破口，急客户所急，想客户所想，说到做到，不开空头支票。要做到这一点，必须有一种以诚信为核心的企业文化熏陶员工，感染客户和合作者。

企业应该为客户创造价值，为员工创造机会，为社会创造财富。本着敬业、创新的精神，运用社会营销的理念经营企业，诚信为本的路子一定会越走越宽。任凭风云变幻，我志依然不动。诚信待人，诚信处世。

学习的楷模——朱镕基总理

1999 年 4 月 16 日

近日，观看朱镕基总理出访美国、加拿大的电视转播，为朱总理的机智、幽默、应对自如的外交谈判等感到自豪。他给中国人、中国共产党领导人在西方人面前树立了良好的形象，为中国加入 WTO 做出了积极的努力，取得了可喜的进展。这一切，为我们每一个中国人，尤其是年轻人树立了榜样。朱总理是我们学习的楷模。

机智赖于勤奋。要达到朱总理的机智水平，自己还有很长的路要走，但只要能坚持不懈地学习、钻研，一定会取得可喜的进步。我相信，勤能补拙，只要有谦虚好学的态度，无论在工作上，还是在生活上，都能慢慢地积累机智的素养，增强应变能力。

知识在于积累。丰富的知识是机智应对复杂问题的基础。善于学习各种有益的知识，针对具体工作，对特定领域进行深入钻研是丰富知识的有效途径。在学识上既要有深度，又要有广度。这是对管理人员的起码要求。要达到上述要求，就必须敏而好学。要达到朱总理的学识水平，就需要处处留心，事事钻研。

朱总理除了机智和渊博的知识外，他刚毅、不屈不挠的气质是人格魅力的闪光点。中国人在国际舞台上缺少的就是这种刚毅、自信的民族气节。我们是 21 世纪中国的主人，培养刚毅、自信、不屈不挠的精神和民族气节，是我们党修养的一个重要组成部分。曾有人预言“卫星上天、红旗落地”。这里所担心的就是我们会成为经济超级大国的附庸，失去独立的人格和国格，变成国际政治舞台上的侏儒。

提升中华民族气节和自信心是改革开放不断深化形势下的当务之急。一个国家无论在经济上的成就大与小、发展的快与慢，在追求经济效益和速度时，都不能忘记提升民族气节，都不能忽视培养民族自尊心。我们虽然还很穷，但不能妄自菲薄。我们虽然要和别人在经济上合作，但不能忘记通过合作达到增强竞争力、从而走向世界的目的。有些问题需要暂时妥协，但在原则问题上不能改变立场，更不能放弃主权。我们在向世人展示成绩的同时，要敢于指出我们的不足，敢于承认我们的差距……所有这些，朱总理为我们树立了光辉的榜样。

学习榜样，完善自我，矢志不渝，日积月累。

读《挺经》有感

2001年1月10日

自从到秘鲁铁矿工作以来，除了看外国管理书籍和国学经典外，有两本书始终不离左右，一本是《素书》，另一本是《挺经》。有空时读《挺经》，领悟道理；遇事时读《挺经》，寻找支撑。在秘鲁铁矿极其困难的环境下，《挺经》与我同在，克服了一个又一个困难，渡过一个又一个难关。读《挺经》铭记一句话："大丈夫打掉牙和血吞"。反复读《挺经》，感触颇深。学习曾国藩，意志坚定。曾国藩的一生，是"勤敬爱民、勤谦自律、勤忠敬业"的一生。曾国藩是我的学习榜样。

古之成大事者，时刻都在告诫自己要"勤奋、敬民、谦恭，忠于职守。"曾国藩本人是"勤奋、敬民、谦恭，忠于职守"的楷模。他的勤敬观表现为：（1）肩负领导社会、转变风气、培养人才之责任。（2）严于律己，以身作则。（3）学识渊博，知人善任。（4）广收、慎用、勤教、严绳。集中体现了他追求的"民心顺、国家安"的目标。正是："政之所兴，在顺民心；政之所废，在逆民心。"

曾国藩的勤谦观表现为勤奋、谦逊。强调个人修养。防止居官四败：（1）懒惰任下者败；（2）傲狠妄为者败；（3）贪鄙无忌者败；（4）反复多诈者败。警惕居家四败：（1）妇女奢淫者败；（2）子弟骄怠者败；（3）兄弟不和者败；（4）侮师慢客者败。

曾国藩的勤忠观表现为兢兢业业，尽职尽责。他认为，"以人事与天争衡，莫大乎忠勤二字。乱世多尚巧伪，唯忠者可以割其习。末俗多偷惰，惟勤者可以遏其流。忠不必有过人才智，尽吾心而已矣。勤不必有过人之精神，竭吾力而已矣。"

在风雨飘摇的晚清，曾国藩能发挥力挽狂澜的重要作用，源于他个人的勤敬、勤谦和勤忠。面对秘鲁铁矿的困难局面，曾国藩是我们最好的学习榜样。他的勤敬、勤谦、勤忠应该成为自己和员工的行动指南。无论遇到再大的困难，我们都要恪守坚持。静坐常思己过，检点自己的行为是否符合勤敬爱民、虚怀若谷、忠于职守的标准？是否有骄傲情绪、堕落行为？人身修炼以曾国藩为楷模。不怨天，在勤字上下功夫；不尤人，在忠字上做文章；不懈怠，在谦字上找出路。

《挺经》廉矩篇中指出："崇俭约以养廉。欲学廉介，必先知足。事事知足，人人守约，必可挽回。"这对当今的秘鲁铁矿是何等重要。我们多么需要这种共识，尤其是基层员工。治世之道，专以致贤，养民为本。治企之道，贵在聚贤，发展为本。发展之道，贵在养廉。养廉之道，贵在知足。崇俭养廉，领导以身作则。企业即使有利润也不能铺张浪费，何况秘鲁铁矿严重亏损，更需要崇俭养廉。因此，在建设企业文化的同时，要弘扬中华民族的优良传统，在秘鲁发扬光大。在深陷困境的秘鲁铁矿，让崇俭养廉的思想深入人心。然而，崇俭养廉能否蔚然成风，关键在领导自身。因此，作为经营者，除了在开拓市场上率先垂范外，在崇俭养廉上要身体力行。要求别人做到的，自己一定做到。作为农民的儿子，崇俭养廉有传统的本色。只要牢记使命，保持本色，就可以做员工崇俭养廉的表率。然而，告别种田多年，在经营者的位置上继续保持勤俭的本色，不忘本，不变色，还必须加强自身修养，克己守礼。不为体制原因所困惑，不为名利诱惑而动心，廉洁知足。抓管理从治本入手，淡泊名利，清心寡欲，以身作则。只要领导崇俭养廉，挺住艰难；全体员工安分守己，尽忠职守；秘鲁铁矿一定能起死回生，再创佳绩。

《挺经》盈虚篇中开宗明义指出："尝观《易》之道，察盈虚消息之理，而知人不可无缺陷也。"其实，自然界的万事万物都充满了辩证关系，企业亦然。因此，对秘鲁铁矿的先天不足和后天困难，我们就不要庸人自扰了。我们应该勇于面对现实，敢于改变现状，集中精力、智慧，做自己该做的事情。学习古人的理论，借鉴今人的经验。确定秘鲁铁矿定位，以生存求发展，不好高骛远，宁守其缺，不求其全。学习今人理论，借鉴古人经验，坚守生活准则，不追求轰轰烈烈，不羡慕灯红酒绿；淡泊宁静，虚怀若谷。知足常乐，清心寡欲。不断加强自我修养，吾日三省吾身，反思不足。遵循自然法则，事不可为，不强为；事可为，百折不回。

挺住艰难，既要有高尚的道德操守，也要有坚定的意志品质。挺住艰难，既要有运筹帷幄的决策能力，还要有决胜千里的指挥魄力。挺住艰难，既要有凝心聚力的人格魅力，也要有娴熟的业务能力。学习《挺经》，熟悉盈虚之理，不求全责备。运用《挺经》，正心诚意修身，铭记居家四败；运用《挺经》，致知格物敬业，牢记居官四败。防微杜渐，崇俭养廉。选贤任能，身先士卒。凝心聚力，挺住艰难。

重温《挺经》藏锋篇，对挺住艰难有了更深的理解。“君子得时则大行，不得时则龙蛇。龙蛇者，一曲一直，一伸一屈。”作为经营者，在市场低迷之时，显然不是得时之机，不能大行。应以龙蛇之势应对，一屈一伸。在不得时的大环境下，摆脱困境不能一味执著，刚直不阿行不通。应该深悟龙蛇之道，一曲一直，一伸一屈。

展望未来，企业的生产经营形势依然严峻，竞争更加激烈，生存的压力更大。牢记龙蛇之形，因时因势而动。领悟龙蛇之理，探索生存之道。借鉴经验，少走弯路。然而，龙蛇之形易记，伸屈之技难学。实乃冰冻三尺，非一日之寒。

龙蛇之道的关键是藏锋。藏锋的关键是讷于言，慎于行。守仁义，戒傲气。蓄势而发，待时而动。藏锋应从修炼开始，正心诚意，修身齐家。藏锋应持之以恒，忍耐、等待。不患位之不尊，而忧锋之未藏。面对激烈竞争的生产经营环境，勿意气用事，应冷静顺应。藏锋是永无止境的修炼，循序渐进，不能半途而废。挺住艰难，是意志品质的考验，是能力水平的较量，是凝心聚力的魅力，是运筹帷幄的结晶。

挺住艰难，路漫漫其修远兮，吾辈在跋涉中探索。

不进则退

2003 年 8 月 24 日

已有好久没去书店了。今天下午到翠微书店，驻足书架，有点目不暇接的感觉，似乎哪本书都该买，都想读。最后，经过比较，权衡支付能力，买了七本书，花了 324 元。

买书的冲动源于对知识的渴求和强烈的危机意识。时代前进的步伐如此之快，一日不学仿佛落后三秋。企业竞争的残酷难以想象，一日不进步就会被淘汰出历史舞台。人才竞争如大浪淘沙，危机就在眼前。

《危机管理》一书告诉我，企业运营管理和危机管理是企业经营的两大任务。就个人而言，增强危机意识，冷静应对危机，化险为夷、转危为安是必备的心理素质和生活能力。

《追求卓越的激情》一书从另一个角度告诉我，要创造辉煌的事业，就必须有追求卓越的激情。要生活的有意义，就必须以乐观积极的心态面对困难。

《怎样减少成功的障碍》一书，则提醒我在生活、工作中应该注意什么？如何从失败中学习？如何减少工作中的失误？有效地消除工作中的障碍。

《成功面试》《人才心理测评》是一种操作指南。作为企业管理者，应该有效掌握相应的知识、技巧。《成本控制》《薪酬手册》也是经理应该掌握的基本工具。

沉甸甸的书，需要一页一页去读，一点一滴去领悟；雾漫漫的路，需要一步一步前行，一沟一坎去跋涉。

最后一搏

2003 年 10 月 14 日

今天，收到了国资委笔试通知书。通过资格审查，接下来就是真刀真枪的比武。这份通知书在自己的人生旅程中大概是最后一份考试（笔试）通知书。因为已经四十五周岁，勉强符合年龄条件。所以说，以后可能就没资格参加类似考试了，这次考试是参加公开选拔的最后一搏。

既然是最后一搏，就要竭尽全力，做好准备，迎接新挑战。以前，曾经参加过无数次考试，每次考试对人生的前途和命运都有不同程度的影响。一方面，通过考试发现了自己的不足，找到了努力的方向；另一方面，通过考试也向社会展示了自己的能力、水平。尽管有时候没有预期的回报，至少客观上展现了自己的能力。这次考试比以往任何一次考试都重要，也比以往任何一次都难，更重要的是自己走在了人生的三岔路口，何去何从？在此一搏。难就难在参加竞争同一岗位的人数之多，达到 93 人，难就难在参加竞争的对手可能比自己年轻，可能有更高的学历、更厚实的背景、更丰富的经验……

即使最难，要竭尽全力，要充满自信。既然资格审查没问题，相信在考场上不会太差。只要能有公平竞争的机会，不管结果如何，心理就有一丝安慰。因为自己努力过，没有饱食终日无所用心。通知书就是进军号。作为一名战士必须冲锋向前，宁愿战死在疆场。

准考证的诉说

2003 年 10 月 25 日

今天上午，到中组部领取了明天参加国资委公开选拔中央企业高管的准考证。看着准考证上的职务和熟悉的面孔，仿佛听到准考证在向我诉说……

准考证是人生走向事业成功的进军号，是登上理想巅峰的通行证。希望你能用好它，到达胜利的彼岸。准考证是公平竞争的入场券，在考卷面前人人平等。

不要辜负准考证的期望，在激烈竞争的舞台上展示自己的才华，提升准考证的价值。

准考证是人生战胜自我、走向成熟的亲密伴侣。当你拿起准考证，你就充满自信。当你面对准考证时，偷懒的一闪念就无地自容。唯有百折不挠的毅力、坚忍不拔的品质，才能在准考证的陪伴下过五关斩六将，才能有会当凌绝顶、一览众山小的感觉。

准考证是人生奋斗的兴奋剂。无论你是高兴还是苦恼，无论你处在顺境还是逆境，当你揣着准考证，你的精神就注入了活力，有了冲刺的勇气，有了拼搏的激情，脑海浮现出宏伟蓝图。

准考证告诉我，人生的意义在于追求理想的过程。只要你奋斗了，不管结果如何，你都问心无愧。我拿着轻轻的准考证，却感觉到沉甸甸的。它是我人生旅程中又一次挑战自我的号令！

个人危机管理的思考

2003 年 11 月 10 日

在学习《企业危机管理》一书过程中，一个强烈的信号在脑海里反复闪现：个人危机管理。在研究企业危机管理的同时，也要学会对人生危机的管理。当灾难来临时，要有面对危机的勇气和解决危机的智慧，不能让危机任意扩散。

当危机爆发时，人生同样处在向上提升或向下沉沦的转折点。学会控制危机，因势利导，逐渐地从逆境中走出，进入正常的发展轨道。其实，危机并不可怕，可怕的是不知道危机在哪儿？最可怕的是跌倒爬不起来或爬起来却没有汲取教训，又在同样的地方再次跌倒。再次跌倒，并不能保证再次爬起来。

危机并不是突发的。在危机变化的动态过程中，有许多见微知著的量变过程。人生所犯的错误中，最严重的不是一次性的失败，而是每天例行性的错误，终年累月所造成的积微，形成个人素质之“癌症”。这种发生于平时不易察觉的错误，往往才是造成个人失败的主要原因。

危机刚开始是星星之火。如果把星星之火控制住，就不会爆发燎原之势的危机。因此，防患于未然是个人危机管理的关键。认真审视自己每天的言行，及时调整思维、工作方式，及时发现异常信号，冷静面对异常信号，果断采取有效措施。既注重自身的工作、学习，又要反思自己的不足，有意识地思考可能出现的危机，积极应对。以积极的态度创新思维，改变思维习惯和工作方法，改进工作业绩，提高综合素质，积极行动，提升个人影响力。

无论是危机管理还是创新发展，关键是行动。回顾自己过去的工作，虽说一直很努力，但自身的不足，始终没能及时弥补，以至于总犯类似错误。盲目自信，不注意周围的氛围；低头拉车，不抬头看路。

自己的最大教训是遇到挫折时，能反思总结，但防范的措施不能落到实处，特别是不能持之以恒地改正自己的缺点。反思多停留在纸上，多数不能具体落实。现在看，多好的理念，多么伟大的方案，如果不能立即付诸实施，只能是理念、方案而已。把想法付诸行动是事业成功的基础。

从现在起，从小事做起，从点滴抓起，改变盲目自信、盲目乐观的习惯。增强危机意识，凡事多问几个为什么？多考虑一些防范措施。吃一堑，长一智。

无限风光在险峰

2003 年 12 月 8 日

人生在奋斗中闪光，智慧在磨炼中增长。经过昔日的坎坷，不但没有心灰意冷，反倒激起了拼搏的热情。总是不甘心就这样消沉下去，总还期盼无限风光在险峰。

人生需要有梦。梦想能唤起生活的热情，梦想能治愈心灵的创伤。虽然饱经风霜，历尽坎坷；因为对生活充满热情，依旧有梦想，期盼着梦想成真。

人生不能整天沉浸在梦幻之中，一定要清醒，审时度势；总结经验，汲取教训。回顾过去，最大的不足就是埋头苦干，不能及时汇报工作，不能及时听取领导意见。既要有梦想，又要从挫折中汲取教训。改变埋头干、盲目干的习惯。凡事三思，既要做正确的事，也要正确地做事。

塞翁失马，焉知非福。有一丝希望就要百分之百的努力，不到最后不放弃。在黑暗中走完山穷水尽的崎岖道路，凭毅力去迎接柳暗花明的盛景。

静坐常思己过。反思自己的不足，重点要处理好严、圆、方三者的关系。对下属要严，工作一丝不苟。养成认真负责、精益求精的作风，严格遵守规章制度，奖惩严明。对外要圆，融洽关系。和谐相处，虚心学习。对自己要方，不能随波逐流，不能随心所欲；遵章守纪，脚踏实地；公私分明，严于律己。学习交往技巧，领悟沟通艺术。

人生追求的反思

2004 年 3 月 21 日

不想当元帅的士兵不是好士兵。这是一位将军的名言。他鼓励年轻人应该有理想、有追求。可是，如果不愿意付出艰辛的努力，只想当元帅，也未必是好士兵。在现实生活中，总有些人好高骛远、夸夸其谈，即使有当元帅的愿望，恐怕也难以如愿。

对于人生的追求不一定是越高越好，应该从实际出发，确定可实现的目标，采取可操作的措施，稳扎稳打。否则，目标定高了，实现不了，没有成就感，就会有挫折的苦恼。制定目标不仅要考虑自己的能力、实力、毅力，还要考虑环境的影响力、社会公平机会和透明度等。如果忽视了环境的影响和机会公平度、透明度，很容易陷入盲目乐观的境地而苦恼。如果不顺应潮流、不适应环境，则会遇到挫折。环境净化、社会进步是一个漫长的过程，在条件不成熟时，渴望竞争面前人人平等就显得太天真了，似乎是与虎谋皮，白日做梦。

人既要有远大理想，也要注意现实制约。唯有愿意付出、肯于吃苦的士兵，才有望成为元帅。唯有忍辱负重、卧薪尝胆，才能实现人生的理想。尽管如此，人还是量力而行，尽力而为。如果不遗余力拼搏，总是累得筋疲力尽，那就得不偿失。即使有一天如愿了，也没有享受成就的健康。

个人的职业生涯规划应该和企业的发展战略相吻合。在企业发展过程中找到自己成长的机会，和企业相向而行。否则，事倍功半，甚至一筹莫展。目标不能高不可攀，自己有实现目标的能力、现实有实现目标的机遇。唯有此，机会垂青有准备的头脑。不然，整天想当元帅，既没有当元帅的历练和素养，又没有成为元帅的机会，势必整日陷入苦恼而不能自拔。人没有目标不行，目标不切实际也不行。按照 SWOT 分析法，分析自己的优势和不足，判断环境的机会和挑战，知己知彼，稳扎稳打，才能如愿以偿。

奋斗的乐趣

2004 年 3 月 26 日

尽管人生坎坷，历尽艰辛。信念不动摇，追求不放弃。否则，生活就失去了原动力。即使以前的理想是无法实现了，但这并不意味着失败。只要能继续坚持奋斗，不断完善自我，增强适应社会的能力，就应该是成功者。

不能因为遭受挫折，前途渺茫，就把自己看成失败者，陷入消沉，放弃努力。人生的意义不完全看最后的结果如何？追求理想的过程也充满丰富的色彩，能给人留下美好的记忆。暂时的挫折不等于永久的失败。遭受挫折后要认真反思，寻找突破口，努力改变现状。也许经过努力仍然改变不了现状，但在努力的过程中就会发现乐趣，忘记过去挫折带来的烦恼，生活得充实。这本身就应该满足。因为，追求理想、顽强奋斗的过程，克服了消极的思想情绪，忘记了各种不愉快的事情，增强了生活热情，会再次激发起战胜困难的勇气和激情。面对当前的挫折，还应该继续往前看，认真做好每件小事，不求轰轰烈烈，但求心情舒畅，以健康的体魄享受人生。

活到老，学到老，老不够用。在信息化时代，知识的更新速度越来越快。如果不能坚持学习，势必会被飞速发展的社会淘汰。

尽管今天的学习对明天的工作不会有立竿见影的作用。但今天的学习对明天的工作肯定不会有消极影响。竞争上岗已经为人们所认可，如果想改变工作岗位和工作环境，就必须有勇气和实力向陌生领域挑战。这种挑战必须建立在扎实的知识基础、工作技能和工作经验上，不能凭空想象如何攀登高峰。

尽管用人并非完全根据实力而择优录用，但是，对没有社会背景、没有靠山的普通百姓，改变现状唯一的出路依然是凭自己的能力和实力去捕捉可贵的机会。机会越少，捕捉的难度越大。因此，平时的准备就要越充分，机会垂青有准备的头脑。

积蓄力量，积累知识，做好一切准备，以迎接各种可能的机会和挑战。这是自己的唯一选择。因此，不管处境如何？人生都不能悲观！不管命运如何？奋斗的脚步都不能停！

理念引导人生

2004年3月29日

人生应该以正确的理念指引，发展健全人格，成为合格公民，具有良好的人际关系基础，能够和别人友善地合作，以自己的理念和人格影响感染别人，培养领导力、影响力和学习力。

尽管现实中有与理念相悖的事例，甚至，一度会甚嚣尘上，鱼龙混杂；大有道德沦丧、社会倒退之势，小人得志，横行专权……

面对社会的黑暗面，是继续坚守自己的理念呢？还是随波逐流呢？这是每个人面对的严峻考验，需要我们理智地抉择。不能放弃做人准则，必须坚守价值观，不能随波逐流。宁可清贫，也要心里坦然；宁可无为，也不阿谀奉承。但是，面对现实，需讲究策略。凡事要谨慎，多倾听意见，少高谈阔论；多调查研究，少自作主张，防止感情用事。凡决策要坚持科学程序，不先入为主，以事实为基础，资料为补充。科学论证，左右权衡；举轻若重，慎之又慎。既要坚持理念，又要面对现实；屹立在寻求生存的缝隙，在曲折中实现人生的理念。

心灵的复活

2004年4月9日

今天是复活节。传说耶稣受难三天后复活。后人为了纪念耶稣，把今天定为复活节。从某种意义上说，是心灵的复活，肉体恐怕永远不能复活了。但只要心灵不死，人间任何磨难都能经受住，任何难关都会度过。因此，过复活节对普通受磨难的百姓是安慰和鼓励。只要心灵不死，即使眼前的处境一片黑暗，坚持下去，仍然有东山再起的可能。

不管事业的状况如何，也不论经济条件如何，只要还有一口气，还有一席之地，我们都应该有复活的理想和意愿，期盼有一天东山再起，在人生舞台上复活。然而，要想从绝境中复活，除了有坚强的毅力和必胜的信念外，我们还必须有克服困难的本领，探索复活的可能途径，不能等天上掉馅饼；必须在夹缝中顽强生存，寻找生机、发现生路……

历尽磨难初心不改，靠的就是心灵复活的理念。一个月的培训过去了，除了完成听课任务外，业余又翻译 HISMELT 工艺技术的操作手册。该技术的目标市场是中国市场，有很多钢厂对该技术感兴趣。首钢作为小股东参与该项目建设，就是想把握先机。把英文 HISMELT 工艺技术的操作手册翻译成中文，并不是组织安排，也不是业主要求，而是自己的责任心驱使。看着翻译出的中文稿，心中有一种灵魂复活的感觉，感觉到自己存在的价值。通过翻译，对有些内容加深理解；不仅知道了工厂的主体，也了解了各部分之间的关系，熟悉了操作系统的原理。

人生自己能把握的就是每天的时间。你对时间的态度和运用方式，将决定你的命运。自古就有“一寸光阴一寸金、寸金难买寸光阴”的说法。珍惜时间就是珍爱生命。尽管现实中有些错位的事情，工作勤奋不一定比关系圆滑得势，学习认真不一定比背景厚实走运。但是，作为普通人，你如果没有圆滑的关系和厚实的背景，能主宰命运的就是你能否勤奋、刻苦。只要肯做牛，不会没田耕。唯有利用好自己能控制的时间，提高时间利用率和学习工作效率，才有望做出成绩，展示你的才华和能力。唯有此，才是改变命运的杀手锏。

翻译培训手册，累得很！但是，看看已经翻译完的资料，心中有一丝安慰。因为在翻译中又学了一遍资料，对有关内容的记忆又加深了一次。更重要的启示在于凡事能坚持就有收获。只要不放弃，一定有希望。

心灵能否复活，不取决于善良的愿望，取决于自己的付出和意志品质。只要肯付出，就会有回报，只要肯坚持，就会有机会。凡事少埋怨社会不公，多反思自己不足。敢于向命运挑战，以超凡的勤奋工作，不停止奋斗，不放弃追求，不好高骛远。脚踏实地前进，心灵复活的路就在脚下！

信念　意志　耐力

2004 年 4 月 17 日

每个人可能都有一幅美丽的愿景，但能实现愿景的只是少数，大多数在实现愿景的道路上逐渐掉队、退出或被淘汰。凡是能走到理想彼岸的人，有一个共同特点：信念坚定、意志坚强、耐力持久。

把愿景变为现实，实现人生理想有其内在的规律，不可急功近利，也无捷径可走。唯有坚定必胜信念，不被困难所吓倒，不为花花世界所诱惑，始终不渝地坚持信念，百折不挠地前进，才能实现人生梦想，把愿景变为现实。

现实生活很残酷，形势很严峻，扑朔迷离；你稍不注意就会偏离正确的方向而落伍。没有顽强的意志品质，很容易在困难、挫折面前打退堂鼓。要奋斗就必须付出，但奋斗却不一定有回报。要奋斗就会有牺牲，勿患得患失。以“千回百折终不悔”的信念笑对坎坷，凭“不达目标誓不罢休”的意志不懈攀登。

面对艰苦的环境，既要有顽强的意志，更需要健康的体魄。加强锻炼，增强体质；培养耐力，增强抗风险能力，奠定战胜困难的身体基础。磨炼意志，陶冶情操，培养战胜困难的精神定力。

愿景是美好的，实现愿景的路是漫长而艰难的。唯有信念坚定、意志坚强、耐力持久，才有望走完艰难的里程，登上理想的巅峰。忘记眼下的烦恼，迈开前进的步伐，朝着愿景的目标，勇往直前。任凭风狂雨骤，我自岿然不动。

守　柔　主　静

2004 年 5 月 15 日

老子的尊师常枞以“柔舌在而坚齿亡，以柔胜刚”的寓意，奠定了《道教》守柔主静的辩证哲学基础。

古代朴素的哲学思想包含着丰富的哲理。一部《处世悬镜》是后代为人处世的宝典。阅后，觉得自己的处世态度技巧仍需不断改进，仍要忍耐、忍让。守柔，默默地做好自己的事情，学邹忌理智地分辨假话，弥补自己的不足，冷静地面对奉承和夸赞。感情和功利都会蒙蔽人的眼睛。凡事不能张扬，保持低调。心静，远离争名夺利的宦海；心静，停泊在知足常乐的港湾；不为名所驱，不为利所动。固守做人宗旨，达则兼济天下，穷则独善其身。

遵循天道，知进退，晓成败。既不狂妄自大，也不自暴自弃。以《处事悬镜》的八字真言为座右铭：行，身体力行，忌守株待兔；识，辨别吉凶，知其进退；藏，鹰立似睡，韬光养晦；舍，将欲取之，必先予之；曲，虎形似困，示曲者慧；止，知止是智，非止乃庸；忍，后发制人，善忍者成；信，智者信也，始无敌手。世事无常，先求退安，而后至荣达。

千回百折终不悔

2004 年 6 月 18 日

2003 年 10 月，国务院国资委为中国联通、中国铝业等 6 户中央企业面向海内外公开招聘 7 名高级经营管理者。中国铝业因业绩飙升，人气正旺，有 93 人报名竞争中国铝业主管海外业务的副总一职。我得知这一消息时，离截止报名仅剩一周的时间。对正处于人生低谷的我来说，似乎看见一点黎明前的曙光。报名、笔试、面试顺利，似乎有天赐良机的感觉。尽管面试后我也进入组织考察范围，但不是第一候选人，我无缘进入中国铝业公司，最后，战胜 92 位竞争者的是四川一名地方官员，央视还专题报道。

2003 年 11 月 8 日的面试，整体感觉不错，因我对问题的回答比较全面，进入最后 15 分钟的追问时，主考官说：你对有色行业太熟了，没有再向我提问。走出考场，心理有一丝放松，似乎有一点满意。但是，面试后，心情还是忐忑不安；11 月 24 日，我给招办一位处长去电话，问我是否进入组织考察范围。他说，如果你没收到通知，就进入组织考察范围了。其他人，面试后三天都通知了。我们刚从四川回来，考察了第一候选人，刚下飞机。放下电话，心理仍有点不相信这个结果；于是，我给招办联系人高峰去电话，他再次如是说，我的心有点凉……

经过 10 天的煎熬，12 月 5 日，我给高峰写了封邮件，根据岗位要求的基本条件、我的工作经历和我对面试的整体感觉，我诧异这样的结果，希望他能把我的邮件转给招办领导。第二天，招办领导给我回了电话，他已经看了由高峰转来的邮件。他坦诚地说，报名后就觉得我的经历、阅历和招聘岗位的描述、要求很接近，他们都很重视我的笔试、面试情况。最后，综合考虑，我没有列为第一候选人……他征求我的想法，我希望能转入其他有类似业务的中央企业任副总，或者推荐到地方政府。他说，稳住，别急，在国资委中央企业内部找机会调整。

2004 年 6 月，我应约和中国铝业熊总（当时的主考官之一）见了一面，此时招聘人员已经上岗半年。他说中国铝业的班子确实需要有我这样经历（境外工作）的成员，但招聘已经结束；其实，进入面试的八人就我有境外管理企业的实际经验，他感觉很遗憾。他希望我能到中铝工作，我答应可以到中铝股份任副总。熊总很高兴，让我找国资委招办领导，我找到招聘办领导，他也说好。他告诉我，股份公司领导在国资委备案就行，只要中铝公司出一份文件，报国资委备案就行。随后，企干一局领导还专门和中铝联系，落实备案事宜。因中国铝业主要领导刚易位，熊总的建议未能实现，我和中国铝业擦肩而过……

自1990年起，我在有色金属工业总公司工作9年，在铜镍局工作三年，进出口总公司工作五年，有色金属贸易集团工作1年多，对有色行业比较熟悉；之后，又在首钢秘鲁铁矿任两年多的总经理。这种经历和中国铝业公司招聘岗位的需求似乎很吻合，居然还是落空了……

11月24日当晚，接完招办处长的电话，我的心彻底凉了。真是祸不单行，当天下午得知，首钢已经以莫须有的原因解聘了我中首副总的职务，只保留首钢驻澳大利亚HISMELT项目总代表的职务。为了国家利益而没有完全满足某人的私欲，落到被免职时，简直是无语……在起初的几分钟，心潮起伏，百感交集；感觉大脑在充血，顿时有一丝恐惧；我还得活着，爱人还在住医院，儿子还需要我陪着。我强力暗示自己要尽快冷静下来，否则，过分伤感很容易引发脑溢血。留得青山在，不怕没柴烧。总算熬过了最艰难的一夜，第二天依然活着，写下“千回百折终不悔”的日记。

我在日记中写道：“虽然现在的处境艰难，奋斗未果。但不能因噎废食，该走的路还要继续走，该做的事还要继续做，该学的还要学。因为，自己没有别的出路，也没有别的技能，唯有任劳任怨，忍辱负重，才能安身立命。因此，无论境遇多么可怕，也不能退缩；无论道路多么坎坷，也不能停步。历尽穷山和恶水，千回百折终不悔。

明天的路依然在等着走，明天的事依然要去做。一切消极的态度，只能使自己的处境更加恶化、更加艰难。现在，必须学会逆来顺受，适者生存。这是现实的必然。

期盼如愿的想法再次被冷酷的现实击碎，理想的蓝图似乎和自己无缘。只有寄居在夹缝里生存，冲破重重阻力，求得阳光和空气，得以艰难地活下去。

面对黎明前的黑暗，无法突围出去，就必须忍耐。但是，忍耐不等于放弃追求。矢志不渝是战胜困难的精神支柱。卧薪尝胆，千回百折终不悔。”

秋　悟

2004年9月8日

人生已进入秋季，有一种秋风扫落叶的危机感。面对危机，不能急，要静观其变。处世要心静，遇事要冷静，生活要宁静。不能躁，向古人学忍，向智者学谋。忍腕膑之痛以求生存，忍牧羊之寂以求平安。忍尝胆之苦以图复国，忍胯下之辱以御三军。

秋风扫落叶，叶落而根存。野火烧不尽，春风吹又生。面对衰落，不泄气。志向恒久远，不言放弃，不存侥幸，不图安逸。面对困难，不低头。矢志不渝，以坚韧不拔的意志、持之以恒的精神向困难挑战。面对打击不倒下，能屈能伸，刚柔相济，凭韧劲坚持，宠辱不惊，看庭前花开花落。面对厄运不消沉，能进能退，该忍则忍，以毅力抗衡，去留无意，望天上云卷云舒。

进入多事之秋，注定心情难以平静。如不能自制，势必陷入苦恼、彷徨。已过不惑之年，学会随遇而安。为了家庭，淡泊名利，忘记烦恼，在静、恒、韧上下工夫，多修炼。为了社会，宁静致远，铭记使命，在德、仁、义上严要求，勤反思。浮云不会终蔽日，雨后注定有天晴。

人生道路多坎坷。唯有不惧艰难、历经坎坷的人，才有望真正实现自己的理想，登上事业的巅峰。从现在起，要做好沿着坎坷道路继续前进的准备。凡事都要做最坏的准备，只能抱最好的想法努力争取。

人生结局难预测。在激烈的竞争中，个人奋斗是必需的，但有时候个人的努力又是微不足道的。决定事情的成败往往取决于诸多因素，个人努力只是主观的一个方面。不能盲目自信，不是只要自己努力了就能成功。

人生道路多寂寞。在短暂的人生中，能参与竞争的机会不多。在有限的机会中要把握住关键的一两次就更难了。但是，不能因为难就望而生畏、止步不前。自古人生多寂寞，唯有奋斗留其名。即使把握不住机会，奋斗的过程也有收获。人生需要奋斗，应该耐得住寂寞，忍得了贫寒，经得起折磨。在成功到来之前，需要自我激励，以顽强的意志和不屈的精神，迎接各种考验，经历各种磨炼。在磨炼中提高自身的修养、素质和竞争能力，在考验中变得成熟、自信。

人生的道路是一个难字。明知难，还要迎难而上。否则，一事无成。既然难，就必须做充分的思想准备，否则，会功亏一篑。咬紧牙，走到底。打掉牙，和血吞。

人生不顺心之事十之八九。因此，遇到困难挫折时，既要勇于面对残酷现实，又要保持清醒头脑，尤其是正确认识环境和自己，客观分析、评价自己，重点是发现自己的不足，找出差距，选准努力方向，不断完善，不断改进。

从细节处着眼，注重言谈举止的修养，在意举手投足的气质，知行合一，向优秀人士学习。吾日三省吾身，查找自己的不足，从五项修炼入手，先超越自我，改变自己的心智模式。从成功中积累经验，在失败中汲取教训。向更高目标看齐，不为自满鼓士气，不给懒惰找借口；静坐常思己过，闲谈莫怨他人。保持冷静、清醒的头脑，相信命运掌握在自己手中，信念确立在自己心中。要分辨机遇与挑战、威胁与希望，善于因势利导，不能逆潮流而动。

从历史中寻找答案，个人是渺小的，潮流是无法阻挡的。唯有顺应潮流，随遇而安，不能孤芳自赏，更不能自寻烦恼。少想春种秋收是常态，谨记遇到冰霜有意外。多一点豁达，少一点期盼。多一点满足，少一点烦忧。

把握机会的能力

2004 年 9 月 26 日

人生好似漫长，但关键处只有几步。谁能把握住关键的几步，谁就能事遂人愿。人生犹如坐公交，赶不上这一班车，总要在后面等下一班。机会稍纵即逝，谁能把握机会，谁就能成功。机会垂青有准备的头脑。凡事皆靠自己，不能有侥幸心理。唯有充分的准备，才有望把握住若隐若现的机会。

把握机会的能力，既受客观环境制约，也受主观能力影响。因此，既要培养适应外部环境的能力，不打无准备之仗。追求“任凭风浪起、稳坐钓鱼台”的境界，修炼“临危不惧、遇事不慌”的品行。也要注意弥补性格不足，增强适应能力。培养大局观，统揽全局，运筹帷幄。防止自恃清高，单打独斗。个人成长和企业发展的战略相一致，在企业进步中个人成长。

把握机会的关键在及时洞察、获悉机会的出现、时机的到来，并果断地做出决策，有效地跟踪机会，因时而动，顺势而为，掌握主动，获得成功。

洞察机会靠机智、敏锐的反应，能从纷繁的杂乱信息中捕捉机会的蛛丝马迹，经过认真分析，找出趋势，顺势追踪，及时应对。运筹于帷幄之中，决胜于千里之外。这既要以广博的知识、丰富的经验为基础，又要以完善的信息渠道、广泛的人际网络为后盾。

果断决策是把握机会的关键所在。优柔寡断者容易丧失机会。《三国志》中的周瑜和诸葛亮从正反两方面说明了果断决策的重要性。用今天的理论讲就是执行意识和执行能力。洞察实际不易，把握实际更难。唯有果断决策、雷厉风行，才有望及时把握住机会。

敏锐洞察力和果断决策力源于扎实的理论知识和丰富的实践经验。没有长时间的积淀，很难孕育出敏锐的洞察力。千里之行始于足下，踏踏实实做好手头的事情，在做事中积累经验，丰富知识，不断提高自身的知识素养和决策能力，从而提高洞察时机的能力。地冻三尺非一日之寒，路漫漫其修远兮，吾将上下而求索。

培养沟通能力

2004年10月18日

一个人的成败，除了努力工作之外，和外界有效沟通是关键的一环。沟通效果取决于沟通技巧，需要有效的沟通，而不是敷衍的交流；需要真诚的沟通，而不是例行的程序。要想在沟通上有进步，必须从改造自己入手。深刻反思自己过去在沟通中的不足，虚心向别人学习沟通艺术。在实践中学习沟通技巧，在沟通中总结提高。

要善于把握沟通机会，主动沟通，调整工作方法和思路，从了解别人开始，因势利导，循序渐进，在沟通中提高影响力。沟通以诚信为本。要实事求是，不能哗众取宠，更不能欺骗群众，隐瞒事实真相。沟通以增进了解、达成共识为目的，不厌其烦，要多听不同意见，充分了解别人的思想。

沟通能力取决于沟通技巧和对时机的把握。同样的外部环境，不同的人去沟通，产生的效果可能截然相反。这里起关键作用的就是沟通能力。

沟通能力需要慢慢培养，日积月累。人生需要处理各种问题，化解各种矛盾。如果没有良好的沟通能力，很难达到预期的效果。针对不同的对象、不同的问题，需要的沟通技巧、能力也不同。因此，平时在实际工作中要留心不同的环境、不同的问题，摸索不同的沟通技巧。

不论在何时，不论在何处，要想逐步提高沟通能力，需要注意以下几方面的修养。一是诚恳。要以坦诚的态度和别人沟通，不要有哗众取宠的表现，实实在在。二是守信。说到的能做到，行动的作用胜过语言。说得好不如做得好。三是坦荡。毫无保留地沟通，以达成共识为目标。共享信息，提高彼此对问题的理解、了解程度，减少误会和偏见。四是谦逊。要以平易近人的态度和别人沟通，虚心请教；不能趾高气扬，让人敬而远之。五是勿躁。克服急躁情绪，寻找彼此共识。培养沟通能力是一项长期、艰巨的任务，勿急，勿躁。

自适应更重要

2004年10月21日

对环境的适应胜过对问题的分析，对问题的分析优于对现实的埋怨。身处逆境时，尽快走出阴影的关键就是培养、提高自适应能力。人不能总笼罩在阴影之中，否则，身心健康会受到严重摧残。忘记烦恼，一切从零开始。注重对问题的分析，最忌讳的是埋怨，发牢骚，或者沉浸在痛苦的回忆之中。

就适应环境、顺应潮流而言，主动适应比被动适应更为重要。由被动适应到主动适应是一种飞跃。尽管这种适应有时候是无奈，但在不能改变环境时，除了适应别无出路。既然只能适应，那就积极主动地去适应，认真分析如何适应更好，以少走弯路，少遇挫折。

其实，达尔文的《进化论》早就告诉我们，适者生存。“文化大革命”是一场浩劫，但当时能适应者活下来了，而刚直不阿的好多人因不能适应当时的环境命归黄泉。适应，在某种程度上就是忍。小不忍，则乱大谋。唯有忍别人不能忍，才能有希望。因此，想学会适应，就要先学会忍。收敛自己的锋芒，低下高傲的头颅，韬光养晦，适时顺势。

适应环境永无止境。注意原则性和灵活性的有机结合，既不能因一味顺存而放弃自己的原则，也不能固执己见。有时候，沉默可能是最好的选择。悲剧皆因不能适应而成，冤魂永远无法再生。适应环境，保存生命最重要。

激情是力量的源泉

2004 年 10 月 22 日

不论是个人，还是集体，如果充满激情，即使在困难的环境中也能创造奇迹；如果精神萎靡，即使在顺境也很难把握住机会。

由此可见，振奋精神、培养激情是走出困境、战胜困难的力量源泉。尤其是身处逆境、心灰意冷时，更需要激发热情，培养激情，突破挫折阴影的笼罩。

激情源于对生活的热爱和对事业的追求。人生不能没有理想,也不能没有追求,更不能没有梦想。人们对未来美景的向往是战胜消极情绪的良药。当人们对现实彻底失望,厌恶这个世界时,如果能点燃生活的热情,就能振作起来,充满活力。

现在，自己最需要的就是激情。经历过无数次的打击和磨难，已经麻木了，对任何事情都非常冷淡，心情相当灰暗，情绪非常低落。整个世界好像到处布满乌云，压得人喘不过气来……

再次点燃事业的激情是必需的，也是困难的，心情也是矛盾的。点燃激情，坚定自信，天生我材必有用。不忘初心，长风破浪会有时，直挂云帆济沧海。

自 我 警 醒

2004 年 11 月 9 日

在走上新的工作岗位之前，总结过去的经历，反思自己的不足，汲取曾经的教训，敲响新时期的警钟，要自警、自省。既不能目空一切，也不能畏首畏尾。既谦虚谨慎，又敢于担当。真正做到这二者的平衡，需要在以下几方面自我警醒。

凡事都要忍，不能冲动。无论自己是否占理，都要心平气和，谦虚谨慎，不能冒犯任何人。要以小学生的姿态出现在新环境，了解情况，理解问题，把握要领，循序渐进。切忌新官上任三把火，要维持政策的连续性和业务的可持续发展，防止出现标新立异的倾向，更不能有哗众取宠之嫌。

凡事都要让。能有今天，更要看淡名利。尽职尽责，顺其自然。追求对事物的认知，对机会的把握，对事业的贡献。走出患得患失的困惑，心存感恩思想。感谢曾经帮助自己的所有人，感谢组织给自己提供的机会，感谢父母的养育之恩，感谢家人的理解和支持。不忘正心诚意修身，坚守致知格物精进。

克服急躁的毛病，要冷静。不求轰轰烈烈，但求脚踏实地。工作尽职尽责，承上启下；做到“到位不越位，补位不缺位”。理顺工作关系，实现有效沟通，做到积极合作。做事勤勉，为人谦和，心胸豁达，坦荡包容。把握好进与退的关系，该止则止，该退则退。遵循自然规律，退一步柳暗花明，让三分海阔天空。

人在顺境时，容易过分自信。容易夸夸其谈，夸大自己的作用，会目空一切，自鸣得意。容易忘记社会提供的机会，忽视外界提供的帮助、关心和支持，很容易脱离实际、脱离群众，最终陷入孤立，成为孤家寡人。因此，一定牢记谦虚谨慎，不骄不躁。

中国人习惯捧杀。当用棍棒打不死你时，就会用捧杀来扼杀你。因此，要谨慎对待新环境中的赞美之词、阿谀奉承。时刻保持高度警惕，防止糖衣炮弹的袭击，谨慎面对各种新情况，三思而行。

新岗位容易滋生骄傲情绪，容易失去理智。在强手如林的新环境，有“如履薄冰、如临深渊”之感，千万不能妄自尊大。要远离诱惑，克制欲望。新单位容易碰到新困难，有些可能是人为的冲突、挑衅，对此不能感情用事，要冷静分析各种反对力量的背景、利益追求；尊重别人的利益关切，尽量照顾各方面的关切，以举手之劳解他人之危。从大处着眼，小处着手。办事一丝不苟，精益求精。为人坦诚豁达，自律守信。

一波三折进中冶

2004 年 11 月 12 日

2004 年 3 月，我去西澳参加为期三个月的 HISMELT 项目培训。在出国前，我和企干一局领导联系，他告诉我中国铝业内部的意见不一致，我到中国铝业股份的事情先放下，在国资委系统找机会解决。

在我全身心投入 HISMELT 项目生产培训的日子里，重新找到了当学生的感觉。我和即将走上生产一线的澳洲工人一起学习，一起在现场勘察设备、了解工艺，一起参加小组研讨……三个月的培训，参加二次考试，每次考整整一天，第一次考试得 86 分，第二次考试得 91 分。

当我回国之际，国资委发布消息，从 2004 年 6 月开始，为中央企业向海内外选拔 11 位副总经理、11 位总会计师。回国后，我到北京市委党校招办报名处咨询，我是否可以再次报名。按照报名条件，年龄在 45 岁以下，条件特别优秀的可以放宽。我当时已经 46 岁，招办领导闭门研讨几分钟，告诉我可以报名。因为他们都熟悉我，对我投以关切的目光。随后，我报考了中国冶金建设集团主管境外资源开发副总经理一职。

我开始了人生第四次公开招聘的竞争历程。组织审查、笔试、面试很顺利。9 月 8 日获悉，我再次进入组织考察。令我惊诧的是我再次不是第一人选。按照公开招聘的原则，先考察第一人选，如第一人选不合格，才考察随后排名的人选。不过，招办领导再次告诉我，稳住。等公开招聘结束，就解决我的问题。国资委已经两次表态在国资委系统安排工作，鉴于首钢当时正准备派我常驻澳大利亚，准备办理 457 签证。我建议，国资委同时考察竞聘中国冶金建设集团副总的两名候选人。这样做，让首钢有心理准备，不用再为我申请 457 签证，需要考虑其他人选。经我耐心解释，最后，招办同意我的建议。这比去年参加中国铝业竞聘又进了一步。

9 月 13 日国资委企干二局三处于处长通知我，近日，国资委考察组到首钢对我进行组织考察。9 月 20 日组织考察结束后，于处长再次和我说明，我不是中国冶金建设集团的第一人选，但是，公开招聘结束后，很快就解决我的问题。她征求我的意见，我提出去上海宝钢或者中国五矿都行。因为我的工作经历和这两家公司的业务相关，无论是贸易，还是矿业，我都从基层做起，担任过有色金属工业总公司铜镍局矿山处、综合处副处长、中国有色金属进出口总公司甘肃公司总经理、有色贸易集团原辅中心副总经理、首钢秘鲁铁矿总经理等职务，从 1993 年起，从事对外业务有 10 多年的经历。

虽说不是中国冶金建设集团的第一候选人，毕竟组织考察了。至少，心理上有个安慰。10 月 19 日，在国资委网站看到一则消息："李融荣主任在视察一家中央企业时说，今后，国有企业经营者逐步走向公开招聘。今年有一位南非籍华人，成绩不错。他只要求一元的年薪。"看到这则消息，就等于宣判我今年竞聘中冶副总又落空了！中国冶金建设集团招聘主管境外资源开发副总一职，对所学专业、国内外矿业经历的要求，好像是特意为我安排的。怎么会半路杀出程咬金呢？我百思不解！难怪，组织考察后，于处长特意告诉，我不是第一人选。现在，我终于明白了，有只要一元年薪的高手。我还和此人有过业务接触。他也是恢复高考第一届毕业生，大学毕业后到南非留学。获得博士学位后，回到北京任南非某公司驻京办事处主任，负责矿石销售业务。这件事情的政治意义大于招聘副总本身。一方面，表示国资委广招贤才，不限地域、国籍；另一方面，表示国有企业对外籍人士都有吸引力，说明国有企业的前途是光明的。

呜呼，哀哉！我是如此幸运！去年的对手是官员，今年的宿敌是华侨。

10 月 20 日，自己宽慰自己，写下走出阴影的日记：

“又一次怀着美好憧憬参加国资委的公开招聘，又一次被严酷的现实蹂躏。心碎了，再一次落入悲凉、无奈的阴影之中。

然而，人总不能笼罩在阴影之中。否则，身体健康会受到严重摧残。因此，当务之急是走出阴影，忘记烦恼。一切从零开始，权当没有这段经历！

站在中国改革开放的大潮中，亲历了诸多变化，有喜有忧。自己是恢复高考的第一届大学生，是幸运者。感谢组织给了我机会！虽然机会再次擦肩而过，但是，奋进依旧不止。天生我材必有用，直挂云帆济沧海……

为了心情平静、生活正常，必须从烦恼的阴影中走出来。以平和的心态对待眼前的一切，路还要走，书还要读。摆脱也许的折磨，放弃不切实际的期盼，以平安健康为最高追求。顺其自然，享受生活，尽力而为，拓展人生。”

10 月 27 日下午，多云见晴。国资委企干二局三处于处长，在电话里核实我的学校、专业、工作单位等信息，我有点敏感，又不敢奢望。因为，前几天，考察组正式向国资委党委汇报了公开招聘的考察情况。

10 月 28 日下午，国资委企干二局三处王武斌副处长通知我：“经过组织资格评审、笔试、面试、组织考察，国资委党委会审定，你作为中国冶金建设集团副总人选，于下周见报公示。公示一周后，将正式聘任。试用期一年。”这是历史性、戏剧性的转折。

11 月 11 日上午，国资委企干二局姜局长、三处于处长代表组织和我谈话。姜局长首先肯定了我的长处：(1) 具有坚定的政治信念，能够实践“三个代表”重要思想。(2) 有一定的理论水平，熟悉业务，能把濒临破产的秘鲁铁矿拯救活。(3) 有国际贸易知识，签订的中期海运合同（这是首钢免除我中首副总职务的唯一理由)，回避了风险，创出了可观的经济效益。(4) 勤奋好学，知识面宽，考虑问题有思路。(5) 工作认真。(6) 为人正直。(7) 原则性强。(8) 对自己要求严格。

同时，也指出了自己的不足：(1) 有时候在原则性和灵活性的结合上做得不够，有待完善。(2) 需要在大企业领导岗位的进一步锻炼，提高驾驭市场、局面的能力。

最后，姜局长提出以下要求：(1) 不断提高政治理论水平，加强理论学习，用党的基本理论武装自己。从思想上武装，保持政治上清醒，与党中央保持高度一致，增强党性观念。在工作中自觉贯彻党的理论、方针、政策，坚定搞好国有企业的信心。（2）不断加强业务知识的学习，提高工作能力、知识水平，尽快熟悉企业情况。（3）努力工作，开拓进取。一方面，企业承担经济职能；另一方面，企业承担社会职能。从国家高度考虑，有时，需要牺牲企业利益，承担政治责任。一方面，要大胆工作；另一方面，要注意国有企业的历史遗留问题、传统影响等，敢于面对困难，要有克服困难的思想准备。（4）希望顾全大局，维持班子团结，支持一把手的工作。中冶班子是个全新的班子。（5）要严格要求自己。加强党性修养，善于听取各方面的意见，不断总结经验，及时修正错误。注意协调好关系，调动大家的积极性。加强沟通。听取别人的意见，把别人的意见归纳起来，结合自己的想法，总结工作思路。（6）加强党风廉政建设。正确对待组织赋予的权利。根据十六届四中全会提出的八个坚持、八个反对，密切联系群众，形成好的思想作风。

姜局长正式宣读了国资委2004〔国资〕109号文，任命王永光为中国冶金建设集团副总人选，试用期一年。按有关规定办理。

我向姜局长表态：感谢组织对我的信任！在新岗位上，我会做到“勤勉、谦和、豁达、宽容，到位不越位、补位不缺位，尽职尽责、有效沟通、积极合作。”

11月12日上午，国资委马处长带我到中国冶金建设集团报到，见了杨长恒董事长、马彦利总经理、李书臣副书记。下午，在国资委参加座谈会。会上，李融荣主任、李毅中书记对新招聘的22位同志提出了殷切希望。

历时一年多，参加二次国资委面向海内外公开招聘，一波三折，今天，正式进入中国冶金建设集团，开启了人生新的征程。路漫漫其修远兮，吾将上下而求索。

迎难而上

2007年6月18日

人生好比登山。唯有坚持不懈，一步一步往上攀登，才有望登上巅峰，感受“会当凌绝顶，一览众山小”的惬意，领略大自然的美景。

也许因种种原因，你无法登上巅峰，无法感受到那种惬意；也许你在攀登过程中不慎摔倒了，无法继续攀登。即使这样，在你已经洒下汗水的征程上，欣赏到了不同高度的景色，经历过阴云密布，感受到雷雨交加的恐怖，你会变得坚强、刚毅。不再害怕风狂雨骤，因为雨后的彩虹是那样的迷人。

人生是一段旅程。经历的事情越多，留下的汗水越多，遭受的挫折越多，你的人生就越丰富，值得回味的事情就越多。“眼下的痛算什么?”郑智化的歌声唤醒了人的刚毅。这点痛算什么，擦干泪，爬起来，继续走！无论受到多大的委屈和挫折，我志岿然不动！

人生要迎难而上。对于逆境和不幸，个人无法回避，只能勇敢面对。人生需要坚强。当不幸降临时挺起胸膛，不至于精神崩溃。人生需要顽强。当厄运缠身时仍放眼远方，不会在逆境中消亡。经过几十年的磨炼，饱尝了人间的艰辛，变得越来越坚强。只要还有一息，就不能放弃追求；只要工作一日，就不会随便应付。呕心沥血倾注事业，用真诚呵护家庭，做一个有责任、尽义务的人。

审时度势靠自己

2009 年 9 月 26 日

自力更生是立身之本，不能有侥幸心理，不能有依赖思想。但是，靠自己也不能急躁，否则欲速则不达，关键是审时度势。

审时度势不是一种良好意愿，而是对客观现实的准确判断和把握，是建立在知识和经验的基础上，能够知己知彼，知进退，知得失，不是凭一时冲动，靠一时的运气，而是靠一生的追求和积累。

回首过去，自己道理懂得多，运用道理的技巧少。由于个性原因，对现实生活理性思考多，感性顺应少，似乎脱离了现实，或者说不入潮流，总显得形单影孤，势单力薄，总是处于一种无奈、无助之中。尽管也潜心钻研、努力工作，但很难如愿，好像总和机会擦肩而过，大概问题出在遇事不够冷静，不能分清轻重缓急，过于认真，顾此失彼，费力不讨好，结果事与愿违。

虽然年近五旬，可遇事还是把握不住重点，时有急躁的迹象，一着不慎终生遗憾。这就是自己以往的教训。辨泾渭，分清浑，抓重点，缓步行。莫急躁，莫怨人，勤修身，永不停。

把握机会的关键在于及时洞察，一旦机会出现，果断地做出决策，有效地跟踪并把握机会，因时而动，顺势而上，掌握主动，获得成功。运筹于帷幄之中，决胜于千里之外。这既要有广博的知识、丰富的经验，又要有完善的信息渠道，广泛的人际网络。

果断决策是把握机会的关键，优柔寡断最容易丧失机会。增强执行意识，提高执行能力。洞察时机不易，把握时机更难。唯有果断决策，雷厉风行，才有望及时把握机会。敏锐的洞察力和果断的决策力源于扎实的理论知识和丰富的实践经验。没有长时间的积淀，很难孕育出敏锐的洞察力。因此，谨记千里之行始于足下，做好自己的事情。在默默的奉献中积累经验，丰富知识，不断提高知识素养和决策能力，提高洞悉实际的能力。

学习别人的经验，汲取自己的教训。失利时少埋怨客观环境，不能把失利归咎于社会原因、外界因素。多从自身找不足，反思主观原因和自身缺陷。否则，总会在同一个地方摔倒，总与机会擦肩而过。

正心诚意修身，致知格物敬业。不断弥补自身缺陷，逐步提高综合素质。个性缺陷对事业的成功有致命影响。有时，可能因为不喜欢你的个性而忽视了你的长处和优点，有时，可能不接受你的说话方式而忽视了你的说话内容。久而久之，形成误解，甚至产生隔阂。显然，机会与你擦肩而过，成功与你隔海相望。因此，不能孤芳自赏，埋怨伯乐少；学会交流，主动沟通。不能自恃清高，埋怨机会少；敢当螺丝钉，坚守岗位。

事业的进步，既取决于实际工作能力，也取决于把握机会的能力。这二者不可偏废，一方面，脚踏实地，做好每件事。另一方面，敏锐观察环境，及时捕捉机遇。既要用力拉车不掉队，又要抬头看路不走偏。培养把握机会的能力，提升运筹帷幄的能力，积淀决胜千里的实力。机会垂青有准备的头脑，审时度势不迷航，运筹帷幄风帆扬。乘风破浪会有时，直挂云帆济沧海。

上心　用心　专心

2011 年 11 月 8 日

今天是立冬日。进入冬季，人们要面对气候的严寒，应对经济的萧条，处在阴云笼罩、寒气袭人的氛围中，似乎看不到人生的春天，找不到前进的方向，多少有点迷茫。也许心情因此而低落，意志自然会消沉，看到的是枯藤老树昏鸦。其实，换个角度思考，就会是另一番景色，冬天到了，春天还会远吗？全球经济探底了，也该复苏了，眼前是小桥流水人家。

无论经济好与坏，不管命运顺与逆，只要保持乐观豁达的心态，就会柳暗花明又一村。无论学什么，不管做什么，都不是高不可攀，关键在于态度。无论何时，无论何地，学什么、做什么都要上心，不能心猿意马，更不能心浮气躁。只要上心，就能入门，就会找到乐趣，就会发现希望。一旦入门，就要用心体会、感悟、琢磨是什么，为什么。要知其然，还要知其所以然。

学习的目的不在于掌握知识，而在于运用知识解决问题。要想活学活用，立竿见影，就要专心。不但要摸清问题是什么，探究其为什么，最关键的是专心研究怎么办，找出解决问题的办法。

人类认识自然、改造自然是一个漫长的历史过程，从不知到知、从不懂到懂，离不开上心、用心、专心。从茹毛饮血到钻石取火，源于观察总结，包含着上心、用心、专心的智慧升华。从刀耕火种到机械化播种收割，凝聚了人类上心、用心、专心利用知识、改造自然的智慧。从原子弹爆炸到天宫一号与“神八”对接，是几代科技工作者上心、用心、专心接力的成果。

宇宙浩大，个人渺小；历史漫长，人生短暂；要想让有限的人生绽放出绚丽的花朵，就要对事上心，做事用心，解决问题专心。唯有此，生活才会充实，人生才能亮丽。

方向　行动　成功

2011 年 12 月 16 日

人前进不在速度，关键在方向，矢志不渝，勇往直前，一定能到达成功的彼岸。步入社会之初，不要追求发展速度，一定要明辨前进的方向；不要苛求丰厚的回报，一定要珍惜展示才华的舞台；不要眼高手低，一定要脚踏实地。凡事三思而行，切忌鲁莽冲动。遇到挫折时，坦然面对，打掉牙和血吞。怀才不遇时，修身养性，磨炼意志品质。

进入而立之年，认准方向，果断行动。积跬步之功，行千里之路。忍得住贫寒，耐得住寂寞。不为阳关道动心，只对独木桥钟情。走自己的路，让记忆作证。

进入不惑之年，戒浮躁心，坚守原则。以正确的方式做事，不急于求成。以豁达的心态对事，勿患得患失。以宽容的心态对人，忌斤斤计较。以感恩的心态处理事情，滴水之恩当涌泉相报。

进入知天命之年，不为进喜，不为退悲。借鉴过去，珍惜今天。争分夺秒，把握未来。宠辱不惊，望天上云卷云舒。去留无意，看庭前花开花落。

时间是最好的老师，实践是最好的课堂，磨炼是最好的教材，坎坷是最宝贵的财富。活到老，学到老，老不够用。处处留心皆学问，三人同行有吾师，择其善者而从之。

立志是事业的大门，工作是登堂入室的旅程，旅程的尽头成功在等待着你！

无知　无畏　无奈

2011 年 12 月 18 日

人类对自然界的认识从无知开始，经历长时间无知无畏的摸索，在实践中不断遭遇挫折、事与愿违；经历无数的碰壁后，无奈地接受一次次的失败。

人类认识世界经历了一次次无知无畏和无畏无奈后，对自然界从无知到知之甚少，从知之甚少到了解掌握自然规律，最后，驾驭自然规律，实现卫星上天，太空安家……

就个人而言，也会经历从无知无畏到无畏无奈的认识周期。在这个过程中有教训、有体会……

就组织而言，探索新领域、开辟新市场，也会经历无知无畏、无畏无奈的探索过程。在这个过程中，有沉痛的教训、付出昂贵的代价……

在科学技术发达的今天，为我们改变无知创造了条件，为摆脱无畏的鲁莽积累了经验。只要我们能够虚心学习，有效借鉴人类文明成果，就可以有效避免因无知无畏造成的无奈。

为了在日常工作中少一点无奈，就要潜心钻研，摆脱无知的状态。少点无畏的鲁莽，多点研究和比较。少自以为是，多虚心听取不同意见。知己知彼，就可避免无奈的结局。

为了在日常生活中少一点无奈，就要放下架子，敢当小学生。对别人的意见，多点倾听请教的谦和，少点不以为然的傲慢。丰富自己的知识，改变思维方式。多一点理性判断，少一点感性冲动。博采众长，就会避免一着不慎满盘皆输的无奈。

虚心学习，改变无知的状态。谨言慎行，避免无畏的鲁莽。有备无患，防范无奈的结局。

一 言 难 尽

2012 年 1 月 1 日

一枝梅破腊，万象渐回春。一年随风去，积淀留心中："一个中心，安全发展。一个原则，安全第一。一个目标，本质安全。一贯作风，一丝不苟。现场督察，一处不落。项目一个一个跟踪，现场一次一次督察。一层一层往上攀，一处一处隐患查。不留一个死角，不说一句空话。一心一意抓安全，一桩一件抓基层。一丝一毫不敢马虎，一点一滴积累经验。一线慰问激励员工，一如既往迎难而上。质量第一，百年大计。一梁一柱之瑕疵，导致一馆一桥之垮塌。抓质量从一点一滴焊缝抓起，查隐患从一跨一梁接点入手。查不足一丝不苟，抓整改一处不落。信息化一直艰难，责任心一点不差。谈合作一清二白，抓试点一波三折。遭诬陷一言不发，遇小人一样豁达"。

一轮红日升，心中燃激情。昔日之甘苦，一言难尽。今日之豪情，一丝未减。工作一马当先，生活一尘不染。学习一刻不能放松，修养一点不能含糊。待人热情一丝不减，做人原则一丝不变。不怕一路崎岖，笑看一片蓝天。谨防一时冲动，酿成一生遗憾。不争一时之高低，不计一事之名利。不贪一时之欢娱，不忘一生之艰辛。不畏一阵狂风，不惧一片乌云。不惜一腔热血，永葆一片赤诚。立德立言立功，一生之追求。无怨无悔无求，一世之境界。一息尚存，燃起希望一线，耕耘沃野一片。

一日之计在于晨，黎明即起；一年之计在于春，蓄势待发。

一生难忘

2013年1月1日

送走2012年最后一缕阳光，心头一阵忧伤。一年在忙碌，留下一世迷茫。一月才不见，降临灾难一场。一日没通话，铸成一生悲伤；一个短信，撕肝裂肺；一句答语，心血流淌；孝子未送终，一生难忘。床前一再抚摸，父亲熟睡一样；灵前一再端详，目光平日一样。一七冰天雪地，吊唁人来人往，守灵刻骨难忘；三七面对遗像，无言诉说衷肠，泪如泉涌流淌；五七医院陪母，期盼父亲目光，一人独自忧伤；七七跪在坟前，兄弟姐妹呜咽，心情一样悲伤。燃香烧纸寄哀思，醇酒陪父入天堂。

迎来2013年第一丝霞光，心中充满遐想。一年之计在于春，冒严寒，迎接新的希望，不再忧伤。一日之计在于晨，踏冰雪，迈出新的步伐，不再彷徨。一家之主驾鹤西归，长子即家族栋梁。敬慈母，一言一行，仔细掂量；家和睦，一分一秒，慎独思量。尊长者，一桩一件，放在心上；疼弟妹，一举一动，亲情流淌；爱晚辈，一点一滴，家风发扬。睦邻里，一如既往，能忍能让。尽职责，一丝不苟，东奔西忙。勤学习，一字一行，冥思苦想。善工作，一弛一张，把握方向。深思虑，一堑一想，韬光养晦。

一样的新年，心情不再一样；一样的天空，期许不再一样；苍天夺父，一生难忘；照顾老母，一日不忘。医院陪护，一分一秒不能离床；一人无法一直陪伴，兄弟姐妹轮流陪床；在家呵护，一时一刻不能缺氧；一瓶备用一瓶流淌，随时量心率测血氧。一日虽短，母亲依旧很忙；一边咽下药片，一边准备吸氧。一日虽短，陪护依旧很忙。一边倒开水，一边晾衣裳。一言难表谢意，感激化作目光。一日不通话，母亲惦记；一日无短信，母亲猜想。一语难诉衷肠，忠孝无法斗量。心中悲痛，一生难忘。

一马当先

2014年1月1日

一九天寒，银蛇蛰伏。送去一三年最后一抹阳光，心头泛起一丝忧伤。忆往昔，洗去一年的尘埃，理清一岁的时光。一年虽忙碌，总有一点迷茫。大处着眼，一桩一件竭尽全力。小处着手，一丝一毫认真如常。安全第一，一以贯之。

一心一意，落实全局工作。一点一滴，完善责任制度。一丝不苟查隐患，一如既往抓整改。抓辅助清欠，一家一户听汇报；催应收账款，一桩一件测风险，查未完工程，一事一议找难点。走群众路线，一步一步接地气，一点一滴通下情。一言燃激情，一语暖人心。一触资源业务，似入茫茫大海，一波未平，一波又起。一己之力难扭乾坤，一腔热血甘洒春秋。一次次听汇报，一遍遍泛忧愁。

一元复始，万马奔腾。清晨，眺望一四年第一缕晨曦，心头依然有一丝冲动。迎来一轮红日，期盼一片蓝天。谋划一年之计，汇聚一生激情。何惧一时艰难，勇挑一副重担。非一时之冲动，乃一生之使命。思一生之成长，滴水之恩当涌泉相报。想一世之恩怨，豁达宽容乃化解秘籍。一己之力微弱，汇入江河而奔腾不息。一事之功渺小，日积月累而事业辉煌。一时冲动定要防，一事错位更迷茫。一时荣辱不足惜，一生清白守规章。勤劳一生心豁然，坦荡一世路通畅。但行好事一路行，前程一定耀星辰。一日虽短，争分夺秒事辉煌。一年虽长，无所事事志迷茫。一日不虚度，一生要韬光。一时不偷懒，一世不张狂。一马当先做事，一生争做栋梁。包容一点异见，促进一处和谐。多一点警觉，少一点冒犯。谨慎一点言行，防范一点危难。奉献一分温暖，期盼一份平安。

一 往 情 深

2015 年 1 月 1 日

清晨，一如既往。眺望一轮红日，青城一片宁静。一丝凉风掠过，心中一阵惊喜。久违的寒意，一吸沁心脾……

时钟一秒不停，岁月进入 2015。思绪一直翻腾，记忆回到 2014：瑞木现场调研，一路艰辛。察看矿浆管道，一步一步艰难前行。检查工厂设备，一台一套查询。了解生产情况，一言一语细听。实地察看矿山，脚踩一片泥泞。组织青年座谈，响起一片欢声。澳控尾款应诉，一腔热情。研究对策，一心一意。剖析文字，一字一句。说服大律师，一点一滴。最终竟和解，一世无奈，一生叹息。安全检查，一区一域不落。现场督察，一人一处查。临边防护，一处一处检。临电脚手架，一箱一架查。安全培训，一字一句。遵纪守法，一生一世。工作以身作则，恪守一言一行。生活勤俭节约，珍惜一丝一缕。

望未来，是一场挑战。新常态，勿一筹莫展。学文件，一字一句精读。抓工作，一点一滴落实。瑞木公司达产，一桩一件不能松劲。艾娜克项目谈判，一丝一毫不能大意。杜达项目复产，一井一巷不能麻痹。阿根廷铁矿，抓紧一车一铲。山达克稳产，抓好一炉一班。解决人才瓶颈，一岗一职研判。依托包采基地，一矿一厂完善。工程管理，一个一个抓。质量保证，一环一节查。安全责任，一岗一职定。安全考核，一人一人审。业绩兑现，一级一级抓。基础管理，一点一滴完善。制度落实，一人一岗督查。

一年之计在于春，一早谋划矢志行。一日之计在于晨，一分一秒不可轻。

过去十一年

2015 年 11 月 9 日

十一年的岁月，
晃若一瞬。
曾经踌躇满志，
今已日暮晨昏。
光阴似箭，
错过昔日的机缘。
岁月如梭，
留下交织的印痕。

十一年的岁月，
宛如梦境。
有山花烂漫的憧憬，
有风雨交加的黎明。
有泥泞路上的跋涉，
有天涯深处的攀登。
有矢志不渝的执著，
有忍辱负重的坚挺！

十一年的积淀，
屏息感悟人生。
勿固执己见，
应学会包容。
勿自恃清高，
应顺势而行。
坚持原则做事，
做人不变初衷。

十一年的学习，

方知海阔天空。
个人的渺小，
在工作中感受最深。
自负的傲慢，
碰壁方如梦初醒。
秉承为天地立心之志，
继续默然前行。

十一年的耕耘，
以黄牛精神奋进。
办事争分夺秒，
合作豁达坦诚。
耕耘风雨无阻，
送走夜色迎来黎明。
静候种子萌芽，
用心血呵护其长成。

十一年的黄金人生，
记忆刻骨铭心。
马不停蹄驰骋，
留下两鬓如霜的年轮。
任劳任怨耕耘，
谨防杂草丛生。
迎来一轮红日，
照见一片丹心。

一 如 既 往

2016 年 1 月 1 日

一路风尘送走 2015，一刻的闲暇唤起一年的记忆：一日复一日忙碌，一事接一事奔波。走基层一心一意，座谈会一事一议。征求意见一丝不苟，考核谈话一人不落。细听一字一句，斟酌一言一语。

抓安全一日不松，严考核一岗双责，走现场一处不漏，查隐患一步不停，抓整改一丝不苟。抓质量一流标准，落实一视同仁，改进一如既往，考核一一对照，整改一一检查。抓培训一个目标，规范一一讲解，条款一一分析，问题一一解剖，任务一一落实。

资源开发一年低迷，应对之策一一探寻。降成本一刻不松，抓达产一日不停，防风险一丝不苟，严考核一事不落。

三严三实一一对照，修身一点一滴，律己一丝一毫，用权一事一议，对党一片忠诚，敬业一腔热血，做人一身正气。

一阵清风迎来2016，一年的希望激起一腔热情。工作一天不耽误，要求一刻不放松，执行一点不马虎。精神一天不懈怠，一马当先奋进，一步不停攀登。一心一意谋划，一桩一件执行。一点一滴积累，一言一语精进。一章一句学习，一时一事对应。一处一处督查，一事一事叮咛。三严为纲，一丝一毫修炼。三实为目，一点一滴精进。做人一日不懈怠，做事一刻不耽误。一如既往，一生奋进。

晨曦（五十八岁生日感怀）

丙申年正月二十八日

清晨，
凝视东方的晨曦。
红日冉冉升起，
白云牵动着记忆。
回味泥土的清香，
追寻童年的足迹。

清晨，
眺望无垠的天际。
思绪在脑海中萦绕，
泛起往昔的记忆。
回眸人生岁月
触摸成长足迹。

清晨，
黄河畔上的炊烟，
伴着泥土的清香，
袅袅升起！
祖辈在这里耕耘，
日出而作日落而息。

清晨，
田间地头的清风，
和着白云的妩媚，
沁人心脾！
世代在这里栖息，
忠厚传家耕读为计。

清晨，
秋收的镰声响起。
谷穗压弯了腰，
笑声中洋溢着甜蜜。
场院堆满了粮，
丰收回馈大地。

清晨，
塞外的寒风凛冽。
室内围炉炳烛，
屋外冰天雪地。
迎新炉火红，
白雪望无际。

清晨，
充满希冀。
心静如水映日月，
神宁似山载天地。
善良结硕果，
智慧蕴奇迹。

畅　想

2016 年 4 月 1 日

我愿成为一座吊桥，
伸出钢铁般的臂膀，
拉紧两山的脊梁，
人们安全过往。

任由风吹雨打，
忍受落寞和凄凉。

我愿成为一座桥墩，
伫立在激流险滩上，
以钢铁般的毅力，
托起宏伟的桥梁。
任凭湍急的洪流冲刷，
桥身安然无恙。

我愿成为一颗螺钉，
紧紧拧在轨道上，
任凭车身颠簸，
何惧重载超常。
凝神坚守岗位，
保证运行通畅。

我愿成为一根枕木，
静静承载轨道传递的重量，
任凭风吹日晒雨淋，
恪守寒夜的凄凉。
屏息托起延伸的轨道，
把客人安全送往远方。

我愿成为一棵乔木，
默守在祖国的边疆。
迎来冉冉升起的红日，
沐浴温暖阳光。
伴着游人的笑声
送走晚霞迷人的夕阳。

我愿成为一粒飞沙，
伴随狂风在空中飘荡。
追赶飞驰的列车，
穿过奔腾的长江。
落入万花丛中，
融进大地观绽放。

感悟篇

GANWU PIAN

人和自然

1999年5月1日

今天是1999年昆明世界园艺博览会开园日。本届博览会的主题是人和自然。这一主题至少反映了两方面的内容：一是随着科学技术的进步、现代工业的发展，人与自然不和谐的矛盾日益突出，以至于威胁到人类的生存。二是人与自然不和谐的矛盾在中国尤为突出，潜在的危害也十分可怕。

通过世博会，如果能使人们认识到这两点，并为缓和人与自然不协调的矛盾采取行之有效的措施，并立即付诸实施，那就令人欣慰了。这恐怕是世博会的初衷。

由此联想到自己和大自然是否和谐的问题。作为一个普通公民，日常生活中有义务保护环境。作为一个企业的管理者，在组织生产过程中，有义务保护环境不受污染和破坏。因此，把追求利润最大化和保护环境、治理污染有机结合起来，克服短期行为。保护环境不受破坏是维持人与自然和谐相处的基础，保持环境整洁，不制造污染源是保证人与自然和谐的根本，从个人生活到工业生产，都应该从消除污染源入手来治理环境。

从中国土地沙漠化和水土流失，我们可以看到任何与自然的不和谐都会造成严重后果。随着工业化的发展，土地沙漠化、水土流失和环境污染的形势不断恶化。为此，我们深深地忧虑。虽然，我们的经济还很落后，但不能以牺牲环境来引进国外高污染的工业技术；应该抱着对子孙后代负责的态度去考虑工业化的问题。

另一个值得深思的问题是人的精神污染对自然界的影响和破坏。这主要表现在颓废的生活方式、糜烂的生活作风对大众生活环境的污染。好逸恶劳、贪图享受的思想导致某些年轻人急功近利、不择手段，对家庭生活环境造成了严重破坏，诸如卖淫、嫖娼等行为。

健康的人格和良好的人文环境对保持人和自然的和谐尤为重要。因此，在我们治理工业污染的同时，不能忽视治理人的精神污染。治理精神污染应该从学校抓起，学校应该从老师抓起。为人师表，学为人师，行为世范。

人对自然的破坏遭到自然的报应。培养人们热爱生活、珍惜自然的态度，树立高尚的生活情操，在净化人文环境的同时，美化自然，真正达到人和自然的和谐。

增强综合国力任重道远

1999年5月2日

今天，中央电视台《实话实说》节目讨论了技术工人的现状和社会地位问题。我看后心情很沉重，一是因为德国高级工人技师占工人的25%，中国的高级工人技师仅为工人的3%左右。二是现在外资在中国办的合资企业，大多数没有研发机构（R&D）。这两点似乎没有联系，但透过现象，我们就可以清楚地看到国外企业对中国投资的目的就是占领市场、赚取利润、控制技术。我们引进外资、引进技术，如果只是利用国外的资金、技术生产，把产品推向市场，恐怕永远也摆脱不了任人摆布的命运。

从上述情况看，中国的综合国力亟待增强。但把增强国力的希望完全寄托在招商引资上，而忽视了国民素质的提高则欲速则不达。引进国外的先进技术后需要一支高素质的职工队伍消化、吸收，掌握这些技术，并在此基础上有所突破和发展，以带动生产的发展，技术的进步，形成具有中国特色的生产技术。这一目标的实现，不仅需要大量的科学研究人员消化、吸收国外的先进技术，更需要大批的能把科学技术通过实践转化为生产力的工人师傅，靠他们的创造性劳动提高生产技术水平，从而提高产品质量和市场竞争能力。

综合国力的竞争，说到底是各国企业实力的竞争。这完全符合马克思主义的经济基础决定上层建筑理论。因此，我们应该从抓综合国力的基础做起，即抓企业的综合实力和竞争力。国企在我国的经济生活中占有绝对重要的地位，搞活国有企业，增强其竞争力，是增强国力的根本保证。对此，国务院很重视，提出国企三年解困的改革目标，并采取了一些具体措施。但过去一年多的实践证明，任重道远，效果不大。

在国有企业改革中，过分强调了体制问题，一窝蜂搞上市，结果不是一股就灵。依我之见，国有企业改革的真正出路在于引入竞争机制，大量启用人才，能者上，平者让，庸者下。建立激励机制，奖勤罚懒，奖优罚劣，在职工中形成崇尚知识、技术的风气。在用人上打破工人、干部的界限，竞争上岗，择优录用。在管理上，简化程序，注重效率，摆脱文牍主义的束缚。从实际出发，重点抓人力资源的管理，即开发、利用，有计划、有步骤地培养人才，大胆地使用人才，为年轻人脱颖而出创造条件，形成一支精干、高效、多层次、全方位、比例结构合理、使用安排合适的职工队伍，最大限度地调动职工的积极性，发挥他们的创造性。只有这样，我们的国有企业才有可能走出困境。我们需要人才，更需要有尊重人才、人才脱颖而出的氛围。

国家主权不容践踏

1999年5月12日

以美国为首的北约在野蛮侵略南斯拉夫联盟四十五天之后，于5月8日凌晨

（南斯拉夫5月7日晚上）用三枚导弹袭击中国驻南斯拉夫联盟大使馆，造成三名记者死亡，多名使馆人员受伤，大使馆财产受到严重破坏。

听到这一骇人听闻的消息，感到无比愤慨和震惊。口口声声维护和捍卫人权的美国，居然肆无忌惮地践踏人权，真是荒谬透顶，其罪行天理难容。愤慨和震惊之余，也引发了一些思考……

其一，美国轰炸中国驻南斯拉夫联盟大使馆不是偶然事件，有其历史的必然。美国干预中国内政由来已久，时刻都在窥视中国的领土、主权，并蓄意制造事端，从台湾问题、西藏问题和每年一度的人权提案，似乎他们比中国政府更关心中国，真是老虎掉眼泪假慈悲，黄鼠狼给鸡拜年没安好心。对此，我们不能掉以轻心，美国对中国是不会甘心的，其野心越来越大。

其二，发展经济和维护主权之间的辩证关系。维护主权是第一位的。一个国家的领土主权完整如果遭到破坏，其经济建设成果也失去了保障，迟早会沦为殖民地。在经济合作的过程中，维护人权、国格是第一位的。在此基础上，才可以谈互惠互利的合作。

其三，经济实力决定外交实力。美国之所以在全球范围内横行霸道，其主要原因就是经济实力。站在这个高度去对待经济发展，是维护国家领土主权完整的关键。不论遇到什么困难，加快经济发展步伐、增强经济实力的初衷都不能变，其他一切工作都应该围绕这一中心。

其四，国际关系中，我们不能依附于任何大国，要有独立自主的外交政策，要把维护民族尊严、主权独立、领土完整放在首位。君子不吃嗟来之食。全方位、多层次的外交关系是立于不败之地的基本原则。不能以意识形态或经济实力片面地确定外交重点，应该本着为经济建设服务，为维护主权、领土完整服务，综合分析，确定外交战略。

其五，政府让人民放心，政府为人民做主。当国民的人身安全受到威胁，尤其是在工作岗位人身安全得不到保障时，政府就不能视而不见，或者只是轻描淡写地议论一番；应该以强有力的措施捍卫民族尊严，保障国民的人身安全。只有这样，才能增强民族的凝聚力。

今天，新华社、光明日报社分别为在北约导弹袭击我驻南使馆中牺牲的邵云环、徐杏虎、朱颖举行悼念活动，全国各地都沉浸在沉痛悼念之中。伴随着低沉悲壮的哀乐声，痛苦的思索映入脑海……

作为国家领导人，如果不能保证国民的人身安全，其内疚之情是难以言状的……

如果一个国家经济上不够强大，永远摆脱不了被动挨打的局面。世界上没有真正的公平，经济实力决定着国家在国际上的政治地位。

一个国家国民素质的高低决定了经济发展的水平、能力。良好的教育制度、崇尚教育的社会氛围是提高国民素质的根本保证。良好的法制环境和健全的法律体系，是实现人尽其才的前提。唯有经济强大了、国防强大了，外交才能据理力争，国人在世界上才能挺起腰杆。

我们是人民的坚强后盾。这是神圣的承诺！我们必须以实际行动捍卫人民的生命和财产安全！为了实现我们的承诺，不让悲剧重演，我们必须努力工作。同心同德，同荣辱，共患难。

我们有能力摘掉经济侏儒的帽子。以经济建设为中心，大力发展经济，增强综合国力，让国民在国际上扬眉吐气。改善人民生活任重道远，提高国民素质迫在眉睫，扭转社会风气刻不容缓。所有改革都必须围绕实现公平、正义进行，既考虑国家的江山社稷安全，也考虑百姓的生存安危。我们应该从今天的悲愤中清醒，重新定位外交策略，重新审视合作伙伴，重新确立我们所追求的自由民主。我们不能被西方经济的发展迷惑，从反面认清霸权的真正面目。同时，我们也不应退回到闭关锁国的状态。经济立国，发展经济是我们的中心任务。

滑行　起飞　着陆

2001 年 7 月 28 日

今天去看望岳父母，尽做儿女的孝心，为下一代做表率。我们现在是年富力强，如日中天，而离退休的岳父母则闲居家中，平时很孤单，周末期盼和子女团聚。理解老人的今天，就是思考我们的明天。

我们今天的状态就好比刚起飞的飞机，穿破云层，全速飞行。踌躇满志，很容易自鸣得意，忘乎所以。离退休的老人，就好比降落的飞机，将要离开停机坪，要入库了，再也不能翱翔蓝天了，难免有几分失落。即使心情好的时候，也只能回忆英姿焕发的当年了。

对于儿子来讲，现在的学习就是飞机起飞前的滑行。要选对滑行的跑道入口，入口错了就会发生机毁人亡的事故。滑行的速度、加速度一定达到起飞的标准，否则，就难以起飞。鉴于此，儿子的发展要选对方向，在正确的发展道路上既要有速度，还要有加速度，否则，在激烈的竞争中难以腾飞。

少年、中年、老年是人生的三个不同阶段，在每一个阶段都有特定的任务，特定的心理需求。只有勤奋、刻苦，圆满完成本阶段的任务，才会为下一阶段的发展打好基础。就好比飞机，只有滑行的距离够远，速度够快，飞机才能平稳起飞；只有飞行平稳，下降速度合适，才能平稳降落。

对自己来说，下一个阶段就是完成飞行任务后的安全降落。虽说离降落的时间还比较远，但思想上应该有计划，心理上应该有准备，不能一味想飞高、飞远。因为，飞机起飞后，不论飞多高、多远，总要降落。人不论职位多高、工作年限多长，总要退休。

正确面对起飞、降落，坦然面对人生。平稳起飞，安全着陆。

包容性发展

2001 年 9 月 24 日

纵观古今中外兴衰、更替、发展的历史，可以发现一个共同的轨迹：凡是能兼收并蓄不同民族的优势、精华，借鉴不同群体的生存发展经验，事业就会兴旺，民族就会昌盛。凡是闭关锁国，排斥不同文化、不同群体，事业就会停滞倒退，民族就会衰落，处于被动挨打的境地。

中国的唐朝对外开放，兼收并蓄全球范围的文明，出现了大唐的鼎盛，成为当时世界政治文化的活动中心，政商云集长安，物资流向世界，中国的古代文明对其他国家的发展起到了积极的推动作用，外国的优秀文化也渐渐渗透到中华文化之中。

相反，沉醉于康乾盛世，开始闭关锁国的清朝，拒世界文明于国门之外，沉浸于夜郎自大的孤傲之中。当八国联军入侵时，对洋枪洋炮无还手之力，只有招架之功。京城沦陷，圆明园被毁。国耻难忘，发人深省。

在加入 WTO 之际，我们既要积极参与世界经济的分工合作，发挥我们的比较优势，借鉴他国的先进管理经验，引进西方的先进技术，不断提升我国的国力。也要铭记被西方列强奴役的屈辱史，学习不忘自立自强；借鉴不能沦为附庸。

发展需包容，包容有原则。有容乃大，无欲则刚。在开放大潮中，开放勿急功近利，引进忌损公肥私。恪守人格，不迷恋于物质享受和感官刺激，警惕铤而走险以满足一己私欲。在引进先进技术时，互惠互利，包容共享。在学习先进文化时，取其精华去其糟粕。在借鉴西方经验时，不忘从传统中华文化中汲取营养。对外传播仁义、博爱的理念，和平共处，实现和谐发展。正确面对前进中的曲折、困难，以更大的包容心应对加入 WTO 后遇到的各种挑战，在熟悉中成长，增强应对挑战能力；在包容中进步，增强抵御风险能力。以包容减少对抗，以互谅减少对立，互惠互利，共同发展。

挑战　机遇　战略

2001 年 11 月 1 日

为期四天的 WTO 战略学习班，听了十几位专家的专题论述。一个共同的结论是，加入WTO后有挑战、有机遇。关键在于确定战略定位，抓住机遇，迎接挑战。不打无准备、无把握之仗。知己知彼，积极应对。不回避，不盲动。守规则，不侥幸。

对中国政府和国有企业来说，眼下的挑战大于机遇。因此，从上至下应该有充分的思想准备、技术准备和组织准备，严格按照WTO的规则规范商业行为。加入WTO对中国的机遇是理论上的、长期的，不是立竿见影的，更不会天上掉馅饼。要想抓住加入WTO后理论上的机遇，需要改造自我，适应WTO框架下的各种规则；在遵守规则的基础上完善，增强抵御冲击的能力。唯有此，才有望提高在WTO框架下竞争的适应能力，才有望在恪守WTO规则的基础上增强竞争能力。唯有提高了在WTO框架下的适应能力和竞争能力，才有望抓住加入WTO的机遇，在国际竞争中发展壮大。

要实现以上目标，关键在于合理的战略定位、有效的组织结构和可靠的运转系统。这三者缺一不可。然而，目前国有企业的战略、组织和系统尚有较大差距。因此，我们应该有紧迫感，抓紧学习规则，分析竞争冲击，研究应对策略。在战略上藐视规则变化带来的冲击，在战术上重视适应规则的细节，完善管理，理智应对。小心翼翼度过漫漫长夜，以卧薪尝胆之志熬过黎明前的黑暗，以顽强的意志和不懈的努力迎接加入WTO后的第一缕阳光。

效果　效率　效益

2001年11月16日

西方经济学通篇围绕资源有效配置，核心是配置效果。企业在组织生产时做到优化组合，没有浪费，强调的是效率。对资源有效配置，优化生产组合，提高生产效率，最终体现为企业的效益，即售价和成本的差额。企业的效益越好，竞争力越强。企业的性质决定了其使命是创造效益。因此，企业必须有效配置各类资源，通过优化组织，不断提高生产、管理效率，为业主（股东）创造更多的效益，为社会创造更多的财富。

社会如此，企业如此，个人亦然。办事有效果，工作有效率，经营有效益。因此，理清企业资源现状，优化配置；完善工艺流程，优化生产；完善组织机构，优化运营。做好顶层设计，优化发展战略。企业的发展战略和个人的职业生涯有机结合，员工在企业发展中成长，员工在企业壮大中进步。完善激励机制，不断提高工作效率，不断增强企业竞争能力，不断增强企业抗风险能力。任凭风浪起，稳坐钓鱼台。

首先，完善资源配置。要理清自然资源、人力资源、生产力资源和技术资源，合理配置资源，使企业协调发展。其次，从组织结构入手，使生产经营管理的运行效率达到最佳，营造人尽其才、物尽其用的氛围。其三，建立完善的激励机制和有效的约束机制。把个人目标和组织目标有机结合，实现个人价值最大化和组织效益最优化。及时约束个体行为中偏离组织目标的事件，保证组织目标的顺利实现。

做事有效果、工作有效率、经营有效益是企业的天职。空谈误企业，不能赶时髦。企业应该脚踏实地抓资源配置、人员激励，系统优化运行，为社会创造更多的财富，为员工带来福祉，为股东带来收益，为企业创造效益，增强可持续发展能力。

结构　资源　人才

2001 年 12 月 21 日

调整结构、整合资源、留住人才是加入 WTO（世界贸易组织，简称世贸组织）后的三大任务。这三者相辅相成，需要一个系统的发展战略引领，扬长补短，循序渐进，协调发展，稳步推进。

调整结构以国际市场为坐标。根据比较优势原理，确立我们的产业结构模式、产品结构目标，建立相应的盈利模式。通过股权结构的调整，使企业的所有者真正到位。按照经济规则运转设定的盈利模型，加快工作进度，提高产品质量，优化组织结构。

整合资源要从经济发展和生态平衡的有机统一出发。节约资源、能源，减少环境污染，提高资源的投入产出和综合利用水平，统筹自然资源和人力资源的整合。

留住人才是完成结构调整和资源整合的根本保证。形成公平、公开的激励机制和竞争机制是吸引人才的基础，为人才健康成长和脱颖而出搭建舞台是留住人才的关键。形成良好的团队精神和企业文化是培养人才的基础。

面对加入世贸组织的新形势，审视国有企业的体制，危机四伏。迎接全球的新挑战，构筑国有企业的新战略任重道远。加快结构调整步伐，有效整合资源，尽快熟悉世贸组织规则，培养后备人才。这些是摆脱竞争危机、走向成功的根本出路。

如何实现良性互动

2002 年 3 月 27 日

员工、客户谁是上帝？理论界讨论的热火朝天。我以为，企业的经营应该兼顾员工和客户的关切，形成良性互动。员工是企业的上帝，客户是员工的上帝。作为经营者，首先要关注员工的切身利益，既包括薪酬待遇，也包含职业生涯通道。让员工看见未来的发展前景和通道，员工会加倍努力满足客户的要求，能够真诚对待客户的诉求，尽最大努力满足客户的需要，真正实现员工和客户的双赢，企业健康成长。

经营者不要被员工和客户谁是上帝所困惑。考虑企业可持续发展能力，员工是上帝；考虑企业眼前的市场和业绩，客户是上帝。员工和客户之间有着内在联系，企业关心员工，员工关心客户，客户关心企业，实现三赢。

企业应培育服务文化，增强服务意识，提高服务水平。强调客户是上帝，以提高服务质量。同时，企业必须关心员工的切身利益，以服务客户的标准服务员工，解除员工的后顾之忧，让员工全身心投入工作，以优异的业绩满足客户特殊需求，兑现企业对客户的承诺，为企业创造效益。如果企业不关心员工的疾苦，员工绝不会把客户当上帝，企业为客户提供的服务也不会让客户满意。

企业经营者把员工和客户都当作上帝对待，以身作则为员工和客户服务，就不会为谁是上帝的问题纠缠。通过关心员工的切身利益，激发员工对客户的服务热情，为客户提供优质服务，可以实现企业对客户（上帝）的承诺。同时，员工得到应有的待遇，体现自身价值。

企业经营者的人格魅力胜过规章制度的约束，能够增强员工的凝聚力。当你真正把员工当成上帝时，员工就会把客户当成上帝，企业才能得到客户的青睐和职工的支持。

行动胜于创意

2002 年 4 月 22 日

最近，创新二字使用的频率很高，体制创新、机制创新、管理创新、文化创新等不一而足。从发展的角度出发，应该提倡创新；增强竞争力依靠创新，没有创新就没有发展后劲。

但一时间人们似乎把创意和创新混为一谈。创新离不开创意，但有创意不等于会有创新。只有把创意付诸实践，才有可能形成创新成果。创意不等于创新。

对企业而言，把创意转化为行动，由行动产生结果是至关重要的，企业必须做脚踏实地的工作。（1）让每个人都明确自己的工作目标。在没有明确目标之前不要盲目行动。先计划，后实施。（2）制定战略要着眼全球，安排计划立足当地。（3）把岗位责任写下来，知道自己该干什么？不能干什么？实行严格的分工，让每位员工明确工作的预期目标，鼓励做事专注，提高工作效率。

（4）及时跟踪计划实施过程中的异常情况。一旦发现异常，及时采取补救措施。定期评估公司各项工作进展，分析成功与失败的原因。

认真的实施和严格的管理会在实践中产生创意，并把创意变成行动，通过行动产生预期的效果，形成创意与行动之间的良性循环。这是企业创新的根本。离开付诸实施的创意只能是创意而已，不会形成创新成果。

把创意变成行动，对经营者的素质和能力有更高的要求。因此，作为经营者，着力培养以下特质：建立愿景能力，依据信息决策能力，配置资源能力，有效沟通能力，激励他人能力，人才培养能力，承担责任能力，诚实守信能力，事业导向能力和快速学习能力。培养经营者能力，地冻三尺非一日之寒。唯有加强执行力建设，严格要求，严格考核；经营者的综合素质才能慢慢提高，才能适应环境的挑战。路漫漫其修远兮，吾将上下而求索。

晓达成败之理

2002 年 10 月 11 日

人们习惯上把功成名就、财色双赢视为成功者。把普普通通、默默无闻视为失败者。家长从小对子女的要求看重功成名就，重学习成绩，轻品行修养。在追求金钱的躁动中，甚至笑贫不笑娼。学生的品行修养、伦理道德让位于学习，让位于追名逐利。出现信仰迷茫、人生迷失。一旦有失落，或者有反差，轻者意志消沉，重者轻生灭世。这是人生价值观扭曲的负面效应，影响深远，不可不察。

以功成名就、财色双赢定位成功，现实中真正的成功者很少。于是，很多人陷入痛苦的自责和无奈的悲叹之中。人生在奋发、挫折、悲叹中过得十分艰难，精神压抑，心情郁闷，生活暗淡。其实，人们如果把身心健康视为成功，参照系一变，情况截然相反。那些平淡健康者就是成功者。那些功成名就失去健康的人，生活不但没有幸福可言，有的还英年早逝。因此，我们提倡成功人生，前提一定是健康。不能为了金钱而伤害健康，更不能因不良习惯而毁损健康。以健康安居为成功标准，大多数人就会摆脱无尽的烦恼和清贫的自卑。

人应该在尽职尽责中生活，不和别人攀比金钱、地位，精神就轻松，心情就愉快。相反，人就会活得很累，甚至家庭关系紧张。由此可见，不同的理念、不同的心态就会产生不同的评价标准，出现不同的结果，展示不同的生活前景。

人生苦短，机遇稀缺。能有机会成功固然可喜，经过努力不能登上理想巅峰亦可敬。只要保持良好的心态，有健康的体魄，可以享受人生乐趣。自得其乐，轻松愉快。这才是真正有质量的成功人生。

对一个人的经历、遭遇用不同标准衡量，对人生和未来就会产生不同的影响。因此，让有限的人生充实、快乐，应该正确评价成败，坦然面对失败。胜不骄，败不馁。始终保持奋发向上的精神和随遇而安的心态，让人生多一份轻松，少一分郁闷，多一份欢乐，少一分痛苦。走出成败判定的误区，享受健康人生。

商者，企业之大事

2002 年 12 月 16 日

今天，阅读《商人活用孙子兵法》第一篇。兵者，国之大事，不可不察。为孙子两千多年前的深刻分析所震撼。孙子对国家、对战争的分析是如此透彻。孙子的见解对今天的商战有重要的指导意义。

道、天、地、将、法五事，在今天的企业经营中可以找到对应的内容。道是企业经营理念，天是商业机会，地是经营环境，将是管理者，法是管理制度。这五者是企业家必须统筹考虑的系统工程，不能偏废其一。

形成科学的经营理念，统一员工的思想意志，指出企业的发展方向和奋斗目标。这是企业家的重要使命，也是合格企业家应具备的起码素质。

深入实际，认真分析商业环境，及时发现有利时机和商业机会是对企业家经营能力的具体检验。一个合格的企业家，不仅知道企业所处的大环境，而应该知晓企业所处的小环境。不仅要知己，更重要的是知彼，善于在比较中发现机遇。

制定科学的制度，规范员工的行为，带领员工开拓市场、创造利润是企业发展壮大的根本保证。企业家应该从实际出发，充分考虑员工的切身关切，准确把握市场走势，优化管理流程，提高运营效率，培育核心竞争能力。

企业发展离不开企业家，更离不开科学的管理制度。明确的奋斗目标凝聚员工的力量，共同的愿景激发奉献热情。企业的成功既要抓住市场机会，又要学会适应环境，巧妙应对经营中的各种困难，趋利避害，以系统观统筹企业内部的天、道、地、将、法五者之间的关系，协调运转，稳妥推进，实现经营战略，创造经营业绩，造福员工队伍，回报股东和社会，履行企业的社会责任。商者，企业之大事，不可不察。

在澳洲参加培训考试的感受

2004 年 3 月 31 日

经过一个月的培训，今天参加了第一次考试，考了一整天，考完累得筋疲力尽。总共四十三道题，还画三张工艺流程图，题量之大令人难以置信，更让人吃惊的是所有参加考试的人都自觉，既不看书，也不看笔记。这在中国是少见的。

从澳洲人考场的表现就可以看出他们的国民素质比较高。国民素质的高低决定了国家竞争力水平的高低。仅从这点就能看出我们的差距，尤其是现在的学术腐败有愈演愈烈之势，大学考试作弊也有愈演愈烈之势。长此下去，中国的高等学府就会变味。对买卖学位不以为耻反以为荣。我不敢想，大学如果长此以往会培养出什么样的学生？我不敢想，在这种环境熏陶下的学生会有什么样的价值取向？国家在国际舞台上能否有立足之地，既取决于国民的整体素质，更取决于高等学府的价值取向，取决于高等学府培养出什么样的学生。

中国当前的危机并不是工人下岗，而是社会风气的败坏、道德的沦丧。这严重侵蚀社会的每一个阶层、每一个角落，损坏社会的肌体。学术腐败是国之大患，致使学生价值取向扭曲、人生追求扭曲，投机钻营成风，权力寻租泛滥，不可不察。扭转学术腐败，教育回归本源，这是对民族负责的起码要求，也是对学生负责的良心呐喊。

知止与进取

2005 年 1 月 2 日

隋代大儒文中子的《止学》告诫我们，在通往事业、权利顶峰的道路上要适可而止，该止就止；不能铤而走险，不择手段。他的忠告被历史上人们的实践所证实。

然而，就经营企业而言，提倡人们要有进取精神。凡事都追求完美，在实际工作中不断进步，在竞争中处于领先。这种进取精神是企业（组织）不断发展壮大的精髓。进取精神促使企业不断创新，引领潮流。在今天仍然有深远的现实意义。

在经济一体化、市场全球化的今天，跨国集团的发展壮大离不开进取精神。创新是企业进步的阶梯，进取是保持创新的源泉。对处于上升阶段的企业和个人而言，在追求领先和自我完善的同时，应该把握好知止和进取之间的关系，保持清醒的头脑，不能误入不择手段、忘记仁德原则的迷途，该止则止。否则，物极必反。就自己而言，以进取为主，遇挫折时保持冷静，遇止则止。莫怨天，莫尤人。这也许是祸之福所依，塞翁失马焉知非福。永远保持一颗平常心。在追求真理和理想的道路上不断进取，在明理和个人享受方面，安于现状，该止就止。少一分苦恼，多一份满足。在知止与进取上保持平衡，走中庸之道。

新岗位充满挑战，必须以满腔的热情投入，积极推进各项工作，尽职尽责。但是，在积极推进工作的同时，要牢记《止学》的宗旨，不能盲目冒进，该止则止，知止而动。

知止就不会欲望膨胀，铤而走险。知止就能顺应时事，伺机而行。知止就能冷静。知止表现在行动上，知止源于人的理念和人生观。守中庸之道、学辩证之法是培养止学理念的基础。淡泊宁静、清心寡欲是修炼止学的最高境界。工作、事业追求高目标，生活、享受保持低水平。这样，既能磨炼自己的意志品质，又能抑制自己的贪欲冲动。

人生志存高远，为实现目标而奋斗，要拼搏。但拼搏者并非人人都能登上理想巅峰。人困乃正，命顺乃奇。因此，要正确面对生活中的困难和挫折。这属于正常情况。关键是在逆境中仍要矢志不渝、痴心不改，就会出现命顺的奇迹。坚持就有出路。要想以正化齐，把逆境化为顺境，有所不为是关键。该舍则舍。

行动是有计划、有目标、有准备的。既要抱最好的希望，又要做最坏的准备，能进则进，该止则止。知止而动，顺其自然。

执政　执法　执行

2005 年 7 月 9 日

一个政党取得政权之后有了执政的机会，担负起了执政的使命。执政水平的高低，一方面反映在执法是否公正，另一方面反映在执法队伍的水平。执法是否公正、执法水平高低充分反映在日常的执行过程中。

地冻三尺非一日之寒。执政地位的巩固有赖于执法能力的提高和秉公执法。执法能力的提高建立在执法队伍素质和执行能力提高的基础上，秉公执法建立在执法队伍的公正无私和果断执行的基础上。没有公正无私和果断的执行，就做不到秉公执法；没有高素质的执法队伍，很难提高执法能力。不能秉公执法，执法能力不高，就没有坚强的执政基础，执政地位很难巩固，很难履行执政的使命。

提高全社会执法队伍的素质和执行力是提高政府执法能力的基础。只有把这个基础打好了，才能稳固地构建执法能力大厦。执法能力大厦稳定了，执政党的政权才能稳固。要巩固政权，应该从抓执法队伍素质和执行力入手。如果基层执法队伍素质低、执行力不强，社会管理的效果就不理想，居民对社会管理的满意度就不高。因此，构建和谐社会应从提高执法队伍素质入手，加强执法能力建设，提高执行力、巩固执政基础。

三文鱼精神

2006 年 3 月 12 日

今天，从蒙特利尔飞抵加拿大西海岸的温哥华市。这里自然环境优美令人赞不绝口。在伊丽莎白女皇公园看到雪山映衬着绿水环抱的城市，简直是一副精美绝伦的画卷。

然而，让我更为感动的是导游介绍的“三文鱼精神”。以前，只知道三文鱼是人们喜欢生吃的美味。别的则一无所知。今天，听导游介绍，增长了关于三文鱼精神的知识。三文鱼有三种精神：一是勇往直前精神。三文鱼每年六七月份从大海逆流而上，行程一千多海哩返回加拿大的海湾产卵。二是思乡精神。三文鱼逆流而行一千多海里后消耗了大部分体力，回到家乡产卵后死去。这和中国所描述的“春蚕到死丝方尽、蜡炬成灰泪始干”是何其相似。三是团队精神。三文鱼每年六七月份成群结队逆流而上返回家园。这和大雁成行飞行何等相似，令人羡慕。

人与自然和谐相处。既要热爱自然，保护自然，也要珍爱自然界的其他生物，学习它们的宝贵精神。“三文鱼精神”值得我们学习。鱼如此，况人乎？为了后代，逆流而行完成产卵的任务；不忘家乡，用尽全部力气返回家乡。人生会遇到更多的困难，我们应该修炼“三文鱼精神”，培养团队合作精神，凝心聚力，共同前进，再大的困难也能克服。

参观岳麓书院有感

2006 年 6 月 15 日

今天，有幸参观了有一千多年历史的岳麓书院，经导游介绍得知，在岳麓书院，既讲学，又藏书。从北宋开始。朱熹、张栻就在这里讲学。这里的学生分为正科和预科，正科住校，预科走读。这里的教学方式比较特殊，半个月老师才讲一次课。老师讲道理，学生靠自学领悟。

岳麓书院的历史意义和价值，不仅体现在独特的教学方式，更重要的是这里培养出很多志士仁人。曾国藩曾在这里学习，蔡和森、毛泽东也在这里学习过。这里教做人的道理，教认识世界的方法。工欲善其事，必先利其器。业精于勤荒于嬉，行成于思毁于随。

岳麓书院的出现，反映了当时社会环境的稳定，需要用孔孟之道教化人们，克己复礼。因此，在这里供奉孔子，列为万世师表，封孔子为至圣先师。

书院的学生从贤关进入，学成后走出大成门，从圣域走向社会。以“德侔天下、道冠古今”为最高目标，康熙帝为书院题匾“学达性天”，乾隆御笔“道南正脉”。

书院正门两侧是“唯楚有才，于斯为盛”。这副对联向人们展示了楚国人才济济，而这里则是人才云集。足见当年的繁荣景象。进入书院，在讲坛前有“纳于大麓、藏之名山”的对联，横批是名山坛席。说明这个书院坐落在名山脚下。

名师出高徒。这里培养出的有识之士很多，以下对联足见其自信和气度。“吾道南来原是潇溪一脉，长江东去无非湘水余波”。这里的教学不是死记硬背，强调悟道，学以致用。“业精于勤、漫贪嬉戏思鸿鹄，学以致用、莫把聪明付蠹虫”。这是对人们的谆谆教诲。

从朱熹、张栻登岳麓赫曦台连句可以看出他们忧国忧民之心是何等强烈，把希望寄托在教书育人、传道解惑上。“怀古壮士志，忧时君之心；寄言尘中客，莽苍谁能寻”。走在岳麓书院，仿佛听到先贤在教导我们。作为知识分子，就应该铁肩担道义、妙手著文章。永远牢记国家盛衰匹夫有责，时刻铭记“正心诚意修身、齐家治国平天下”的使命。“是非审之于己，毁誉听之于人，得失安之于数，陟岳麓峰头，朗月清风，太极悠然可会；君亲恩何所酬，民物命何以立，圣贤道何以传，登赫曦台上，衡云湘水，斯文定有悠归。”

文化的传承靠教育，教育的发展靠教师。师者，传道、授业、解惑矣。走进岳麓书院，打开一千多年来教书育人的画卷，古代先贤一一浮现眼前。正是因为有无数志士仁人，像程氏兄弟、朱熹、王阳明在这里讲学，才使岳麓书院的影响不断扩大，在中国历史上留下不可磨灭的功勋。

走出岳麓书院，古人的话语浮现眼前：“为天地立心，为生民立命，为往圣继绝学，为万世开太平”。这是知识分子的人生追求，也是教育的神圣使命。伫立洞庭湖畔，眺望神州大地，当下的教育压在心头，改革的失误在哪里？民族的危机在哪里……

中方人员会师矿区有感

2006年11月26日

（写于阿根廷“希拉格兰德铁矿”）

从未谋面，
可一见如故，
激动的双手紧握在一起，
因为我们有共同的血脉！

粗茶淡饭，
但格外可口，
理解的目光交织在一起，
因为我们有共同的目标！

异国他乡，

共同的语言唤起了共同的使命，
一样的皮肤激发了一样的感情，
华夏儿女，四海同根！

没有豪言壮语，
心底涌动着共鸣，
没有亲人相伴，
依旧充满着激情！

虽说远离祖国，
始终牢记自己的使命！
就是这样的人群，
在开辟海外市场中默然前行！

尽管艰苦寂寞，
言谈中饱含着自信，
就是这样的人群，
在实施资源战略中众志成城！

我们深知，
恢复生产依旧困难重重，
我们坚信！用我们的双手，
一定能铺平道路，迎来黎明！

我们深知，
赢得阿方信任同样任务繁重，
我们坚信！为了共同目标，
一定能携手并进，共创繁荣！

“团结、进取，
敬业、忠诚”，
耳边回荡着
中冶文化的声音！

祖国，母亲，
请您放心！
我们会豁达、宽容！

我们能谦和、勤奋！

备注：2006年11月26日从国内到阿根廷铁矿的第一批管理人员和原来受聘于美国晓业公司的几位台湾同胞在矿区会师。有感而发，草成此诗。

悟《申鉴》之道

2007年1月21日

荀悦在《申鉴》中强调“治世所贵乎位者三：一曰达道于天下，二曰达惠于民，三曰达德于身”。以此为参考，检查自己的言行、思想，找出不足，加强修养，朝着达道于天下的目标前进，在日常工作中，奉行达惠于民的原则，让百姓安居乐业；在个人修养方面，沿着格物致知、诚意正心的轨迹，达德于身。

古代帝王虽然没有共产主义思想，但是，就其安邦治国奉行的原则看，有很多值得我们学习的地方。他们所强调的道，就是社会有序运行、百姓安居乐业的伦理道德、规范和基本原则。通过加强个人修养，以建立和弘扬基本原则：惟修六则以立道经，一曰中，二曰和，三曰正，四曰公，五曰诚，六曰道。以天道作中，以地道作和，以仁道作正，以事物作公，以身极作诚，以变数作通，是谓道实。

在提倡道的过程中，始终坚持惠民的原则，强调仁德修养的重要性。这和我们今天的和谐社会目标是一致的。通过检查社会风气衡量社会“达道”的程度，找出社会存在的问题，采取措施加以解决。做人应该始终牢记“道、惠、德”，严于律己，守道如初，惠民至终，修德一生。

社会复杂，治理艰难。《申鉴》讲施政有十难：“一曰不知，二曰不进，三曰不任，四曰不终，五曰以小怨弃大德，六曰以小过黜大功，七曰以小失掩大美，八曰以奸讦伤忠正，九曰以邪说乱正度，十曰以馋嫉废贤能。是谓十难不除，则贤臣不用。用臣不贤，则国非其国也。”

古往今来，社会在不断进步，但任用贤能所面临的共性问题依然存在，只是表现形式不同而已。最令人痛心的是奸佞当道，小人得志。尽管很多明君深知应该消除弊端，但执行过程中往往是事与愿违，走向反面。

察九风以定国安民，一曰治，二曰衰，三曰弱，四曰乖，五曰乱，六曰荒，七曰叛，八曰危，九曰亡。唯有君臣亲而有礼，百僚和而不同。让而不争，勤而不怨。无事唯职是司，此治国之风也。识时务，辨世风；明善恶，知进退。

察九风易，治衰国难。唯有选贤任能，近贤臣远小人，方可止衰扶弱。察九风易，除佞臣难。唯有天下为公，诚意为民，方可削乖张，除叛乱。察九风易，扶危国难。唯有抑恶扬善，崇俭养廉，方可扶大厦之将倾，挽狂澜于既倒。治国安民，路漫漫其修远兮，吾辈将上下而求索。

故乡情

献给内蒙古自治区成立六十周年

2007年2月13日

远山隔不断乡情，
近水萦绕着乡音；
游子天涯思故乡，
她给了我力量！

生活抹不去浓浓的乡情，
岁月揉不碎童年的梦；
四海漂泊恋故乡，
她告诉我如何成长！

成长忘不了黄土地的奉献之情，
进步忘不了黄河水的养育之恩；
在鲜花掌声中铭记故乡，
她给了我腾飞的翅膀！

在黑暗中看见了希望，
在挫折中孕育了理想；
魂牵梦绕的是故乡，
她让我更加坚强！

啊！故乡！
随着时间的流淌，
穷苦的岁月渐渐远去，
自强不息在血液里激荡！

啊！故乡！
穷苦磨炼了不屈不挠的人格，
落后激发我争当祖国的栋梁，
童年的梦在心中荡漾！

啊！故乡！
在改革中业绩辉煌，

政通人和富足安康，
乡亲的梦就是您的理想！

啊，故乡！
为了未来更加美好！
我愿变成无私奉献的牛羊，
在寒风中守卫边疆！

危机智慧

2008年3月26日

今天下午，中国银行的谭亚玲研究员讲解了当前的金融形势和我们以往的工作失误。见解独到，一针见血，令人深思，发人深省。

就当前国际金融形势，美国人和中国人表现出不同的态度和策略。从新闻媒体上听到和看到的并非是事件的真相和本质，反映了不同国家的智慧和策略。

美国人多是悲悲戚戚讲问题，实实在在抓积累。次贷危机的影响并非媒体渲染的那么严重。美国是在借题发挥，炒作次贷危机，给中国等施加压力，迫使人民币升值。美国制造危机恐怖有大智慧。美国人利用危机，以货币宽松政策巩固美元地位。国与国的较量无处不在，金融战的陷阱防不胜防。

中国人往往是沾沾自喜夸成绩，实实在在丢利益。中国经济的量大质低，外国人看在眼里，中国人喜在脸上，好大喜功。中国的企业规模大、效益差、应变能力低，外国人看在眼里，中国人则喜在嘴上。总在讲排名，什么进入世界500强云云。前事不忘，后事之师。吃一堑，长一智。汲取浮夸的教训，借鉴别人的经验。理智应对危机，从长计议，培育可持续发展的基础。

中国人为好大喜功交的学费太多、太昂贵。究其因，与企业的所有制和干部升迁的考核有关。数字出官助长了浮夸之风。上级领导多半通过听汇报、看报告了解企业的经营业绩，缺少深入实际的微服私访，缺少民间的真知谏言渠道，助长了好大喜功、贪大求洋的作风，忽视了脚踏实地做事的基本功，缺乏应对危机的智慧。此乃国有企业的最大弊端。

把握规律，顺应时势

2009年8月14日

人生和大自然都在遵循一定的规律运行，谁能认识并把握规律，谁就少走弯路，谁就能稳步前进。在逆境中把握生存规律，坚定信心。在逆境中看到希望，矢志不渝，百折不挠，坚信一定会走出山穷水尽的困境。在顺境中把握收敛规律，吾日三省吾身，为人谋而不忠乎？与朋友交而不信乎？传不习乎？在顺境中容易膨胀而忘乎所以。当你得意时，在竞争环境中把握忍让规律，坚持公平竞争，忍让为先。该得能得的，得到要珍惜；该得得不到要豁达。知足常乐，能忍自安。受排挤时把握蛰伏规律，坦然面对排挤。凡事认真对待，举轻若重，不出现失误，如履薄冰，如临深渊。在恶性厮杀中把握中立规律。面对昏天黑地的厮杀，要保持中立，秉持公道。不投机钻营，不煽风点火。不乘人之危，要容人之过。

在历史的长河中，有时风平浪静，有时激流险滩，有时漩涡叠现，有时云遮雾障。人生在历史的长河中是短暂的一瞬，个人无法扭转乾坤，无法改变现状，只能顺应时势。当小人当道、假话盛行时，坚持真理极其困难。实话实说会遭到谴责和批评，以沉默为宜。与小人据理力争会惹上麻烦，甚至遭来横祸，要谨言慎行。当投机钻营盛行时，夸夸其谈成为晋升的重要手段。说真话会遭到反对、排挤，甚至，会被边缘化。坚守做人底线，不忘初心。小人不能惹，少讲话，少表态。不宜在公开场合冒犯权贵。在自己力所能及的范围坚守做人原则和做事准则，达则兼济天下，穷则独善其身。不沉沦，不抗衡。外圆内方，走自己的路。

顺应时势，说来容易，做到很难。难在时势有时模糊不清，甚至，有时会有假象。难在个人秉性难改，有时易冲动，逆势而动会不顾后果。因此，要虚心学习，潜心钻研事物的规律，谋定而动，顺势而为。要识时务，与人为善，与邻为伴；需知进退，遇事不要执著，谨防执迷不悟。豁达宽容，合理取舍，顺势而行。正心诚意修身，致知格物精进。

古为今用

2010年1月8日

《韩非子》在两千多年前提出的建议和治国方略，今天读来，倍感亲切。如果我们能以其为镜，则可以顺民意，防微杜渐。“爱臣太亲，必危其身；人臣太贵，必易主位；主妾无等，必危嫡子；兄弟不服，必危社稷。”这些论点对今天的治国安邦具有一定的现实意义。

八奸列出了君主应该警惕、防范、消除的八种危害现象：“同床、在旁、父兄、养殃、民萌、流行、威强、四方。”如要国泰民安，国强民富，必须杜绝以上八种不良风气。审慎使用“刑德”二柄，有效控制臣民，使国家在法度内运行。“奉法者强，则国强；奉法者弱，则国弱。能去私曲就公法者，民安而国治；

能去私刑行公法者，则兵强而敌弱。故审得失有法度之制者，加以群臣之上，则主不可以欺以诈伪；审得失有权衡之称者，以听远事，则主不可欺以天下之轻重。今若以誉进能，则臣离上而下比周；若以党举官，则民务交而不求于法。故官之失能者乱其国。忠臣危死于非罪，奸邪之臣安利于无功。”

“夫道者，弘大而无形；德者，核理而普至。道不同于万物，德不同于阴阳，衡不同于轻重，绳不同于出入，和不同于澡湿，君不同于群臣。”这高度概括了守道依法治国的理念。对今天的反腐倡廉、构建和谐社会，加强党的执政能力建设有重要的指导意义。

“道者，万物之始，是非之纪也。是以明君守始以知万物之源，治纪以知善败之端。故虚静以待，令名自命也，令事自定也。虚则知实之情，静则知动者正……明君无为于上，君臣竦惧乎下。明君之道，使智者尽其虑，而君因以断事，故君不穷于智；贤者勑其材，君因而任之，故君不穷于能；有功则君有其贤，有过则臣任其罪，故君不穷于名。是故不贤而为贤者师，不智而为智者正。臣有其劳，君有其成功。此之谓贤主之经也。”

“人主之道，静退以为室。不自操事而知拙与巧，不自计虑而知福与咎。是以不言而善应，不约而善增。言已应，则执其契；事已增，则操其符。符契之所合，赏罚之所生也。故群臣陈其言，君以其言授其事，事以责其功。功当其事，事当其言，则赏。功不当其事，事不当其言，则诛。明君之道，臣不得陈言而不当。是故明君之行赏也，暖乎如时雨，百姓利其泽。其行罚也，畏乎如雷霆，神圣不能解也。故明君无偷赏，无赦罚。赏偷，则功臣堕其业；赦罚，则奸臣易为非。是故诚有功，则虽疏贱必赏；诚有过，则虽近爱必诛。疏贱必赏，近爱必诛，则疏贱者不殆，而近爱者不骄也。”

人尽其才，物尽其用，治国安邦之最高境界。依法治国，秉公办事，治事安民之唯一准绳。依法治国，路漫漫其修远兮，吾上下而求索。古为今用，道深邃其浩瀚兮，吾昼夜而钻研。

以史为鉴

2010年1月21日

在中国几千年的历史中，朝代更替的事实告诉我们，在一个朝代开启时，君王贤明勤政，讷谏守志，体恤百姓。当经济复苏、政权趋稳时，君王就意志松懈，不再讷谏。贪图安乐享受，忘记民生疾苦。唐玄宗开创了开元盛世，功不可没。爆发安史之乱，饮恨于马嵬坡前，一蹶不振。在此恨绵绵无绝期的煎熬中结束了大起大落的人生，给后人留下无尽的思考。

当一个朝代的社会矛盾不断积累，趋于灭亡之时，必奸佞当道、贤臣被黜，山雨欲来风满楼。社会由盛到衰，向后人展示了治国安邦的重点、难点和薄弱环节。重点在任人唯贤的吏制，论功行赏的机制；难点在于君王能选贤任能、广纳谏言，能体恤百姓、克制私欲；薄弱环节在于近爱投机钻营、徇私枉法，奸臣以假乱真、蒙骗圣上。

唐玄宗是一位有为、有才、有情的君王，本该为大唐社稷做更多的贡献，在历史上留下更辉煌的一页。然而，由于贪恋女色而荒淫无度，使小人得志，邪佞当道，导致社会动荡，世风日下。个人的放纵种下了天下大乱的祸根，导致民不聊生，危机四伏。

以史为鉴知兴替，唐玄宗的一生告诫我们：人无论在何处勿忘加强修身，不能放松自己；加强约束，不能放开自己；加强监督，不能放纵自己。否则，欲火燃烧理智而葬送前程。无论身居何位？不能自满，正确对待自己；不能自恋，正确对待别人。以公开公平的制度选贤任能，切忌感情用事，不能任人唯亲。无论威望多高？广开言路，防范身边的小人。以江山社稷为重，论功行赏；不以疏贱而不见其功，不以近爱而不见其过。近贤臣，远小人；克己守礼，防范宦官当道；礼贤下士，警惕外戚干政。胸怀天下，情系百姓。先天下之忧而忧，后天下之乐而乐。文明互鉴，扬长补短。以史为鉴、抑恶扬善。

感 悟 道

2010 年 4 月 18 日

老子《道德经》开篇指出：“道可道，非常道；名可名，非常名。”显然，人类认识自然是一个逐渐深入、不断深化的过程，不能一蹴而就。在认识自然中感悟道，在学习过程中钻研道，在工作实践中遵循道。首先，学道于书：从人类的文化遗产中学习哲理，领悟智慧，借鉴前人的经验，汲取前人的教训，体悟认识世界的轨迹，循序渐进。学道，古为今用，与时俱进。其次，问道于人：三人同行有吾师。向师友学，虚怀若谷，深钻细研。向晚辈学，敏而好学，不耻下问。问道不问年龄。道之所存，师之所存。第三，悟道于心：时过境迁，切忌僵化。照搬书上的道理，陷入教条主义；盲从别人的经验，会犯经验主义。因此，面对现实，在学道问道的基础上悟道。悟道，不能脱离实际，不能有倾向性，不能浮躁。悟道，静思内在联系，探寻因果轨迹。悟道于心，升华于脑。凝练为智，总结为理。第四，得道于天：人法地，地法天，天法道，道法自然。在认识自然中领悟道，从生活实践中解剖道，在总结经验时归纳道。学道于书，问道于人。悟道于心，得道于天。天道酬勤，勤能补拙。

祸福相依，依循于道。福生于隐约，祸生于得意。廉者常乐而无求，贪者常忧而不足。唯慎唯廉者，福自常相伴。得意易惹祸，贪财易遭难。人以仁为己任。小人任智而背仁，为贼；君子任智而背仁，为乱。德智相佐，能成大事。缺德少仁，智为贼乱。修德育仁，智可为善。

学思不殆，知行不惑。学贵勤奋，习贵应用。读万卷书，行万里路，知行合一，悟道于心。行善积德有余荫，慈悲人生智慧萌。廉而慎，福路通；仁而智，禄自丰。知而行，守诚信。学而思，悟人生。道之所存，济弱扶贫。德之所依，仁爱是本。

有感张居正的“考成簿”

2010 年 7 月 25 日

在明朝万历年间，国库空虚，腐败横行，官僚专权，民怨载道，身为主持内阁的大臣（相当于宰相）张居正，从朱元璋那里找到了解决问题的答案：“考成簿”。张居正对六部的工作以详细的计划编制成簿，严格奖惩和晋升。

张居正推行“考成簿”取得以下成果：首先，整顿了吏治，谁也不敢无所事事了。其次，激活了经济，增加了税收。第三，开辟了“开源节流”的先河。

张居正的考成簿相当于今天的预算和业绩考核体系。但是，我们在执行预算和业绩考核体系时并没有取得如此成绩。究其因，并不是方法不好，而是执行不力。执行不力的原因是多方面的，其中是对主要领导的变通，下不为例，上帝之手干预考核不可小视。像张居正那样，以身作则；反特权、保清廉是每个官员应该坚持的基本原则。如果以上两点在新形势下赋予新的内涵，严格考核业绩，严格奖惩兑现，和官员的晋升紧密联系，国家机器的运转会高效、和谐；能有效控制“认认真真扯皮”的现象，形成“踏踏实实做事”的风气。部门工作效率会更高，官员业绩会更突出，百姓对政府的满意度会更高，百姓的生活会更美好。

有了张居正以身作则、秉公办事的作风，所谓的“深层次矛盾”都能迎刃而解，社会不稳定因素就逐渐减少，投机钻营的官员就会变成过街老鼠。其实，改变现状并不难。难就难在为官者不能都像张居正那样行事。百姓期盼官员秉公办事，人人自律，以身作则。

凝练智慧

2010 年 8 月 3 日

最近，阅读张居正的《权谋残卷》、杨慎的《韬晦术》、来俊臣的《罗织经》

和冯道的《小人经》，感悟颇多。在正统的典籍以外，还有很多为官者的权谋感悟。这些书虽不像《四书五经》受人推崇，但是，对指导人生依然有一定的作用。我们应该本着扬弃的精神，辩证地看待作者的观点，去粗取精，去伪存真，结合现实环境，恰当地应对困难和问题。正心诚意修身，为的是齐家治国平天下的远大理想。在实现理想的过程中，我们会遇到各种复杂问题，了解一些处世秘诀，多一分思索，少一分苦恼。多一点选择，少一丝迷茫。

无论是来俊臣的《罗织经》，还是杨慎的《韬晦术》，都是在深刻理解中华文化的基础上，对自然、社会、人本质的解剖和高度总结，归纳出如何趋利避害？尽管书名好像与传统的伦理道德相左，但它真实地揭示了几千年来人类历史长河中生存和斗争的哲学。对初出茅庐的年轻人不乏借鉴作用。

也许人们会骂来俊臣奸诈、阴险，其实，他能把自己的感悟、经验写下来留给后人，这本身对全社会认识和防范奸诈就是一种贡献。至少，他比道貌岸然的伪君子更坦荡。了解《罗织经》不是为了害人，而是为了防范小人，防患于未然。

在人类社会前进的过程中，君子与小人争斗、公与私博弈，一直是非常残酷的事情，从来就没有"温良恭俭让"。尽管孔孟之道是社会的道德指引，但它似乎理想化了，许多人把它当作掩人耳目的工具，自己却在暗度陈仓。相反，来俊臣的《罗织经》则淋漓尽致地揭开了社会生活的真实画面，揭示了人性中的阴暗面，对我们客观认识社会、理解历史有现实意义。

张居正的《权谋残卷》是一部点石成金的经典，是为官者难得的教材，也是仕途新手的行动指南。智察卷告诫人们："察者智，不察者迷。明察，进可以全国，退可以保身。君子以惕然。察不明，则奸佞生，奸佞生则贤人去，贤人去则国不举；国不举，必殆，殆则危矣。"筹谋卷告诫人们："要顺天应人。君子谋国，小人谋身。谋国者，先忧天下；谋己，先利其身。盖智者所图者远，所谋者深。惟其深远，方能顺天应人。"事上卷言简意明。"事上宜以诚，诚则无隙，故宁忤而不欺。不以小过而损大节，忠也，智也。"避祸卷耐人寻味。"廓然怀天下之心，而宜韬之晦。牙坚而先失，舌柔而后存。柔克刚，而弱胜强。人心有所叵测，知人机者，危矣。故知微者，宜善藏之。"

以智谋事上，方可趋吉避凶；以诚信事上，方可顺天应人。权谋有章可循，时局有机可图。以礼示人，以德服人，攻其心，折其志，不战而屈之。

冯道的《小人经》勾画出小人成长、发迹的轨迹和哲学。正如曾国藩所言："扬君子，而君子命蹇；斥小人，而小人逍遥。"一部《小人经》道尽小人之秘籍、人生之荣枯。它使小人汗颜，令君子惊悚，实乃千年不二之异书。冯道对小人的总结比较客观，值得我们借鉴、防范。圆通是小人的立身之本。善恶有名，智者不拘也。天理有常，明者不弃也。道之靡通，易也无虞也。这是典型的实用主义哲学。智者对于善恶不在意，在意的是个人的利益。惜名者伤其名，惜身者全其身。明理无咎，逐之非罪，过乃人也。这就说明小人的立足点是保全自己。

君子非贵，小人非贱。贵贱莫以名世。君子无得，小人无失，得失无由心也。名者皆虚，利者惑人，人所难拒哉。冯道深刻揭示了贵贱得失之理和名利的本质。从某种意义上讲，小人对事物的认识更深刻，更能抓住机会。小人为了抓住机会而不择手段。由此可见，明枪易躲，暗箭难防。君子易处，小人难防。我们不做小人，但要知道小人哲学。我们不学小人，但要学会识别小人。

感悟《潜夫论》

2010 年 9 月 21 日

东汉王符的《潜夫论》所描述的情景，在 1800 多年后的今天似乎依然可见，所阐释的道理，在今天依然可循。足见王符的见地之深，窥探之细，令人惊讶，让人钦佩。认识社会到如此境界，实乃治国之才。

“国之所以治，明君也；其所以乱者，君暗也。君之所以明，兼听也；其所以暗者，偏信也。”如此精辟的论述，对家国、政府、企业都有重要的借鉴指导作用。企业所以繁荣，领导明智也；其所以乱象横生者，领导昏暗也。领导之所以明智，兼听也；其所以昏暗者，偏信也。个人之所以进步，明智也；其所以失败，昏暗也。个人之所以明智，兼听也；其所以昏暗，偏信也。

一个人能兼听不同意见，就可以避免在决策中失误；反之，偏信个别人的意见，决策会偏离正确方向。然而，在现实生活中，偏信易，兼听难。尤其是身处高位时，兼听困难。随着地位的升迁，自我感觉良好，很难听进去不同意见。相反，对阿谀奉承的话倒是津津乐道，满心欢喜。甚至，对阿谀奉承者信任有加，盲人骑瞎马而不觉，半夜临身地而不知。事业春风得意时容易忘乎所以，个人英雄主义思想膨胀；过高地估计自己的力量，过分地看重自己的贡献，过度地依赖自己的经验，在重大决策中，很难兼听，很容易偏信。这是人性的弱点。我们应该时刻警醒。兼听无害，偏信有祸。

“世之所以不治者，由贤难也。循善则见妒，行贤则见嫉也，而必遇患难者也。虞舜之所以放殛，子胥之所以被诛，上圣大贤犹不能自免于嫉妒，则又况乎中世之人哉？此秀士所以虽有贤才美质，然犹不得直道而行、遂成其志也。”王符以自己的切身感受，道出怀才不遇的原委，总结了贤难的原因。由于对贤才的嫉妒，连舜也只能悲哀地在苍梧驾崩。今天重温这段话，心底豁然。古往今来，贤都难。有志成才者，莫畏难。

治国安邦，牢记使命。夫为国者，以富民为本，以正学为基。民富乃可教，学正乃得义。民贪则背善，学淫则诈伪。入学则不乱，得义则忠孝。故明君之法，务此二者，以为成太平之基，至休徵之祥。足见王符对治学守义之推崇。知识分子的使命感跃然纸上，“为天地立心，为生民立命，为往圣继绝学，为万世开太平。”今天学习，依然有重大的现实意义。治国须务本，本立而道生。走富民道，倡正学风，乃国之大事，不可不察。

治国先治本，治学先治基。固本强基，抑恶扬善。救贫厄者于水火，匡富贵者于迷途。净化心灵，和谐共存。治国家以扶贫弱。兴学风而存德义。扶贫弱以启蒙修身，存德义要正心诚意。启蒙修身需匡正教育，正心诚意要净化师德。救教育于迷途，塑师德于迷茫。路漫漫其修远兮，吾辈需上下而求索。

富民的思考

2012 年 1 月 31 日

全心全意为人民服务是我们党的宗旨。在新形势下，胡锦涛总书记概括为：“权为民所用，利为民所谋，情为民所系。”

由于人民群众日益增长的物质文化需求和落后的社会生产力之间的矛盾仍然是当前社会的主要矛盾，解决人民的温饱问题依然是我们的首要任务，特别是广大农民的安居乐业问题是实现小康社会必须跨越的鸿沟。我们必须花大力气解决富民问题，否则，社会的不和谐现象会层出不穷，社会不稳定问题会此起彼伏。精准扶贫，对症下药。安民以时，授之以渔。

富民问题是历代政治家关注的首要问题。齐桓公问管仲曰：“王者何贵?”曰：“贵天”。恒公仰而视天。管仲曰：“所谓天者，非谓苍苍莽莽之天也。君人者以百姓为天。百姓与之则安，辅之则强，非之则危，背之则亡。”《诗》云：“人而无良，相怨一方。”民怨其上，不遂亡者，未之有也。

河间献王曰：“管子称：‘仓廪实，知礼节；衣食足，知荣辱。’夫谷者，国家所以昌炽，士女所以姣好，礼义所以行，而人心所以安也。《尚书》‘五福’以富为始，子贡问为政，孔子曰：‘富之，既富乃教之也，’此治国之本也。”

重温先贤之言，沉思当今之事，方知富民乃首要任务。中国 13 亿多人口，9 亿多农民。让农民富裕是国家稳定的关键所在。农民富裕的首要任务是提高地方施政能力。努力解决温饱问题、拓展致富渠道、健全基层民主、完善公共设施。

农民问题、农村问题和农业问题是一个系统工程，需要统筹规划，因地制宜。统筹兼顾，量力而行。诸如民工的社会地位和待遇问题、空巢老人问题、留守儿童的教育问题、留守妇女身心健康和家庭稳定问题、民工的生理需求问题等等。

唯有农民工的家庭真正融入城市生活，享受公共社会资源和医疗保险等社会福利，实现做人的起码尊严，解决孩子入学问题，富民问题才能有所突破。

富民问题，国之大事，不可不察。富民之路，国之重任，不可不修。

梦 与 路

2013 年 1 月 8 日

梦想是对未来的憧憬，充满期盼！路是实现梦想的途径。实现梦想的道路坎坷，梦想需要不断修正。当现实提供了实现梦想的条件，又选择了恰当的路径；美梦变成现实，大道通向成功。

人生在逐梦中变得成熟，梦想与现实逐渐靠近。付出得越多，意志越坚强，梦想越有机会实现。想美梦成真，就要坚持不懈，百折不挠。实现梦想的路不会笔直，在实践中不断探索。梦想在不断修正，道路在不断调整。人生在逐梦中若变得消沉，那是因为梦想与现实反差太大，永远无法靠近。此时，需要停下脚步，理清思路。仔细问自己：想要什么？想到哪里？如何实现？需要什么？能否满足？能否坚持？经过反思，能走出山重水复的困境，可领略柳暗花明的盛景。

人生应有梦，矢志不渝，一路前行。要问路在何方，路就在脚下！

用梦想点燃激情，以理智选择路径。磨炼意志品质，累积跬步之功。汇集涓涓细流，融入浩瀚人生。点亮梦想灯塔，劈波斩浪前行。

规 范

2015 年 1 月 9 日

在依法治国不断深化的形势下，做事规范显得尤为重要。古人云：君子爱财，取之有道。讲的就是规范。古往今来，凡是不规范的事情，既经不起时间的推敲，又经不起历史的考验。凡心存侥幸的人，难免为不规范付出代价。任何时候，都不能有侥幸心理。凡事应该钉是钉、铆是铆。唯有此，才不会出纰漏，更不会留隐患。

然而，曾几何时，中国盛行变通。有人能通天，随心所欲，法制被践踏，胡作非为。规范被看成落伍的代名词，谁做事规范，谁就没本事。人们对规范不以为然，甚至有点迷茫、困惑。凡事讲变通，遇事要摆平，视法律如儿戏。这种风气一度蔓延，甚嚣尘上，在人们的思想上留下了阴影，对社会产生了严重的负面影响。有些人热衷于变通，不按规矩办事，买官卖官盛行，权色交易泛滥，文化雾霾深重，憋得喘不过气……

实施依法治国，要增强法治意识，培养法治思维。凡事都要合规合法，不能图方便，更不能走捷径，否则，贻害无穷。坚持规范做事，既是法律的要求，也是平等竞争的基础。做事不规范，没有公平可言，机会难以平等。少数人得益，多数人积怨。久而久之，这种积怨像星星之火，可以燎原……

为官者，以民为本。一定要做事规范，维护公平，秉持公道。唯有此，才可以肃清做事求变通的思潮，才能堵住买官卖官的通道，有望关上权色交易的大门。

规范是依法治国的起码要求，规范是公平竞争的根本保证。恪守纪律，遵守规范。匡正社会风气，重塑道德诚信。路漫漫其修远兮，吾辈需竭尽全力。

自　　助

2015 年 1 月 10 日

塞缪尔·斯迈尔斯的《自助》一书，通过展现普通人经过努力成为各行各业名人，以顽强的毅力战胜千难万险，最终开创卓越人生的鲜活事例，论述了一个人的幸福与成功来自于自我塑造。只有自立自强、坚忍不拔、刻苦勤奋、诚实公正，才能获得幸福与成功。

无论是刚从学校步入社会的精英，还是在职场征战的翘楚，不要为眼下的处境无奈，不必对人生的前途彷徨。有志者，事竟成，破釜沉舟，百二秦关终属楚。苦心人，天不负，卧薪尝胆，三千越甲可吞吴。只要矢志不渝，心无旁骛，一分耕耘，一分收获。成才无捷径，成功无坦途。成功的希望在于坚持，不迷茫；成才的真谛就是坚守，不放弃。

无论是出身贫寒的学子，还是天赋一般的通才，不要为出身自卑，不必因天赋发愁。命运掌握在自己手里，天道酬勤，勤能补拙。事业成功不是贵族的世袭，人生成才不是精英的专利。对工作上心，不朝秦暮楚；做事要用心，不心猿意马；对疑难问题专心，不半途而废。只要你干一行爱一行，就一定能做有所成。平凡中成就伟大，普通中孕育精英。

学校，无论是普通，还是重点，都应该灌输自强自立的思想，培养坚忍不拔的意志，坚守诚实正直的情操。教书育人，学生既要勤奋学习，更要热爱劳动。既追求理想，又面对现实。乐观向上，坚信天生我才必有用；矢志不渝，定能直挂云帆济沧海。

学校培养学生健全的人格，社会倡导自强不息的精神，国家的繁荣富强才有希望，民族才有屹立世界的未来。以自助精神激励的个人坚不可摧，以自助精神武装的民族定能辉煌！

漫谈比较

2015 年 1 月 18 日

人生中的很多痛苦源于比较，和邻居比孩子的学习成绩，越比越自卑；和同事比收入，越比越郁闷；和同学比房子，越比越苦恼……

其实，自卑、郁闷和痛苦不是来自你的客观处境，而是自身的心理预期。学生不可能没有差别，关键是如何看待差别；收入不可能都一样，关键是和谁比；房子也不会相同，关键是你的心理预期。

如何走出比较的阴影，主要取决于自身的心态。常言道，比上不足，比下有余，知足即可。人生不可能不比较，同样的成绩，同样的收入，同样的房子，消极的比较，越比越自卑，越比越郁闷，越比越苦恼。相反，积极的比较，越比越发奋，越比越开心，越比越知足。关键是客观比较，全面衡量。任何事情都有两面性，唯有全面比较，心态才能平和，眼界才能开阔，意志才能坚强。

人生不可能不比较，有比较才能鉴别。通过比较，发现别人的长处，找出自己的不足，扬长补短，既不自卑，也不自负。学有榜样，追有目标。人生有理想，学习有动力。达尔文的进化论告诉我们，优胜劣汰，适者生存。如果不满意自己的现在，应该自我完善，而不是怨天尤人。应该发奋图强，而不是满腹牢骚。应该反思不足，而不是夸夸其谈。

人生如逆水行舟，不进则退。在行进中善于比较，发挥自己的比较优势，创造有利条件，争取有利地位。宝剑锋从磨砺出，梅花香自苦寒来。没有艰辛的付出，不会有骄人的成绩。没有卧薪尝胆的意志，不会有救国复仇的成就。没有虚怀若谷的境界，不会有令人敬仰的品德。

人生应该在比较中前进，不断完善自己，不断弥补不足。知耻而后勇，可以痛改前非，重新做人，浪子回头金不换。知不足而后精进。潜心修炼，彻悟人生，慈悲为怀，智慧为本。忘记人间烦恼，乐在普度众生。

梦想　理想　思想

2015 年 3 月 8 日

人之年少，梦想五彩缤纷。上九天揽月，下五洋捉鳖。穿越时空，对话古人。坐火箭飞行，乘飞船遨游。

人之年少，梦想源于幻想，幻想诱发理想，理想点燃激情，激情追逐梦想。人之年少，想象驾驭理想。志向变幻，与时齐飞。

人之年壮，梦想聚焦理想。志向趋于明朗，意志日渐坚强。做事不甘人后，做人想成栋梁。目标远大，登高望远览胜景，腾云驾雾瞰长江。精神昂扬，只争朝夕追日月，脚踏实地定乾坤。勇于担当，赴烫刀火不怕苦，以身作则铸刚强。积跬步以至千里，聚细流以成江海。理想引领行动，道路通向辉煌。

年至不惑，盘点梦想。记忆中烂漫，令人向往。解剖理想，现实中开花，果实异样。五十知天命，积淀思想。梦想引发好奇，理想明确方向。正心诚意修身，引领成长方向。致知格物钻研，积淀智慧营养。百折不挠奋进，心平气静思量。天时地利人和，事业成功秘方。单打独斗无助，怀才不遇无望。忍辱负重前行，人生才有希望。知行合一，自强不息。敬天畏人，低调行事。高标做人，包容忍让。

人生成败，因果为纲。理想驾驭梦想，思想调节理想。顺应天道，矢志成长。逆境锤炼，发奋图强。成功无捷径，人生莫彷徨！

鉴史知今

2015年3月16日

宋宗元（清）《巾经纂》（又名正经）以大量的典籍故事阐述了君臣之间的微妙关系，治国理政的复杂环境。掩卷沉思，君子知事识人难，臣子尽忠做人难。历史有惊人的相似之处，现实有经验可借鉴；仔细阅读历史，有助于解剖现实。仔细领悟前朝成败，方可防患于未然。监史知今，幡然顿悟。

君子，非一腔热情能招揽贤才，辨忠奸非一事之易，需经纷繁之事考验。君子，非一事英明就稳坐江山，守天下非一时之功，要聚人心以固江山。治国难，君孤单。君子纵览天下，若一时不明，会酿成大患。君子运筹帷幄，若一事不慎，必铸成大错。君子一言九鼎，如一语不慎，将痛失人心。君临天下，爱民如子。君民同心，无所不成。

臣子，非一片忠心能报效国家，识时务不易，辨忠奸更难。臣子，非一世愚忠能保证平安，小人会作乱，君子常误判。辅佐君不易，臣子路艰难。坚守六正之道，谨防六邪之诱。正己立身，淡泊宁静。随遇而安，远离权禁。

国家兴亡，匹夫有责。举荐德才并重，慎之又慎。才高者，易掩其德之不足，德高者，常遮其才之不显。识才需考验，危难德行现。口若悬河者，未必有真才。木讷厚重者，或堪当大任。阿谀奉迎者，难以同心同德。直言谏君者，常怀忠诚之心。识人难，用人更难。非常理之举动，非忠也，慎信。非常人之言行，非义也，慎思。唯秉公荐贤，外举不避仇，内举不必亲，方可群贤毕至。

全面建设小康社会，任重道远。非务实以民为本，不足以凝聚民心。全面深化改革，内外艰险。非稳定安居乐业，不足以决胜千里。全面依法治国，藩篱交错。非秉公一视同仁，不足以弘扬正气。全面从严治党，障碍纵横。非铁腕整肃吏治，不足以抵御外患。

振兴中华，凝结全民族智慧。抵御外患，积聚全民族力量。提高国民素质，重在匡正道德，重塑诚信。勿觊觎权贵，勿贪婪财色。提高军队战斗力，重在重塑灵魂，不辱使命。勿花天酒地，歌舞升平。建设小康，安居乐业；弘扬正气，抵御外患；国之大事，不可不察。居安思危，临危不乱。勿结党营私，勿谣言惑众。明理知恩，不能“曲突徙薪无恩泽，焦头烂额为上客”。

付出与回报

2015 年 3 月 29 日

人们纠结的事情很多，但最耿耿于怀的是付出多、回报少，心里不平衡。对付出点滴在意，惜力如金。盼回报斤斤计较，挖空心思。若付出没有回报，轻则嘀咕不停，重则怨声不断。相反，若能放下，心中装着别人，但行好事，莫问前程。大肚能容容天下难容之事，笑口常开笑天下可笑之人。

我们虽不是佛，只要不患得患失，付出就不会带来苦恼。做事不功利，就不会斤斤计较。精明人算计，总想少付出多回报，做事总是投机取巧。其实，人在做，天在看。人有小九九，天有大算盘。越奸越猾越贫穷，奸猾原来天不容。难怪有吃亏是福、难得糊涂的警句告诫后人。

天人合一，和谐共处。该奉献时不吝财，该付出时不惜力。大自然有因果关系，积善之家必有余庆，积恶之家必有余殃。善恶到头终有报，只争来早与来迟。君不見，曾得意几时的风云人物，如今因作恶多端而身陷囹圄。做人不能斤斤计较，能忍则忍，心发慈悲。做事不能自私自利，能让则让，普度众生。以自己的付出带给他人欢乐，以自己的忍让营造和谐氛围。

学禅领悟，心净空宁。心中有别人，做事会权衡。念及人间苦，善发慈悲心。抑私欲，尊众生。勿显贵，踏实行。修炼淡泊意，平抑名利心。不想团团转，剪断纠结绳。放下仰天看，钱财似流云。合十度众生，慈悲胜黄金。平生多付出，心中无愧生。闲时爱计较，苦恼不离身。善恶终会报，成败皆有因。善积跬步路，能至千里行。莫言运不济，做事须用心。凡事不上心，别盼掉馅饼。机会擦肩过，只剩黄粱梦。只要肯做牛，肯定有田耕。莫羡别人运，哪晓基本功。做事想在前，运筹事从容。决胜千里外，周密胜众人。不惜付出苦，回报天注定。

因果效应

2015年6月1日

今天是六一国际儿童节，脑海里浮现出一则关于两个少年的故事。“一百多年前的某天下午，在英国一个乡村的田野里，一位贫困的农民正在劳作。忽然，他听到远处传来了呼救的声音，原来，一个少年不慎落水了。农民不假思索，奋不顾身地跳入水中救人。孩子得救了。后来，大家才知道，这个获救的孩子是一个贵族。几天后，老贵族亲自带着礼物登门感谢，农民却拒绝了这份厚礼。在他看来，当时救人只是出于自己的良知，自己并不能因为对方出身高贵就贪恋别人的财物。老贵族因为敬佩农民的善良和高尚，感念他的恩德，于是，决定资助农民的儿子到伦敦去接受高等教育。农民接受了这份馈赠，能让自己的孩子受到良好教育是他多年来的梦想。多年后，农民的儿子从伦敦圣玛利亚医学院毕业了，他品学兼优，后来被英国皇家授勋封爵，并获得1945年的诺贝尔医学奖。他就是亚历山大·弗莱明，青霉素的发明人。那名贵族公子在二次世界大战期间患上了严重的肺炎，但幸运的是依靠青霉素，他很快就痊愈了。这名贵族公子就是英国首相丘吉尔。农民与贵族，都在别人需要帮助的时候伸出了援手，却为他们自己的后代甚至国家播下了善种。”

这则故事告诉我们“善有善报”的因果效应。个人如此，国家亦然。在二次世界大战期间，中国向犹太人发放“生命签证”，结出中国和以色列科技合作的硕果。与人为善，与邻为伴。这是世界各民族和平共处的基石。

前事不忘，后事之师。施善因，结善果；发慈悲，度众生。人之初，育善性；习礼仪，守人伦。莫娇惯，修品行；积功德，荫后人。

家长望子成龙，不忘因果效应。培养儿童诚实做人，修炼正直淡泊品行，抑恶扬善，定能不辱使命；成功无秘诀，成才无捷径。唯有“为天地立心、为生民立命”，才能“为往圣继绝学、为万世开太平”。种瓜得瓜，种豆得豆。做善事，存善心，莫盼天上掉馅饼。肯吃亏，能让人，苦尽甘来事竟成。敢担当，莫怕穷，自食其力心自宁。虽卑微，志不穷，踏平坎坷上天庭。善因累积结善果，总有白屋出公卿。

儿童是祖国的花朵，儿童的成长决定了国家的未来。儿童热爱生活，铭记因果效应。唯有播下勤劳的种子、洒下辛勤的汗水，才能结出自食其力的果实、创造美好的明天。儿童健康成长，遵循因果效应。唯有播下自强不息的种子，锤炼百折不挠的意志，才能领略会当凌绝顶的风采。唯有心存善念，路才会越走越宽。唯有心存感恩，事才会越办越顺。家贫莫泄气，行善下苦功；金榜题名日，处处有春风。家富莫骄奢，奢侈败家风；运去亲疏远，故友似路人。

天真儿童，铭记因果效应。洁净心灵，不忘传承孝心。百善孝为先，做人诚为本。若要真尽孝，学业勤耕耘。致知格物敬业，正心诚意修身。莫道读书苦，成长无捷径。修炼愈辛苦，品行愈清纯。欲求人生乐，播撒快乐种。书山有路勤为径，学海无涯苦作舟。攻书莫畏难，事业肯登攀。播善种，扎善根。洒汗水，勤耕耘。结善果，为世人。

为爱坚守

2015 年 6 月 14 日

今晚央视一套“为缘寻找、为爱坚守”节目，始终被淹没在撕肝裂肺的哭声中，主持人、嘉宾在不停地揩拭眼泪。这哭声的背后有思念亲人的压抑、难以言状的委屈和百思不解的无奈……

第一位寻亲嘉宾是一个四岁女孩，寻找离家出走两年的爸爸。其实她的妈妈早于爸爸也离家出走。她和患有严重脑血栓的爷爷一起生活，她负责洗衣、切菜、做饭……她坐在爷爷怀中重复说一句话：“爸爸你回家看看我。”她忧郁的眼神中浸染着无奈、渴望，站在小板凳上，她稚嫩的小手一板一眼地切菜、炒菜，仿佛是个小大人。其实，她父亲离家出走时也刚 20 岁。因父亲患脑血栓，家庭失去劳动力，辍学外出打工，过早地当了父亲，承受不了生活的压力和家庭的争吵，选择了逃避……

四岁孩子对父爱的渴望，感动了节目组，感化了逃避困难的父亲，一家人终于见面了，孩子木讷地看着父亲，终于怯生生地叫了一声爸爸。没有眼泪，没有哭声，稚嫩的脸上布满忧伤，似乎在做梦，依然有点彷徨，仿佛看到孩子的心头在滴血……儿子和残疾的父亲拥抱在一起，哭声撕肝裂肺……

第二位寻亲嘉宾是二十多岁的妹妹寻找走失的智障哥哥。和她一起到寻亲现场的还有弟弟、弟妹和父母亲，一家人一上场就哭成一团。智障哥哥 29 岁，此前，从未离开过家，也从未走失。智障哥哥思念在北京打工的弟弟、弟妹，独自一人搭上一辆公共汽车走失了……

在节目组和民政部门的配合下，节目组在邯郸救助站找到了走失的哥哥。一家人见面，抱在一起痛苦，此时的哭声百感交集，一家人向大家鞠躬致谢。

第三位寻亲者是姐姐寻找 24 年前母亲外出丢失的妹妹。母亲一人独自回家，说把妹妹丢了，全家人对母亲怨恨有加。这位文盲母亲承受了 24 年的压抑、痛苦，在节目现场道出 24 年来的难言之隐，得到了四个女儿和丈夫的谅解。24 年前，文盲母亲带着女儿赶集，因吃了放了药的面失去知觉母女被拐卖到四川。在四川，她带着孩子几次夜里出逃，几次被追回。最后，她一人深夜独自逃跑。原本想逃回家后和爱人一起再去找女儿，无奈夜间逃跑，没记住路。营救女儿的愿望落空了，无颜启齿说明原因，被家人误解、埋怨了24年，自己忍气吞声24年。这是煎熬的24年，揪心的24年，精神濒临崩溃的24年……

妹妹终于找到了，DNA亲子鉴定99.99%的吻合程度。亲人见面，哭成一团。母亲埋在心底24年的自责和委屈伴随哭声而去，一家人团圆了，亲人的埋怨也烟消云散了……

第四位寻亲嘉宾是姐姐寻找弟弟。弟弟是退伍军人，四年前带着家人东借西凑的10万元，说是找工作，一去不返，杳无音讯。姐姐和母亲整日以泪洗面，父亲干活神情恍惚，左手被锯割伤，神经坏死，终身残疾，失去了生活的信心……

弟弟终于出现了。四年前谋求创业被骗，流浪街头。现在靠卖快餐度日，生活艰难。曾经几次想回家看父母，一想到父母的血汗钱被骗，身无分文，无颜见家人。几次中途折返，心理受尽煎熬……家人终于团圆了，父母没有一点儿埋怨。“只要人在，钱可以再挣”。母亲的话语，道出了心声；父亲的泪水，流淌着亲情……

撕肝裂肺的哭声，浸透了亲情。以泪洗面的寻找，洒遍了亲情。亲情牵挂，刻骨铭心。踏破天涯路，执意寻亲人。亲情无贵贱，血缘系心灵。智障不嫌弃，呵护更用心。亲情无长幼，思念刻骨铭。可怜天下父母心，无比珍贵手足情。珍惜现在，呵护亲情。多一点宽容，少一点哭声。珍视平安，享受天伦。贫穷能改变，只要有亲情。亲人团聚，胜过黄金。为爱坚守，暇满人生。

端　午

2015年6月20日

端午祭屈原，见面问安康。汨罗江边聚，龙舟竞技忙。劈波斩浪行，心头有忧伤。先贤忧国事，无处话衷肠。理想破灭时，死谏身投江。

光阴荏苒过，世事变迁忙。朝代更迭易，百姓仍彷徨。不图鸿运至，只求家安康。古今多少事，遇风泛凄凉。百姓忧无食，仓鼠有余粮。社稷遭掏空，老虎盗运忙。屈原若转世，无奈会投江。

端午忆屈原，刚直遭人谤。不能同日语，隐忍身沉江。以死谏天地，苍生泪洒江。年复一年至，粽米仍沉江。哀思随粽游，鱼伴屈原翔。思贤憎昏君，洒泪祭忠良。正人先正己，做事守纲常。立国顺民意，容谏保忠良。远离小人谗，治国细考量。忠贞报国家，遇事敢担当。卫国抛头颅，热血洒疆场。御敌无所惧，民族真栋梁。

端午思未来，任重路漫长。留守儿童事，父母有忧伤。安居乐业日，期盼奔小康。弘扬先贤志，铭记列强狂。卧薪尝胆雪耻日，韬光养晦创辉煌。两岸同胞团圆日，世代夙愿路漫长。

重读《说苑》

2015 年 6 月 24 日

三年后，再次重读《说苑》，依旧爱不释卷。每当捧起《说苑》时，就不想放下；每当打开《说苑》时，眼前就一亮；每当合上《说苑》掩卷沉思时，就感慨万千……

这次暂且浏览了前十卷，仅从每卷的题目看，就让你爱不释卷。这十卷的题目分别是君道、臣术、建本、立节、贵德、复恩、政理、尊贤、正谏、敬慎。

君道为纲，治国安民。国君要有爱民思想，重教化轻刑罚；要知人善任，选贤任能；要加强品德修养，谨言慎行；要独立决断，远离奸佞；要敬天畏人，注重内省；要居安思危，天下为公。

臣术阐明为臣要“益于国”、“补于君”；为臣要有胸怀，要进贤、让贤；为臣不可张扬、骄傲；为臣要勤俭朴素、为人低调；为臣要守“六正”、避“六邪”。

建本就是树立根本。“君子务本，本立而道生。”首先，要慎。其次，要尽孝。第三，勤学好问。第四，以民为本。“民怨其上，不遂亡者，未之有也。”第五，丰衣足食。“仓廪实，知礼节，衣食足，知荣辱。”

立节就是做人有气节。在危急关头能够忠于国家、忠于人民、忠于国君，能够维护自己的人格尊严，坚持真理和正义。

贵德强调的是政治道德。核心是爱民，要有悲天悯人的情怀。“圣人之于天下百姓也，其犹赤子乎！”要解决百姓的衣食困难，爱民不求回报，与民同乐，不乱杀无辜。

复恩主要针对君臣、主仆之间的关系而言，从治国安邦的政治高度探讨复恩的社会作用。“夫臣不复君之恩，而苟营其私门，祸之源也；君不能报臣之功，而惮刑赏者，亦乱之基也。夫祸乱之源、基，由不报恩生矣。”

政理阐述治国的道理。核心是仁政，是教化。君子之德如风，小人之德如草，“草上之风，必偃。”治国要关心民生问题。“利之而勿害，成之勿败，生之勿杀，与之勿夺，乐之勿苦，喜之勿怒，此治国之道。使民之义也，爱之而已矣。”治国要提高自身修养，执政要防“社鼠”，防奸臣当道。

尊贤，顾名思义，就是尊重贤士。贤士是国家栋梁，不可一日无。贤士乃鸿鹄之羽翼、游江海之船。国君要慧眼识人才，贤士可弥补国君之不足，选贤重忠厚、诚信、仁慈。尊贤赏罚严明，以凝心聚力。

正谏就是正言直谏。进谏是臣子的职责，是忠诚于国家、君主的体现。良药苦口利于病，忠言逆耳利于行。

敬慎就是待人恭敬，做事谨慎。“存亡祸福，要在其身。”士不可骄，高而能下，满而能虚，富而能俭，贵而能卑，智而能愚，勇而能怯，辩而能讷，博而能浅，明而能闇。“怨生于不报，祸生于多福。”

两千多年前，刘向提出自己治国理政的系统主张，意在扭转外戚和宦官干政的危局，匡扶汉室，可谓用心良苦。今天读来，仍然有很多值得借鉴的内容，特别是在开展“三严三实”的学习活动中，对我们净化心灵、心存敬畏、认真履职有重要的现实意义，对于弘扬传统文化有重要的历史意义。

君道为纲，示范人民。上行下效，气正风清。严以修身，志在贤臣。贵视其所举，富视其所与。严以用权，理政为民。水浊则鱼困，令苛则乱民。严以律己，牢记建本。木受绳则直，人受谏则圣。谋事要实，尊贤敬慎。存亡福祸，其要在身。创业要实，赏罚严明。视民如伤，创业为民。做人要实，立节忠信。以身作则，贵德爱民。

严以修身是毕生的事情。严以修身，谋事要实。应该做到守“六正”，卑贱身体，夙兴夜寐，进贤不解，以安国家社稷宗庙。昭然独见存亡之机，得失之要，预禁乎不然之前，防患于未然。避“六邪”，勿安官贪禄，营于私家，不务公事，怀其智，藏其能，不肯尽节，左右观望；勿人云亦云，投其所好，隐而求其进；勿巧言令色，嫉贤妒能，妄行过任，赏罚不当；勿文过饰非，离间乱世；勿专权擅势，结党营私；勿谗言以邪，朋党比周，以蔽主明。

严以用权是职业操守的起码要求。严以用权，创业要实。用权贵在守法，创业贵在务实。敬天畏人，如履薄冰。以身作则，不徇私情。实事求是，恪守公平。维护权益，据理力争。用权重在建本，创业重在回报。勤学好问，贴近基层。科学决策，制度严谨。防范风险，制度先行。落实责任，有效执行。用权严在履职，创业严在执行。创业以民为本，安民富民。顾全大局，对国忠诚。尊贤聚力，敬慎为民。

严以律己是敬慎履职的必然要求。严以律己，做人要实。忠于职守，为国为民。脚踏实地，正谏笃行。礼义廉耻，刻骨铭心。立节守义，净化灵魂。居安思危，勤俭谦恭。恪守诚信，一视同仁。戒骄戒躁，谨言慎行。团结进取，敬业忠诚。拜读《说苑》，正心诚意修身。领悟精髓，致知格物精进。

丢掉幻想

2015年7月10日

在纪念抗日战争及反法西斯战争胜利七十周年之际，我阅读了王冷斋《卢沟桥抗战纪事诗四十首》，重温了2014年甲午战争120周年的有关文章，心情颇为沉重，脑海浮现出四个字：丢掉幻想。

“长虹万丈跨卢沟，胜地流传七百秋。桥上睡狮今渐醒，似知匕首已临头。”王冷斋的诗道出“人在家中坐，祸从天上来”的无奈与愤慨。进城寻找“失踪”士兵是铁蹄践踏大好河山的唯一借口，谁也不会相信。“安内必攘外”的幻想被严酷的现实砸得粉碎，“大东亚共荣”的幌子实际是日本军国主义的招魂幡。

1894年的中日甲午战争，以签订《马关条约》的耻辱激起国人的愤怒，和日本睦邻友好的幻想破灭了，换来的是割地赔款，丧权辱国。2014年在纪念中日甲午战争120周年时，国内各界举行研讨会，研究甲午战争失败的原因。军界认为是军事失败，因为陆军和海军不和，为军费拨付不公阋墙，在国难面前陆军看海军笑话。文化界认为是文化失败，鸦片战争中国败给英国。经济学家说是经济失败，政治理论工作者说是政治失败，法学家总结为制度失败。我们败在腐朽没落封建的专制制度。每一种分析都有一定道理，每一种失败的原因都值得反思。

在纪念抗日战争胜利七十周年之际，回顾七十年来中日关系的改善，并非我们的仁义、厚道，而是国力的增强。2012年日本国有化钓鱼岛，我们难以实现中日“世代友好”的善良愿望。

我们不能忘记1985年，在中国还不富裕的条件下，让3000日本青年免费在中国参观访问，换来的是今天日本解禁集体自卫权，否定南京大屠杀，否定侵略……

这就是善良换来的友好，仁义得到的回报。血的教训未雪耻，泪的印痕依犹存！

痛定思痛，友好是彼此的默契，不是一厢情愿的忍让。国安是综合实力的增强，不是对邻国的一再忍让。国盛是国民意志的凝聚，不是对侵略者宽容体谅。历史的耻辱难忘，毛主席的教导耳边回响：“人不犯我，我不犯人；人若犯我，我必犯人。”

凝聚国民意志，反思不足，取人之长。脚踏实地做事，精进务实，实现梦想。唯有国力增强，方可有效抵御列强。只要全民团结，才能不怕霸主猖狂。东方睡狮，见证了曾经的耻辱，凝聚了雪耻的力量。弱国无外交，落后必挨打。铭记耻辱，丢掉幻想！坚持原则立场，不再屈辱忍让。卧薪尝胆，自立自强。

到　　位

2015 年 7 月 26 日

今天早晨，和爱人一起参加社区中老年瑜伽练习，我跟着做一些简单动作。看似简单，我很认真，也很努力，但每个动作都不到位。直立弯腰胸贴大腿脸贴小腿，老师和学员的动作都很标准、很到位，而我的胸离大腿很远，脸更是远离小腿。因为腰弯得不够深，头不够低。个别动作，我勉强能做到位，但无法坚持五个自然呼吸，整个动作不完整，还是不到位。尽管我流得汗最多，整个垫子都湿了，但没有一个动作是标准到位的。

看着老师和学员表演瑜伽的视频，羡慕她们的优美造型，对“到位”二字有了更深的理解。台上三分钟，台下十年功。贵有恒，何必三更起五更睡，最无益，就怕一日曝十日寒。

由练习瑜伽想到工作做到位也不容易。一是要遵循工作原则，不缺位，不偷懒。二是掌握工作要令，抓住重点，把握关键，有序推进，不出纰漏。三是磨炼工作技能，提高工作效率，以身作则，率先垂范。四是端正工作态度，以感恩的心态对待工作，珍惜来之不易得机会，任劳任怨，精益求精。然而，生活有坎坷，情绪易波动，工作难做到位。主要表现为以下情形，一是从众型，大家都马虎，我何必认真。二是侥幸型，别人靠吹平步青云，我何必犯傻苦行僧。三是懒惰型，得过且过，混日子，碰运气。四是牢骚型，总觉得自己背运，怀才不遇，心猿意马。凡此种种，不胜枚举。

现实是严峻的，工作不到位，业绩难超群。与其羡慕别人晋升，不如日常工作用功。临渊羡鱼，不如退而结网。工作不顺心，多自我反省，履职是否到位？能力是否胜任？决策是否正确？解决问题是否尽力？与其刁难别人，不如主动合作。敬人者，人恒敬之。想得到别人提携，多雪中送碳，少挖路断桥。与其埋怨别人，不如完善自己。三人同行有吾师，择其善者而从之。吾日三省吾身，工作是否到位？配合别人是否缺位？做事是否错位？

社会在发展，个人需求在增长。生活能否如愿，关键是做人能否到位。种瓜得瓜，种豆得豆。要想生活幸福美满，正心诚意修身要到位。要想工作如鱼得水，任劳任怨工作要到位。要想受人尊重，关心弱势群体要到位。要想少一点不和谐，彼此的理解要到位。

国虽大，忘战必危。国家要富强，御敌的意志要到位，御敌的能力要到位，御敌的手段要到位。要想国泰民安，你我工作要到位。学会弯腰低头，持之以恒。公民做事到位，国家之大事，兴衰之道，存亡之要，不可不察。

道 德 公 民

2015 年 8 月 3 日

最近，央视播放了全国各地的道德楷模事迹，非常感人。不由得让我想起自己身边无数的普通人，在平凡的岗位默默无闻地奉献，任劳任怨地服务。他们虽不能进入道德模范的行列，但是，在我的心里已深深扎根。随着时间的推移，偶然间脑海会浮现出他们的形象，我把他们称为道德公民。

1998 年至 2008 年我居住在万寿路西街九号院。十年来，楼下便民市场为我们提供了生活上的方便，市场的摊主换了很多，市场的格局也经常调整，但是，有三个摊主的形象深深地印在我的脑海里。他们是卖烧饼的山西四兄弟、卖豆浆和豆腐的夫妻俩和卖牛羊肉的夫妻俩。

每天清晨，邻居们都到便民市场买早点，山西四兄弟的摊位前总是排着长队在等刚出锅的烧饼，虽说，对面也有一个山西面食摊位，也有烧饼，可是门可罗雀。人们觉得这四兄弟做的烧饼口味好，量也足。不因市场有变化而马上涨价，或者立即减量。有一次，我问小伙子，最近粮食涨价了，别的烧饼都涨钱了，你怎么没涨价？他说，以前进的粮食没卖完，再进了新粮食再调价。朴实的话语，真诚的商业价值。也许这正是他们生意红火的主要因素，推己及人。

在便民市场的豆腐坊，是一对江苏小夫妻在经营。每天清早四点多就开始做准备，清洗操作间，泡豆子，调整豆浆机，小两口娴熟地干着，工作有条不紊。早上六点，第一锅热豆浆已经烧好了，同时，也在加工着豆腐。我基本是最早去排队买豆浆的，时间长了，有时和小伙子闲聊几句。买一套豆浆机 35000 元，属于加盟经营。交 35000 元钱，对方负责在你选择的地方安装设备，并辅导操作，直至你会操作正常经营。他告诉我，再过一段时间，攒够钱，他会开第二家豆腐坊。憨憨的小伙子，清秀的小姑娘，俩人靠自己的双手编织自己的美好生活，享受着现在，憧憬着未来，苦中有乐。这就是人生，自食其力，其乐无穷。

在便民市场卖牛羊肉的一对中年夫妇，家住大兴。丈夫是当地农民，妻子曾经是白兰洗衣机厂的工人。我刚开始到这里买牛羊肉时，他们还是每天一清早蹬着三轮车进货，丈夫蹬车，妻子坐在车上押货。每天风雨无阻，很辛苦。过了两年，小伙子换了台金杯面包车进货。生活、经营条件的变化说明生意挣钱了，条件才得以改善。这种改善靠的是双手，靠的是起早贪黑的进货、出货，靠的是笑脸相迎，热情服务。

在北京买牛羊肉的人不多，是相对的固定人群。他们的摊位前有时人少，就和摊主闲聊几句，丈夫憨厚老实，话语不多，妻子温柔贤惠，典型的农村女子。时间长了，都认识了。有一次，我弟去买牛肉，摊主说，你哥买完肉刚走。他们的服务实在，货真价实。我们哥俩现在谈起来，还会赞扬他们的敬业精神。

2008 年我们搬离了万寿路西街，此后，再也没有进过西街的便民市场。但是，还是偶然间会浮现出这几个摊主的面容，想起他们当时服务的情景。市场交易，交易的是货物，彼此留下的是诚信。因为有诚信，就有了回头客。

虽然离开万寿路八年了，我们一家三口茶余饭后，不免谈到万寿路的便民市场，不约而同地就会谈到这三户摊主。人卖的虽然是商品，但在客户心理留下的是人品。以物易物彼此得到的是使用价值，但留在彼此心底的是对方的人品价值。商品是一个载体，传递着业主的道德价值，影响着社会关系。我们每个人都应该成为道德公民，通过我们的工作或者服务，传递社会主义核心价值观，为构建和谐社会融入我们的力量。愿我们都能成为道德公民，社会就会多一点和谐，多一点温馨。

国殇难忘

2015 年 9 月 3 日

国殇难忘屈辱深，
南京血泊浸幼婴。
宛平城门为何开？
国弱家贫无安宁！
割地赔款狼入室，
获胜弃偿世人惊！
兄弟阋墙钓岛失。
隔岸分治南海争。

告慰英灵——缅怀毛主席逝世三十九周年

2015 年 9 月 9 日

领袖西行天地悲，
神州大地曾徘徊。
追逐利益贪腐盛，
舞弊营私不义财。

治国安邦除佞臣，
改革吏制动高台。
民心所向拔歪树，
气正风清荡垢霾。

倭寇猖狂占钓岛，
诸强觊觎争南海。
总结抗战七十载，
唤醒国人奋进才。
浩荡东风显神威，
航母击浪出东海。
蛟龙戏水识圈套，
北斗升空辩雾霾。

童蒙志

2015 年 9 月 13 日

童蒙训古重传承，
鹤发修行不可轻。
礼易诗书随日月，
中庸大学伴黎明。
离骚浸透忧国意，
史记追寻爱民情。
刻满民生凋敝根，
闻思敬业揽乾坤

岁月钩沉

2015 年 9 月 21 日

昨天，翻看 1999 年在秘鲁铁矿的日记本，扉页上有两段话：其一是“圣人法天，贤人法地，智者师古。故人主深晓上略，则能任贤擒敌；深晓中略，则能御将统众；深晓下略，则能明盛衰之源，审治国之记。(《三略》)”其二是：“聪明秀出谓之英，胆力过人谓之雄。故英可以为相，雄可以为将。夫英雄者，胸有大志，腹有良谋，有包藏宇宙之机，吞吐天地之志也。”

看着泛黄的字迹，回想当时摘录这两段话的心境，感慨颇多。当时秘鲁铁矿处于极度困难之中，危如累卵，朝不保夕。透过这些精辟的语言，从岁月中钩沉，捕捉先贤的智慧，足见求贤若渴之心。拯救一个危困企业，既要脚踏实地工作，更需深思熟虑的智慧。这也许是摘抄这些话的真实想法，用先贤的智慧勉励自己。居危思变，临危不乱。

古人重谋略，群贤论英雄。操曰："夫英雄者，胸有大志，腹有良谋，有包藏宇宙之机，吞吐天地之志也。"玄德曰："谁能当之?"操以手指玄，操曰："今天下英雄，唯使君与操耳！……"曹操一席话，刘备三分惊，手里的筷子掉下。正是："勉从虎穴暂栖身，说破英雄惊煞人。巧借闻雷来掩饰，随机应变信如神。"

浏览过去的日记，重温流逝的时光。唤醒沉睡的往事，潜意识记忆深藏。穿越艰难的行程，触摸曾经的迷茫。重温先贤的智慧，战胜困难的力量。

在经济下行压力增大、市场持续疲软的新常态下，重温这两段话，眼前一亮。仿佛看到了前进的方向。当我们迷茫时，向岁月钩沉，垂钓智慧的宝藏。曾经的经历唤醒激情，眼前的困难何须彷徨！只要精神不滑坡，办法总比困难多。天生我材必有用，直挂云帆济沧海。

浩瀚典籍，智慧海洋。夫主将之法，务揽英雄之心。治国安家，得人也，亡国破家，失人也，含气之类，咸愿得其志。相信群众，依靠群众，赏禄有功，通志于众。这是我们的根本法宝，也是走出低迷困扰的必由之路。群众，只有群众，才是真正的英雄。透过《三略》，追寻智慧人生。穿越《史记》，发掘济世真经。熟读《四书》，正心诚意修身。研习《五经》，致知格物精进。手捧《挺经》，忍辱负重，打掉牙和血吞。夜读《素书》，对话先贤，智慧滋养人生。垂钓岁月，探寻智慧，扶危济困，为国为民。

事在人为

2015 年 9 月 24 日

在以往的记忆中，好多该办成的事情被办砸了，究其因，用人不当。有些有难度的事情办成了，取其经，用人得当。当我们在讨论某个方案是否可行时，我心中总是隐隐觉得事在人为，不是方案的问题，是方案需要什么样的人。想做什么事情，首先考虑是否有合适的人选，而不是想做什么。做事是有条件的，不能感情用事。不是人有多大胆，地就有多大产。否则，往往事倍功半，甚至功亏一篑。过去的教训告诫我们事在人为。

从古到今，人们对事在人为有诸多论述。《群书治要·孙卿子》中提出：

“故法不能独立，得其人则存，失其人则亡。法者，治之端也；君子者，治之源也。故有君子，则法虽省，足以遍矣；无君子，则法虽具，足以乱矣。故明主急得其人，而暗主急得其势。急得其人，则身逸而国治，功大而名美；急得其势，则身劳而国乱，功废而名辱。”毛主席曾提出：“政治路线确定之后，干部就是决定的因素。”

在推进依法治国的今天，深深体会到学习“三严三实”的重要意义。不是我们想不想依法治国，而是有没有人去依法治国。没有一支过硬的干部队伍，法律虽多，形同虚设，法律无法保护弱势群体的合法权益，社会矛盾会日益严重。正如《礼记·中庸》记载孔子所言：“其人存，则其政举，其人亡，则其政息”。

干部队伍是依法治国的关键，是全面建设小康社会的根本保证。历史赞誉清明的官吏，现实呼唤廉能的干部。唯有干部秉公执法、体恤民情，政策才能落到实处。唯有干部敬业忠诚，才能“权为民所用、利为民所谋、情为民所系”。唯有干部有真才实干，才能认真履职，造福当地百姓。干部的品行、能力决定了当地的政治生态和社情民意。因此，选拔、造就一支“清正、清廉、清明”的干部队伍是“三严三实”教育的重要任务。

德才兼备的干部不是凭空产生的，必须靠有效的机制选拔。德才皆备的干部不变质，必须靠有效的激励约束机制保证。“三严三实”不打折扣，必须和实际工作有机结合。动机和效果的有机统一，仍是事在人为。事在人为，铭记心间。知人任事，成败之要，不可不察。

潜 力 无 限

2015 年 10 月 4 日

今晚中央一台播出《挑战不可能》。挑战者有 32 岁女茶艺师挑战 SUV 特技表演，13 岁少年挑战生物钟计时，89 岁老人挑战骑摩托车穿越 20 道火门通道，盲人女青年挑战用回声波判定物体性质。

挑战者的技艺精湛，表演娴熟，让观众一饱眼福。表演者的毅力惊人，激情无限，对实现梦想充满自信，在我的脑海里留下深刻印象。

最让我刻骨铭心的挑战者是盲人青年陈燕。她凭声波回声判断周围物体。她现场的挑战对象是在 28 个指定位置上有模特道具，有少年儿童。她被蒙上双眼，用吹口哨等发声方式接收前方物体的回声，以判定真假。

这样的挑战在常人看来就够难了，几乎不可能。可是现场三位评委临时“违规”增加挑战难度，两位评委周华健、李昌钰自己站在指定位置，取代道具和儿童。在最后关头，主持人撒贝宁自己站在道具后面，企图真假难辨，把衣服披在道具身上，试图以假乱真。

尽管评委挖空心思，百般设陷，陈燕无奈时使出看家本领，辅之以拍手、吹口哨，终于百分之百挑战成功。一一分辨出并排真、前后真、前假后真、假，更是分辨出非道具非儿童的“违规”大人和来回乱动的节目主持人。

陈燕在现场的表演折服了有福尔摩斯之称的刑侦专家李昌钰评委。陈燕说话声音平和、神情淡定，似乎是轻而易举。

谁曾想到陈燕背后有鲜为人知的心酸，有令人难以置信的艰难，有实现自食其力梦想的执著，有愈挫愈奋的坚强，有百折不挠的自信，有心静如水的淡然……

陈燕先天失明，五个月时父母放弃了她。姥姥抚养她长大，她十八岁时，姥姥逝世，她自己一人生活……

姥姥从小就告诉她，上帝关上一扇门，一定会给你打开一扇窗。让她做一个自食其力的人。

从她五岁时，姥姥就让她自己外出坐公交，买日用品。不知有多少次撞树？多少回碰墙？也不知有多少回摔倒？多少次踩空？

姥姥告诉她学会用听力辨别方向，辨认物品。

经历过无数次摔倒，她慢慢感受不同物体的回声。经历过无数次碰撞，她细细捕捉不同物体的回声。无光的世界，让她学会用听力辨别不同物体的回声。

陈燕对无光的世界充满自信，凭借听力辨别回声，依靠导盲犬相依为命。然而，现实总让人揪心，导盲犬不能陪她坐地铁，黑狗哭了，黑狗落泪引起围观者同情。好事多磨，经过她的不懈努力，如今导盲犬能与她一起乘坐地铁出行……

陈燕挑战的不是辨认真假，她挑战人生的潜能，挑战人生的毅力和自信。只要有梦想，对生活充满自信，再难的生活也会露出笑容，再苦的命运也会雨过天晴，再坎坷的人生也能从容淡定……

习马会顺民意

2015 年 11 月 7 日

习马欢颜世纪铭，
中华振兴路延伸。
一中框架神州乐，
两岸和平世代兴。
岛内杂音频泛呃，
山河正义少浮尘。

狮城见证风云变，
大海波涛促进程。

小　　雪

2015 年 11 月 22 日

今天是二十四节气的第二十个节令小雪。清晨七点，窗外的雪飘飘洒洒，牵动着记忆，回到童年的故乡。

少年时家乡的雪更大，天更冷，对孩子的吸引力更大。在雪地里滚雪球，打雪仗。两手通红不觉冷，堆积雪人乐无穷。

雪天充满了憧憬和浪漫。一人隔窗望雪，低头独自沉思，细品咖啡，暖遍全身。二人相视，注目凝神。真情似白雪，风雨携手行。

雪中行，洁白净如银。雪中眺，洁净满乾坤。雪中悟，飘洒似人生。雪中思，行迹无踪影。雪中仰，旷世在心中。雪中停，辩向悟人生。雪中吟，气势贯长虹。雪中书，龙蛇舞乾坤。

雪天充满诗情画意，满园白色遮不住，一朵红花傲雪开。雪天，老人心底涌动着浪漫，曾经的甜蜜，不因岁月流逝而变淡，细细品味，好似茗茶阵阵回甘。

雪天象征着圣洁，情侣依偎相伴。雪天潜藏着严寒，卖火柴的小女孩追寻着温暖。冰冷的墙角，火柴的光亮驱走严寒……

雪天是四季的自然，有不同的内涵。望着窗外的雪，复杂的思绪游走笔端。天下并不太平，那些因战争流离失所的人是否有衣御寒……

忆　往　昔

2015 年 12 月 5 日

老同学相见，有说不完的话。高中毕业四十年第一次见面，有道不完的人生感悟……

今天中午我们已阔别四十年的四位高中同学终于如约在北京见面了，他们三位已退休，其中两位退休后到北京给闺女带孩子，另一位是我们一个村从小学到高中的同学，他在总政工作，已经退休。

老同学见面，话题从高中毕业谈起，我同村从小学到高中的同学，1975 年高中毕业后参军在六十三军服役，后来进入内蒙古军区，1994 年进京在总政工作。一路走来，他以勤奋、刻苦、敬业引起首长的重视，展现了自身文字方面的优势。工作一步一个脚印，事业一步一个台阶。他以敬业精神走好了人生关键几步。1984 年大阅兵，夏日棉帐篷里的汗水没有白流，开阔了视野，积淀了经验，丰富了知识。敢于担当的精神和精益求精的态度为个人成长奠定了基础。2003 年以军人的担当进入 SARS 病区 45 天，圆满完成任务，心灵和意志经历了考验，人生和事业迎来了春天……

正如他自己所讲，刚到部队，因汇报工作、读报认真引起首长注意，出板报任务完成出色，刻蜡版印材料的辛苦丰富了知识，开阔了视野，提高了写作能力。他深有感慨地讲道，只有你勤奋敬业才能引起首长重视，只有引起重视才能展示自己的才华，只有展示出才华才能赢得机会，只有赢得机会才能进步，只有脚踏实地才能一步一个台阶攀登事业的巅峰！关键是人生有目标，工作有能力才会引起首长重视，才能抓住发展机会。反之，工作不上心，能力不突出，首长怎么会发现你？怎么能重视你？人生怎么会有机会……

人生轨迹如此清晰，工作能有今天是水到渠成的。另两位同学身上也依然保留了过去的奋斗精神，他们在各自的工作岗上都是佼佼者。

谈人生，仿佛回到高中，依然风华正茂，心理还那么年轻！谈社会，忧心忡忡。人人渴望好日子，又不肯抓铁留痕，指望好运，哪能如愿？看别人好心里不舒服，总想劫富济贫，天理哪容？人应该正视现实，承认差别。做好自己莫攀比，守住底线要奋进。

老同学交谈，喜形于色，从眉宇间看到青春的活力，流露出少年时的纯真……老同学相聚，不知不觉五个小时过去了。告别时，有点依依不舍的感觉……夜幕降临，脑海里依然是同学交谈的情景。光阴似箭，四十年宛如一瞬。岁月如梭，刻下奋发的年轮。

互 联 互 通

2015 年 12 月 16 日

今天，第二届国际互联网大会在浙江乌镇召开，习近平总书记在大会上作重要讲话。各国在互联互通上加强合作，共建共享，实现实体经济和互联互通技术的有机融合。同时，我们也必须看到事物的两面性，在有效利用互联互通技术时，面临信息安全、网络安全等问题，各国必须共治共管，形成统一规范的标准、体系等。唯有此，才可借助互联互通技术促进实体经济的全面复苏，结构调整的优化，产业转型的升级。

随着云计算、大数据的出现，为各国加快信息交流、实现产业升级创造了条件。在新一轮的产业升级、技术进步中，谁能搭上互联互通这趟快车，谁的实体经济就能取得巨大进步。谁的实体经济实力雄厚、竞争力强，谁就能在互联互通中抢占先机，显示优势，开拓市场。

当我们在拥抱互联互通礼物时，一定要清楚地记得。我们用什么样的实体和它匹配？在互联互通的舞台上我们的优势是什么？我们能给用户提供哪些增值服务？我们的缺点、短板是什么？

随着互联互通技术的进步，实体经济迎来了升级的机遇，也面临缺乏竞争力的挑战。我们必须理智思考，冷静应对，把有竞争优势的实业嫁接在互联互通技术上，让它展翅腾飞！但是，切忌把质量不可靠的产品搭载到互联互通技术上，否则，欲速则不达。

利用互联互通技术的前提是做好基础工作，按照互联互通的新要求完善管理，提高产品质量、服务质量，增强实体经济的竞争力、可持续发展能力。

利用互联互通技术有借船出海的妙用，切忌有投机取巧的想法；没有实体经济的支持，弯道超车的想法会车毁人亡。面对互联互通的美好前景，一定立足现实，做好基础工作，时刻牢记我们的产品凭什么占领市场，我们的竞争对手在哪些方面优于我们。

理解互联互通之意，把握互联互通之机，提高互联互通之能，创造互联互通之利。把利用互联互通的热情融化到脚踏实地的工作之中，以互联互通视野引导质量取胜，提高企业的竞争力。互联互通，前景广阔，任重道远。雄关漫道真如铁，而今迈步从头越！

因　应

2015 年 12 月 19 日

浏览《易》六十四卦，每一卦针对一种状态，提出应对之策。六十四卦包含六十四种状态。在不同状态下，都存在转换的可能、机会，乐极生悲，否极泰来。因此，学《易》重在悟，应对把握度。人生有顺逆，因应莫违数。

人更三圣，世历三古；智慧结晶，用心感悟。安不忘危，存不忘亡。元亨利贞，明理慎处。居上位而不骄，处下位而不忧。明君，以社稷为重，论功行赏，秉公执法，近贤臣，远小人，以求国泰民安。

处逆境慎思，辨世事慎行。俭德以避难，不可荣以禄。应深入基层，深入群众；接地气，通下情，营泰之势。防高高在上，脱离实际；近小人，远贤臣，酿否之患。承万众之愿，载万物之需，遏恶扬善，顺天休命。处高位自重，履要职自谦。天之所助者顺也，人之所助者信也。履信思乎顺，尚贤。谦恭人之美德，满招损，谦受益。得意者勿恃才傲物，失意时应虚心反思。

蓄德聚才，养刚健之基，育笃实之体。稳重有进，修习德行。慎言以养德行，节事以养身体。养正莫善于知止，知止知足。修身莫大于制怒，止怒止躁。天地万物共存，为人处世谦恭。

习坎知其难，修德莫悲叹。学而不厌莫畏难，诲人不倦涉险滩。敬天尚德行，涉险只有惊。畏人敬神灵，山川共其存。居于天地间，避险记心中。遇险静其心，应对贵韧恒。遇睽求同存异，勿水火不容。顺势而一，殊途同归。遇蹇宜反身修德，柔顺待时，进退宜当；上下同心，和衷共济，见险而能止，智矣哉。

做人不失内刚。自立自强，不屈不挠；处世不乏外柔，协调关系，化解矛盾；君子内秉刚健之德，外显柔和之志。刚柔相济，内外相宜。

遇风在水上行之事，人心似水流动，小道消息似风传播，负面消息易推波助澜，导致人心浮动。此时，宜疏，宜导，不宜堵。疏宜早，导宜巧。

天地节而四时成，人欲节而五谷丰。君子以制度数，议德行，不可凭好恶。如泽节水，称其大小深浅，要使不溃不涸而已。节俭适度，勿奢，勿吝啬；宽严相济，勿纵，勿苦行。节以制度，不伤才，不害民；恪守人伦，不伤风，不败俗。

回归理性

2015 年 12 月 22 日

2016 年的经济工作重点是："去产能、去库存、去杠杆、降成本、补短板。"围绕五项经济工作的重点，企业应该结合自身实际，采取新举措，适应新常态，迎接新挑战，探索新途径；抓重点，任重道远，路途艰险；攻难关，凝心聚力，意志弥坚。因势利导，把握重点；抓住关键环节，攻坚克难，稳中求进。

去产能，要关停。关停的矛盾在于人员安置，社会稳定。要从法制找出路，不能让企业承担所有关停成本，更不能让企业履行社会管理职能。按制度补偿，市场化就业。

降成本是企业永恒的主题。降成本是政府和企业的共同使命。降成本的实质是提高效率，降低消耗。既需要政府有效作为，更需要企业精细挖潜。政府提高办事效率，简化办事程序，间接降低了企业的成本。政府有效服务，企业增强对市场的反应能力；政府积极引导，减少企业的决策失误。政府营造有效的市场环境，企业专注于经营管理，实现资源优化配置，市场公平竞争。政府专注于服务监督，企业专注于品牌建设。降成本，路漫漫其修远兮，政府和企业需上下求索。一是简政放权；二是降低税费；三是优化流程；四是降低实物消耗；五是减少损失浪费；六是提高工时利用率；七是有效控制风险；八是优化资源配置。

去库存，显现减值，出现亏损。去库存重在盘活资产，寻找商业机会，减少机会成本。去库存，任重道远。守库存，资产积淀；资产减值，成本增加。两害相权取其轻。

补短板，理性看。细解剖，要对标。高标准，严要求。先达标，再赶超。求生存，先御寒。强肌体，循序渐进，互相促进。补短板，客观理性，非一蹴而就。找短板，正视短板；补短板，卧薪尝胆。

去杠杆，挤泡沫。回归理性思维，追求稳健发展。不求虚胖，重在含金量。不图虚名，重在竞争力。不惧压力，重在增强实力。不怕减速，重在可持续发展能力。

秉持“创新、协调、绿色、开放、共享”的发展理念，坚守振兴民族工业的坚定信念，恪守“三严三实”精神，秉承科学发展观，抓铁留痕，踏石留印。以百折不挠的毅力迎接新挑战，以持之以恒的精神探索新途径。雄关漫道真如铁，而今迈步从头越。踏破坎坷成大道，前景光明。迎接挑战铸辉煌，科学发展。

理性选择

2016 年 1 月 4 日

告别 2015 年，对经济乏力记忆犹新，对股市震荡胆战心惊，对“互联网加”热情倍增，对万众创新充满激情。回顾过去的一年，对经济迷茫，对股市冲动，反差之大，教训之深……

进入 2016 年，路该怎样走？心情依然不平静。朴素的热情难以维持，理性的选择指点迷津。“发上等愿，结中等缘，享下等福。择高处立，寻平处住，向宽处行。”

李嘉诚办公室悬挂的唯一的一幅书法作品，是清代儒将左宗棠题于江苏无锡梅园的诗句：“发上等愿，结中等缘，享下等福；择高处立，寻平处住，向宽处行”。吾辈应悟之、行之。

人生有憧憬，仿佛在发上等愿；现实有变化，只能结中等缘；命运有起伏，准备享下等福。人该有志向，志当存高远，择高处立；生活有坎坷，有心理准备，寻平处住；道路有曲折，防激流险滩，向宽处行。

简短的二十四个字，饱含人生哲理，抱最大的希望，全力以赴；做最坏的准备，坦然面对。唯有此，才不会失落，才不易郁闷。立志追求高远，生当作人杰，死亦为鬼雄。正视严峻现实，居安思危，居危思变。防患于未然，稳扎稳打，步步为营。

为人处世都应该秉持这一原则，不好高骛远，不急功近利。得意时尊重弱者，勿忘乎所以；失意时坚定自信，勿消极沉沦。天地循四时，动物亦冬眠；人生有起伏，寒流蕴春天。天生我才必有用，千金散尽还复来。披荆斩棘搏激流，直挂云帆济沧海。

经济新常态的雾霾深重，产业复苏的动力微弱。我们应该坚定信心，只要不放弃生的希望，冬眠会过去，神智能苏醒；寒流滚滚浴灵魂，大地微微暖人生。面对艰难，理性选择。只要不放弃人生追求，坚守原则，坚守阵地；不逃避现实，敢于担当，勇于应对；一定会走出山重水复疑无路的迷茫，一定能迎来柳暗花明又一村的盛景。理性选择，勿跟风冲动。理性坚持，勿消极被动。

正义与非正义

2016 年 1 月 10 日

在柏拉图《理想国》关于正义和非正义的辩论中，苏格拉底显得技高一筹。格劳索、阿德曼托斯就理想状态下，放下正义与非正义之名，就其实际解析，非正义得实惠、享荣华，令人羡慕，政客都在正义之名下行不正义之实，那些口口声声骂非正义者，对非正义的好处趋之若鹜。然而，正义者除了令人羡慕的名声之外，必须接受屈辱、污蔑，忍受困难，面对艰险，生活苦涩。他们对正义与非正义剖析的非常透彻。

苏格拉底的高明之处在于偷换概念，他以小字看不清楚换一行大字看，把个人正义与非正义的分析换成一个城邦来分析。为了城邦的人有饭吃、有衣穿、有工具用，大家必须正义地工作、付出，以换来自己生活的必需。为了城邦的正义延续，作者必须编正义的假故事给孩子们讲，以传承城邦的正义。这样，城邦才稳定，才会出现理想国。

二者的辩论，文质彬彬，娓娓道来，慢条斯理。咋听似乎都有道理，胜者好像是苏格拉底。其实，苏格拉底揭示出社会需要正义，格劳索、阿德曼托斯剖析了人性中坚持正义难、追求个人生活享受者会借正义之名行非正义之实，以得到具体实惠。显然，《理想国》的目标难以实现，为了维护正义，为了让正义者不吃亏，一个法治社会跃然纸上，历史朝这个方向前进。

这是社会需要正义和个体本能非正义欲望的矛盾。几乎与柏拉图《理想国》同一时期的先哲都认识到这一基本矛盾。老子《道德经》强调人应该遵循大自然的道，无为而治，修德得道。他坚信“积德虽无人见，行善自有天知”。儒家强调正心诚意修身，齐家治国平天下，致知格物，以“仁义礼智信”规范社会行为。佛教则以其“苦集灭道”逻辑原理，以六道轮回的故事启迪信众闻思修佛法，规范人的言行，克制“贪嗔痴”，慈悲为怀，普度众生。

随着历史的演进，社会形态不断变化，三权鼎立的民主政治制度虽风行一时，在经济新常态下也暴露出内在的矛盾，无法有机协调“社会需要正义和个体本能非正义欲望”之间的矛盾，正如联合国在20世纪90年代就开始的消除贫困计划，20多年过去了，贫困人口越来越多，贫富悬殊、分化越来越严重。民主选举的历史暴露出竞选者以正义的名义骗取选票，一旦当选，则以正义之名行不正义之实，中饱私囊。历史的演进证明了柏拉图在《理想国》中的判断，民主政治是最不理想、最不稳定的社会治理方式。

正义与非正义矛盾是推动社会进步的根本动力。人类借鉴前人的智慧，结合本国的实际，在不断完善本国的治理形态。深入推进的“三严三实”活动必将为解决人类社会的根本矛盾做出有益探索，积累宝贵经验。实现社会正义，抑制本能欲望。路漫漫其修远兮，吾辈上下而求索。

春天的脚步

2016年2月5日

昨天是立春节，掀开了丙申年的日历，仿佛听到春天的脚步在走近。跨过新常态的泥泞，穿越新常态的沼泽，以执著的信念，秉持天道，迈出坚实的步伐，告别滚滚寒流，迎来万象更新。

仿佛听到春天的脚步，伴着创新的旋律，走近去产能的悬崖，不惧万丈深渊，领略石缝间的嫩芽，欣赏不屈不挠的天性。小草经历过严冬的寒冷，继续在夹缝中攀升，迎来春天的阳光，沐浴着春风向上坚挺。

仿佛听到春天的脚步，踏着和谐的步伐，越过丛林，翻过高山，走进社区，走近居民。金猴到人间，处处降吉祥。掀开去库存的大幕，期盼主人登场，造福百姓生活，构筑安居的保障。

仿佛听到春天的脚步，在绿色的簇拥中走向天涯，山清水秀，遍地牛羊；五谷丰登，六畜兴旺；远离喧嚣，告别雾霾；人欢马跃，歌声悠扬。

仿佛听到春天的脚步，跨上开放的潮头，沿着一带一路的方向，踏勘希望的萌芽；屏息静听流水，驻足呵护嫩芽；静心培土哺育，期盼枝繁叶茂。

仿佛听到春天的脚步，在共享的歌声中驻足，在欢乐的人群中起舞；在希望小学边徘徊，等待鲜花绽放；在边防哨所坚守，眺望神圣的边疆。

仿佛听到春天的脚步，等待去杠杆的命令；天花乱坠的承诺，处处掩盖着陷阱。莫嫌小康生活艰难，牢记知足常乐心安。保护来之不易的温暖，谨防理财风险的严寒。

仿佛听到春天的脚步，静候补短板的使命。知耻而后勇，知不足而精进。年复一年追赶，日复一日精进。不坠卧薪尝胆之志，秉持周而复始之道。春种、夏长、秋收、冬藏。补短板非一蹴而就，抓管理要始终如一。

仿佛听到春天的脚步，正扛着降成本的重任，步履维艰，冲破黑暗，迎接黎明。地冻三尺，非一日之寒；降低成本，非一日之功。系统优化，全面推进；精细管理，效率是灵魂；有效激励，激发员工潜能。

仿佛听到春天的脚步，伴着转型升级的旋律，奏出新春最强音，挑战自我，重获新生！

学《道德箴言录》之点滴感悟

2016 年 2 月 11 日

（法）拉罗什福科著的《道德箴言录》语言犀利，视角独特；但有些观点不敢苟同。现将学《道德箴言录》之点滴感悟列出：

1. 用理智的甘露浸没激情的火苗，把冲动的隐患消灭在萌芽之中。

2. 多疑者多忌，多忌者多怒，多怒者多悲，多悲者多难。

3. 自信与骄傲是对孪生兄弟。骄傲是自信外化的膨胀。把握自信外化的度，展示人们乐于接受的自信。

4. 重视承诺是一种习惯，履行承诺是对习惯的奖赏。良好的习惯演化为优雅的个性，优雅的个性为成功铺平道路。

5. 情绪左右命运，性格决定命运。情绪化处事，结局悲惨。情绪平静、性格平稳可以在逆境中发现生机、捕捉生机，绝地反弹，涅槃重生。

6. 尊重财富与尊重哲学是一个硬币的两面，彼此不能割裂。哲学给人启迪，财富让人温饱。

7. 从失利中汲取教益是走向成熟的途径，在顺境中查找不足是防止滑落的警钟。居安思危，居危思变，临危不乱。

8. 习惯决定个性，个性决定命运。养成良好的习惯，培养优雅的品行。

9. 纯洁的爱深藏心底，夜深人静时爬上心头、浮上眉头，化作潜意识的惦记、无意识的牵挂，不自觉地流露。

10. 人可能不犯情爱之错，但几乎没有唯一的初犯之错。克制初犯之冲动，胜过亡羊补牢。

11. 钟爱正义是人们恐惧不公，维护正义有助于消除不公。

12. 过分沉默是缺乏自信，过分自信则缺少沉静。在生活中告别沉默，培养自信。在得意时保持沉默，收获自信，把自信融入沉默。

13. 交友之难在于不易发现其灵魂，过分的轻信会误入歧途，过分的热情会迷失于冲动。相交在于心，相信在于品。

14. 诚信为本，克制为鉴，忍让为先，宽大为怀。

15. 野心易膨胀，遇障碍而不知，见陷阱而不识。抑制野心，防止碰壁，避免一意孤行。

16. 功绩客观存在，蓄意难以掩盖。品行客观存在，进步无法掩盖。走正道不停步，积跬步以至千里，汇细流以成江海。

17. 思想是一个深邃的宝库，洞察力孕育其中。思想不断丰富、博采众长，洞察力不断增强。培育思想是人走向成熟的重要任务。

18. 精神、心灵和思想是一个人有别于他人的关键要素。思想的丰富与浅薄决定了精神的高尚与低俗。

19. 精神是心灵的一面镜子，思想是精神的源泉。孕育思想，激发理想。

20. 求知不满足于一知半解，学习不局限于一章一句。学习由浅入深，抽丝剥茧。

21. 如何才能不软弱？孕育骨子里的自信，磨炼刻在脸上的刚毅。如何才能不背叛？恪守血液里的诚信，捍卫心底正义的灵魂。

22. 肯定自己是人生乐趣的源泉，激励自己是人生进步的阶梯，完善自己是走向成功的保障。

23. 自信容易上当，自负容易受骗。低调行事、高标做人是防止受骗上当的良药。

24. 精明胜过聪明，诚实胜过精明。诚信待人，精明处事。

25. 装傻是最好的防卫手段，沉默是最好的避险工具。

26. 唯有坚强方可走向成熟，唯有谦虚才能走向成功。

27. 培育爱情源于渴求爱情的冲动，沉溺爱情是失去理性的冲动。抑制冲动，甄别爱情，梳理情感，恪守理性。

28. 伪装的聪明比诚实的愚笨更可笑，巧言令色比直言谏语更可怕。

29. 夸夸其谈彰显虚荣，木讷实干流露本性。

30. 保持沉默能战胜不幸，悲情戚戚则延续不幸。

31. 言谈围绕听众，寻求积极互动。启迪别人的思路胜过展示自己的才华。

32. 有比较方显英雄，能吃苦磨炼灵魂。山外有山，卧薪尝胆。

33. 自恃高明者易忽视别人，忽视别人者终究会碰壁。碰壁使人变得理性，能吃苦中苦，不甘人后人。

34. 赞美的效果比动机重要，别人的反应比自我感觉重要。察言观色，随机应变。

35. 忠言逆耳利于行，需理性分辨；甜言蜜语藏祸心，要冷静思考。

36. 学会赞美是成熟的开始，赢得赞美是进步的阶梯。理性看待赞美，冷静检讨不足。在赞美别人时取长补短，赢得赞美后勿忘乎所以。

学《论语》为政之悟

2016 年 2 月 21 日

为人以诚，正心修身，居其位而众人敬之。路漫长，一生之向导，行有方。守之以法，行之以德，民敬而无怨。凝心周而不比，聚力和而不同。荐贤不拘一格，用能不避疏亲，则民服。苟且营私，则民不服。

为官务实，务实而国兴。治事安民，为官之本。哗众取宠，鲜矣惠民。为官勤学，勤学而知明。穷根究底，为学之本。拾人牙慧，鲜矣知真。为官勤俭，勤俭而惠民。苍生安居，俭用为本。穷奢极欲，鲜矣清明。为官谨信，谨避冲动，忌好大喜功。信能服众，宜教化安民。敬民而守信，俭用而爱民。

为政之路，宜俭宜勤，宜恭宜敬，宜廉宜洁，宜信宜诚，宜忠宜义，守法敬民。牢记《无逸》语，不忘《康诰》声。夏商终结事，时刻是警钟。春秋战国乱，世代要铭心。

如何摆脱手机的奴役——意识、习惯、自觉

2016 年 3 月 9 日

最让人困惑又无奈的是我们做了手机的俘虏。在有人群的地方，全神贯注的都是手机；无论是同学聚会，还是朋友小叙，在叙谈间隙，偶尔抬头，你会发现人们都捧着手机。即使在家里用餐，也互相提醒着，不要看手机。有时，拿手机成为下意识的动作。

尽管人们知道，常接触手机有诸多弊病，但是，用手机者好像吸食了鸦片而不能自拔。更有甚者，因玩手机而丧生。知玩手机有害易，戒玩手机则难。思索之余，似乎还需从意识、行为、能力的培养入手，理智地戒“玩手机瘾”。

这恐怕是未来人们共同面对的挑战。为了健康，需要远离玩手机；为了学业，需要远离玩手机；为了亲情，需要远离玩手机。玩手机，乃流行的传染病，不亚于鸦片的危害。这绝不是危言耸听。想戒玩手机的瘾，思想深处要重视，行为习惯需改变。

培养不玩手机的意识。首先，从理智上明确常接触手机的危害，有意识克制接触手机的次数，控制接触手机的本能，缩短接触手机的时间。其次，从本能上

选择获取信息的其他途径，逐渐摆脱对手机信息的依赖。再次，降低从手机获取猎奇信息的冲动，淡化对热点问题的关注，弱化对离奇事情的好奇，更不要参与传播子虚乌有的离奇信息。意识到玩手机有害易，有意识远离玩手机难。唯有从理智上经常告诫自己远离玩手机，才能强化不玩手机的意识，才能坚定不玩手机的意志。

养成不玩手机的习惯。不玩手机重在行为，好比戒烟一样，关键是迈出第一步。有了第一次想玩而不玩的克制，鼓励自己，就要坚持。有一个接触手机获取信息的时间表，诸如，上班前五分钟，下班后五分钟，逐渐减少玩手机的次数，缩短接触手机的时间。安排好业余时间的读书计划，从书籍中获取有用的信息，启迪思想。

形成不玩手机的自觉。不玩手机考验我们的自制能力。有了不玩手机的意识，就能弱化玩手机的渴望；养成不玩手机的习惯，坚持不玩手机的行为；久而久之，就能形成不玩手机的能力。自制能力的培养是主宰命运的关键。心知该克制，应从今日始。吾生待明日，万事成蹉跎。

智能手机的出现，给人们的生活带来了方便，同时，玩手机上瘾，也给生活带来了苦恼；更有甚者，有的玩手机猝死床上，有的充电玩手机因爆炸而身亡。凡此种种，玩手机的危害不胜枚举。我们需要理智地看待玩手机的习惯，冷静地思考如何减少玩手机的次数、时间？如何摆脱玩手机对正常学习、生活的负面影响？如何有效利用手机的功能？如何筛选手机的功能？如何获取有用的信息？

我们需要重温读书的乐趣，重温写信的情趣。生活太浮躁，我们需要宁静，在读书中体会“采菊东篱下、悠然见南山”的意境，在山水间寻找失去的记忆。生活是丰富多彩的，不要把宝贵的时间都花在玩手机上。

儒学治国的思考——《明夷待访录》之悟

2016年3月11日

明末清初，黄宗羲的《明夷待访录》是中国政治思想史上的一部名著。这部书对三代（夏、商、周）以后、尤其是明代的政治文化和政治制度进行了深刻反思，并且在对儒家政治理想进行重新阐释的基础上，提出了新的制度构想。今天读来，仍有一定的参考价值。我们不仅要努力开拓创新，更需要深入分析时事变迁的根源、影响。

几千年的封建社会，世袭制有不可调和的内部矛盾，有无可避免的宦官专权和后宫干政的弊端。权利的诱惑与人的贪欲结合在一起，像一匹脱缰的野马，伦理道德难以驯服。吏制设计以控制权力、抑制贪欲为前提，使君臣不能贪、不敢贪、不想贪。唯有此，政府才能有效运转，政治有望清明，政策有望实施。

孔子曾经的理想治国思路遇到现实严峻的挑战，“世道衰微，邪说暴行有作，臣弑其君者有之，子弑其父者有之，孔子惧，作《春秋》”。其实，我们研究儒学治国，应该从《春秋》的微言大义中领悟现实，从《论语》的仁礼道德中把握修身。“孔子在庶，德无所施，功无所就，志在《春秋》，行在《孝经》。所以《春秋》言志在，《孝经》言行在。”

儒法相融，博采众长。韩非子《五蠹》对春秋以来的乱象提出了值得借鉴的有效治理途径。“今欲以先王之政，治当世之民，皆守株之类也。”世异则事异，事异则备变。上古竞于道德，中世逐于智谋，当今争于气力。故明王峭其法而严其刑也。

自秦统一中国后，西汉、王莽新政、东汉、隋、唐、五代十国、宋、元、明的演变史，充满了春秋、战国式的骨肉相残、邪佞当道悲剧，也不乏尝试儒学治国的先驱，王莽便是纯粹儒学治国的牺牲者。经历过明代阉党专权迫害的黄宗羲，在痛苦地思索理想的治国模式和架构，试图找到儒学治国的新突破。

《明夷待访录》分析了理想君子和现实君子的反差，找到了儒学治国失败的根源。此君非彼君。理想的君子是“不以一己之利为利，而使天下受其利，不以一己之害为害，而使天下释其害。”然而，“后之为人君者不然，以为天下利害之权皆出于我，我以天下之利尽归于己，以天下之害尽归于人，亦无不可。使天下之人不敢自私，不敢自利，以我之大私为天下之大公。始而惭焉，久而安焉，是天下莫大之产业，传之子孙，受享无穷。”

《明夷待访录》分析了理想的臣子是：“我之出而仕也，为天下，非为君也。为万民，非为一姓也。”盖天下之治乱，不在一姓之兴亡，而在万民之忧乐。然而，“世之为臣者昧于此义，以谓臣为君而设者也。君分吾以天下而后治之，君授吾以人民而后牧之，视天下人民为人君囊中私物。”

仅此分析，就足以看出儒学治国的偏差不在儒学本身，而在君臣的品行。治国安邦应立足实际，儒法相融。君臣同心，不辱使命。随着社会环境的变化，仁礼治国的功能衰减。物质日渐丰富，贪欲与时俱进。靠礼难抑制，唯法可制衡。君把国当家，世袭祸患生。争权骨肉残，谄媚邪佞兴。吏治当进化，选贤与任能。《明夷待访录》，深悟事艰辛。万代皆追寻，公平远离民。仁礼修身事，治国法维新。

与时俱进，驾驭思维

2016 年 3 月 23 日

昨天晚上，浏览以前的日记，一行醒目标题映入眼帘：“个性决定命运，思维决定成败。”这是2001年8月10日的日记。回首过去15年的工作经历，对这句话的感悟更深，人不仅要有良好的习惯，以修炼品行，塑造个性；还要养成良好的思维习惯，立足现实，与时俱进。

在世界经济低迷的新形势下，应该立足现实，触摸互联互通思维。与时俱进，驾驭思维。互联互通思维应该立足现实，脚踏实地，不能追寻虚拟的互联互通优势，应该培育支撑互联互通发展的实体经济，应该在提高产品质量、改进服务、提高效率的供给侧精准发力。

在传统经济复苏乏力的新常态下，应该立足创新，培养创新思维。追求“人无我有，人有我优，人优我转”的创新思维，以快半拍的节奏参与竞争，要未雨而绸缪，勿临渴而掘井。

在实体经济缺乏品牌优势的被动形势下，应该挖掘卧薪尝胆思维，补短板，提质量，竭力创造民族品牌，参与国际竞争，走出国门，开辟新市场。以优质产品、优质服务赢得客户，以低成本、高质量赢得竞争。

在造假猖獗、唯利是图泛滥的恐慌中，应该有革故鼎新的魄力和壮士断腕的勇气，培养置之死地而后生的思维。选人看德，用人依法。君德不越权，君权不欺法。上行下效，恪守纲纪。治国先治君，治君先治权，治权先规范，政权为人民。

面对错综复杂的国际国内形势，实现经济恢复性增长任重道远。“去产能、去库存、去杠杆，降成本、补短板”的难度大、风险多，既要凝心聚力，又要创新思维。知己知彼，百战百胜；立足现实，涅槃重生。与时俱进，驾驭思维。迎难而上，坚定信心。

个性决定命运，思维决定成败。以务实思维研究“去产能、去库存、去杠杆，降成本、补短板”的措施，抓住主要矛盾和矛盾的主要方面，克服走捷径的侥幸心理，发掘卧薪尝胆的勇气，坚定破釜沉舟、背水一战的决心。企业凤凰涅槃，经济浴火重生。

沟　通

2016年3月30日

《向领导大师学沟通》一书介绍了十二位大师的沟通技巧，从创建领导信息渠道开始，传达领导信息，然后，延续领导信息，形成一个沟通闭路，保证领导全面掌握信息沟通的状态、过程和结果。

在日常生活中，都有和别人沟通的经历、体验，但能够算得上有效沟通的恐怕不多。这不是彼此表达不清沟通内容，也不是缺乏正式的沟通渠道；而是，双方缺乏心灵深处对沟通的需要和诚意，有的沟通出于形式上的需要，纯属于应付，有的沟通为的是履行程序。总而言之，一般情况的沟通，往往形式大于内容，有效沟通不多。

然而，要想把工作做好，和别人的有效沟通是极其重要的事情。首先就自身而言，要有沟通的诚意，明确沟通的内容和重点；其次，要选择沟通的时机，把握沟通的节奏，形成有效互动；第三，要注意沟通的技巧，先扬后抑，不使沟通陷入僵局。第四，把握沟通过程中出现的转机，因势利导，循序渐进。第五，在沟通中适时肯定共识，明示存在的分歧，逐步缩小沟通范围，聚焦难点，寻求突破。第六，正式的沟通应该形成备忘录。

人人都很努力，并非人人都能成功。在事业上成功者，除了精通业务、敬业精进外，出色的沟通能力是事业成功的根本保证。学会和下属沟通。放下架子，真心了解下属的关切，诚意帮助下属解决生活中的困难。唯有此，才能从基层听到真话，才能了解实情，发现问题的真谛。否则，信息被周围的人过滤，信息失真，决策失误，执行失败。学会和同僚沟通。尊重是前提，坦诚是基础。从解决问题出发，找出产生分歧的原因，寻找消除分歧的途径，体谅对方的关切，考虑对方的诉求。学会和领导沟通。不能投石问路，察言观色。要说明观点、立场，倾听领导意见。一般情况要服从，原则问题不让步。不能激化矛盾，也不能回避矛盾。正视矛盾，直面问题。无论何时，都不能失去人格尊严，曲意逢迎。无论何地，都不能放弃原则立场，唯利是图。

沟通是毕生的事情。上学时，需要和同学沟通，和老师沟通，和家长沟通。工作后，需要和同事沟通，和领导沟通，和下属沟通，和合作者沟通。成家后，需要和爱人沟通，和亲属沟通。沟通不畅，产生误解，引发矛盾，影响情绪，甚至影响人际关系。沟通乃人生之大事，事关生活质量，影响工作成败，不可不察。

培养沟通能力是提高沟通效果的根本保证。沟通能力取决于沟通技巧和沟通中对机会的把握。同样的外部环境，不同的人去沟通，会产生截然不同的沟通结果，有的不欢而散，有的化干戈为玉帛。这里起关键作用的就是沟通能力。

沟通能力需要慢慢培养，日积月累。人生需要处理各种问题，化解各种矛盾，如果没有良好的沟通能力，很难达到预期效果。针对不同的对象、不同的问题，需要不同的沟通技巧。因此，在日常生活、工作中留心不同的环境、不同的问题，探索不同的沟通技巧。

不论在何时，也不管在何处，提高沟通能力需要注意以下几点：一是诚恳。以坦诚的态度和别人沟通，不要哗众取宠，要实实在在。二是守信。说到的要做到，做不到的不允诺。言必信，行必果。三是坦荡。要毫无保留地沟通，共享信息，提高彼此对问题的理解、了解程度，减少误会和偏见，以达成共识为目标。四是谦逊。以平易近人的态度和别人沟通，虚心请教，不能趾高气扬，让人敬而远之。

有效沟通、积极合作是成功的基础，尽职尽责是成功的保证，二者不可偏废。正心诚意修身，诚恳待人，守信经营，坦荡沟通，谦逊交往。

清明悼念介子推

2016 年 4 月 4 日

伤身煮肉尽丹心，
忍辱陪君忘自身。
患难谁言寒暑在？
登基簇拥弃忠臣。
人言可畏君遭怨，
祸起烧山世事阴。
遇难忠臣哀日月，
心忧哪处可安身？

附：介子推血书
割肉奉君尽丹心，
但愿主公常清明。
柳下作鬼终不见，
强似伴君作谏臣。
倘若主公心有我，
忆我之时常自省。
臣在九泉心无愧，
勤政清明复清明。

引以为戒——读《逸周书》有感

2016 年 4 月 7 日

两千多年前的周朝，从兴盛后逐渐衰落，从春秋五雄争霸，到战国七强征战，灾害连年，饿殍遍野，民不聊生。重读《逸周书》，感慨万千。朝代建立之初，顺天时兴百业，薄赋税而民安，守社稷而国强。朝代更迭之际，群雄争霸，弱肉强食，民处水深火热之中。近年中东之乱局，难民如潮，流离失所。家园破败，田地荒芜。平民死于无辜，国家毁于战乱。

厉王暴政，良夫谏言："民归于德，德则民戴，否德民仇。兹允效于前，斯不远。商纣弗改夏桀之虐，肆我有周有家。"呜呼！世风日糜。"弗图大艰，偷生苟安。爵以贿成，贤智钳口，小人鼓舌，逃害要利，并得其求，唯曰哀哉！"

"制其有者，能制人之有；不能制其有者，人制之。令行禁止，王之始也。"兵强胜人，人强胜天。兵胜人以力，人胜天以德。用官唯德，用人唯贤。观其行知其德，问其事知其智，听其言察其实，任其事察其能。弃嬖宠而用贤良，戒奢侈而倡节俭。

殊不知，"以言取人，人饰其言；以行取人，人竭其行。饰言无庸，竭行有成。""敬思以明德，备乃祸难。难至而悔，悔将安及?"

朝代更迭，道理永恒。君，乃民之父母。任用贤良，弘德守道。天地人和，阴阳平衡。"天有四殃，水、旱、饥、荒。其至无时，非务集聚，何以备之?"人有四殃，馋、懒、狎、诳。其害无穷，非务修身，何以防之?

治国安邦，民生乃要务。民以食为天，防灾保平安。勤俭节约，有备无患。顺应时令，精耕细作。开源节流，施舍予人。守礼义廉耻，诚信做人。温良恭俭让，精进做事。止奢行俭，自力更生。学中外之文明，鉴古今之教训。要未雨而绸缪，勿临渴而掘井。严于律己，遵纪守法。宽以待人，和谐共存。正心诚意修身，致知格物精进。引以为戒，防患于未然。弘扬正义，国泰民安。唯祸发于人之攸忽，咎起于人之攸轻。心不存焉，变之攸伏。

听古人对话，悟做人真谛
——读《韩诗外传》有感

2016年4月8日

《韩诗外传》是一部西汉初年记述前代史实、传闻的著作。多述孔子轶闻、诸子杂说和春秋故事，非诗非传。读韩婴的《韩诗外传》，仿佛聆听古人对话，领悟人生真谛；感受治国安邦理念，沐浴正心修身雨露。慎思为官之道，秉承贵民思想。

《韩诗外传》通过对话阐释治国理念。以民为贵，强调百姓与之为安，辅之则强，非之则危，倍之则亡，执政者要以百姓为天。对百姓先养后教，使百姓内不乏食，外不患寒，乃可以御以礼矣。

《韩诗外传》主张荐贤用能。与贤士为伍，以明扶明，则升于天；以明扶暗，则归其人。若不亲贤臣，任用小人，则如两瞽相扶，不触墙木，不陷井阱，则其幸也。

《韩诗外传》认为福生于无为、祸生于多欲，要知足常乐。洁身自好，扬长补短。尊者爱民行义理，富者振穷救不足，勇者卫上而攻战，智者善谋正义，美者统朝莅民。

《韩诗外传》主张修身养性，益智怡神。原天命，究其真。治心术，找路径。理好恶，秉公平。适环境，察真情。治道善，贵执行。不惑祸福，不妄喜怒，不贪无用，欲不过节。常自警，善自省。天高而日月显其明，地厚而山陵成其居，道顺而百事顺其序。

《韩诗外传》劝君以智者为师。兼听则明，偏信则暗。欲观存亡，必由其下。同明者相见，同听者相闻，同志者相从，非贤者莫能用贤。故辅佐左右所任使，有存亡之机，得失之要也，可无慎乎。

《韩诗外传》重视民情和人欲。君治民，重人情。尊六亲，义理通。因其情，节之以礼。从其欲，制之以义。尽心为人，推己及人。

《韩诗外传》以桀纣失位之教训告诫后人，贵爵而贱德者，虽为天子不贵矣。贪物而不知止者，虽有天下不富矣。君不与民争财利，人不以强凌弱，褒奖敬长怜孤者。

《韩诗外传》的道理浅显，寓意深刻。夜深人静读之，刻骨铭心。天下以民为贵，民安则国安。治国，安民乃第一要务，不可不察。

读书日的思考

2016 年 4 月 23 日

今天是读书日，没有读书，在思考为何读书？我想到了“为天地立心、为生民立命、为往圣继绝学、为万世开太平”。如何读书？我想到“读万卷书、行万里路、知行合一”。知行合一的关键是思，勿人云亦云，既不肯定一切，也不否定一切。显然，读书不能囫囵吞枣，要掩卷而思。读书宜静思入心，静虑入脑。

郑若鄰先生是学思行的榜样，他的讲座充分体现了学思行的重要性。他的讲座向国人展示了思的紧迫性。没有思的学会崇洋媚外，邯郸学步，东施效颦。盲目学，把征服者视为主人，亦步亦趋，在温水煮青蛙中被精神殖民。盲目学，精神上自觉接受征服者对我们的超国民权利。盲目学，根据征服者的意愿来改变我们的一切。盲目学，误入被征服者设置的精神殖民陷阱。

这不是危言耸听。现实令人触目惊心。君不见大商场无中文标识？君不知高档小区以西方名称命名？君不晓出版合作国人居然不行？盲目学，放弃传统，片面接受西方文化，民族虚无，摧毁自己的精神家园。盲目学，片面相信征服者的新闻报道，殊不知其报道有企图。殊不知广告、电影渗透了政治企图，盲目学，放弃了理念，陷入了自卑。亦步亦趋，东施效颦。黄头发黑眼睛，不伦不类。

凡此种种，不胜枚举。盲目学，陷入征服者设计的圈套；盲目学，民族虚无意识日益上升；盲目学，以成为征服者之族而骄傲，更有甚者，以烧掉护照之举发泄对民族的歧视。

儿不嫌母丑，狗不嫌家贫。我们究竟该学什么？该怎么学？我们应该以理性态度借鉴世界文明，取长补短。师夷之长以自强，师夷之技以制夷。在学习世界文明时不忘记构筑精神长城，捍卫国格，尊重人格，绝不能趋势附炎，不能做征服者的马前卒，更不能出卖灵魂，成为征服者的代言人。

构筑精神长城，抵御精神殖民，乃国之大事，关系国家安危，影响民族独立，不可不察。读书是构筑精神长城的基础。基础不稳，山摇地动。读好书，净化灵魂，传承国魂。会思考，去粗取精，去伪存真。行有方，博采众长，矢志不渝。

读书不忘学思行，做人牢记民族魂。以天下为己任，中国兴亡，我有责。后继有人，我有责。待从头，收拾旧山河，朝天阙！

重温“五·四”青年节

2016年5月4日

五四爱国运动是一次彻底的反对帝国主义和封建主义的爱国运动，也是中国新民主主义革命的开始。

五四精神的核心内容为“爱国、进步、民主、科学”。青年应该为民族的独立和解放，为国家的繁荣和富强，前赴后继，英勇奋斗，积极进取，勤奋工作。

五四精神是升华了的爱国精神。爱国主义是五四精神的源泉，民主与科学是五四精神的核心，勇于探索、敢于创新、解放思想、实行变革是民主与科学的实现途径，理性精神、个性解放、反帝反封建是民主与科学的内涵。纪念五四运动，发扬五四精神，塑造民族精英，振兴中华民族。

面对复杂多变的世界格局和社会环境，青年应该培养“独立之精神、自由之思想”。为维护国家主权尊严，面对列强挑衅，甘洒热血于疆场，勇于献身祖国。铸就无愧青春。勤奋学习，勤于实践；敢于创新，勇于担当；书写无悔人生。立志岗位成才，勤勉尽职尽责。面对环境诱惑，学会独立思考；面对艰难处境，学会忍辱负重；面对新挑战，敢于积极应对。

面对经济新常态的考验，青年应该积淀涵养。努力提升素养，增强应变能力，锤炼担当能力，勇挑重担。人才有高下，知物由学。正心诚意修身，致知格物精进。唯有奋斗，一生无悔。志之所趋，无远弗届，穷山距海，不能限也。志之所向，无坚不入，锐兵精甲，不能御也。

面对经济新常态的迷茫，青年应该坚定理想。理想指引方向。唯有坚持理想不懈怠，才能创造无愧于人生的未来。理想，看似寻常最奇崛，成如容易却艰辛。逆境锤炼品格，勿妄自菲薄，要自强不息。能受天磨为铁汉，不遭人嫉是庸才。愈挫愈奋而坚强，逆境是宝贵财富。

面对理想和现实的冲突，青年应该学会深思，寻找突破口。实现理想，勿坐而空谈，要起身实干。珍惜现在，激情奋斗以书写青春；把握未来，刻写年轮以回忆人生。天生我才必有用，直挂云帆济沧海。

迎接新常态的考验，勿急；面对新常态的折磨，勿躁。天上不会掉馅饼，勿守株待兔。做好自己，把握今天。天无绝人之路，穷则思变。挑战自己，创造明天。

不忍心想

2016年5月8日母亲节

不忍心想，
我上大学第一次远离家乡；
您泪眼迷茫，
思儿欲断肠；
站在高高的屋顶上，
痴迷地向东北方向眺望。

不忍心想，
咱家几次翻盖新房；
和泥、脱坯、砌墙，
您和父亲起早、贪晌；
为帮忙者烧水做饭，
不慎触电倒在地上。

不忍心想，
父亲因腰椎病卧床；
您含泪赶马车送肥，
委屈埋心间、泪洒土地上；

含泪挑起家庭重担，
在儿女面前依然坚强。

不忍心想，
洪水灾害闹饥荒；
您到邻村地里拣土豆，
竟然被人夺筐；
无地自容、席地彷徨，
秋风扑面更凄凉。

不忍心想，
弟读信把“目前”念成“没钱”；
为儿的拮据忧伤，
失声痛哭瘫在地上；
当我寒假如期到家，
您憔悴的面容让儿终生难忘！

不忍心想，
您 67 岁时躺在手术台上；
怕睡着再睁不开眼睛，
母爱迸发出惊人的坚强；
忍着疼痛、两眼未合，
期盼见到儿女、祈祷平安吉祥！

不忍心想，
几次病危召唤、儿孙围在病房！
您戴着呼吸机微睁双眼，
攥着我们的手不放！
心灵感应、奇迹般地康复，
一次次化难为祥！

正是您的坚强，
酸甜苦辣酿成平安吉祥；
正是您的付出，
子孝媳贤家风扬；

正是您的示范，
孕育了儿女的刚强！

您的坚强，
融入我们的血液，
化作自强不息、奋发向上！
您的慈祥，
刻进我们的心灵，
忠孝厚道、家风绵长！

生活磨难，
是修炼的道场；
慈悲忠恕，
在迷茫中燃起希望；
无私母爱，
洒下甘露、洪福绵长！

附：大弟母亲节赋

2016年5月8日

予我今生，为我劳神。
扶我学步，育我成人。
顾我冷暖，念我安身。
促我学业，寄我苦心。
束我行止，怕我沉沦。
劝我立事，主我婚姻。
持我家务，爱我儿孙。
怜我病痛，给我温存。
替我忍辱，代我含辛。
想我进取，愿我腾奔。
晚年共居，母爱永存。
无以相报，惹泪满襟。
只言片语，永记恩深。
祝敬爱的妈妈：永远健康幸福！

阳光和水

2016 年 5 月 20 日

今年春节前，一位朋友送我一个观赏花盆，摆到办公室的茶几上。在我的精心呵护下，花盆里的观赏花郁郁葱葱，向上生长到玻璃花盆顶。

上周五，我把花盆放到阳面窗台上，让花沐浴阳光。下班忘记搬回原处。周一出差，等昨天回到办公室，发现盆内的花蔫了，耷拉着爬到毛茸茸的植被上。见状，甚是心焦，生命如此脆弱。花需要阳光，但也不能沐浴太多。花不能浇水太勤，但也不能干涸。

下班前，我悉心浇水，抱着一线希望，期盼奇迹发生。今天早上，看花又舒展了，心中多了一丝喜悦，脑海多了一缕思考。由此联想到对独生子女的教育，也许有“关爱阳光过多、自强之水不足”的隐忧。独生子女似乎不缺关爱的阳光，好像缺乏自立自强的甘露。

因关爱太多，自理能力打蔫。关爱的阳光有点沐浴过度，让孩子身在福中不知福，甚至逆反，把别人对他的关爱当成理所当然，不懂得关爱别人；因亲情的日照过多，关爱别人的基因打蔫。相反，自立自强的甘露似乎不足，人格成长水分不足，健全人格有点打蔫。因自强的养分不足，开拓精神打蔫。

培养人格健全的下一代，既需要关爱，让其在亲情的阳光沐浴下，心理健康，积极向上；更需要注入自立自强的甘露，品学兼优，茁壮成长。

成长不能依赖别人，形成健全的人格要靠自身平衡阳光和水。健全的人格源于健康的心态。唯有健康的心态，才能产生积极向上的阳光；沐浴心田，照亮人生的征程。唯有积极进取的精神，才能孕育出滋养事业的甘露；滋润根基，奠定事业的基础。

成长需要自我调节，达到阳光与水供给的平衡。保持良好的心态，自信，不自负；热爱生活，不为所欲为；积极进取，不忘乎所以。对生活充满激情，坦然面对困难。防止精神萎靡不振，避免人格软弱缺钙。日益增长的知识和技能是生命、事业之水不竭的源泉。与时俱进，不断学习；增长新知识，积聚新能量。补充新知识，孕育滋养技能的甘露。

建立在自信阳光沐浴下的人生灿烂辉煌，沉浸在知识甘露滋养中的事业充满希望。每个人是自己的园丁，辛勤呵护品格修养，积聚积极向上的阳光，释放不断进取的正能量。勤奋刻苦钻研技能，孕育战之能胜的杀手锏。德才兼备，勇于担当。驾驭人生，乘风破浪。

利他之道

2016 年 5 月 21 日

今天是农历四月十五日，是国际佛纪念日，称卫塞节（月圆之意）。两千五百多年前，释迦牟尼在菩提树下悟道成佛，其毕身弘扬佛法，以慈悲之心普度众生。释迦牟尼悟透生老病死之因、坚守普度众生之志，其动力就是利他之心。释迦牟尼在菩提树下洞见世界的空性，找到人间烦恼痛苦的根源，引导人们闻思修佛法，培养利他思维，根植慈悲之心，走出无尽烦恼，探寻智慧之道。

95 年前诞生的中国共产党，以广大劳苦大众摆脱痛苦为目标，在极其困难的条件下创建革命根据地，以星星之火燃起燎原之势的成就，打消了红旗到底能打多久的疑虑，经历 28 年的浴血奋战，打败日本帝国主义，建立了新中国。中国共产党的成功源于利他之道，即全心全意为人民服务的宗旨。

改革开放的成就和经验源于发展生产力、解放生产力、满足人民群众物质文化需求的利他之心。相反，改革开放以来出现的腐败现象等都是利己的祸患。有些高级干部的腐化堕落，正是由于偏离了利他之道，堕入了利己的泥潭，走上身败名裂的不归路。

人生短暂，享受幸福生活是人之常情。如何才能消除烦恼、减轻痛苦呢？人们在焦躁中苦苦探寻，并没发现任何灵丹妙药，烦恼才下眉头，痛苦又上心头。

老子曰：“上善若水，水善利万物而不争，处众人之所恶，故几于道。居善地，心善渊，与善仁，言善信，政善治，事善能，动善时。夫唯不争，故无尤。”

“上善若水，水善利万物而不争，此乃谦下之德也；故江海所以能为百谷王者，以其善下之，则能为百谷王。天下莫柔弱于水，而攻坚强者莫之能胜，此乃柔德；故柔之胜刚，弱之胜强坚。因其无有，故能入于无有之间，由此可知不言之教、无为之益也。”

从历史和现实中发现，摆脱烦恼痛苦的唯一出路在于遵循利他之道，放下我执。因此，在日常生活中培养利他思维，在社会交往中训练我他平等意识，学会换位思考。己所不欲，勿施于人。在利他的过程中享受乐趣，体现自身的社会价值。

花前泛起钻石情（纪念岳父母钻石婚）

2016 年 5 月 28 日

今年是岳父母结婚六十周年。今天陪岳父母游天坛，赏月季。苍松见证钻石情，坚贞不屈。翠柏簇拥恩爱意，风雨同行。

六十年的岁月，酸甜苦辣，一言难尽。六十载的人生，自强不息，忍辱负重。六十个春夏，感受温暖，燃烧激情。六十个秋冬，挥汗金秋，共御寒风。

六十个年轮，刻进青春年华，留下岁月印痕。見证如意年华，饱尝“文革”艰辛。沐浴改革春风，重燃奉献激情。人生无怨无悔，相伴甘苦与共。敬老不辞辛苦，育女沥血呕心。

告别紧张工作，享受自由人生。领略大好河山，品味五彩人生。岁月留不住，额上多皱纹。北国冰封日，南方暖如春。尽享天赐福，挥毫书画情。

初夏天坛沐清风，月季芬芳醉游人。蓝天见证恩爱意，绿树簇拥伉俪情。幸福生活多风雨，钻石岁月少彩虹。相濡以沫同甘苦，平淡人生享天伦。

花前驻足相视笑，举手搀扶饱含情。餐前饭后勤叮嘱，傍晚黎明总揪心。血糖高低晴雨表，饮食调理满腔情。雨后相伴坷坎路，风雪同行钻石情。

有感留学生被取消学籍

2016 年 5 月 29 日

最近有一则关于留学生请人代考、代写论文作弊的报道。一所美国大学因委托中介机构代考、代写论文竟有 100 多名中国留学生被取消学籍。一名接受记者采访的当事女生，似乎感觉受委屈。当事人居然没有一点可耻之意，我为中国人汗颜，为留学生忧心……

改革开放三十多年，留学生对作弊居然不以为耻，真不知今夕是何年？真不敢想，改革开放竟然使学生的廉耻观到了如此地步！更让人愕然的是国内居然还应运产生了中介机构，为了扩大用户，还有促销奖励！

学生认真读书是天经地义的事情，参加考试、撰写论文责无旁贷。学生考试作弊无异于窃贼，是令人不耻的事情。维护考试纪律是培养合格人才的起码要求。以代考、考试作弊取得好成绩是对公平正义的践踏，以此取得功名是劣币淘汰良币，是欺世盗名。

社会发展到今天，造假行为甚嚣尘上。教育发展到今天，人们对作弊不以为然。这是教育产业化、急功近利的恶果，对民族素养产生了深远影响，留下难以愈合的创伤。这不是危言耸听，下一代的人生观、价值观发生严重扭曲，人格畸形发展，劣币淘汰良币触目惊心，公平正义被践踏。

在这所大学发生的代考、代写论文事件是中国教育的悲哀！是中华民族的耻辱。青年是国家的未来，青年的人生观影响社会风气。如果不能从体制、机制上根除造假、作弊的社会毒瘤，真不敢想被动挨打的灾难还有多远？如果造假、作弊风气蔓延，造假、作弊文化将侵蚀中华民族的健康肌体，真不敢想东亚病夫的悲剧何时重现?

让年轻学子沉沦，谁之罪?让未来希望堕落，谁之罪?对如此消息，我们不能充耳不闻!对如此恶果，我们不能视而不见!“礼义廉耻，国之四维。四维不张，国乃灭亡。”异国深造，品学兼修。欺世盗名，自毁前程。引以为戒，警示后人。

种子　土壤　水

2016年6月2日

在农村20年的生活经历，对种子、土壤和水有深刻的体验，庄稼收成好坏，既取决于种子的优劣，也取决于土壤的差异和水分的保持。农民最重视种子。起初，在当年的农作物中选最好的留作下一年的种子。后来，从良种站购买优良种子。有了好的种子似乎收成有了一半的希望，接下来，农民通过轮作、施肥、深耕改良土壤，为庄稼有好收成营造良好环境，灌溉是为农作物提供水分的重要途径，其次，靠雨水的滋润。

喜获丰收是面朝黄土背朝天农民梦寐以求的年景。然而，曾几何时，曾有假种子坑害农民，辛辛苦苦劳作一年，却是颗粒无收。区域差异，东北黑土地肥沃，农作物的收成就好，山地贫瘠，农作物的收成就差。要想改变农业收成，农民就挖空心思在改良土壤上下工夫，当年学大寨，修梯田，为的是改良土壤，能够灌溉，提高农作物产量。

自上大学以来，近40年的城市生活，对社会生态的体验越来越深刻，社会生态中“种子、土壤与水分”问题十分突出，甚至越来越纠结。因极少数个体的原因，不协调现象频发，恶性事件屡现，安居蒙上一层阴影。坑蒙拐骗，防不胜防；造假诈骗，屡见不鲜。百姓生活胆战心惊。面对社会生态失衡，既不能怨天尤人，也不能束手待毙。我们应该正视现实，从种子、土壤和水分方面找原因。为什么总会有个别害群之马出现?需要从种子的变迁入手，顺藤摸瓜，找出蜕变的原因，改良种子的基因；需要从环境的恶化追索，发掘潜移默化的诱因，切断推波助澜的思潮；需要走出教育功利化的迷雾，沐浴健康成长的阳光，促使孩子身心健康。

家庭是社会的细胞。唯有家庭健康、幸福，社会才能和谐、稳定。家庭的和睦源于敬老爱幼的家风，家庭的幸福有赖正心诚意的家教，家族的兴旺基于勤俭持家的努力。改善社会生态环境，减少恶性事件，需要每一个家庭的合作，需要每个人的奉献。每个人都是社会生态的一粒种子，每个人的言行、举止构成社会生态的外观，或和谐，或紧张，或路不拾遗、夜不闭户，或人心惶惶、战战兢兢。社会和谐，从我做起。

学校是人才的摇篮，是塑造灵魂的殿堂。教育应该回归本源，传道、授业、解惑。教师是人类灵魂的工程师，应该为净化社会生态环境当好园丁。辛勤耕耘，注入社会和谐的催化剂，化解不和谐土壤的恶性结节。无私呵护，用心灵的甘露启迪蒙童的良知，用坚强的臂膀托起民族振兴的脊梁。

栽什么树苗结什么果，撒什么种子开什么花。青少年是祖国的花朵，明天的希望。青少年健康成长，从根本上切断不良种子的肆意发狂。国家盛衰，人人有责。正心诚意修身，做一粒有益社会生态的种子。言传身教敢担当，做一名称职负责的家长。为了全面建成小康社会，既要改良自己这粒奉献社会的种子，又要做好改善社会生态的园丁。

重读《滕王阁序》有感

2016 年 6 月 3 日

时隔多年，再读《滕王阁序》，映入眼帘的不仅仅是滕王阁的宏伟气势，还有王勃的伤感。

王勃原本是去南方探访被贬亲人，无奈，因天气原因改道至此。适逢滕王阁新落成，唐高祖之子滕王李元婴任洪洲都督，王勃应邀即席而作，留下传世名篇。

“时维九月，序属三秋。”登高眺望，感慨万千。“落霞与孤鹜齐飞，秋水共长天一色。”既写出景色之美，又流露出作者的孤寂之情。触景生情，感叹人生。“天高地迥，觉宇宙之无穷；兴尽悲来，识盈虚之有数。望长安于日下，目吴会于云间。地势极而南溟深，天柱高而北辰远，关山难越，谁悲失路之人？”原本去看沦落南溟的亲人，岂知又流落他乡。孤身无助，悲叹南溟之深，北辰之远。如此伤感，有谁能知？只好望长安于日下。

“嗟乎！时运不济，命途多舛。”感叹冯唐易老、李广难封之悲情结局。怀才不遇、报国无门。“勃，三尺微命，一介书生，无路请缨，等终年之弱冠。有怀投笔，慕宗悫之长风。”无奈、无助之情跃然纸上，有血、有肉之躯不甘平庸。

心中纠结，感慨世态。“呜呼，胜地不常，盛筵难再。”闲愁浮上心头，感慨汇聚笔端。“闲云潭影日悠悠，物换星移几度秋。阁中帝子今何在？槛外长江空自流。”

古往今来，有才者伤感，有志者不遇。在无奈中感慨，在逆境中呻吟。唯有留下脍炙人口名篇，道出了知识分子的辛酸历程。报国无门之憾虽在，青云之志犹存！正是：“老当益壮，宁移白首之心？穷且益坚，不坠青云之志。”

不怨命运不济，不忘丈夫之责。“东隅已逝，桑榆非晚。”为天地立心、为生民立命之志不移，为往圣继绝学、为万世开太平之愿不变。任凭风云多变幻，不用扬鞭自奋蹄！

教子吟

2016 年 6 月 9 日

祖德如山重，
宗恩似海深。
常怀崇敬意，
示范见家风。
克己修身事，
为人处世魂。
慈悲从正道，
智慧铸真诚。

游子归

2016 年 6 月 11 日

白塔机场意未归，
杨柳窗前思绪飞。
催氧气，
呼吸机，
慈母目光总相随。

破雾穿云心难追，
山川流水皆相惜。
故土意，
游子迷，
蓝天白云不忍归。

端 详

2016 年 6 月 19 日（父亲节）

父亲节到了，

我下意识地走进书房。
斟满酒，点燃香，
三鞠躬，静端详。
您刚毅的表情，
依然穿透我的心房。
往事在心底流淌。
心灵交汇于目光。

父亲节到了，
我静静坐在书房。
再次捧起《缅怀父亲》，
思念化作文字几行。
您开心的笑，
唤起对生活的向往。
健身强体有目标，
妻贤子孝儿孙旺。

父亲节到了，
我泣不成声地守在书房。
身强体健，天有不测，
国庆团圆，一别成殇。
您的叮嘱，
永远在耳边回响。
做事尽心尽力，
您是我们的榜样。

父亲节到了，
我伤心地离开书房。
点燃一支香烟，
我仔细端详。
欲言又止，
您的眼神忧伤。
父子的交流无言，
祈福您安居天堂。

祝贺《君子津》进京演出赋

2016 年 6 月 20 日

战国名城云中郡，
人杰地盛戍边城。
东来紫气商贾旺，
美誉皇恩君子津。
世代耕耘黄土地，
先人汇聚草原情。
英才辈出发福地，
巨献托城君子津。

不忘初心

纪念中国共产党诞辰九十五周年

2016 年 7 月 1 日

在庆祝中国共产党成立九十五周年大会上，习近平总书记发表了重要讲话。“坚持不忘初心，继续前进”的话语在耳边回响，历史的画卷在眼前浮现……

九十五年的长河，信念坚定、信仰支撑；南湖红船启航，划破黑暗中国的黎明；古田会议拨开迷雾，凝聚迷茫的人心；遵义会议扭转乾坤，拨正红军前进的征程；西柏坡赶考进京，保持“两个务必”作风，不忘初心，继续前进！

九十五年的岁月，不忘人民、依靠人民；《湖南农民运动考察报告》划清中国社会各阶层；打土豪分田地，唤起亿万受苦民众；一人参加革命，全家追随红军；抗日战争艰苦卓绝，人民是坚强厚盾。解放战争以弱胜强，支前全靠人民；不忘初心，继续前进！

九十五年的征程，浴血奋战、刻骨铭心；南昌起义的炮火，吹响了共产党人前进的号令；井冈山会师，有被围追堵截的惊魂；五次反围剿的较量，踏上二万五千里长征；抗美援朝的鲜血，把鸭绿江染红；西沙群岛的捷报，汇聚了炎黄子孙的心声；不忘初心，继续前进！

九十五年的建设，自我反思、汇聚民心；支部建在连上，倾听基层的声音；抗大学习、延安整风，纯洁队伍净化灵魂；西柏坡“两个务必”的忠告，敲响自身建设的警钟；群众路线先进性教育，重温党的优良传统；“两学一做”活动，开启了新时代自强的征程；不忘初心，继续前进！

掩卷沉思，没有共产党，就没有新中国，就没有中华民族的翻身解放；没有共产党，就没有改革开放，就没有中国经济腾飞的辉煌；没有共产党，就没有全民奔小康，就没有中华民族伟大复兴的梦想……

闭目凝神，眼前汇聚成英雄的海洋。正是他们，不忘初心，汇聚了几代人的力量。林则徐禁烟，三元里抗击列强，百姓战死疆场。正是他们，不忘初心，星星之火，燃起了中国人民的理想。抛头颅、洒热血，汇聚在长征路上。正是他们，不忘初心，开辟了抗日救亡的战场。打败倭寇，雪洗耻辱，中华民族赶走豺狼。正是他们，不忘初心，三大战役传捷报，百万雄师过大江。新中国诞生，五星红旗在天安门城楼上高高飘扬。正是他们，不忘初心，神速出现在抢险救灾的现场。军民鱼水情，党的号召有力量……

国家强盛，凝聚了全民的智慧，在各自的岗位闪光。革命薪火相传，人人传递希望。人人不忘初心，铭记“国家盛衰，匹夫有责”，国家强盛，民族兴旺。人人不忘初心，秉持优良传统，再创中华民族辉煌；不忘初心，汇聚全民族的意志，所向披靡，浩浩荡荡。不忘初心，荡涤一切污泥浊水，祖国统一，繁荣富强。

党的生日，燃起奋进的激情。砥砺、坚守、奋进！不忘初心，一切源于信仰！勤俭、敬业、爱国。不忘初心，为了全面建成小康！党的生日，牢记三严三实使命。不忘初心，不辱使命，完善自我，博采众长。不忘初心，依靠人民，为了人民，从严治党。不忘初心，继续前进！

后　记

自鸦片战争以来，中华民族历尽磨难，在艰难中不屈不挠，在曲折中忍辱负重。中国共产党带领人民群众，承载着振兴中华的重任，在艰难中崛起，在曲折中奋进。无数先烈的闪光精神凝结为一点，不忘初心，继续前进。

《修身不忘初心》抛砖引玉，希望引起读者的共鸣。对母亲的爱化作对事业的追求。历尽磨难痴心不改，少年壮志不言愁。对祖国的爱化作保家卫国的责任，人民子弟兵驻守边疆，家国情怀，不忘初心。

分享感悟，希望触动读者灵魂。无论你是普通人还是精英，前进的道路并非一帆风顺。逆境的磨炼，塑造成功者的品行。追求真理，灵魂共鸣。立志成才者，正心诚意修身；踏石留印，意志永恒。勇往直前，不懈攀登。顺境的赞誉，滋长浮躁之风。志存高远者，谦虚谨慎精进。聚涓涓细流，积跬步之功。为天地立心，为生民立命，为往圣继绝学，为万世开太平。铭记使命，不忘初心。

思考人生，弘扬忠孝家风。不管走多远，无论在干啥，总有母亲在惦记；不管多富有，无论官多大，总有母亲在牵挂。回忆人生，常怀感恩之心。我们的成长汇聚了母亲的抚爱，凝结了母亲的心血。无论是郁闷，还是苦恼，都要刚强坚韧。百善孝为先，不忘初心。

感悟逆境，执著追求，无怨无悔。而立之年多躁动，择人为师宜冷静。不惑之年易彷徨，凝心静气向远方。贵在坚持，莫功亏一篑。知天命者莫消沉，人生路上有彩虹。业精于勤荒于嬉，行成于思毁于随。爱岗敬业，书写人生；继续前进，不忘初心。

吐露心声，家国情怀，铁骨柔情。顾全大局，默默追寻。历尽磨难痴心不改，无怨无悔奋斗人生。触摸心路历程，依旧不忘初心。

唤起激情，命运掌握在自己手中。“少而好学，如日出之阳；壮而好学，如日中之光；老而好学，如炳烛之明。炳烛之明，孰与昧行乎?”这就是人生，生命不息，学习不止。

燃烧激情，机会永远在路上。只要不停步，事业有希望。只要肯坚持，人生定辉煌。这就是人生，生命不息，奋斗不止。

居安，不忘感恩；思危，不忘初心。谨以拙作献给我的祖国，感恩祖国，不忘初心；献给养育我的父母亲，祈愿母亲身体安康，慰藉父亲在天之灵。